T0258596

EL PASTOR Y LA INERRANCIA BÍBLICA

EL
PASTOR
Y LA
INERRANCIA
BÍBLICA

Perspectivas bíblicas, históricas, teológicas
y pastorales acerca de la fidelidad
de la Palabra de Dios

JOHN MACARTHUR
EDITOR GENERAL

www.EditorialNivelUno.com
Para vivir la Palabra

Para vivir la Palabra

MANTÉNGANSE ALERTA;
PERMANEZCAN FIRMES EN LA FE;
SEAN VALIENTES Y FUERTES.
—1 CORINTIOS 16:13 (NVI)

El pastor y la inerrancias bíblica por John MacArthur
Publicado por: Editorial Nivel Uno, Inc.
Miami, Florida
www.editorialniveluno.com
©2019 Derechos reservados

ISBN: 978-1-941538-56-2
ISBN: 978-1-955682-41-1

Desarrollo editorial: *Grupo Nivel Uno, Inc.*
Diseño interior: *Grupo Nivel Uno, Inc.*

Impreso en Colombia

22 23 24 25 26 LBS 9 8 7 6 5 4 3 2 1

Contenido

Cuarta parte
LA INERRANCIA EN LA PRÁCTICA PASTORAL: APLICACIÓN

Prefacio

R. C. Sproul

«La Biblia es la Palabra de Dios que puede errar». Desde la aparición de la teología neoortodoxa, a principios del siglo veinte, esta afirmación se ha convertido en un mantra para aquellos que defienden una perspectiva superior de las Escrituras y desechan la responsabilidad académica de afirmar la infalibilidad y la inerrancia de la Palabra de Dios. Pero esta afirmación representa el caso clásico del que tiene un dólar con el que quiere comprar de todo y mantenerlo intacto en su bolsillo. Una paradoja por excelencia.

Veamos de nuevo esta insostenible fórmula teológica. Si eliminamos la primera parte, «La Biblia es», nos quedamos con «La Palabra de Dios que puede errar». Si la analizamos un poco más en detalle y eliminamos «la Palabra de» y «que», llegamos a la conclusión: «Dios puede errar» o, en otras palabras:

«Dios se equivoca».

La idea de que Dios falla o se equivoca de cualquier manera, en cualquier lugar o en cualquier esfuerzo es repugnante tanto para la mente como para el alma. Aquí, la crítica bíblica alcanza el punto más bajo del bandidaje espiritual.

¿Cómo podría una criatura sensible concebir una fórmula que hable de la Palabra de Dios como algo errático? Parecería obvio que si un libro es la Palabra de Dios, no puede equivocarse (lo que en efecto es así). Si se equivoca, entonces no es (ni puede ser, en realidad) la Palabra de Dios.

Atribuir a Dios cualquier error o falibilidad es una represalia de la teología dialéctica.

Tal vez podamos resolver la antítesis diciendo que la Biblia se origina con la sobrenatural revelación de Dios, que lleva la marca de su verdad infalible, revelación que es mediada por autores humanos

9

quienes, en virtud de su humanidad, contaminan y corrompen esa revelación original por su propensión al error. *Errare humanum est* («Errar es de humanos»), proclamó Karl Barth, insistiendo en que, al negar el error, uno se queda con una Biblia docética: una Biblia que simplemente «parece» ser humana, pero en realidad es solo un producto de una humanidad engañosa.

¿Quién contendería por la propensión humana al error? De hecho, esa propensión es la razón de los conceptos bíblicos de la inspiración y la supervisión divina de las Escrituras. La teología clásica ortodoxa siempre ha sostenido que el Espíritu Santo, al producir el texto bíblico, triunfa sobre el error humano.

Barth dijo que la Biblia es la «Palabra» *(verbum)* de Dios, no las «palabras» *(verba)* de Dios. Con este ejercicio teológico, esperaba resolver el intrincado dilema de llamar a la Biblia la Palabra de Dios que puede errar. Si la Biblia se equivoca, entonces es un simple libro de reflexión humana sobre revelación divina; otro volumen de teología humana. Puede contener un profundo conocimiento teológico, pero no es la Palabra de Dios.

Los detractores de la inerrancia argumentan que esta doctrina es una invención de la escolástica protestante del siglo diecisiete —en el que la razón superó a la revelación—, lo que significaría que no era la doctrina de los maestros reformadores. Por ejemplo, señalan que Martín Lutero nunca usó el término *inerrancia*. Eso es correcto. Lo que dijo fue que las Escrituras nunca se equivocan. Juan Calvino tampoco usó el término. Solo dijo que la Biblia debía ser recibida como si escucháramos audiblemente sus palabras de la boca de Dios. Los reformadores, aunque no usaron el término *inerrancia*, articularon claramente el concepto.

Ireneo vivió mucho antes del siglo diecisiete, al igual que Agustín, el apóstol Pablo y Jesús. Todos estos, entre otros, claramente enseñaron la veracidad absoluta de las Escrituras.

La defensa de la inerrancia por parte de la iglesia se basa en la confianza que esta tiene en la visión de las Escrituras que el mismo Jesús enarboló y enseñó. Queremos tener una visión de la Escritura que no sea ni más alta ni más baja que la de Él.

La plena confiabilidad de las Sagradas Escrituras debe ser defendida en cada generación, contra toda crítica. Ese es el ingenio de este volumen. Necesitamos escuchar atentamente estas recientes defensas.

Introducción

John MacArthur

Fue A.W. Tozer el que dijo: «Lo que nos viene a la mente cuando pensamos en Dios es lo más importante acerca de nosotros». La razón de ello, continuó explicando Tozer, es que los puntos de vista incorrectos acerca de Dios son idolatría y, en última instancia, condenan: «Los puntos de vista indignos acerca de Dios destruyen el evangelio que muchos sostienen». E insiste: «las nociones pervertidas sobre Dios corrompen rápidamente la religión en la que aparecen... El primer paso en falso que cualquier iglesia puede dar es cuando rinde su alta opinión acerca de Dios».[1] Como observó Tozer con clarividencia, el abandono de una visión correcta de Dios inevitablemente resulta en el colapso teológico y la ruina moral.

Debido a que Dios se ha dado a conocer en su Palabra, es de suma importancia comprometerse con una alta visión de la Escritura. La Biblia *refleja* y revela el carácter de su Autor. En consecuencia, aquellos que niegan su veracidad lo hacen a su propio riesgo. Si lo más importante en cuanto a nosotros es el modo en que pensamos acerca de Dios, entonces lo que pensamos acerca de su autorrevelación en las Escrituras tiene mayor consecuencia. Aquellos que tienen una alta visión de las Escrituras tendrán, por supuesto, una gran visión de Dios. Y viceversa: los que tratan la Palabra de Dios con desdén y desprecio no poseen un aprecio real por el Dios de las Escrituras. En palabras sencillas, es imposible entender con exactitud quién es Dios al mismo tiempo que se rechaza la veracidad de la Biblia.

Ninguna iglesia, institución, organización o movimiento puede proclamar con honradez a Dios si no honra simultáneamente su Palabra. Cualquiera que pretenda reverenciar al Rey de reyes debe abrazar alegremente su revelación y someterse a sus mandamientos. Cualquier cosa menos constituye una rebelión contra su señorío y recibe su desaprobación expresa. Despreciar o deformar la Palabra es mostrar falta de respeto y desdén hacia su Autor. Negar la veracidad de las afirmaciones de la Biblia es llamar a Dios mentiroso. Rechazar la inerrancia de la Palabra de Dios es ofender al Espíritu de verdad que la inspiró.

Por esa razón, los creyentes están obligados a tratar la doctrina de la inerrancia bíblica con la mayor seriedad. Mandato que es especialmente cierto para todos los que proporcionan supervisión a la iglesia en posiciones de liderazgo espiritual. Este libro es un llamado a todos los cristianos y —en especial— a los que dirigen la iglesia, a que traten las Escrituras de una manera que honre al Dios que nos la dio.

A continuación veremos cuatro razones por las cuales los creyentes deben mantenerse firmes en la verdad revelada de Dios.

La Escritura es atacada y somos llamados a defenderla

En primer lugar, la Biblia está bajo ataque constante.

De acuerdo a la descripción de Pablo acerca de los falsos maestros en 2 Timoteo 3:1-9, es claro que la mayor amenaza para la iglesia no proviene de las fuerzas hostiles externas, sino de los falsos maestros internos. Se cuelan en la iglesia como terroristas espirituales y dejan a su paso una estela de destrucción. Son lobos vestidos de ovejas (Mateo 7:15), caracterizados por la hipocresía, por la traición; además de que son motivados por la avaricia insaciable y los deseos carnales. Por lo tanto, todo cristiano debe defender las Escrituras y usarlas de manera apropiada.

La iglesia ha sido amenazada por lobos salvajes y estafadores espirituales desde sus primeros días (véase Hechos 20:29). Satanás, el padre de mentira (Juan 8:44), siempre ha tratado de socavar la verdad con sus errores mortales (Génesis 3:1-5; 1 Timoteo 4:1; 2 Corintios 11:4, 14). No es asombroso, entonces, que la historia de la iglesia a menudo haya estado marcada por las estaciones en las que la falsedad y el engaño han librado una guerra contra el evangelio puro.

Considere, por ejemplo, los estragos creados por los siguientes seis errores: el catolicismo romano, la alta crítica, las sectas modernas, el pentecostalismo, la psicología clínica y las estrategias de igle-crecimiento impulsadas por el mercado. Aunque cada uno de estos desarrollos históricos es muy diferente, todos comparten un rechazo común por la autoridad de las Escrituras.

El catolicismo romano intercambió la autoridad de la Escritura por la autoridad de la tradición religiosa. Uno de los primeros engaños para infiltrarse en la iglesia a gran escala fue el *sacramentalismo*: la idea de que un individuo puede conectarse con Dios a través de rituales o ceremonias religiosas. Dado que el *sacramentalismo* ganó amplia aceptación, la Iglesia Católica Romana asumió el papel de salvador sustituto; por lo que las personas se conectaron a un sistema, pero no a Cristo. El ritual religioso se convirtió en el enemigo del verdadero evangelio, oponiéndose a la gracia genuina y socavando la autoridad de Dios y su Palabra. Muchos fueron engañados por el sistema sacramental. Fue un grave peligro que se desarrolló a lo largo de la Edad Media, que mantuvo a Europa en un estrangulamiento espiritual durante casi un milenio. Debido a que reconocieron que solo Cristo es el jefe de la iglesia, los reformadores protestantes se sometieron gustosamente a su Palabra como la única autoridad dentro de la iglesia. En consecuencia, también confrontaron cualquier falsa autoridad que intentó usurpar el lugar legítimo de la Escritura y, con ello, expusieron la corrupción del sistema católico romano.

La alta crítica intercambió la autoridad de la Escritura por el imperio de la razón humana y el naturalismo ateo. No mucho después de la Reforma, una segunda gran ola de error se colisionó con la iglesia: el *racionalismo*. A medida que la sociedad europea emergió de la Edad Media, la Era de la Ilustración resultante enfatizó la razón humana y el empirismo científico, a la vez que desechaba lo espiritual y lo sobrenatural. Los filósofos ya no miraban a Dios como la explicación del mundo; más bien, intentaban dar cuenta de todo en términos racionales, naturalistas y deístas. Cuando los hombres comenzaron a colocarse por encima de Dios y su propia razón sobre las Escrituras, no pasó mucho tiempo para que el racionalismo ganara acceso a la iglesia. La teoría de la alta crítica —que niega la inspiración e inerrancia de la Biblia— se infiltró en el protestantismo a través de seminarios tanto en Europa como en los Estados Unidos. Los llamados eruditos cristianos comenzaron a cuestionar los principios más fundamentales de la fe, popularizando ideas erradas acerca del «Jesús histórico» y negando la autoría mosaica del Pentateuco. El legado de ese racionalismo, en forma de liberalismo teológico y continuos ataques contra la inerrancia bíblica, todavía está vivo y molestando. Como tal, representa una amenaza continua a la verdad. *Las sectas modernas cambiaron la autoridad de las Escrituras por la autoridad de los autoproclamados líderes como José Smith, Ellen G. White y Joseph Rutherford.* Así fue como en el siglo diecinueve, sectas como los mormones, los adventistas del séptimo día y los testigos de Jehová se aprovecharon de la ignorancia bíblica de sus víctimas espirituales. Afirmaban representar lo más puro del cristianismo. En realidad, simplemente vomitaban errores antiguos como el gnosticismo, el ebionismo y el arrianismo.

El pentecostalismo cambió la autoridad de la Escritura por la autoridad de las revelaciones personales y las experiencias extáticas. Comenzando de manera oficial en 1901 bajo el liderazgo de Charles Fox Parham, el movimiento pentecostal despegó cuando algunos de sus estudiantes supuestamente experimentaron el don de lenguas. En las décadas de 1960 y 1970, la *experiencia* pentecostal comenzó a infiltrarse en las principales denominaciones. Ese mover, conocido como movimiento de renovación carismático, indujo a la iglesia a definir la verdad basada en la experiencia emocional. La interpretación bíblica ya no se basaba en la clara enseñanza del texto, sino en los sentimientos y experiencias subjetivas e imposibles de ver, como supuestas revelaciones, visiones, profecías e intuiciones. El movimiento de la Tercera Ola, de la década de 1980, continuó el crecimiento del misticismo dentro de la iglesia, convenciendo a la gente para que buscara señales, maravillas y escuchara las palabras paranormales de Dios en vez de buscar la verdad en la Palabra escrita de Dios. La gente comenzó a descuidar la lectura de la Biblia, buscando en su lugar que el Señor les hablara directamente. En consecuencia, la autoridad de la Escritura fue puesta de cabeza.

La psicología clínica cambió la autoridad de la Escritura por el dominio de las teorías freudianas y las terapias clínicas. En la década de 1980, la influencia de la psicología clínica introdujo el *subjetivismo* en la iglesia. El resultado fue un cristianismo centrado en el hombre en el que el proceso de santificación fue redefinido para cada individuo y el pecado fue etiquetado como una enfermedad. La Biblia ya no se consideraba suficiente para la vida y la piedad; al contrario, fue reemplazada por un énfasis en los recursos y las técnicas psicológicas.

Las iglesias impulsadas por el mercado cambiaron la autoridad de las Escrituras por el señorío de las necesidades sensuales y los esquemas de marketing. A finales del siglo veinte, la iglesia también fue muy perjudicada por el caballo de Troya del pragmatismo. A pesar de que se veía bien por fuera (porque daba como resultado un mayor número de asistentes), el movimiento impulsado por los buscadores de la década de 1990 eliminó rápidamente cualquier búsqueda sincera de la sana doctrina. El cosquilleo en los oídos se convirtió en la norma ya que los «buscadores» fueron tratados como clientes potenciales. La iglesia adoptó una mentalidad mercadotécnica, centrándose en «lo que funcionaba» a expensas de la eclesiología bíblica. El pragmatismo inevitablemente dio paso al *sincretismo*, puesto que la popularidad se veía como el estándar del éxito. Para ganar aceptación en una sociedad posmoderna, la iglesia se volvió tolerante con el pecado y el error. La capitulación fue enmascarada como tolerancia; el compromiso fue redefinido como amor; y la duda ensalzada como humildad. De repente, los diálogos interreligiosos y los manifiestos, e incluso los seminarios interreligiosos, comenzaron a surgir en el panorama evangélico. Los llamados evangélicos comenzaron a defender el mensaje de que «todos adoramos a un Dios». Y aquellos que estaban dispuestos a defender la verdad fueron descartados como divisivos e incivilizados.

Como ilustran estos ejemplos, cada vez que la iglesia ha abandonado su compromiso con la inerrancia y la autoridad de la Escritura, los resultados siempre han sido catastróficos. En respuesta, los creyentes son llamados a defender la verdad contra todos los que buscan minar la autoridad de la Escritura. Como escribió Pablo: «Destruimos argumentos y toda altivez que se levanta contra el conocimiento de Dios, y llevamos cautivo todo pensamiento para que se someta a Cristo» (2 Corintios 10:5). De manera similar, Judas instruyó a sus lectores a «contender fervientemente por la fe que una vez fue entregada a los santos» (Judas 3). Al referirse a «la fe», Judas no estaba apuntando a un cuerpo indefinido de doctrinas religiosas; más bien, estaba hablando de las verdades objetivas de la Escritura que comprenden la fe cristiana (Hechos 2:42; 2 Timoteo 1:13-14).

Con la eternidad en juego, no es de extrañar que las Escrituras se reserven sus más duras palabras de condenación para aquellos que pondrían mentiras en la boca de Dios. La serpiente fue maldita de inmediato en el jardín de Edén (Génesis 3:14), y ahí se le dijo a Satanás su inevitable desaparición (v. 15). En el Antiguo Testamento, profetizar falsamente era un crimen castigado con la muerte (Deuteronomio

13:5, 10), lo que fue vívidamente ilustrado por el encuentro letal de Elías con los profetas de Baal en el Monte Carmelo (1 Reyes 18:19, 40). Dios emitió repetidamente fuertes denuncias contra todos aquellos que socavaron o distorsionaron la verdad de su Palabra (Isaías 30:9-13; Jeremías 5:29-31; 14:14-16; Ezequiel 13:3-9).

El Nuevo Testamento repudia a los falsos maestros con la misma fuerza (1 Timoteo 6:3-5; 2 Timoteo 3:1-9; 1 Juan 4:1-3; 2 Juan 7-11). Dios no tolera a aquellos que manipulan la revelación divina. Por eso toma tal ofensa como algo personal. Es una afrenta a su carácter (Jeremías 23:25-32). En consecuencia, sabotear la verdad bíblica de cualquier manera —agregándole, restándole, distorsionándola o simplemente negándola— es provocar la ira de Dios (Gálatas 1:9; 2 Juan 9-11). Pero aquellos que lo aman a Él y a su Palabra son cuidadosos de tratarla con precisión (2 Timoteo 2:15), para enseñar sus doctrinas a la perfección, y para defender a la iglesia de aquellos que intentan distorsionar su verdad (Tito 1:9; 2 Pedro 3:16-17).

La Escritura es autoritativa, por lo que somos llamados a declararla

En segundo lugar, la Biblia tiene la autoridad absoluta de Dios.

La Biblia testifica repetidamente del hecho de que es la Palabra de Dios. Los hombres que redactaron las Escrituras, bajo la inspiración del Espíritu Santo (2 Pedro 1:19-21), reconocieron que estaban transcribiendo las palabras de Dios bajo su instrucción (véase Amós 3:7). Reconocen ese hecho más de trescientas ochenta veces solo en el Antiguo Testamento. En referencia a este último, Pablo explicó a los creyentes en Roma: «De hecho, todo lo que se escribió en el pasado se escribió para enseñarnos, a fin de que, alentados por las Escrituras, perseveremos en mantener nuestra esperanza» (Romanos 15:4; véanse 2 Pedro 1:2; Hebreos 1:1). Los escritores del Nuevo Testamento también reconocieron que sus escritos (véase 1 Tesalonicenses 2:13), junto con los de otros escritores del Nuevo Testamento (1 Timoteo 5:18; 2 Pedro 3:15-16), fueron inspirados por Dios y, por lo tanto, es autoritativo.

El hecho de que la Biblia es la misma Palabra de Dios se explica en 2 Timoteo 3:16. Allí Pablo explica que «toda la Escritura es inspirada por Dios». La palabra griega traducida como «inspirada» es *theopneustos*, un vocablo compuesto que literalmente significa «*inspirada por Dios*». Se refiere a todo el contenido de la Biblia, lo que sale de su boca, su Palabra. La inspiración y la suficiencia de la Escritura (vv. 16-17) proporcionan el telón de fondo para el mandato divino de predicar la Palabra (4:1-2).

Debido a que es su Palabra inspirada, la Biblia transmite con exactitud la verdad de lo que Dios ha dicho. El salmista expresó: «La ley del Señor es perfecta» (Salmos 19:7); «En tu palabra he puesto mi esperanza» (119:81); «Sumamente pura es tu palabra» (119:140, RVR1960); «Tu ley es verdadera» (119:142); «Todos tus mandamientos son verdaderos» (119:151). Como demuestran estos ejemplos, las Escrituras reflejan el carácter confiable de su Autor.

Dios está tan estrechamente vinculado con su Palabra que, en algunos pasajes, el término *Escritura* incluso es sinónimo del nombre *Dios*: «En efecto, la Escritura, habiendo previsto que Dios justificaría por la fe a las naciones, anunció de antemano el evangelio a Abraham: Por medio de ti serán bendecidas todas las naciones» (Gálatas 3:8); «Pero la Escritura declara que todo el mundo es prisionero del pecado, para que mediante la fe en Jesucristo lo prometido se les conceda a los que creen» (v. 22). En estos versículos, se dice que la Biblia habla y actúa como la voz de Dios. El apóstol Pablo se refirió similarmente a que Dios le habló a Faraón (Éxodo 9:16) cuando escribió: «Porque la Escritura dice a Faraón: "Por este mismo motivo te he levantado"» (Romanos 9:17). Por lo tanto, los creyentes pueden estar seguros de que cada vez que leen la Biblia, están leyendo las mismas palabras de Dios.

Jesús dio a entender que toda la Escritura se inspira como el cuerpo unificado de la verdad cuando declaró: «La Escritura no puede ser quebrantada» (Juan 10:35). Toda la Biblia es pura y auténtica; ninguna de sus palabras puede ser anulada, porque todas son sagradas escrituras de Dios (véase 2 Timoteo 3:15). Cristo también enfatizó el significado divino de cada detalle de las Escrituras cuando dijo en su Sermón del Monte: «Les aseguro que mientras existan el cielo y la tierra, ni una letra ni una tilde de la ley desaparecerán hasta que todo se haya cumplido» (Mateo 5:18).

Es importante destacar que, debido a que Dios es un Dios de verdad que no habla falsedad, su Palabra también es verdadera e incapaz de errar. El Autor de las Escrituras se llama a sí mismo la esencia de la verdad (Isaías 65:16), y el profeta Jeremías le atribuye la misma cualidad: «El Señor es el Dios verdadero» (Jeremías 10:10). Los escritores del Nuevo Testamento también equipararon a Dios con la verdad (por ejemplo: Juan 3:33; 17:3; 1 Juan 5:20), y ambos testamentos enfatizan que Dios no puede mentir (Números 23:19; Tito 1:2; Hebreos 6:18). Por lo tanto, la Biblia es inerrante porque es la Palabra de Dios, y Dios es un Dios de verdad (Proverbios 30:5). En consecuencia, aquellos que niegan la doctrina de la inerrancia deshonran a Dios al poner en duda la veracidad y la confiabilidad de lo que Él ha revelado.

La Escritura es precisa, por lo que somos llamados a demostrarlo

En tercer lugar, la Biblia es verdaderamente demostrable.

A pesar de los ataques de los escépticos y los críticos, el testimonio de las Escrituras ha resistido la prueba del tiempo. Ha demostrado, una vez tras otra, que es precisa históricamente, geográficamente y arqueológicamente.

Aunque la exactitud de las Escrituras se puede demostrar de varias maneras, dos de las más convincentes son mediante la ciencia y a través de la profecía.

La Biblia y la ciencia

Para cualquier observador digno, los hallazgos legítimos de la ciencia (lo que significa que puede ser probado mediante el uso del método científico) se corresponden perfectamente con lo que la Biblia revela. Por ejemplo, las Escrituras presentan la comprensión más meritoria de los orígenes del universo y de la existencia de la vida. La enseñanza bíblica de que Dios creó el mundo es mucho más sensata que la noción de que todo se generó de manera espontánea a partir de la nada, que es lo que requieren las presuposiciones ateas de la evolución.

El famoso filósofo del siglo diecinueve Herbert Spencer, era muy conocido por comprobar la relevancia de la ciencia para la filosofía. Él articuló cinco categorías conocibles en las ciencias naturales: tiempo, fuerza, movimiento, espacio y materia. Las ideas de Spencer fueron aplaudidas cuando las publicó. Sin embargo, no eran innovadoras. Génesis 1:1, el primer versículo en la Biblia, dice: «En el principio [tiempo], Dios [fuerza] creó [movimiento] los cielos [espacio] y la tierra [materia]». El Creador hizo clara la verdad en el primer versículo de la revelación bíblica.

El registro de las Escrituras es preciso cuando se cruza con los hallazgos fundamentales de la ciencia moderna. La primera ley de la termodinámica, que trata de la conservación de la energía, está implícita en pasajes como Isaías 40:26 y Eclesiastés 1:10. La segunda ley de la termodinámica indica que, aunque la energía no se puede destruir, pasa constantemente de un estado de orden al desorden. Esta ley de deterioro corresponde al hecho de que la creación está bajo una maldición divina (Génesis 3), de modo que gime (Romanos 8:22) mientras se enrumba hacia su ruina definitiva (2 Pedro 3:10-13) antes de ser reemplazada por nuevos cielos y la nueva tierra (Apocalipsis 21—22). Los hallazgos científicos de la hidrología se prefiguran en escritos como Eclesiastés 1:7; Isaías 55:10; y Job 36:27-28. Y los cálculos de la astronomía moderna, con respecto a la innumerable cantidad de estrellas en el universo, se anticipan en pasajes del Antiguo Testamento como Génesis 22:17 y Jeremías 33:22.

El libro de Job es uno de los más antiguos de la Biblia, escrito hace unos tres mil quinientos años. Sin embargo, tiene una de las declaraciones más claras del hecho de que la Tierra está suspendida en el espacio. Job 26:7 dice que Dios «tiene suspendida la tierra sobre nada». Otros libros religiosos antiguos hacen afirmaciones científicas ridículas, incluyendo la idea de que la tierra descansa sobre las espaldas de los elefantes. Pero cuando la Biblia habla, lo hace de una manera que se corresponde con lo que los descubrimientos científicos han encontrado como verdadero sobre el universo.

Se pueden citar muchos ejemplos más. Pero esto es suficiente para aclarar el punto: aunque la Biblia no fue escrita como un manual científico técnico, es precisa cuando aborda los fenómenos científicos. Eso es precisamente lo que esperaríamos, ya que es la revelación del Creador mismo. Cuando Dios habla del mundo que hizo, lo hace de una manera que se corresponde con la realidad.

La Biblia y la profecía

La extraordinaria precisión de las Escrituras también se puede conocer al ver el asombroso registro de la profecía bíblica. La capacidad de la Biblia para predecir el futuro no puede explicarse sin el reconocimiento de que Dios es su Autor. Por ejemplo, el Antiguo Testamento contiene más de trescientas referencias al Mesías que Jesucristo cumplió con precisión.

Considere las siguientes profecías mesiánicas de un solo pasaje del Antiguo Testamento: Isaías 53. En este capítulo, escrito unos setecientos años antes del nacimiento de Cristo, el profeta Isaías explicó que:

- el Mesías no vendría investido de la majestad real (v. 2); en consecuencia, sería despreciado y rechazado por la nación de Israel (v. 3);
- sería un varón de dolores, familiarizado con el padecimiento (v. 3), a unque soportaría las penas y tristezas de la nación (v. 4);
- sería traspasado por los pecados de otros (v. 5);
- sería azotado (v. 5);
- Dios colocaría la iniquidad de las personas sobre Él (v. 6);
- aunque oprimido por juicio y falsamente acusado, no abría la boca en defensa propia; más bien, sería como un cordero llevado al matadero (v. 7);
- sería asesinado por las transgresiones del pueblo (v. 8);
- aunque se le asignaría una tumba para hombres malvados, sería enterrado en la tumba de un hombre rico (v. 9);
- sería aplastado por Dios como una ofrenda de culpa por el pecado (v. 10);
- después de su muerte, vería el fruto de su trabajo (lo que implicaría que sería levantado de entre los muertos, v. 10);
- traería la justificación a muchos llevando sus iniquidades (v. 11); y
- sería ampliamente recompensado por su fidelidad (v. 12).

Isaías 53 describe de manera muy clara al Señor Jesucristo. Sin embargo, este libro fue escrito siete siglos antes de los eventos que describe. Es difícil imaginar una ilustración más vívida de la cualidad divina que poseen las Escrituras, ya que solo Dios puede conocer el futuro con tanta precisión.

La Biblia incluye también muchas otras profecías. Por ejemplo, en Isaías 44—45 se predice el surgimiento de un gobernante persa llamado Ciro, que permitiría al pueblo judío regresar de su cautiverio. Esa profecía se cumplió ciento cincuenta años después, exactamente como se había predicho. Ezequiel 26 predijo la destrucción total de la ciudad fenicia de Tiro. Predicción que se hizo realidad unos doscientos cincuenta años después, durante la conquista de Alejandro Magno. La ciudad asiria de Nínive sirve como ejemplo similar. Aunque era una de las ciudades más formidables y temidas del mundo antiguo, el profeta Nahúm predijo que pronto sería destruida (Nahúm 1:8; 2:6). Su colapso ocurrió tal como lo declaró el profeta. Estos y cientos de otros ejemplos prueban que la Biblia es exactamente lo que dice ser: la revelación de Aquel que conoce el principio y el final (Isaías 46:10).

La Escritura está activa a través del poder del Espíritu, por lo que se nos llama a implementarla

Por último, la Biblia no es letra muerta, sino la Palabra poderosa del Dios vivo (Hebreos 4:12).

Algunos libros pueden cambiar el pensamiento de una persona, pero solo la Biblia puede transformar la naturaleza del pecador. Es el único libro que puede transformar totalmente a alguien desde adentro hacia afuera. Cuando la Palabra de Dios es proclamada y defendida, sale con el poder generado por el Espíritu.

Es el Espíritu Santo quien autoriza la proclamación del evangelio (1 Tesalonicenses 1:5, 1 Pedro 1:12), convenciendo los corazones de los incrédulos mediante la predicación de la Palabra (véase Romanos 10:14) para que respondan con fe salvadora (1 Corintios 2:4-5). Como promete el propio Señor: «Así es también la palabra que sale de mi boca: No volverá a mí vacía» (Isaías 55:11). El apóstol Pablo, de manera similar, describe la Palabra de Dios como «la espada del Espíritu» (Efesios 6:17). Y el autor de Hebreos declara: «Ciertamente, la palabra de Dios es viva y poderosa, y más cortante que cualquier espada de dos filos. Penetra hasta lo más profundo del alma y del espíritu, hasta la médula de los huesos, y juzga los pensamientos y las intenciones del corazón» (4:12).

Por lo tanto, la proclamación de la Palabra es mucho más que un ruido vacío o una exposición de oratoria sin vida. Debido a que es facultada por el Espíritu de Dios, la verdad de las Escrituras corta las barreras del pecado y la incredulidad. Sin embargo, la Palabra de Dios es más que solo una espada. Es el medio por el cual el Espíritu de Dios regenera el corazón (véanse Efesios 5:26; Tito 3:5; Santiago 1:18), santifica la mente (Juan 17:17), produce crecimiento espiritual (2 Timoteo 3:16-17; 1 Pedro 2:1-3), y conforma a los creyentes a la imagen de Cristo (2 Corintios 3:18).

Es el Espíritu el que hace posible «que habite en ustedes la palabra de Cristo con toda su riqueza» (Colosenses 3:16), una frase paralela a las instrucciones de Pablo de «ser lleno del Espíritu» (Efesios 5:18), para que los creyentes puedan manifestar el fruto de una vida transformada expresando alabanza a Dios y amor por los demás (véanse Efesios 5:19—6:9; Colosenses 3:17—4:1).

El Espíritu Santo no solo inspiró las Escrituras (2 Pedro 1:21), sino que también las energiza y las ilumina, lo que significa que habilita su trabajo de darle vida y sustentarla. Como resultado, los pecadores son rescatados del dominio de la oscuridad y transferidos al reino del Salvador (Colosenses 1:13). Se convierten en nuevas criaturas en Cristo, habiendo nacido de nuevo por el poder del Espíritu (Juan 3:1-8). Sus vidas cambian para siempre: se les dan nuevos deseos, motivos y afectos. Ese interno cambio de corazón se manifiesta inevitablemente en una modificación externa de la conducta, de modo que ya no se caracterizan por los deseos de la carne, sino que exhiben el fruto del Espíritu (Romanos 8:9-13; Gálatas 5:16-23). Solo la Biblia puede efectuar ese tipo de cambio en la vida de las personas, porque solo la Biblia está facultada por el Espíritu de Dios.

Conclusión

En esta época cuando la Palabra de Dios está siendo atacada, no solo por aquellos que están fuera de la iglesia sino también por los que profesan ser cristianos, es el deber sagrado de todos los que aman al Señor contender fervientemente por su verdad revelada. Como hemos tratado brevemente en esta introducción, debemos hacerlo porque cuando se ataca la sana doctrina, estamos obligados a defender la fe. Tomamos nuestra posición con valentía, conscientes de que lo hacemos basados en la misma autoridad de Dios. Además, avanzamos con confianza, no solo porque la veracidad de las Escrituras puede demostrarse de modo convincente, sino también porque la Palabra que proclamamos está fortalecida por el Espíritu de Dios. Aunque la verdad de Dios puede ser impopular en nuestra era moderna, nunca vuelve vacía, sino que siempre cumple los propósitos para los cuales Dios la diseñó.

Predicar, enseñar y defender las Escrituras es a la vez nuestro privilegio sagrado y nuestra solemne responsabilidad. Mi oración es que las páginas que siguen inculquen certeza y valentía en su corazón y en su mente: la certeza que proviene de conocer la Palabra de Dios es absolutamente verdadera y la valentía se necesita para defender esa convicción.

Primera parte

LA INERRANCIA EN LA BIBLIA:

Cómo establecer el caso

Capítulo 1

LA SUFICIENCIA DE LA ESCRITURA

SALMOS 19

John MacArthur

El Salmo 19 es el primer texto bíblico que nos brinda una declaración perfecta sobre la superioridad de las Escrituras. Afirma categóricamente la autoridad, la inerrancia y la suficiencia de la Palabra de Dios escrita. Hace esto al comparar la verdad de las Escrituras con la impresionante grandiosidad del universo y declara que la revelación de Dios —a través de la Biblia— es mejor que toda la gloria de las galaxias. La Escritura, lo proclama, es perfecta en todos los aspectos.

El salmo coloca a las Escrituras por encima de cualquier otra afirmación relativa a la verdad. Es la aseveración radical y concluyente de la perfección absoluta y de la incondicional confianza en la Palabra escrita de Dios. No hay un resumen más conciso del poder y la precisión de la Palabra escrita de Dios en ninguna parte de la Biblia.

El Salmo 19 es básicamente una versión condensada del Salmo 119, el capítulo más largo de todas las Escrituras. El Salmo 119 toma 176 versículos para exponer las mismas verdades que el Salmo 19 resume en solo ocho versículos (7-14).

Todo cristiano debe afirmar y abrazar por completo la misma alta visión de la Escritura que el salmista confiesa en el Salmo 19. Si vamos a vivir en obediencia a la Palabra de Dios, especialmente aquellos que están llamados a enseñar las Escrituras, tenemos que hacerlo con esta confianza.

Después de todo, la *fe* (no el moralismo, las buenas obras, los votos, los sacramentos ni los rituales, sino *la creencia en Cristo tal y como se revela en las Escrituras*) es lo que hace que una persona sea cristiana. «En realidad, sin fe es imposible agradar a Dios, ya que cualquiera que se acerca a Dios tiene que creer que él existe y que recompensa a quienes lo buscan» (Hebreos 11:6); «Porque por gracia ustedes han sido salvados mediante la fe; esto no procede de ustedes, sino que es el regalo de Dios» (Efesios 2:8-9).

El único terreno seguro y firme de la verdadera fe es la Palabra de Dios (2 Pedro 1:19-21). Es «la palabra de verdad, el evangelio de [nuestra] salvación» (Efesios 1:13). Dudar de la Palabra de Dios es la forma más grosera de autocontradicción para el cristiano.

Cuando comencé en el ministerio hace casi medio siglo, esperaba que tendría que luchar con los ataques contra las Escrituras por parte de los incrédulos o los mundanos. Estaba preparado para eso. Los incrédulos, por definición, rechazan la verdad de las Escrituras y se resisten a su autoridad. «La mentalidad pecaminosa es enemiga de Dios, pues no se somete a la ley de Dios, ni es capaz de hacerlo» (Romanos 8:7).

Sin embargo, desde el inicio de mi ministerio hasta el día de hoy, he sido testigo y he tenido que lidiar con oleadas de ataques contra la Palabra de Dios provenientes *principalmente de la comunidad evangélica*. En el transcurso de mi ministerio, prácticamente los ataques más peligrosos a la Escritura que he visto provienen de profesores de seminarios, pastores de megaiglesias, charlatanes carismáticos televisivos, escritores evangélicos populares, «psicólogos cristianos» y blogueros del movimiento evangélico. No son pocos los expertos en teología y los autodenominados apologistas en ese movimiento que parecen pensar que el modo de ganar al mundo es abrazar las teorías actualmente en boga con respecto a la evolución, la moralidad, la epistemología o lo que sea, de forma que luego replanteemos nuestra visión de las Escrituras para que se ajuste a esa «sabiduría» mundana. Tratan a la Biblia como si fuera la plastilina que usan los niños, que se presiona y se le da la forma que sea conveniente para adaptarse a los intereses cambiantes de la cultura popular.

Por supuesto, la Palabra de Dios resistirá cualquier ataque a su veracidad y autoridad. Como dijo Thomas Watson: «El diablo y sus agentes han estado soplando a la luz de la Escritura, pero nunca pudieron prevalecer para apagarla, una señal clara de que fue iluminada desde el cielo».[1] Sin embargo, Satanás y sus secuaces son persistentes, buscando descarrilar a los creyentes cuya fe es frágil o disuadir a los incrédulos incluso en cuanto a considerar las afirmaciones de la Escritura.

Para hacer que sus ataques sean más sutiles y efectivos, las fuerzas del mal se disfrazan como ángeles de luz y siervos de la justicia (2 Corintios 11:13-15). Es por ello que los ataques más peligrosos a las Escrituras provienen de la comunidad de creyentes profesantes. Estas fuerzas del mal son inclementes, por lo que debemos ser implacables para oponernos a ellas.

A lo largo de los años, al enfrentar los diversos ataques del escepticismo evangélico, he consultado el Salmo 19 una vez tras otra. Este salmo es una respuesta definitiva a prácticamente todos los ataques modernos y posmodernos a la Biblia. Ofrece un antídoto ante el desfile de las filosofías ministeriales defectuosas y las modas tontas que tan fácilmente cautivan la fantasía de los evangélicos de hoy. Refuta la idea errónea de que la ciencia, la psicología y la filosofía deben dominarse e integrarse con la verdad bíblica a fin de dar a la Biblia más credibilidad. Tiene la respuesta a lo que actualmente aqueja a la iglesia visible. Es un testimonio poderoso sobre la gloria, el poder, la relevancia, la claridad, la eficacia, la inerrancia y la suficiencia de la Escritura.

En este capítulo, quiero enfocarme en un pasaje de la segunda mitad del salmo —los versículos 7-9—, que habla específicamente sobre las Escrituras.

Este es un salmo de David y en los primeros seis versículos habla de *revelación general*. Cuando era niño, David cuidaba las ovejas de su padre, por lo que tenía mucho tiempo para contemplar el cielo nocturno y reflexionar sobre la grandeza y la gloria de Dios, tal como se revela en la naturaleza. Eso es lo que describe en las primeras líneas del salmo: «Los cielos cuentan la gloria de Dios,el firmamento proclama la obra de sus manos» (v. 1). A través de la creación, Dios se revela en todo momento, a través de todas las barreras del idioma, a todas las personas y naciones: «Un día transmite al otro la noticia, una noche a la otra comparte su saber. Sin palabras, sin lenguaje, sin una voz perceptible,por toda la tierra resuena su eco, ¡sus palabras llegan hasta los confines del mundo» (vv. 2-4). Dios se expone incesantemente en su creación, día y noche. La inmensidad del universo, toda la vida que contiene y todas las leyes que lo mantienen ordenado —y no caótico—, son un testimonio (y una manifestación) de la sabiduría y la gloria de Dios.

Sin embargo, por grandiosa y gloriosa que sea la creación, no podemos discernir toda la verdad espiritual que necesitamos saber de ella. La revelación general no da una explicación clara del evangelio. La naturaleza no nos dice nada específico sobre Cristo; su encarnación, muerte y resurrección; la expiación que hizo por el pecado; la doctrina de la justificación por la fe; o una multitud de otras verdades esenciales para la salvación y la vida eterna.

La *revelación especial* es la verdad que Dios ha revelado en la Escritura. Ese es el tema que David aborda en la segunda mitad del salmo, comenzando en el versículo 7. Después de exaltar la vasta gloria de la creación y las muchas maneras maravillosas en que revela la verdad acerca de Dios, recurre a las Escrituras y dice que la Palabra escrita de Dios es más pura, más poderosa, más permanente, eficaz, reveladora, confiable y más gloriosa que todas las innumerables maravillas escritas en el universo:

> La ley de Jehová es perfecta, que convierte el alma;
> El testimonio de Jehová es fiel, que hace sabio al sencillo.
> Los mandamientos de Jehová son rectos, que alegran el
>   corazón;
> El precepto de Jehová es puro, que alumbra los ojos.
> El temor de Jehová es limpio, que permanece para siempre;
> Los juicios de Jehová son verdad, todos justos.
>   —Salmos 19:7-9, RVR1960

En esos tres breves versículos, David hace seis afirmaciones: dos en el versículo 7, dos en el versículo 8 y dos en el versículo 9. Utiliza seis nombres para las Escrituras (vea las versiones de la Biblia RVR1960 y NVI): *ley, testimonio, precepto, mandamiento, temor y regla.* Enumera seis características de la Escritura: es *perfecta, segura, correcta, pura, limpia y verdadera.* Y nombra seis efectos de la Escritura: *revive el alma, hace sabio al simple, alegra el corazón, ilumina los ojos, perdura para siempre y produce justicia integral.*

Por lo tanto, el Espíritu Santo —con una economía de palabras asombrosa y sobrenatural— resume todo lo que se necesita decir sobre el poder, la suficiencia, la amplitud y la confiabilidad de las Escrituras.

Observe que, antes que nada, las seis afirmaciones tienen la frase «de Jehová» o «del Señor» (según la versión bíblica que prefiera), para el caso de que alguien cuestione la fuente de la Escritura. Esta es la ley del Señor, *su testimonio*. Estos son los preceptos y mandamientos de Dios mismo. La Biblia es de origen divino. Es la revelación inspirada de Dios el Señor.

Al dividir estas tres estrofas y observar cada frase, podemos comenzar a ver un aspecto del poder y la grandeza de las Escrituras. Una vez más, los primeros versículos del salmo tratan sobre la gran gloria revelada en la creación. Por lo tanto, el punto central de este salmo es que *la grandeza y la gloria de la Escritura son infinitamente mayores que todo el universo creado*.

La Palabra de Dios es perfecta, que convierte el alma

David expresa su punto de vista poderosamente, aunque de manera sencilla, en la primera afirmación que hace acerca de las Escrituras en el versículo 7: «La ley de Jehová es perfecta, que convierte el alma». La palabra hebrea traducida como *«ley» es torah*. Hasta el día de hoy, los judíos usan la palabra *Torá* para referirse al Pentateuco (los cinco libros escritos por Moisés). Esos cinco libros, por supuesto, son el punto de partida del Antiguo Testamento, pero los Salmos y los Profetas son igualmente Escritura inspirada, igualmente autoritativa (véase Lucas 24:44). Así que, cuando David habla de «la ley del Señor» en este contexto, «tiene en su mente todo el canon. *«La ley»*, como se usa el término aquí, se refiere no solo a los Diez Mandamientos; no solo a los 613 mandamientos que constituyen la *mitzvat* de la ley mosaica; ni siquiera a la *Torá* considerada como una unidad. David está usando la palabra como una figura del habla para representar toda la Escritura.

A lo largo de la Escritura, «la ley» a menudo se refiere a todo el canon. Este tipo de expresión se llama *sinécdoque,* una forma de hablar en la que parte de algo se usa para representar el todo. Este mismo lenguaje se encuentra en Josué 1:8, por ejemplo. Ese versículo habla de «este Libro de la ley», que representa no solo los mandamientos, sino toda la Escritura tal como existió en el tiempo de Josué: Génesis y Job, así como Levítico y Deuteronomio. El Salmo 119 usa repetidamente la misma forma de hablar (véanse los versículos 1, 18, 29, 34, 44, etc.).

Cuando se usa de esta manera, el lenguaje enfatiza la naturaleza didáctica de la Palabra de Dios. «Dichoso aquel a quien tú, Señor, corriges; aquel a quien instruyes en tu ley» (Salmos 94:12); «Concédeme las bondades de tu ley» (Salmos 119:29). David piensa en las Escrituras como un manual sobre el comportamiento humano justo; *todas* las Escrituras, no solo la ley de Moisés. Después de todo, «Toda la Escritura es inspirada por Dios y útil para enseñar, para reprender, para corregir y para instruir en la justicia,a fin de que el siervo de Dios esté enteramente capacitado para toda buena obra» (2 Timoteo 3:16-17). Y toda ella es *«perfecta»*. Hace muchos años, investigué sobre esa palabra tal como aparece en el texto hebreo. Es la palabra hebrea *tâmîym*, que se traduce en varias versiones en castellano como «intachable», «sin defecto», «intacto», «irreprochable», «con integridad», «completo», «puro» o «perfecto». «Rastreé la palabra hebrea a través de varios léxicos para tratar de discernir si podría existir alguna diferencia o perspicacia que pudiera opacar lo que entendemos al respecto. Pasé tres o cuatro horas buscando cada uso de esa palabra en el texto bíblico. Al final, me quedó claro: la palabra significa *«perfecto»*. Es un equivalente exacto del vocablo en castellano en todos los matices de su significado.

David usa la expresión de una manera completa e incondicional. La Escritura es superlativa en todos los sentidos. No solo es perfecta, sino que también es amplia y completa. Eso no quiere decir que contenga todo lo que se pueda conocer. Obviamente, la Biblia no es una fuente enciclopédica de información sobre cada tema concebible. Pero como instrucción de Dios para la vida del hombre, es perfecta. Contiene todo lo que necesitamos saber sobre Dios, su gloria, la fe, la vida y el camino de la salvación. La Escritura no es deficiente ni defectuosa en ninguna manera. Es perfecta tanto en su precisión como en su suficiencia. En otras palabras, contiene todo lo que Dios ha revelado para nuestra instrucción espiritual. En términos más claros, contiene todo lo que Dios ha revelado para nuestra instrucción espiritual. Es la única autoridad para juzgar el credo de todos (lo que ellos creen), el carácter (lo que son) o la conducta (lo que hacen).

Más concreto aun, de acuerdo con nuestro texto, las Escrituras son perfectas en su capacidad para revivir y transformar el alma humana. «Ciertamente, la palabra de Dios es viva y poderosa, y más cortante que cualquier espada de dos filos. Penetra hasta lo más profundo del alma y del espíritu, hasta la médula de los huesos, y juzga los pensamientos y las intenciones del corazón» (Hebreos 4:12). Para los creyentes, la penetración y el trabajo del alma descritos en ese versículo es un procedimiento completamente beneficioso, comparable a la cirugía del corazón espiritual. Es ese proceso descrito en Ezequiel 36:26, donde el Señor dice: «Les daré un nuevo corazón, y les infundiré un espíritu nuevo; les quitaré ese corazón de piedra que ahora tienen, y les pondré un corazón de carne». El instrumento que Dios usa en ese proceso es la espada del Espíritu, que es la Palabra de Dios. «Por su propia voluntad nos hizo nacer mediante la palabra de verdad» (Santiago 1:18). Jesús dijo: «El Espíritu da vida; la carne no vale para nada» (Juan 6:63b). David reconoce el principio vivificador de la Palabra de Dios al decir: «La ley de Jehová es perfecta, que convierte el alma» (Salmos 19:7, RVR1960).

En el texto hebreo, la palabra para «alma» *es nephesh.* Como se usa aquí, la idea está en contraste con el cuerpo. Habla de la persona interna. Si traza la palabra hebrea *nephesh* a través del Antiguo Testamento, encontrará que, en las versiones más populares en castellano de la Biblia, se traduce de una docena o más de maneras. Puede significar «criatura», «persona», «ser», «vida», «mente», «yo», «apetito», «deseo» o «alma», pero normalmente se emplea para representar a la persona verdadera, el ser que nunca muere.

Por tanto, ¿qué dice la declaración? Las Escrituras, en las manos del Espíritu Santo, pueden revivir y regenerar a alguien que esté muerto en el pecado. Nada más tiene ese poder: ninguna historia hecha por el hombre, ninguna visión carnal inteligente, ninguna profunda filosofía humana. La Palabra de Dios es el único poder que puede transformar totalmente a todo el ser interior.

La Palabra de Dios es confiable, imparte sabiduría

La segunda mitad del Salmo 19:7 hace girar el diamante ligeramente y hace observar una faceta diferente de la Escritura: «El testimonio de Jehová es fiel, que hace sabio al sencillo» (RVR60). Aquí se habla de la Escritura como la autorrevelación de Dios. El *testimonio* es el relato personal de un testigo confiable. Esa palabra normalmente se reserva para declaraciones formales y solemnes de fuentes fidedignas, generalmente en contextos legales o religiosos. El testigo presencial da testimonio, bajo juramento, en el tribunal. El creyente, por su parte, relata cómo llegó a la fe; eso es lo que llamamos «un testimonio». El vocablo transmite la idea de una declaración formal que hace una fuente confiable.

La Escritura es el testimonio de Dios. Es el relato que hace el propio Dios sobre lo que es y cómo es Él. Es la autorrevelación de Dios. Qué maravilloso que Dios se haya revelado de una manera tan grande y extraordinaria: sesenta y seis libros (treinta y nueve en el Antiguo Testamento, veintisiete en el Nuevo), todos los cuales revelan la verdad sobre nuestro Dios para que podamos conocerlo y descansar de forma segura en Él.

«El testimonio del Señor es *seguro*». Esa es su característica central. Es verdad. Es fehaciente. Es confiable.

El mundo está lleno de libros en los que no se puede confiar. Como una cuestión de hecho, cualquier libro escrito por el hombre, que carezca de la inspiración del Espíritu Santo, contendrá errores y deficiencias de diversos tipos. Pero la Palabra del Señor es absolutamente confiable. Cada hecho, cada proclama, cada doctrina y cada declaración de la Escritura nos llega «no con palabras enseñadas por sabiduría humana, sino con las que enseña el Espíritu» (1 Corintios 2:13a).

¿Y cuál es el impacto de esto? La Escritura «hace sabio al sencillo». «Sencillo» es la traducción de una expresión hebrea que habla de ignorancia ingenua. Se puede utilizar como un término despectivo, que describe a las personas que son incautas, crédulas o simplemente tontas. Es la misma palabra hebrea utilizada en Proverbios 7:7, «Vi entre los simples, consideré entre los jóvenes, a un joven falto de entendimiento», y 14:15ª: «El simple cree todo». El término significa alguien sin conocimiento ni comprensión.

Sin embargo, la derivación de la palabra sugiere que el problema no es una discapacidad de aprendizaje o pura estupidez. La raíz hebrea significa «*abrir*», lo que sugiere la imagen de una puerta abierta. Muchas palabras hebreas pintan imágenes vívidas. Como regla, el hebreo no es abstracto, esotérico ni teórico como el griego. Esta expresión particular es un ejemplo clásico. Encarna la idea hebrea de lo que significa ser simple: una puerta que se mantiene abierta.

A las personas hoy les gusta pensar que tienen una mente abierta. Para un judío veterotestamentario, ese tipo de mentalidad es medio ingenua. Si usted dice que tiene una mente abierta sería como declarar su ignorancia. Algo muy parecido al agnosticismo moderno. Los agnósticos pretenden tener una cosmovisión iluminada y a los más típicos le gusta asumir el aire y las actitudes de un intelectual que tiene conocimiento avanzado. Pero la palabra agnóstico es una combinación de dos términos griegos que significan «*sin conocimiento*». Llamarse agnóstico es hacer una declaración de ignorancia. El equivalente latino sería *ignorante*.

No es saludable ni digno de elogio tener una mente constantemente abierta con respecto a las creencias, valores y convicciones morales de uno. Una puerta abierta permite que todo entre y salga. Esta es la actitud que hace que hoy tantas personas sean vacilantes, indecisas y de doble ánimo: inestables en todos sus caminos (Santiago 1:8). No tienen un ancla para sus pensamientos, no hay una regla para distinguir el bien del mal y, por lo tanto, no hay convicciones reales. Simplemente carecen de las herramientas y la agudeza mental para discernir o hacer distinciones cuidadosas. Esa forma de pensar no es motivo de orgullo.

Si pudiera decirle a un creyente devoto del Antiguo Testamento que usted es de mente abierta, él podría decirle: «*Bueno, cierra la puerta*». Usted necesita saber qué mantener y qué evitar. Tiene una puerta en su casa y la cierra para guardar algunas cosas (los niños, la calefacción, el aire frío o la mascota de la familia) y para resguardarla de otras (como de ladrones, insectos y vendedores). Usted la abre solo cuando quiere dejar entrar algo o a alguien. La puerta es un punto de discreción. Es el lugar donde se distingue entre lo que se debe dejar pasar y lo que se debe mantener fuera. De hecho, es probable que su puerta tenga una abertura que puede ayudarle a mirar y así discernir quién va a entrar y quién no.

Nuestras mentes deberían funcionar de manera similar. No es honroso dejar entrar y salir indiscriminadamente cualquier cosa o persona. Necesitamos cerrar la puerta y proteger cuidadosamente lo que entra y lo que sale (Proverbios 4:23).

La Palabra de Dios tiene el efecto de hacer que las mentes simples sean sabias para ese mismo propósito. Nos enseña el discernimiento. Entrena nuestros sentidos para «distinguir el bien del mal» (Hebreos 5:14b).

La palabra hebrea traducida como «*sabio*» en el Salmo 19:7 no se refiere a conocimiento teórico, presunción filosófica, proeza intelectual, buen habla, astucia ni cualquiera de las otras cosas que definen la sabiduría mundana. La sapiencia bíblica se trata de una vida prudente. La palabra sabio describe a alguien que camina y actúa de manera sensata y virtuosa: «Necio es el que confía en sí mismo; el que actúa con sabiduría se pone a salvo» (Proverbios 28:26). La persona verdaderamente sabia reconoce lo que es bueno y correcto, luego aplica esa sencilla verdad a la vida cotidiana.

En otras palabras, a la vista la sabiduría aquí no tiene nada que ver con los cocientes de inteligencia o los grados académicos. Tiene que ver con la verdad, la honra, la virtud y el fruto del Espíritu. De hecho, «el comienzo de la sabiduría es el temor del SEÑOR; conocer al Santo es tener discernimiento» (Proverbios 9:10).

Solo hay un documento en el mundo entero que puede revivir a un individuo espiritualmente muerto y hacerlo espiritualmente sabio. Ningún libro escrito por simples hombres podría hacer eso y mucho menos darnos la habilidad de vivir bien en un mundo maldito por el pecado. No hay vida espiritual, salvación ni santificación aparte de las Escrituras.

Todos necesitamos desesperadamente esa transformación. No es un cambio que podamos hacer por nosotros mismos. Toda la gloria que se ve en la creación no es suficiente para lograrlo. Solo las Escrituras tienen el poder vivificante y transformador necesario para revivir a un alma espiritualmente muerta y hacer que el simple sea sabio.

La Palabra de Dios es recta y produce alegría

La primera parte del Salmo 19:8 da una tercera declaración acerca de la suficiencia perfecta de la Escritura: «Los preceptos del SEÑOR son rectos: traen alegría al corazón». El sustantivo hebreo traducido como «preceptos» («estatutos» en algunas versiones) denota principios para la instrucción. Los sinónimos cercanos serían *reglas*, *credos*, *axiomas*, *principios* e incluso *mandamientos*. Toda esa gama de significado es inherente a la palabra. Incluye los principios que rigen nuestro carácter y conducta, así como las proposiciones que dan forma a nuestras convicciones y nuestra confesión de fe. Cubre todos los preceptos bíblicos, desde las premisas básicas que gobiernan el comportamiento recto hasta los axiomas fundamentales de la sana doctrina. Todas estas son verdades que se deben creer.

Eso se debe a que son «rectas». En el salmo, David no pretende decir simplemente que lo recto es lo opuesto a lo incorrecto (aunque eso es obviamente cierto). La palabra hebrea significa «recta» o «sin desvío». Tiene la connotación de rectitud, alineamiento y orden perfecto. La implicación es que los preceptos de las Escrituras mantienen a una persona en la dirección correcta, fiel al objetivo.

Observe que hay progreso y movimiento en el lenguaje. El efecto de la Palabra de Dios no es estático. Se regenera, restaurando el alma a la vida. Insiste, toma a una persona que carece de discreción y la transforma en alguien que es hábil. Luego lo santifica, lo coloca en el camino correcto y lo señala en una dirección verdadera. «Tu palabra es una lámpara a mis pies;es una luz en mi sendero» (Salmos 119:105).

La Escritura, sin embargo, no es solo lámpara y luz; es la voz viva que nos dice: «Ya sea que te desvíes a la derecha o a la izquierda, tus oídos percibirán a tus espaldas una voz que te dirá: "Este es el camino; síguelo"» (Isaías 30:21). Necesitamos desesperadamente esa guía. «Hay caminos que al hombre le parecen rectos, pero que acaban por ser caminos de muerte» (Proverbios 16:25). La Escritura nos aclara el camino verdadero para nosotros.

El resultado es alegría: «Los preceptos del Señor son rectos: traen alegría al corazón» (Salmos 19:8a). Si está ansioso, temeroso, dubitativo, melancólico o con problemas de corazón, aprenda y acepte los preceptos de Dios. La verdad de la Palabra de Dios no solo le informará y le santificará, sino que también le dará alegría y aliento a su corazón.

Esto es cierto sobre todo en tiempos de conflictos. Las respuestas típicas de la sabiduría mundana al desánimo y la depresión son vacías, inútiles o peor aun. Toda forma de autoayuda, autoestima y autocomplacencia promete alegría pero, al final, solo causan más desesperación. La verdad de las Escrituras es un ancla segura y probada en el tiempo con los corazones atribulados. Y la alegría que genera es verdadera y duradera.

El poder vivificante y transformador mencionado en el versículo 7 es la razón de la alegría expuesta en el versículo 8. David, que escribió este salmo, conocía esa alegría en persona. Lo mismo hizo el escritor del Salmo 119, que escribió: «Este es mi consuelo en medio del dolor: que tu promesa me da vida» (v. 50); «Me acuerdo, Señor, de tus juicios de antaño, y encuentro consuelo en ellos» (v. 52); «Tus decretos han sido mis cánticos en el lugar de mi destierro» (v. 54). Claramente este es un tema esencial en el Salmo 119, el más largo de todos los salmos: «pues amo tus mandamientos y en ellos me regocijo» (v. 47).

A veces se le dice a Jeremías «el profeta llorón» porque gran parte de su mensaje está lleno de dolor y aflicción. La mayoría de los estudiosos creen que él también es el profeta que escribió el libro de Lamentaciones. La gente se negaba a escuchar a Jeremías. Finalmente, lo arrojaron a un pozo para que se callara. Pero el profeta se alegraba profundamente con la Palabra de Dios: «Al encontrarme con tus palabras,yo las devoraba; ellas eran mi gozo y la alegría de mi corazón, porque yo llevo tu nombre, SEÑOR, Dios Todopoderoso» (Jeremías 15:16).

Se exhorta a los cristianos a cultivar el gozo que produce la Palabra de Dios: «Que habite en ustedes la palabra de Cristo con toda su riqueza: instrúyanse y aconséjense unos a otros con toda sabiduría; canten salmos, himnos y canciones espirituales a Dios, con gratitud de corazón» (Colosenses 3:16). El corazón alegre, representado en versos como este, es una de las razones clave por las cuales las Escrituras se les dan a los creyentes. Cuando el apóstol Juan saludó a los destinatarios de su primera epístola inspirada, dijo: «Les escribimos estas cosas para que nuestra alegría sea completa» (1 Juan 1:4). La noche antes de su crucifixión, cuando las últimas instrucciones de Jesús a sus discípulos estaban casi completas, les dijo: «Les he dicho esto para que tengan mi alegría y así su alegría sea completa» (Juan 15:11).

La Palabra de Dios es pura, ilumina los ojos

El Salmo 19:8b (RVR1960) continúa: «El precepto de Jehová es puro, que alumbra los ojos». Esto habla de las Escrituras como un libro de preceptos u órdenes. La expresión destaca la autoridad inherente de la Biblia. No es un libro de recomendaciones o sugerencias. No es una colección de propuestas que instan a la reflexión o de consejos útiles aunque opcionales. Sus preceptos son mandatos obligatorios del soberano Rey del universo, cuya autoridad se extiende a cada detalle minúsculo de nuestras vidas.

Incluso el llamado a creer en el evangelio es una orden: «Y este es su mandamiento: que creamos en el nombre de su Hijo Jesucristo, y que nos amemos los unos a los otros, pues así lo ha dispuesto» (1 Juan 3:23). La convocatoria al arrepentimiento también viene como un mandato: «[Dios] ahora manda a todos, en todas partes, que se arrepientan» (Hechos 17:30b). Las instrucciones que se nos dan en las Escrituras son obligatorias, porque la Biblia es la Palabra de Dios. La creencia en, y la obediencia a, las Escrituras no es opcional. Por tanto, David simplemente se refiere a todas las Escrituras como *«el mandamiento del Señor»*.

Y el mandamiento del Señor es «*puro*». La palabra hebrea significa «*claro*». La Palabra de Dios es transparente o translúcida; no es turbia ni opaca. Esta es una afirmación del *discernimiento* de las Escrituras. En otras palabras, la verdad esencial de la Biblia se entiende fácilmente. La Palabra de Dios expresa su significado con suficiente claridad. De hecho, «Hay en ellas algunos puntos difíciles de entender, que los ignorantes e inconstantes tergiversan, como lo hacen también con las demás Escrituras, para su propia perdición» (2 Pedro 3:16b). Pero las verdades fundamentales de la Escritura son lo suficientemente claras: «Habrá allí una calzada que será llamada Camino de santidad. No viajarán por ella los impuros, ni transitarán por ella los necios; será solo para los que siguen el camino» (Isaías 35:8). Uno no necesita tener inteligencia avanzada ni habilidades sobrehumanas para comprender la verdad básica de la Biblia. Como regla general, las Escrituras simplemente no son muy difíciles de entender. De nuevo, el autor del Salmo 119 se hace eco y se extiende sobre este tema: «La exposición de tus palabras nos da luz, y da entendimiento al sencillo» (v. 130).

Lejos de ser inherentemente misteriosa o críptica, la Escritura es *revelación divina*. Es una revelación de la verdad que sería imposible de entender si Dios mismo no nos la revelara. Es «puro [claro, lúcido], que da luz los ojos» (Salmos 19:8b). La Biblia ilumina nuestra oscuridad; nos da un conocimiento que destruye la ignorancia y trae comprensión para despejar nuestra confusión. Así es como el apóstol Pablo lo dijo en 2 Corintios 3:16: «Pero, cada vez que alguien se vuelve al Señor, el velo es quitado». Sin embargo, como está escrito: «Ningún ojo ha visto, ningún oído ha escuchado, ninguna mente humana ha concebido lo que Dios ha preparado para quienes lo aman. Ahora bien, Dios nos ha revelado esto por medio de su Espíritu, pues el Espíritu lo examina todo, hasta las profundidades de Dios» (1 Corintios 2:9-10).

Por supuesto, solo los creyentes genuinos se benefician del efecto esclarecedor de la Palabra de Dios. Pablo continúa diciendo: «El que no tiene el Espíritu no acepta lo que procede del Espíritu de Dios, pues para él es locura. No puede entenderlo, porque hay que discernirlo espiritualmente» (v. 14). En palabras de Jesús, Dios —deliberadamente— ha «escondido estas cosas de los sabios e instruidos, se las has revelado a los que son como niños» (Mateo 11:25b). Por lo tanto, aquellos que son sabios en sus propios ojos ganan poco o nada de la luz de la Palabra de Dios, mientras que aquellos con una fe infantil la reciben con gusto y por lo tanto se vuelven verdaderamente sabios. Jesús dijo: «Les aseguro que el que no reciba el reino de Dios como un niño de ninguna manera entrará en él» (Marcos 10:15). La verdad de las Escrituras no es un secreto esotérico que un gurú agnóstico debe descubrir por nosotros. La fe requerida para aceptarlo es simple confianza infantil. Jesús enseñó y enfatizó esas cosas en el contexto de una interpretación muy compleja, confusa, alegórica y mística del Antiguo Testamento que fue perpetuada por muchos de los rabinos de su tiempo. «Y gran multitud del pueblo le oía de buena gana» (Marcos 12:37, RVR1960).

Los mandamientos de Dios son claros. Si no lo fueran, serían inútiles. ¿Cómo podría responsabilizarnos Dios de obedecer lo que posiblemente no podríamos entender? Por lo tanto, decir que la Biblia no es clara es acusar a Dios de confundir deliberadamente a la humanidad. La Escritura ilumina los ojos con claridad. Mark Twain era un agnóstico endurecido, por lo que muchas veces se le cita como diciendo: «No son las cosas que no entiendo en la Biblia lo que me molesta. Son las cosas que entiendo».

Eso lo dice bien. El problema para los incrédulos no es que la Biblia no sea lo suficientemente clara. Es que la Palabra de Dios es absolutamente clara sobre el problema humano, el pecado; de modo que a las personas caídas simplemente no les agrada lo que la Biblia dice. Por eso, para escapar de lo que es simple y fácilmente aparente, a veces afirman que es turbio e indistinto. Los creyentes saben lo contrario.

La Biblia es pura, permanece para siempre

El Salmo 19:9 agrega una quinta copla: «El temor del Señor es puro: permanece para siempre». «El temor del Señor» es una referencia a la pasión que evoca en los creyentes cuando sus mentes despiertan a la verdad de la Escritura. El tema no ha cambiado. El paralelismo poético deja en claro que David todavía está hablando de la Biblia y, en este paréntesis, se está refiriendo al sentimiento de conmoción que un alma pecaminosa siente ante Dios cuando la Palabra de Dios hace su trabajo. Este no es el miedo cobarde del desprecio y la repugnancia; es el respeto reverencial que es la base de la verdadera adoración.

La Biblia es un manual de adoración perfecto. Primero, nos mueve a la adoración al revelar la majestad y la perfección de YHWH, el Dios de Abraham, Isaac y Jacob (Éxodo 3:6; Mateo 22:32); el que es el Dios y Padre de nuestro Señor Jesucristo (Romanos 15:6; 2 Corintios 1:3; 11:31; Colosenses 1:3). Él es el Creador, Sustentador y Soberano del universo. Solo Él es santo, omnisciente, omnipresente, omnipotente, inmutable y eterno.

La Escritura no solo nos dice a quién se debe adorar, sino también cómo se le debe rendir culto. Él es Espíritu, por lo que debe ser adorado en espíritu y en verdad (Juan 4:23-24), no a través de imágenes talladas, como si fuera un ídolo o algo hecho por el hombre. Jesús dijo: «Los verdaderos adoradores rendirán culto al Padre en espíritu y en verdad» (v. 23).

Como un manifiesto y un manual sobre adoración, las Escrituras son «limpias, y permanecen para siempre» (Salmos 19:9a). La palabra hebrea traducida como «*limpio*» se usa más de noventa veces en el Antiguo Testamento para referirse a la limpieza ceremonial. Significa que no hay deshonra, impureza ni imperfección de ningún tipo en las Escrituras. La Escritura no tiene corrupción en absoluto; por lo tanto, no tiene error.

En otra parte, David hace esta idea aún más enfática: «Las palabras de Jehová son palabras limpias, Como plata refinada en horno de tierra, Purificada siete veces» (Salmos 12:6, RVR1960). Note que las mismas palabras de las Escrituras son totalmente libres de toda imperfección. No hay escoria, imperfecciones ni elementos extraños. Sería difícil idear una declaración más enfática de inerrancia bíblica.

La prueba de esta absoluta perfección es que la Palabra de Dios perdura para siempre. No cambia nunca. Cualquier alteración del texto solo podría introducir imperfección. La Escritura es eternamente, inalterablemente perfecta. Jesús dijo: «El cielo y la tierra pasarán, pero mis palabras jamás pasarán» (Mateo 24:35; Marcos 13:31). También indicó: «Les aseguro que mientras existan el cielo y la tierra, ni una letra ni una tilde de la ley desaparecerán hasta que todo se haya cumplido» (Mateo 5:18). La Escritura está llena de declaraciones similares: «Tu palabra, Señor, es eterna, y está firme en los cielos» (Salmos 119:89); «La hierba se seca y la flor se marchita, pero la palabra de nuestro Dios permanece para siempre» (Isaías 40:8); «pero la palabra del Señor permanece para siempre. Y esta es la palabra del evangelio que se les ha anunciado a ustedes» (1 Pedro 1:25).

La Biblia es verdad, completamente justa

La frase final del Salmo 19:9 nos da la última de estas seis afirmaciones poéticas sobre la Palabra de Dios: «Las sentencias del SEÑOR son verdaderas: todas ellas son justas del todo». Los «*juicios*» pueden ser una traducción más precisa que las «sentencias». La versión Reina Valera traduce el sustantivo como «*juicios*». Es una palabra hebrea que significa «*veredicto*». Es una terminología judicial y puede referirse a una decisión, una ordenanza, un derecho legal, un privilegio legal, una sentencia contenciosa o un decreto. La palabra visualiza a Dios como el Juez, el Legislador y el que otorga todos los derechos y privilegios. Todos sus juicios son verdaderos y todos sus decretos son correctos.

Y a medida que el contexto lo deja en claro, David todavía piensa específicamente en el contenido de las Escrituras. Todas las declaraciones de la Biblia son verdaderas y sus principios morales son «*completamente justos*».

La Escritura es el veredicto del divino Magistrado en cuanto a todo lo que corresponde a la vida y a la piedad. Cuando las Escrituras hablan, es concluyente puesto que es el propio veredicto de Dios. Es un decreto inmutable del tribunal del cielo. «Y tú, que eres el Juez de toda la tierra, ¿no harás justicia?» (Génesis 18:25b). Los juicios de Dios, por definición, son *verdaderos*.

Esta es una declaración crucial; establece el punto de partida y la base para una cosmovisión verdaderamente cristiana. En un mundo de mentiras y engaños, la Escritura es absolutamente, inequívocamente «verdadera y virtuosa por completo». No hay espacio en esa expresión para ninguna visión de la Escritura que trate de permitir equivocaciones históricas, errores científicos, inexactitudes fácticas ni falacias de ningún tipo. David no pudo haber hecho una declaración más completa o concluyente sobre la inerrancia y la suficiencia de la Escritura. El mismo punto se repite en el Salmo 119:160: «La suma de tus palabras es la verdad; tus rectos juicios permanecen para siempre». La Escritura es verdadera en su totalidad; y también es cierta aun en los detalles más pequeños. Para decirlo en forma más precisa, es la *verdad*. Esto es lo que las Escrituras constantemente afirman por sí mismas. Es la propia visión de Jesús acerca de las Escrituras, cuando oró como sigue: «Santifica [a mis discípulos] en la verdad; tu palabra es verdad» (Juan 17:17).

Por supuesto, la mayoría del mundo rechaza la Biblia. No es que ella sea increíble (incontables millones en el transcurso de la historia humana han creído en la Escritura, y sus corazones y sus vidas han sido transformados por ella). La razón por la cual la incredulidad tenaz está tan extendida es que la gente simplemente no quiere creer en las Escrituras, porque da un análisis muy devastador de la condición humana y condena a quienes aman su pecado. A los incrédulos en la audiencia de Jesús, este les dijo:

«¿Por qué no entienden mi modo de hablar? Porque no pueden aceptar mi palabra. Ustedes son de su padre, el diablo, cuyos deseos quieren cumplir. Desde el principio este ha sido un asesino, y no se mantiene en la verdad, porque no hay verdad en él. Cuando miente, expresa su propia naturaleza, porque es un mentiroso. ¡Es el padre de la mentira! Y sin embargo a mí, que les digo la verdad, no me creen. ¿Quién de ustedes me puede probar que soy culpable de pecado? Si digo la verdad, ¿por qué no me creen? El que es de Dios escucha lo que Dios dice. Pero ustedes no escuchan, porque no son de Dios» (Juan 8:43-47).

No se pierda, sin embargo, el punto central del Salmo 19. La Escritura no solo es verdadera, inerrante y autoritativa; también es *suficiente*. Ella nos da cada verdad que realmente importa. Nos muestra el camino de la salvación y luego nos equipa para cada buena obra (2 Timoteo 3:15-17). Es «justa por completo» y promueve la rectitud en aquellos que la aceptan.

La Escritura es eternamente verdadera, siempre aplicable y perfectamente suficiente para satisfacer todas nuestras necesidades espirituales. Al contrario de lo que muchas personas piensan hoy, la Biblia no necesita ser complementada con nuevas revelaciones. No necesita ser reinterpretada para adaptar las últimas teorías científicas. No necesita correcciones en aras de que armonice con la psicoterapia para que sea popular. Ciertamente no necesita ser editada para que se ajuste a las nociones postmodernas sobre moralidad y relativismo. Todas esas cosas irán y vendrán, «pero la palabra del Señor permanece para siempre» (1 Pedro 1:25), sin cambios e inmutable como el Dios que nos la dio.

Capítulo 2

«Los santos hombres de Dios hablaron»

2 PEDRO 1:16-21

Derek W. H. Thomas

¿Qué es exactamente la Biblia? En un nivel, es una colección de aproximadamente tres cuartos de un millón de palabras en sesenta y seis libros escritos en tres idiomas (hebreo, arameo y griego) durante un período de más de mil años por unos cuarenta autores en una variedad de formas, incluyendo historia, profecía, sermones, cartas, tratados formales de pactos, narraciones de viajes, poesía, parábolas, proverbios, planos arquitectónicos, apocalipsis, evangelios, leyes (morales, civiles y ceremoniales), inventarios y mucho más. A esos diversos géneros se aplican reglas características de la interpretación (la historia debe leerse como historia, las parábolas como parábolas, apocalipsis como apocalipsis, etc.), asegurando que una interpretación «literal» sea sensible al *género literario*.

Cada palabra de la Biblia en su original hebreo, arameo o griego es producto de la divina «espiración» (*theopneustos*, «inspirada por Dios» [2 Timoteo 3:16]). Hablando en términos estrictos, esta atribución se refiere al Antiguo Testamento, asegurando que cada palabra de este es lo que Dios quiso decir y, por lo tanto, es infalible e inerrante (totalmente verdadero y completamente confiable).[1] Con respecto al Nuevo Testamento, Pedro agrega una visión significativa cuando reprende a los «ignorantes e inestables» en cuanto a las cartas de Pablo «que... [las] tergiversan, como lo hacen también *con las demás Escrituras*, para su propia perdición» (2 Pedro 3:16), colocando así las cartas tergiversadas a la par de las Sagradas Escrituras. Por lo tanto, como comenta Charles Hill, «una colección de al menos algunas de las cartas de Pablo ya era conocida y considerada como Escritura y, por lo tanto, gozaba de respaldo canónico».[2]

La Biblia, entonces, es tanto «de los hombres» como «de Dios», algo que Pedro deja muy en claro cuando escribe: «sino que los santos hombres de Dios hablaron siendo inspirados por el Espíritu Santo» (2 Pedro 1:21, RVR1960). La autoría humana de la Escritura (lo que los teólogos han denominado su naturaleza *orgánica*), asegura que podemos decir legítimamente: «Moisés escribió» o «Juan escribió», distinguiendo las características estilísticas exclusivas de los escritores individuales (de lo que hablaré más adelante en este capítulo).

La Biblia y la gestión humana

La Escritura es humana y divina a la vez: totalmente humana y totalmente divina en su origen. Considere los siguientes versículos:

- «Luego extendió el Señor la mano y, tocándome la boca, me dijo: "He puesto en tu boca mis palabras"» (Jeremías 1:9).
- «[Dios] dijiste en labios de nuestro padre David, tu siervo: ¿Por qué se sublevan las nacionesy en vano conspiran los pueblos?» (Hechos 4:25).
- «Por eso, como dice el Espíritu Santo: "Si ustedes oyen hoy su voz..."» (Hebreos 3:7, citando Salmos 95:7-11).
- «También el Espíritu Santo nos da testimonio de ello» (Hebreos 10:15).
- «Porque la Escritura le dice al faraón: "Te he levantado precisamente para mostrar en ti mi poder, y para que mi nombre sea proclamado por toda la tierra"» (Romanos 9:17; note que es Dios quien le dijo estas palabras a Faraón [Éxodo 9:16]; por lo tanto, las Escrituras dicen = Dios dice).

Pedro dice «los santos hombres hablaron de parte de Dios», así que cualquiera que sea la naturaleza precisa de la gestión divina que operó en y a través de esos hombres, las Escrituras surgieron a través de la intervención humana. Los escritores humanos de los libros bíblicos incluían a hombres de diversos orígenes educativos y sociales —piense en Moisés y su educación egipcia, o Isaías y Amós, que tenían antecedentes urbanos y rurales respectivamente— y diversos temperamentos: sanguíneo, colérico, melancólico y flemático (uno imagina a Salomón, Pablo, Juan y Jeremías en una u otra de estas categorías). Basta pensar en la diversidad de los cuatro escritores de los evangelios, representados en el *Libro de Kells* por un hombre o un ángel alado (Mateo), un león (Marcos), un buey (Lucas) un águila (Juan) para aclarar la diversidad de la autoría humana.

La autoría humana da lugar a distinciones estilísticas. Los lectores de la Biblia han notado, por ejemplo, que Isaías tiene una tendencia a emplear la adscripción «el Santo de Israel» cuando habla de Dios. Alec Motyer comenta: «Utiliza, por ejemplo, el adjetivo "santo" (*qōdōš*) el Señor con más frecuencia que el resto del Antiguo Testamento en conjunto, y lo enfoca en un título que bien podría haber acuñado, característico de la literatura *isaiánica*: El Santo de Israel. El título se usa en Isaías veinticinco veces en comparación con siete en el resto del Antiguo Testamento».[3]

Otros ejemplos incluyen la tendencia de Jeremías a la introspección, dando paso al análisis subjetivo de sí mismo: un escritor lo llama «el profeta más humano»;[4] el uso característico de Juan de palabras simples en el progreso de su evangelio para expresar la más profunda de las verdades; y la capacidad de Pablo para emplear construcciones de frases largas (*pleonasmos*) que «se extienden por cláusulas relativas, causales y construcciones participiales».[5]

La autoría humana también se ve en el uso de fuentes de información «ordinarias». Por lo tanto, el cronista se refiere al acceso al material de «*las Crónicas de Samuel el vidente*» (1 Crónicas 29:29). Y de manera similar, Lucas (casi pedante) nos informa de su metodología investigativa:

> Muchos han intentado hacer un relato de las cosas que se han cumplido entre nosotros, tal y como nos las transmitieron los que desde el principio fueron testigos presenciales y servidores de la palabra. Por lo tanto, yo también, excelentísimo Teófilo, habiendo investigado todo esto con esmero desde su origen, he decidido escribírtelo ordenadamente,para que llegues a tener plena seguridad de lo que te enseñaron (Lucas 1:1-4).

El hecho de que esto luzca como la forma en que Tucídides introdujo su *Historia de la Guerra del Peloponeso* no carece de importancia:

Pero en cuanto a los hechos de las ocurrencias de la guerra, pensé que era mi deber entregarlos, no como lo había averiguado un informante casual, ni como me parecía probable, sino solo después de investigar con la mayor precisión posible cada detalle, en el caso tanto de los eventos en los que participé yo mismo como de aquellos respecto de los cuales obtuve información de otros. Y el esfuerzo por descubrir estos hechos fue una tarea laboriosa.

Lucas, al igual que Tucídides, hizo su tarea.

En forma parecida, se ha observado el uso que hacen los autores bíblicos de ciertas características estilísticas similares que reflejan convenciones «seculares». Mucho se ha escrito, por ejemplo, sobre la influencia de la literatura del Antiguo Cercano Oriente (ACO) en la Biblia,[6] especialmente de la literatura canónica del ACO y las modalidades de tratados en el Antiguo Testamento.[7] En el otro extremo de la escala histórica, debemos recordar que los escritores del Nuevo Testamento eran judíos, criados en culturas hebreas, todas las cuales (más que probable) influyeron en cómo pensaban, razonaban y respondían a diversas circunstancias. Y estas influencias no fueron tan homogéneas como se pensaba. El surgimiento de la llamada «nueva perspectiva de Pablo» fue, en gran parte, impulsado por lo que se decía que era un malentendido fundamental del judaísmo del Segundo Templo; una visión que esencialmente lo equiparaba con el catolicismo medieval, alineando así la retórica de Martín Lutero, en el siglo decimosexto, con la de Pablo. Este no es el lugar para abordar este tema, pero estas afirmaciones solo han intensificado el estudio del judaísmo del primer siglo y los diversos contextos en los que los apóstoles del Nuevo Testamento ministraron.El análisis de Pablo de lo que era anteriormente en Filipenses 3:4-7, en el que señala su relación con la ley como «irreprensible» (v. 6), por ejemplo, tiene una enorme influencia sobre cómo lo entendemos nosotros. Su antagonismo con los judaizantes debe ser comprendido, desde un punto de vista, como resultado del hecho de que él fue uno de ellos. Los entendía porque era uno de ellos. Mi punto aquí es simplemente destacar el hecho de que el antecedente humano y la experiencia juegan un papel importante en la configuración de los contextos de la teología de Pablo.

¿Qué hemos dicho hasta ahora? Hemos visto que podemos distinguir el aporte de autores individuales (escritores bíblicos) dentro del canon bíblico, sus personalidades, antecedentes y metodologías de investigación, por ejemplo. Y a partir de esa observación, se puede hacer otra: que los autores individuales aportan características teológicas particulares, y que aumentan y promueven sus propios análisis y argumentos. Isaías, como hemos visto, hace avanzar lo que entendemos de la santidad y de ese modo avanza nuestra comprensión de la doctrina de Dios. Del mismo modo, Oseas profundiza sobre la naturaleza del amor del pacto. Ezequiel, desde el punto de vista del exilio y la destrucción inminente de Jerusalén y el templo, se expande en la naturaleza de la gloria de Dios. Y en el Nuevo Testamento, Pablo —para limitarnos a un solo ejemplo— expande la naturaleza de la justificación y la unión con Cristo. De hecho, este último concepto, como se ha señalado a menudo, seguramente se derivaba de su propio encuentro con Jesús, cuando escuchó, en efecto, la acusación de que, en la medida en que había perseguido a Esteban, de hecho, había perseguido a Jesús (Hechos 9:4; 22:7; 26:14).

El punto aquí es que la revelación —la revelación de Dios al hombre—, no es *plana* sino *progresiva* y *evolutiva*. Dios empleó a los autores de las Escrituras, con sus personalidades y antecedentes exclusivos, para avanzar en lo que entendemos de su propósito y su gracia con el evangelio. Además, este avance se puede ver en la experiencia y la comprensión de los autores individuales. Pocos argumentarían que hay una diferencia mensurable entre el lenguaje de Pablo en Gálatas y 2 Timoteo. Después de todo, los separan unos veinte años.

Algunos han sido reticentes a promover una sólida doctrina del componente humano (orgánico) del origen de las Escrituras («los hombres escribieron», 2 Pedro 1:21) por temor a que, al hacerlo, las Escrituras parezcan menos «inspiradas». Pero eso es un error. El hecho es que las Escrituras son de doble autoría. Dios escribió y los hombres escribieron. Dios escribió *a través* de instrumentos humanos. Obviamente, esto requiere una explicación.

¿Dictado?

¿Cómo escribió Dios las Escrituras *a través* de los hombres? Sería un error asumir que el medio de la inspiración siempre fue el dictado: que los escritores de la Biblia eran empleados simplemente como secretarios anticuados que transcribían la revelación de Dios palabra por palabra.

¡Hubo *ocasiones* en que los escritores de la Biblia tomaron dictado! Por ejemplo, las siete cartas a las iglesias en Asia Menor en Apocalipsis 2 y 3 están precedidas por un mandato del Señor Jesús al apóstol Juan: «Al ángel de la iglesia en... escribe» (Apocalipsis 2:1, 8, 12, 18; 3:1, 7, 14). Es claro que, Juan tomó exactamente —palabra por palabra— lo que Jesús le dijo. De manera similar, los Diez Mandamientos se introducen con esta fórmula: «Y Dios habló todas estas palabras, diciendo...» (Éxodo 20:1; véase Deuteronomio 5:5:» Él [el Señor] dijo...»).

Pero este método es raro. Por ejemplo, como hemos visto, Lucas nos dice que su método fue diferente: grabar entrevistas con testigos presenciales, verificar sus hechos y participar en meticulosas investigaciones historiográficas (Lucas 1:1-4). De vez en cuando, algunas alusiones a las Escrituras del Antiguo Testamento se hacen con sorprendente informalidad: «Se ha testificado en alguna parte...», como si el autor confiara en su memoria *«falible»* (Hebreos 2:6). Pero no debemos sacar de tales alusiones la conclusión de que estas citas están de alguna manera menos inspiradas. Como J. I. Packer escribe:

> Las dobles suposiciones que hacen los críticos liberales; que, por un lado, el control divino de los escritores excluiría el libre ejercicio de sus poderes naturales, mientras que, por otro lado, el acomodo divino al libre ejercicio de sus poderes naturales excluiría completamente el control de lo que escribieron, son realmente dos modalidades del mismo error. Son dos formas de negar que la Biblia puede ser una composición totalmente humana y completamente divina. Y esta negación descansa (como lo hacen finalmente todos los errores en la teología) en una falsa doctrina de Dios; en esta particularmente, la de su providencia. Porque asume que Dios y el hombre se encuentran en una relación tal que no pueden ser agentes libres en la misma acción.[8]

Además, parece que hubo ocasiones en que los escritores de la Biblia escribieron *hasta lo que no entendían*. Pedro cita un ejemplo: «Los profetas, que anunciaron la gracia reservada para ustedes, estudiaron cuidadosamente esta salvación. Querían descubrir a qué tiempo y a cuáles circunstancias se refería el Espíritu de Cristo, que estaba en ellos, cuando testificó de antemano acerca de los sufrimientos de Cristo y de la gloria que vendría después de estos» (1 Pedro 1:10-11). Claramente, los profetas escribieron sobre cosas que no entendieron del todo. La relación entre los autores humanos y el divino —«Palabras de Dios en las bocas de los hombres»—, no es fácil de comprender. No deberíamos, por ejemplo, intentar parcelar «segmentos inspirados» y «segmentos no inspirados»; una tendencia demasiado común entre los evangélicos del pasado y el presente. Peter Enns, por ejemplo, en sus discusiones sobre el tema de si hubo o no un Adán histórico, escribe:

> Muchos lectores cristianos concluirán, correctamente, que la doctrina de la inspiración no requiere «defender» a los autores bíblicos en cuanto a decir cosas que reflejen una cosmología antigua defectuosa. Si comenzamos con suposiciones sobre lo que «debe significar» la inspiración, estamos creando un dilema falso y terminaremos necesitando formular argumentos sinuosos para alinear a Pablo y a otros escritores bíblicos con modos de pensar que nunca se les habrían ocurrido. Pero cuando permitimos que la Biblia nos guíe en nuestro pensamiento sobre la inspiración, nos vemos obligados a dejar espacio para que los escritores antiguos reflejen e incluso incorporen sus cosmologías antiguas y erradas en sus reflexiones escriturales.[9]

En pocas palabras, esta afirmación sugiere que Pablo creía en un Adán histórico *y que estaba equivocado*. La inspiración, bajo esta premisa, acomoda una visión errónea (en Génesis) del origen del hombre, sobre la cual Pablo construye toda una teología (en Romanos 5). Desde este punto de vista, ciertas partes de la Escritura están menos inspiradas que otras; lo cual, según Enns, es un ejemplo de la naturaleza *encarnacional* de la revelación. Pero es Enns quien se equivoca, no la Biblia. Además, la analogía con la encarnación, por supuesto, es completamente engañosa, ya que la naturaleza humana de Cristo es inmaculada.

Total y absoluta soberanía de la libertad humana

Pedro escribe: «Ante todo, tengan muy presente que ninguna profecía de la Escritura surge de la interpretación particular de nadie.

Porque la profecía no ha tenido su origen en la voluntad humana, sino que los profetas hablaron de parte de Dios, impulsados por el Espíritu Santo» (2 Pedro 1:20-21). La elección de las palabras de Pedro aquí es fascinante (sí, tanto la elección de Pedro como la del Espíritu Santo, que estaba supervisando la libertad humana de Pedro bajo un entendimiento compatible de esta relación).

Hay que tratar varios puntos:

Primero, ¿cuál es el significado exacto de la palabra «profecía» aquí? ¿Se está refiriendo simplemente a profecías específicas sobre la venida de Jesús (Pedro ha estado aludiendo a la venida y transfiguración de Jesús), o es una referencia más general al Antiguo Testamento en su totalidad? Aun si limitáramos el término a, digamos, las escrituras de los profetas (en lugar de a todo el conjunto de las Escrituras), el punto que se está planteando es sustancialmente el mismo: los escritos proféticos son «Escrituras», y lo que es verdadero acerca de ellos es cierto *puesto que* son Escrituras.

En segundo lugar, la idea de la inspiración no se aplica a los escritores. Ellos no solo fueron exhalados por Dios e inspirados por Dios. Pedro dice que fueron «llevados» por el Espíritu Santo. Sin menospreciar el involucramiento humano —su participación «consciente»—, el texto señala que los profetas escribieron lo que el Espíritu Santo quería que escribieran; ni más ni menos.

Tercero, [en la versión inglesa ESV] el verbo en el versículo 21, «producir» —«*ninguna* profecía fue producida jamás por la voluntad del hombre» [la profecía no ha tenido su origen en la voluntad humana (NVI)]— también se emplea en el pasaje que habla de la voz del Padre celestial que Jesús escuchó: «la voz le fue *transmitida* por la Majestad de su gloria». El texto en inglés oculta el hecho de que Pedro está completando un punto doble en los versículos 20-21: «Nuestro autor está negando claramente una fuente de profecía y afirmando otra, que es celestial, así como la voz que vino a Jesús que también fue celestial».[10]

En cuarto lugar, el vocablo *«impulsados»* es muy fuerte. Es una forma verbal parecida a la empleada por Lucas para describir lo que les sucedió a Pablo y sus captores cuando fueron atrapados en la tormenta en el mar. Bajaron la vela mayor para permitir que el barco fuera «llevado» (o impulsado) por el viento (Hechos 27:15, NTV). El énfasis radica en la soberanía total. ¿Cómo tenemos esto asegurado? Estos hombres fueron llevados por el Espíritu Santo. No solo fueron impulsados o dirigidos por Él, sino que fueron llevados por Él. Cuando alguien es llevado, es puesto en el destino del que lo lleva. Hay supervisión y restricción. En un análisis magistral de este versículo (junto con su versículo paralelo en 2 Timoteo 3:16-17), Benjamin B. Warfield comenta:

> El término utilizado aquí es muy específico. No debe confundirse con guiar, dirigir, controlar ni incluso con liderar en el sentido pleno de esa palabra. Va más allá de todos estos términos, al asignar el efecto producido específicamente al agente activo. Lo que es «llevado» es asumido por el «portador» y transmitido por el poder del «portador», no el suyo, al objetivo del «portador». Los hombres que hablaron de parte de Dios declaran aquí, por lo tanto, que han sido tomados por el Espíritu Santo y traídos por su poder a la meta que Él escogió. Las cosas que ellos hablaron bajo esta operación del Espíritu fueron por lo tanto las cosas de Él, no las de ellos. Y esa es la razón por la cual «la palabra profética» es tan segura. Aunque se habla a través de la instrumentalidad de los hombres es, en virtud del hecho de que estos hombres hablaron «como impulsados (o llevados) por el Espíritu Santo», una palabra inmediatamente divina.[11]

¿Y cuál es el resultado de esta acción del Espíritu Santo? Ninguna Escritura es producto de la sola iniciativa humana:

- La Escritura no proviene «de la propia interpretación de nadie» (véase v. 20).
- La Escritura «no ha tenido su origen en la voluntad humana» (v. 21).

Debemos tener cuidado en cuanto a no contradecir lo que ya dijimos sobre la participación humana y la iniciativa en la producción de las Escrituras. Los hombres escribieron. Y sus contribuciones son distinguibles. Pero el producto terminado es lo que Dios quiere. El acento es impresionante: soberanía y responsabilidad en armonía compatible.

Certeza

Por tanto, ¿qué está diciendo Pedro?

Primero, está haciendo una declaración sobre *la idoneidad del lenguaje humano para transmitir la verdad divina*. Frente al escepticismo de la modernidad tardía, o postmodernidad, que duda que el lenguaje humano sea un buen vehículo para la verdad objetiva, las Escrituras afirman que «Dios ha hablado» por medio de palabras, verbos, sustantivos, adjetivos y construcciones gramaticales que transmiten la verdad. Dudar de ello (como muchos lo hacen) es poner en tela de juicio la encarnación de Jesucristo, ya que cuando Cristo habló, habló Dios mismo. La Biblia, en ninguna manera, vacila al respecto. Ante el escepticismo y la duda, sostener la Biblia en nuestras manos y leerla es lo mismo que escuchar la voz de Dios, no a través de vocablos en cierta forma de encuentro místico, sino en las propias palabras.

En segundo lugar, Pedro está afirmando que *se puede confiar en las Escrituras en cuanto a todos los asuntos a los que se refiere, aunque puedan parecer incidentales*. Por lo tanto, aun cuando las Escrituras aludan a incidentes históricos relativamente insignificantes, podemos considerarlos como confiables. D. A. Carson escribe al respecto:

La reina del Sur visitó a Salomón (Mateo 12:42; Lucas 11:31-32); David comió el pan consagrado (Marcos 2:25-26); Moisés levantó la serpiente en el desierto (Juan 3:14); Abraham le dio la décima parte del botín a Melquisedec (Hebreos 7:2); ocho personas se salvaron en el arca (1 Pedro 3:20); la burra de Balán habló (2 Pedro 2:16), para citar algunos ejemplos. Uno de los más intrigantes procede de los labios de Jesús (Mateo 22:41-46; Marcos 12:35-37). Jesús cita el Salmo 110 que, de acuerdo con la inscripción, es un salmo de David. Lo importante a observar es que la validez del argumento de Jesús aquí depende completamente de la suposición de que la inscripción es exacta. Si el salmo no fue escrito por David, entonces este no habló del Mesías como su Señor, aun cuando se refiere a *«mi Señor»* a quien «el Señor» habló. Si, digamos, un cortesano hubiera compuesto el salmo, entonces podría entenderse que «mi Señor» se refiere al propio David, o a uno de los monarcas que lo sucedieron (como suponen muchos críticos modernos).[12]

El punto aquí es este: se puede confiar en la Biblia en asuntos de relativa importancia y, por lo tanto, en sus detalles y en su enseñanza general. Pero la tendencia actual es sugerir que no deberíamos preocuparnos demasiado por los detalles. A. T. B. McGowan escribe:

Mi argumento es que la Escritura, habiendo sido divinamente inspirada, es como Dios quiso que fuera. Habiendo elegido libremente usar a los seres humanos, Dios sabía lo que estaba haciendo. Él no nos dio un texto autográfico inexacto, puesto que no tenía la intención de hacerlo. Nos dio un texto que refleja la humanidad de sus escritores pero que, al mismo tiempo, evidencia claramente su origen en el hablar divino. A través de la instrumentalidad del Espíritu Santo, Dios es perfectamente capaz de usar estas Escrituras para cumplir sus propósitos.[13]

El problema con tal punto de vista es que es imposible medir dónde termina la inspiración y dónde comienza la falibilidad humana.

El punto de Pedro en 2 Pedro 1:19-21 es que *toda* la Escritura es «de Dios». Parcelar las partes que son inspiradas y las que no lo son es absolutamente ilegítimo. Algunos insisten en que la naturaleza *orgánica* de la Escritura debe implicar un error, ya que «errar es humano». Pero la realidad es que, de acuerdo a esta línea argumental, *toda* la Escritura es humana y, por lo tanto, está sujeta a sospecha.

Tercero, *las Escrituras son más ciertas y, por lo tanto, más confiables que nuestra experiencia.* La Versión Estándar Inglesa (EVS) presenta a 2 Pedro 1:19 de la siguiente manera: «Tenemos la palabra profética *más plenamente confirmada*»; lo que sugiere que es un punto *comparativo.* Esto apenas era polémico en la época de Pedro, cuando prevalecía la opinión judía de que la profecía siempre era más confiable que cualquier visión o voz del cielo. El apóstol, por tanto, parece estar diciendo: «Las Escrituras proféticas son más seguras que cualquier experiencia que yo diga, por lo tanto, apelo a esas Escrituras para confirmar lo que les he dicho».[14]

En última instancia, el punto que Pedro plantea es que, en comparación con la encarnación («la venida»), la transfiguración de Jesús (2 Pedro 1:16) y la voz del Padre celestial que lo acompañaba, la Escritura —«la palabra profética»— está «más [que] plenamente confirmada» (v. 19). Las realidades físicas y tangibles de la encarnación y la transfiguración agregan una nota de confirmación a las Escrituras proféticas. Es interesante, entonces, que Pedro atraiga la atención no a la encarnación y a la transfiguración, *sino a las Escrituras mismas*. La principal fuente de certeza está en las Escrituras porque son «de Dios» (2 Pedro 1:21).

Y debido a que las Escrituras vienen de Dios, debemos «prestar atención» (2 Pedro 1:19) a lo que dicen, sobre todo porque lo que ellas afirman lo dice Dios. Son «una lámpara que brilla en un lugar oscuro». La palabra para «lugar oscuro» aparece solo aquí en el Nuevo Testamento, pero Pedro puede estar pensando en el Salmo 119:105: «Tu palabra es una lámpara a mis pies; es una luz en mi sendero». La «palabra profética» es la guía que tenemos «hasta que despunte el día y salga el lucero de la mañana en sus corazones» (2 Pedro 1:19). El escenario de estas imágenes yace en el oráculo final de Balán en Números 24:17:

> Lo veo, pero no ahora;
>   lo contemplo, pero no de cerca.
> Una estrella saldrá de Jacob;
>   un rey surgirá en Israel.

Tras la noche («lugar oscuro») viene la luz de un nuevo día, en este caso, la segunda venida y el amanecer de los nuevos cielos y la nueva tierra: «Pero, según su promesa, esperamos un cielo nuevo y una tierra nueva, en los que habite la justicia» (2 Pedro 3:13). Cuando aparezca la estrella de la mañana, amanecerá una nueva era —como profetizó Isaías (en 65:17; 66:22)— y ya no se necesitarán las Escrituras. La resurrección de Cristo en nuestros corazones nos dará pleno conocimiento: «El amor jamás se extingue, mientras que el don de profecía cesará, el de lenguas será silenciado y el de conocimiento desaparecerá. Porque conocemos y profetizamos de manera imperfecta; pero cuando llegue lo perfecto, lo imperfecto desaparecerá» (1 Corintios 13:8-10).[15]

El punto, entonces, es que hagamos bien en prestar atención a las Escrituras como lámpara que brilla en lo oscuro, anticipando el amanecer y la salida de la estrella de la mañana en nuestros corazones. Las Escrituras (¡en este caso las Escrituras del Antiguo Testamento!)

anticiparon la venida de Cristo en su plenitud y su gloria, tanto en su primera venida como para la segunda. Y a medida que atravesamos este intermedio entre el «ahora» y el «todavía no», hacemos bien en contrarrestar la incredulidad y la incertidumbre al asegurar que las Escrituras ocupen un lugar central y fundacional en nuestras mentes y corazones. «Más bien, crezcan en la gracia y en el conocimiento de nuestro Señor y Salvador Jesucristo» (2 Pedro 3:18). ¿Cómo vamos a crecer? ¿Qué se nos ha dado para permitirnos avanzar en nuestro caminar con Jesucristo? ¡La Sagrada Escritura! Eso es lo que tenemos y eso es todo lo que necesitamos. Escritura dada. Escritura interpretada por la ayuda del Espíritu Santo. La Escritura escondida y atesorada en nuestros corazones. La Escritura obedecida en todas sus advertencias y exhortaciones. Porque cuando leemos las Escrituras, es la voz de Dios la que escuchamos hablando en cada palabra.

¡Preste atención a la Palabra de Dios escrita!

Capítulo 3

Cómo conocer a Dios: Medite en su Palabra

SALMOS 119

Mark Dever

Recuerdo que tropecé con Stephen Hawking cuando yo vivía en Inglaterra. Hawking era un famoso teórico físico y escritor de best sellers. En ese momento, era el profesor Lucasiano de Matemáticas en la Universidad de Cambridge, un puesto que ocupó durante treinta años. Nos reunimos repetidas veces en el tiempo del almuerzo en los años que pasé en Cambridge, de unas cinco a diez veces. Cuando digo que «nos reunimos», me refiero a que nos sentábamos en las largas mesas de *Grad Pad,* una sala de postgrado. No creo que me le haya presentado alguna vez, aunque debimos haber intercambiado un «Disculpe» algunas veces. Era extraño tener una experiencia cercana con una persona tan célebre. Es extraño toparse con un gigante.

Es posible que sientas algo parecido a eso al leer y explorar el Salmo 119. Es difícil analizar —explorar de manera exhaustiva y profunda— el capítulo más largo de la Biblia, en este breve capítulo. No obstante podemos hacer algo más que toparnos con el gigante. Podemos formular algunas preguntas acerca del salmo:

¿Qué es la ley de Dios? ¿Cómo es esa ley? ¿Qué hace la ley de Dios? ¿Y qué deberíamos hacer en respuesta a la ley de Dios?

No sabemos quién escribió el Salmo 119. Pudo haber sido David. Podría haber sido alguien después del exilio, cuando la Torá —o Pentateuco— fue valorada, poco más tarde, por un pueblo que ya no tenía templo. Algunos han sugerido que podría haber sido un fiel hebreo, un hombre que mantuvo un diario sobre la Palabra de Dios desde su juventud hasta su vejez.

Lo que sí sabemos es que el salmo está compuesto por 1064 palabras hebreas, organizadas en 176 versículos, que se compilan en veintidós estrofas, una estrofa por cada letra del alfabeto hebreo. Hay ocho versículos en cada estrofa, cada uno de los cuales comienza con la letra de la firma de esa estrofa. Cada estrofa brinda la oportunidad para guiarnos a alabar a Dios por su ley y sus testimonios. El salmo usa todas las letras para mostrar que esta alabanza es amplia y completa, pero también muestra que todo el alfabeto se puede agotar y pasar antes de que lleguemos al final de los gloriosos testimonios de Dios.

Vivimos en una cultura llena de informalidad y espontaneidad. Valoramos lo inmediato y lo casual. Eso significa que somos simplemente el tipo de personas marcadas por el amor a la comodidad y a la facilidad, que pueden no ver la belleza en el arte. Después de todo, el ingenio —deliberación— muestra seriedad. En el Salmo 119, vemos una hermosura expresiva que refleja algo de la belleza sobre la cual el salmista está reflexionando. La conformidad del salmo a una forma libremente elegida produce belleza, del mismo modo que nuestra conformidad a los preceptos de Dios genera belleza, rectitud, ajuste, bendición y felicidad a nuestras vidas.

Le insto a que lea el Salmo 119 completo y, a la misma vez, oro para que sienta algo más que un ligero tropezón. Su lectura le enriquecerá espiritualmente y confirmará que la Palabra de Dios es perfecta e inerrable.

Muchos cristianos, como William Wilberforce (1759-1833), han memorizado y recitado el salmo 119 completo y de manera periódica. Otros toman un solo versículo para meditar todas las mañanas. Oro para que Dios nos brinde más que un recorrido apresurado por estos Alpes. Haremos cuatro preguntas que nos ayudarán a entender y sacar provecho de este salmo.

1. ¿Qué es la ley de Dios?

La *ley* tiene significados estrechos y amplios en la Biblia. Se refiere tanto a reglas específicas como a un conjunto de ellas. En consecuencia, la recopilación de las reglas que Dios le dio a Moisés debe ser parte de lo que se menciona en el Salmo 119. De modo que todo lo que se refiere a Éxodo 19 (la entrega de la ley en el Monte Sinaí) a través de Deuteronomio podría ser significativo. Sin embargo, dado que este salmo usa términos más amplios como *palabra* y *promesa*, es claro que el salmista piensa no solo en la Torá completa —los primeros cinco libros de la Biblia—, sino también en otras porciones de la Palabra de Dios a las cuales él tiene acceso. Parece citar, o al menos hacer alusiones a, Isaías, Jeremías, Proverbios y otras partes de la Palabra de Dios. La variedad de vocablos usados para referirse a la ley de Dios a lo largo del salmo —*palabra, juicios, estatutos, decretos, leyes, mandamientos, preceptos, caminos, promesas*— evidencia esta comprensión más amplia. En pocas palabras, el Salmo 119 no se refiere solo a los Diez Mandamientos o al Pentateuco, sino a la totalidad de la revelación bíblica. Este poeta creyente está reflexionando sobre su relación con Dios, y ve que está en esa relación solo porque Dios se ha revelado a sí mismo ante su pueblo mediante sus mandamientos, decretos, promesas y estatutos.

La Palabra de Dios siempre ha sido fundamental para la existencia de su pueblo. Por supuesto, incluso el mundo mismo y el primer hombre y la mujer fueron hechos por la Palabra de Dios. Pero aún más especialmente, la Palabra de la promesa de Dios vino al gentil Abraham y lo hizo el padre de los fieles, el progenitor del pueblo escogido de Dios. Nuevamente, la Palabra de Dios vino a Jacob, a José y a Moisés. Por medio de este último, la Palabra de Dios estableció a la nación de Israel. A través de los líderes que lo siguieron, desde Josué hasta David y más allá, la Palabra de Dios dirigió a su pueblo. Antes del templo, fue la Torá la que dio forma al pueblo de Dios y lo hizo suyo, pero Dios continuó dando una nueva revelación a su pueblo a medida que pasaban los siglos.

Luego, con su venida como el Mesías, Jesús cumplió la Ley y los Profetas (Mateo 5:17). Una buena imagen de esto es la forma en que Jesús recogió la comida de la Pascua, que era la comida del pacto mosaico, y reveló cómo señalaba su propio trabajo y su propio reinado en la Última Cena (Lucas 22:14-20). Él cumplió las leyes del Antiguo Testamento, ya fueran civiles, ceremoniales o morales. Y después de su ascensión, envió a su Espíritu para inspirar y dirigir a sus apóstoles a reflexionar sobre el Antiguo Testamento e instruir a los cristianos. ¿Desea saber cómo aplicar el Antiguo Testamento hoy como cristiano? Lea su Nuevo Testamento. Cristo resumió toda la ley en Marcos 12:28-31, cuando dijo que amara a Dios y a su prójimo (véanse Deuteronomio 6:6; Levítico 19:18; Romanos 13:8-10; Gálatas 5:14; 6:2). La ley de Dios en el Salmo 119 es su Palabra.

2. ¿Cómo es la Palabra de Dios?

Si la Palabra de Dios es su revelación para nosotros, ¿cómo es tal revelación? El Salmo 119 se convierte en una celebración solemnemente alegre, ya que revela que la Palabra de Dios es verdadera, buena y eterna. Si se pierde alguno de estos atributos, la Palabra de Dios se ve muy disminuida, pero con los tres juntos, el futuro —que de otro modo sería oscuro y sombrío— se inunda de luz.

La Palabra de Dios es *verdad*. En el versículo 29, el salmista dice que los caminos de Dios son lo opuesto a los caminos falsos. En el versículo 142, escribe: «Tu ley es la verdad», y luego, en el versículo 151, dice: «Todos tus mandamientos son verdad». El versículo 160 lo dice así: «La suma de tu palabra es verdad». Dios nunca ha hablado con falsedades, ni a nuestros primeros padres ni a nosotros. Sin embargo, nuestro enemigo Satanás miente constantemente y usa medias verdades con las mentiras que nos dice. Es probable que tengamos poca perspicacia en cuanto a nosotros y, por tanto, seamos engañados por el pecado. Pero Dios no es así. Él es siempre veraz. Toda su ley es verdadera. La suma de su Palabra es verdad. No nos lleva nunca por caminos erróneos, nunca nos miente, nunca nos engaña. Aun las cosas que desconocemos nos dan oportunidad para mirar a Él, confiar en Él y descubrir que lo que habla en su Palabra siempre es verdadero.

La Palabra de Dios también es *buena*, lo que significa que su verdad es buena. Una y otra vez en este salmo, el escritor afirma que sus reglas son justas (vv. 62, 75, 106, 160). Las promesas que Dios nos hace son justas (v. 123). Sus testimonios son justos (v. 144). No hay nada de malo o cuestionable en su promesa para nosotros de que la salvación es solo por fe. Dios define lo que es bueno. La bondad o la rectitud no son un estándar externo con el que Dios se ajuste sin esfuerzo y a la perfección; más bien, la bondad es una forma de describir a Dios y todas sus acciones y órdenes. Lo que es «bueno» no está determinado por el número de seguidores que uno tenga en Twitter, por lo que esté actualmente de moda ni por lo que dicte el Tribunal Supremo de Justicia. Ese tribunal, que está al final de la calle de mi iglesia en Washington DC, en un momento u otro ha declarado legal que dos hombres pueden casarse entre sí, que los bebés en el útero pueden ser asesinados y que las personas pueden poseerse mutuamente como propiedad. El Tribunal Supremo de Justicia no es el árbitro definitivo en cuanto a la bondad.

Bueno, si la popularidad, la elegibilidad o la legalidad no son el árbitro definitivo, entonces, ¿qué es lo que finalmente determina lo que es bueno? ¡Dios! Él nos lo reveló en su Palabra. El Salmo 119:164 dice: «Siete veces al día te alabo por tus rectos juicios». Si alguna vez se confunde en cuanto a lo que es bueno o malo, lo que puede hacer es mirar la Palabra de Dios, porque todos sus preceptos son correctos (v. 128). No tengo que preocuparme por cuáles de sus leyes son buenas y cuáles no, porque «todos tus mandamientos son justos» (v. 172). En el versículo 39 leemos: «Tus ordenanzas son buenas». Es lógico que lo que viene de Dios es bueno porque, como lo dice el salmista en el versículo 68: «Tú eres bueno y haces el bien».

Sin embargo, la Palabra de Dios no solo es verdadera y buena, es *eterna*. Nunca cambiará, caducará, cederá ni necesitará actualización con correcciones enviadas desde el cielo. La Palabra de Dios es antigua (v. 52). No es algo nuevo. No sería lógico que la Palabra de Dios dure menos que para siempre. El versículo 152 refuerza que la Palabra de Dios ha sido «establecida para siempre». Nuestras acciones y palabras cambian, pero para Dios «tus rectos juicios permanecen para siempre» (v. 160). Es por eso que el salmista puede regocijarse en el versículo 86 de que no hay incertidumbre en la Palabra de Dios: «Todos tus mandamientos son fieles». O, nuevamente, en el versículo 89: «Tu palabra, Señor, es eterna, y está firme en los cielos».

Ahora bien, es verdad que cuando el salmista escribió estas palabras, la revelación especial de Dios sobre sí mismo aún no había concluido. Algunos de los profetas del Antiguo Testamento aún no existían. Ciertamente, el Señor Jesucristo y sus apóstoles aún no habían surgido y todavía no habían enseñado ni escrito bajo la inspiración del Espíritu Santo. Pero ninguno de esos acontecimientos posteriores cambió lo que Dios ya había revelado. Las paredes del Nuevo Testamento debían construirse sobre los cimientos del Antiguo. Sin el Nuevo Testamento, el Antiguo habría estado incompleto. Y sin el Antiguo Testamento, el Nuevo no tendría sentido. ¿No es maravilloso saber que la Palabra verdadera y buena de Dios también es eterna e inmutable? Esta no es la Palabra de un ser caprichoso, cambiante o voluble. ¡Es la Palabra del único Dios, el Dios siempre verdadero, siempre bueno, eterno e inmutable!

Es importante recordar que la Palabra de Dios es verdadera, buena y eterna porque Quien la escribió es veraz, justo y eterno. A lo largo del Salmo 119, la Palabra de Dios se identifica muy estrechamente con Dios mismo. La Palabra de Dios es emisaria del propio Dios, su embajadora, la revelación de sí mismo y la manifestación de su voluntad y su carácter. El salmista incluso iguala el guardar los testimonios del Señor con buscarlos (v. 2). En el versículo 137, leemos: «Señor, tú eres justo, y tus juicios son rectos». Note que los juicios de Dios lo siguen; son como Él y lo reflejan. La Biblia no es Dios, pero sin ella no podríamos conocerlo como es. Atacar la Palabra de Dios es atacar a Dios y honrarla es honrar a Dios. ¿Se ha detenido a considerar y a apreciar lo que el Señor nos ha dado en su Palabra? Ella existe para que usted entienda lo que es verdadero, bueno y eterno. Existe para que conozcamos a Dios y su voluntad.

En base a este gran salmo hay mucho más que aprender acerca de cómo es la Palabra de Dios, sin embargo debemos pasar a nuestra siguiente pregunta.

3. ¿Qué hace la Palabra de Dios?

Dado que la Biblia es la Palabra del Dios todopoderoso, no debería sorprendernos saber que está activa y que es muy útil. Tal vez sea mejor decir que Dios hace mucho con ella y a través de ella. En general, lo que hace la Palabra de Dios es bendecir. En los versículos 1 y 2 leemos: «Dichosos los que van por caminos perfectos, los que andan conforme a la ley del Señor. Dichosos los que guardan sus estatutos y de todo corazón lo buscan». Además, observe el tipo de bendición sacerdotal que extiende el versículo 135: «Haz brillar tu rostro sobre tu siervo «. ¿Cómo hace Dios eso? «Enséñame tus decretos». La Palabra de Dios bendice a las personas en cinco maneras:

Para aquellos que creen en la Biblia

La Palabra de Dios inspira asombro. Leemos en el versículo 161: «Mi corazón se asombra ante tu palabra». Y en el contexto de ese versículo, se enfatiza la palabra *tu*. Al salmista lo impresionan las palabras de Dios a diferencia de las de la gente poderosa que lo persigue. Aun cuando el salmista podría preocuparse por otras cosas, como permanecer vivo, escribe en el versículo 164: «Siete veces al día te alabo por tus rectos juicios». Y en el versículo 171 dice: «Que rebosen mis labios de alabanza,porque tú me enseñas tus decretos». La Palabra de Dios inspira un temor que nos hace orar y alabarlo. Nos lleva a una relación con Él.

Para aquellos que se preocupan por Dios y por los demás
La Palabra de Dios nos hace sentir dolor por el pecado. El versículo 136 dice: «Ríos de lágrimas brotan de mis ojos, porque tu ley no se obedece». El versículo 53 afirma: «Me llenan de indignación los impíos, que han abandonado tu ley». Estudiar la Palabra de Dios no nos hace moralmente indiferentes; al contrario, instruye nuestras conciencias, agudiza nuestras mentes y nos hace ver este mundo, y a las personas, como Dios las ve.

Para aquellos que son tentados
La Palabra de Dios también nos ayuda a mantenernos puros. El versículo 9 es muy bien conocido: «¿Cómo puede el joven llevar una vida íntegra? Viviendo conforme a tu palabra». Leemos en el versículo 11: «En mi corazón atesoro tus dichos para no pecar contra ti». ¿Tiene alguna duda de que la Palabra de Dios promueve la santidad? Mire el versículo 101: «Aparto mis pies de toda mala senda para cumplir con tu palabra» ¿Recuerda cómo se encontró el Señor Jesús con la tentación cuando inició su ministerio terrenal? Le citó la Biblia a Satanás. ¿Por qué cree usted que tiene menos necesidad que Jesús de conocer y usar la Biblia para enfrentar la tentación? La Palabra de Dios es un almacén de ayuda muy útil para nosotros como cristianos.

Para aquellos con diversos tipos de necesidades
A través de su Palabra, Dios da esperanza a los que no tienen ninguna. Una y otra vez, el salmista escribe: «Espero en tu Palabra» (vv. 43, 49, 81, 114, 147). A los afligidos, el Señor les da consuelo (vv. 50, 52, 76), y a aquellos sometidos a pruebas, les da alegría. Me alienta el versículo 111: «Tus estatutos son mi herencia permanente; son el regocijo de mi corazón». Y el versículo 162: «Yo me regocijo en tu promesa como quien halla un gran botín». Para esas pruebas duraderas, Él da paz a través de su Palabra: «Los que aman tu ley tienen

gran paz, y nada los hace tropezar» (v. 165). A los jóvenes que leen la Biblia, les da sabiduría (v. 98) y comprensión (vv. 99-100). Leemos en el versículo 104: «De tus preceptos obtengo entendimiento».

Es por eso que es lógico equiparar la Biblia con la luz: «Tu palabra es una lámpara a mis pies; es una luz en mi sendero» (v. 105). Además, «la exposición de tus palabras nos da luz, y da entendimiento al sencillo» (v. 130). Esto es lo que debería estar sucediendo en este momento. A medida que hago un despliegue de la Palabra de Dios en este capítulo, mientras la estudiamos leyendo y, en última instancia, a medida que Dios la está desarrollando al dárnosla, deben llegar a su vida la luz y la comprensión.

Dios responde sus oraciones por un mejor juicio: «Impárteme conocimiento y buen juicio, pues yo creo en tus mandamientos» (v. 66). Necesitamos orar de esta manera y entender que la Palabra de Dios salva solo porque es un don de Dios. Este tipo de salmo nunca debe entenderse como un llamado a salvarnos a nosotros mismos o a levantarnos con nuestras propias cargas espirituales. ¿Recuerda cuando Jesús preguntó a sus discípulos: «¿quién dice la gente que soy yo? y Pedro respondió: «Tú eres el Cristo» (Mateo 16:16)? Jesús le dijo a Pedro: «Dichoso tú, Simón, hijo de Jonás, porque eso no te lo reveló ningún mortal, sino mi Padre que está en el cielo» (v. 17). Necesitamos que el Padre nos revele las verdades eternas y el Salmo 119 está lleno de oraciones con las que Él nos enseña su Palabra (vv. 12, 26, véanse vv. 32, 125) y con las que abre nuestros ojos (v. 18). El salmista ora en el versículo 27: «Hazme entender el camino de tus preceptos». En el versículo 73, indica: «Con tus manos me creaste, me diste forma. Dame entendimiento para aprender tus mandamientos». Y en el versículo 29: «concédeme las bondades de tu ley». De hecho, el salmista es consciente de que su propio beneficio podría perjudicarlo, al contrario de lo que Dios enseña en su ley. En consecuencia, ora así: «Inclina mi corazón hacia tus estatutos y no hacia las ganancias desmedidas» (v. 36). La Palabra de Dios solo debe ser aceptada como un regalo de Dios. ¿Ha orado usted por su estudio de las Escrituras o para confiar en Él? Una parte decisiva del estudio de la Biblia que demasiados cristianos omiten es pedirle a Dios que se revele a sí mismo a través de su Palabra.

Amigo, ¿por qué no pasarse la vida conociendo la Biblia más y más? Me encanta cómo lo dice el salmista en el versículo 24: «Tus estatutos son mi deleite; son también mis consejeros». ¿Es la Biblia su consejera en sus decisiones y en cuanto a las interrogantes de la vida? Es significativo que, a lo largo de este salmo, el salmista confíe en Dios y le pida que lo ayude a confiar aún más. ¿Si Dios le hablara, lo escucharía? Él está hablándonos en su Palabra. De hecho, ¡lo más asombroso que Dios nos da a través de su Palabra es la vida! «Tu promesa me da vida» (v. 50). Mi amigo cristiano, ¿de qué otra manera podría haber llegado a interesarse en la Palabra de Dios? ¡Solo por su gracia! Y su Palabra es el medio que usa para darnos vida espiritual.

Para aquellos que están en problemas

Dios promete liberarnos. El salmista sabía lo que significaba estar en problemas. Por tanto, si tiene problemas hoy, la Palabra de Dios promete liberación (v. 170), ayuda (v. 175), fortaleza (v. 28), protección (v. 165) e incluso salvación (v. 41). El Señor nos muestra mucho acerca de sí mismo a través de su Palabra. Lo que vemos en el Salmo 119 es solo algo de lo que hace la Palabra de Dios.

4. ¿Cómo deberíamos responder?

Puesto que la Palabra de Dios es un regalo del propio Dios para nosotros, se nos manda que respondamos a ella. Veamos, por tanto, cinco respuestas básicas que debemos dar a la Palabra de Dios.

Obedecer

Lo primero y más obvio: debemos obedecer la Palabra de Dios. La primera estrofa del salmo contiene declaraciones que indican la intención de guardar los estatutos de Dios (vv. 5, 8), declaraciones que se repiten una y otra vez a lo largo del salmo (vv. 55-56, 87, 112, 117). ¿Por qué creer que Dios nos da vida por su Palabra y no nos ha de llamar a obedecerlo? Parte del motivo que Dios tuvo para darnos una nueva vida es que, como leemos en el versículo 115, «observáramos los mandamientos de [nuestro] Dios». Así, el salmista escribe en el versículo 145: «Con todo el corazón clamo a ti, Señor; respóndeme, y obedeceré tus decretos». Pero como veremos en la siguiente respuesta, esta obediencia no es un simple compromiso con un conjunto arbitrario de reglas o simplemente tratar de complacer a otras personas.

Amar

Segundo, debemos amar la Palabra de Dios. El salmista transmite esta idea con lo extenso del salmo y la complejidad del acróstico. Además, leemos en el versículo 14: «Me regocijo en el camino de tus estatutos más que en todas las riquezas» (véanse los versículos 16, 24, 35, 70, 77, 92, 143, 174). En el versículo 129, el salmista afirma: «Tus estatutos son maravillosos;por eso los obedezco» (véase v. 18). El salmista ofrece hasta una comparación con la comida en el versículo 103: «¡Cuán dulces son a mi paladar tus palabras! ¡Son más dulces que la miel a mi boca!» Eso se debe a que desea la Palabra de Dios y la añora (vv. 20, 40, 47, 82, 131). En el versículo 131, usa una imagen poderosa: «Jadeante abro la boca porque ansío tus mandamientos». Es claro que el salmista valora la Palabra de Dios; incluso más que «millares de monedas de oro y plata» (v. 72). En pocas palabras, ama la Palabra de Dios, ¡por lo que nosotros también debemos amarla! Al leer los siguientes versículos, pregúntese si este es también su testimonio: «Amo tus mandamientos, y en ellos me regocijo» (v. 47); «Sobre todas las cosas amo tus mandamientos, más que el oro, más que el oro refinado» (v. 127); «Con todo mi ser cumplo tus estatutos. ¡Cuánto los amo! (v. 167). Debemos obedecer y amar la Palabra de Dios.

Meditar

Tercero, debemos meditar en la Palabra de Dios. El salmista escribe: «¡Cuánto amo yo tu ley! Todo el día medito en ella» (v. 97). En el versículo 148 parece que el salmista se levantaba temprano para meditar en las Escrituras. Además, cantaba la Palabra de Dios: «Tus decretos han sido mis cánticos» (v. 54) y «Que entone mi lengua un cántico a tu palabra» (v. 172). Los himnos que se cantan en mi iglesia, *Capitol Hill Baptist*, reflejan deliberadamente los Salmos y a menudo están llenos de contenido bíblico, alusiones, citas y doctrina, porque esos himnos nos ayudan a alentarnos unos a otros, a expresarnos ante el Señor y ante los demás, y a grabar la Palabra de Dios en nuestra memoria. No puedo decirle las veces que he estado con algunos santos que han perdido la memoria, casi al final de sus vidas, pero no han olvidado los himnos que siempre cantaron. ¿Cuántos jóvenes cristianos se han memorizado el versículo 11: «En mi corazón atesoro tus dichos para no pecar contra ti» (véanse versículos 61, 83, 93, 109,

141, 153, 176)? Una forma de meditar en las Escrituras es memorizándola. Pero en cualquier modo que sea —cantar, memorizar, leer, orar o reflexionar—, está llamado a meditar en la Palabra de Dios.

Confiar

En cuarto lugar, una respuesta adecuada a la Palabra de Dios es confiar en ella. El salmista fue sabio al hacer justamente eso: «Porque yo confío en tu palabra» (v. 42). Usted no puede confiar en la palabra de algunas personas, ni lo intente. Pero siempre puede confiar en la Palabra de Dios; por lo tanto, hágalo siempre. ¡Su Palabra es digna de confianza puesto que es confiable! Podemos contar con la Palabra de Dios. No nos decepcionará. Podemos estar seguros, porque su «fidelidad permanece para siempre» (v. 90). El versículo 140 es uno de mis preferidos en este largo capítulo: «Tus promesas han superado muchas pruebas, por eso tu siervo las ama». ¿Quién sabe todas las pruebas por las que había pasado el salmista? Desafíos físicos, desprecios, enemistades, trato con delincuentes y personas inmorales, opresión; estas y muchas otras cosas se mencionan en este salmo. ¡Estoy seguro de que las promesas de Dios fueron muy bien probadas por este salmista! ¿Han sido probadas por usted?

Temer

Quinto, debemos temer al Dios que nos habla por su Palabra. Veamos el versículo 120: «Mi cuerpo se estremece por el temor que me inspiras; siento reverencia por tus leyes». La Palabra de Dios nos pone en contacto con Él. Y este contacto, por su gracia, nos despierta espiritualmente y nos hace comprender que en Dios solo existe lo bueno y lo correcto. Esa sensación de distanciamiento moral entre nosotros y el Dios que nos creó y que nos juzgará, es profundamente desorientadora para muchos. Tanto que nos sentimos confundidos; hasta que aceptamos todo y entonces nos llega una nueva claridad. Pero aun después de escuchar y creer en el evangelio, nos queda la sensación de esa diferencia entre Dios y nosotros; algo de su santidad y nuestra indignidad, que nos hace mirarlo a Él y a su Palabra con el más profundo respeto y con una gratitud que hace que nos maravillemos por su amor y su misericordia con nosotros.

Así que, obedezca la Palabra de Dios, ámela, medite en ella y confíe en ella; venga y tema al Dios que nos habla por su Palabra.

Conclusión

El Salmo 119 no solo trata de la Palabra de Dios escrita. El camino a la gloria, el final de nuestro exilio, la consumación de este verdadero éxodo, no se debe esencialmente a la obediencia a la Palabra escrita de Dios, sino a través de la Palabra hecha carne que la obedece perfectamente en lugar nuestro. No deshonra la Palabra escrita de Dios decir que apunta a algo más grande que ella misma. «Dios, que muchas veces y de varias maneras habló a nuestros antepasados en otras épocas por medio de los profetas, en estos días finales nos ha hablado por medio de su Hijo. A este lo designó heredero de todo, y por medio de él hizo el universo» (Hebreos 1:1-2). En Juan 1 leemos: «En el principio ya existía el Verbo (Palabra), y el Verbo estaba con Dios, y el Verbo era Dios... Y el Verbo se hizo hombre y habitó entre nosotros. Y hemos contemplado su gloria, la gloria que corresponde al Hijo unigénito del Padre, lleno de gracia y de verdad» (vv. 1, 14).

No es que no obedezcamos la Palabra de Dios. Lo hacemos, genuinamente, pero de manera imperfecta. Y nuestras vidas, aunque genuinas e imperfectamente circunscritas por la ley de Dios, dan evidencia de nuestra confianza en Aquel cuya vida estuvo perfectamente ceñida por la Palabra de Dios y cuya justicia perfecta nos da como un regalo. Es ese regalo que este salmo señala tan maravillosamente una y otra vez: la justicia perfecta de Jesucristo.

Observemos una vez más los primeros dos versículos de este gran salmo: «Dichosos los que van por caminos perfectos, los que andan conforme a la ley del SEÑOR. Dichosos los que guardan sus estatutos y de todo corazón lo buscan» (Salmos 119:1-2). ¿Quién ha sido más intachable que el Hijo de Dios? ¿Quién ha buscado más incondicionalmente hacer la voluntad de su Padre —aquí en la tierra— que el Hijo de Dios? ¿Y quién lo ha hecho a la perfección? ¡Dos veces el Padre dijo públicamente a los discípulos que estaba «muy contento» con su Hijo! ¡Seguramente ninguna vida fue más bendecida que la de Aquel que sin tapujos siguió el camino de su Padre celestial y lo buscó con todo su corazón!

Y, sin embargo, la Palabra de Dios dice que su muerte por crucifixión muestra que fue «maldecido». Qué ironía que el único que guardó perfectamente la ley fue asesinado como un vulgar infractor de la ley. Jesús enseñó que su muerte fue predicha y anunciada en el Antiguo Testamento. Después de resucitar de entre los muertos, les dijo a sus discípulos: «Tenía que cumplirse todo lo que está escrito acerca de mí en la ley de Moisés, en los profetas y en los salmos» (Lucas 24:44).

¿Qué fue escrito acerca de la Palabra hecha carne en el Salmo 119? Note estas prefiguraciones: Jesús se llamó a sí mismo siervo del Señor; el salmista dice: «Tú, Señor, tratas bien a tu siervo» (v. 65). Aun siendo niño, Jesús dijo que debía tratar los asuntos de su Padre; el salmista escribe: «Tengo más discernimiento que todos mis maestros porque medito en tus estatutos. Tengo más entendimiento que los ancianos porque obedezco tus preceptos» (vv. 99-100). Jesús lloró por el rechazo de Jerusalén; el salmista dice: «Ríos de lágrimas brotan de mis ojos, porque tu ley no se obedece» (v. 136). ¿Oye ecos de Getsemaní en el versículo 143, que dice: «He caído en la angustia y la aflicción, pero tus mandamientos son mi regocijo»? ¿Ve usted un presagio del sufrimiento por causa de la justicia y de ser difamado con mentiras en el versículo 69, el cual afirma: «Aunque los insolentes me difaman,yo cumplo tus preceptos con todo el corazón»? ¿Se ve al Salvador atrapado por los malvados en el versículo 61, donde dice: «Aunque los lazos de los impíos me aprisionan, yo no me olvido de tu ley»? ¿Presagia el versículo 161 que Herodes y Poncio Pilato se unen para perseguirlo, al afirmar que: «Gente poderosa me persigue sin motivo, pero mi corazón se asombra ante tu palabra»? ¿Muestra el versículo 107 el tipo de aflicción que experimentó Jesús al señalar: «Señor, es mucho lo que he sufrido; dame vida conforme a tu palabra»? ¿Dónde podría orarse el versículo 149 en una manera más verdadera que desde la tumba de Cristo, al decir: «Conforme a tu gran amor, escucha mi voz; conforme a tus juicios, Señor, dame vida»? ¿O los versículos 153-154: «Considera mi aflicción, y líbrame, pues no me he olvidado de tu ley. Defiende mi causa, rescátame; dame vida conforme a tu promesa»?

El Señor *dio* su vida, y a través del sacrificio y la resurrección del Verbo hecho carne —Emanuel—, dio vida a todos los que iban a confiar en Él. Así que somos —como dice este salmo al principio— *dichosos*, porque estamos en Cristo, que fue maldito y bendecido en lugar de nosotros. Gloria a Dios por su Palabra.

Capítulo 4

CRISTO, LOS CRISTIANOS Y LA PALABRA DE DIOS

MATEO 5:17-20

Kevin DeYoung

Si entra a nuestra casa por el garaje y gira a la primera puerta a su izquierda, bajará a una pequeña habitación que llamamos nuestra guarida. Al lado de una de las paredes de nuestro estudio, encontrará un sofá marrón muy especial. Digo que es especial porque lo armé solo con un manual sin instrucciones escritas y una sola llave tipo Allen. Es un sofá de la tienda Ikea. Algunos de ustedes están familiarizados con los buenos productos para el hogar hechos por nuestros amigos suecos de Ikea. Este sofá venía en cuatro cajas enormes que casi no cabían en nuestra camioneta Suburban. Las instrucciones contenían docenas de imágenes y ni una sola frase en ningún idioma, nada más que dibujos de pequeñas tuercas, tornillos y tacos de madera que conectaban las piezas de los muebles.

Comencé el proyecto una noche alrededor de las diez, cuando el resto de la familia dormía. Ahí estaba yo, mirando aquel desastre, armado solo con instrucciones de dibujos a lápiz escandinavos y una pieza de metal en forma de L con un hexágono en cada extremo. A la una o dos de la madrugada me enfrenté a una decisión existencial: ¿podría evadir las instrucciones? Estuve en pleno ensamblaje durante cuarenta y cinco minutos, lo cual fue aproximadamente cuarenta y cinco minutos más del tiempo que quería invertir en todo el proyecto. Lo que veía simplemente no tenía sentido. Las piezas no podían encajar como Ikea quería. Me sentí como los astronautas a bordo del

Apolo 13, hablando desde el espacio con la torre de control en Houston: estaba casi muriéndome de sueño, no había comido en horas, me faltaba el oxígeno y necesitaba desesperadamente la asistencia de un experto en ingeniería.

Después de intentar entender las instrucciones durante lo que parecieron días, finalmente llegué a una conclusión dramática que cambiaría mi vida: Ikea se equivocó. Las instrucciones sin palabras, bidimensionales, en blanco y negro me habían confundido. La imagen mostraba un sofá que iba hacia la derecha cuando la pieza que necesitaba usar estaba hacia la izquierda. Una vez que me di cuenta de que el manual estaba equivocado, pude respirar nuevamente. Sentí el color regresar a mi cara. Creí una vez más que si realmente me decidía, podría armar el sofá antes del amanecer. Todo comenzó a cobrar sentido nuevamente cuando acepté que las instrucciones bien intencionadas no eran del todo precisas.

¿Es posible que, en algún momento, veamos la Biblia como un manual de instrucciones de Ikea? ¿Habrá partes del Antiguo Testamento que ya no son verdaderas? ¿Habrá algunos milagros, en el Nuevo Testamento, algo exagerados? ¿Habrá algunos requisitos morales en la Biblia que ya no funcionen en nuestro mundo? Sí, la Biblia es un libro maravilloso. Sí, la Biblia es perfecta en lo que se refiere al panorama en general. Sí, la Biblia es básicamente confiable y casi siempre es muy útil. Pero, ¿no sería mejor dirigirse respetuosamente —en esos extraños casos en los que la imagen bíblica ya no encaja—, en una dirección diferente? ¿Debemos afirmar que *cada* palabra de *cada* versículo de *cada* capítulo de *cada* libro de la Biblia es de Dios, es inspirada, autorizada, inquebrantable y sin error?

La perspectiva de Jesús

Antes de responder esa pregunta sería útil escuchar lo que Jesús afirma al respecto:

> No piensen que he venido a anular la ley o los profetas; no he venido a anularlos, sino a darles cumplimiento.Les aseguro que mientras existan el cielo y la tierra, ni una letra ni una tilde de la ley desaparecerán hasta que todo se haya cumplido.Todo el que infrinja uno solo de estos mandamientos, por pequeño que sea, y enseñe a otros a hacer lo mismo, será

considerado el más pequeño en el reino de los cielos; pero el que los practique y enseñe será considerado grande en el reino de los cielos.porque les digo a ustedes que no van a entrar en el reino de los cielos a menos que su justicia supere a la de los fariseos y de los maestros de la ley (Mateo 5:17-20).

El Sermón del Monte trata sobre el discipulado. Responde preguntas como estas: ¿Cómo se ve que se es discípulo de Jesucristo? ¿Cómo se ven las personas cuando el reino llega a sus vidas? ¿Qué clase de personas somos cuando Dios reina y gobierna en nuestros corazones y nuestras mentes? Jesús dice que, si usted forma parte de la familia de Dios, si está en el equipo de Dios, si pertenece al reino de Dios, entonces será una persona mansa, misericordiosa, pura y pobre de espíritu. Él dice que será como la sal y la luz en el mundo, que prolonga la corrupción y pone al descubierto las obras de la oscuridad.

En cierto sentido, no hay nada particularmente novedoso en lo que Jesús predica. Sin duda, los discípulos judíos que lo rodeaban serían desafiados, pero podían concordar con lo que Jesús afirmaba. El problema es lo que Jesús no dice. Su enfoque principal no es la ley ni la Torá. Cualquier buen judío esperaría que un buen rabino hablara extensamente sobre la ley. El hecho de que usted ordene su vida en torno a la Torá no es lo único que le convierte en judío; al contrario, es lo que hace de usted un buen judío. Sin embargo, Jesús habla como si el punto focal de su fe fuera ser Él mismo: «Dichosos serán ustedes cuando por mi causa la gente los insulte, los persiga y levante contra ustedes toda clase de calumnias» (v. 11). Ah, entonces ¿de lo que se trata todo esto es acerca de *ti*, Jesús?

Sí, así es. Pero Jesús se esfuerza por dejar en claro que esto no significa que él se oponga a la Torá o a la Escritura. Sus discípulos no pueden tener una actitud indiferente hacia la Palabra de Dios. Es por eso que Jesús afirma lo que dice en los versículos 17-20.

Veamos a continuación estos versículos bajo dos titulares sencillos: (1) Cristo y la Biblia y (2) el cristiano y la Biblia.

Cristo y la Biblia (5:17-18)

Jesús declara de modo enfático que no ha venido para abolir, ni en lo más mínimo, la Escritura. Cuando dice «la ley o los profetas» en el versículo 17, se refiere a toda la Biblia hebrea (lo que conocemos como el Antiguo Testamento). La palabra ley (*nomos* en griego o *Torá* en hebreo) puede referirse a los mandamientos de Dios, los Diez Mandamientos, el pacto mosaico o los primeros cinco libros de la Biblia. También puede referirse a todo el Antiguo Testamento (Juan 10:34, 12:34, 15:25; 1 Corintios 14:21). En el Nuevo Testamento, además de la «ley», la Biblia hebrea a menudo es llamada «Escritura» o «Escrituras» (Juan 10:35); unas veces le dicen la Ley y los Profetas (Mateo 5:17, 7:12, 11:13, 22:40; Lucas 16:16; Juan 1:45; Hechos 13:15, 28:23; Romanos 3:21); y otras veces la Ley, los Profetas y los Salmos (Lucas 24:44). Cuando Jesús habla sobre «la Ley o los Profetas» en el versículo 17 y «la Ley» en el versículo 18, se refiere a lo mismo: las Escrituras hebreas del Antiguo Testamento. De modo que, puesto que está hablando de su Biblia y dado que entendía que sus palabras —y las futuras palabras apostólicas— sobre Él eran tan autoritativas como las Escrituras hebreas (Mateo 5:21-22, 27-28, 31-32, 33- 34, 38-39, 43-44; 7:24, 26, 28-29; Juan 14:6; 16:12-15), podemos aplicar apropiadamente lo que Jesús dice aquí al Antiguo y Nuevo Testamento de nuestras Biblias.

Y lo que Jesús dice acerca de la Biblia es asombroso.

Primero, afirma clara y dramáticamente que no ha venido a «abolir (o anular) la ley o los profetas». El verbo traducido como «abolir» es la palabra griega *kataluo*, la cual se usa otras tres veces en Mateo:

- Pero él les dijo: —¿Ven todo esto? Les aseguro que no quedará piedra sobre piedra, pues todo será *derribado* (Mateo 24:2).
- Este hombre dijo: «Puedo *destruir* el templo de Dios y reconstruirlo en tres días» (Mateo 26:61).
- Tú, que *destruyes* el templo y en tres días lo reconstruyes, ¡sálvate a ti mismo! (Mateo 27:40).

Lo que Jesús está diciendo es: «Si crees que he venido a destruir las Escrituras, estás completamente equivocado. No he venido para abolirlas, separarlas, arrojarlas, desmantelarlas, anularlas, debilitarlas o apartarlas en cualquier manera, aspecto o forma. Eso no es lo que estoy hablando. De eso no se trata el reino. Si quieres un Mesías que actúe rápido y caprichosamente con la Biblia, tienes al tipo equivocado».

En este punto, puede que usted piense: Pero ¿qué pasa con todas las cosas del Antiguo Testamento que ya no seguimos? Por ejemplo:

- Marcos 7:19 establece muy bien que Jesús declaró limpios todos los alimentos.
- Hechos, capítulos 10,11 y 15, muestra que una persona no tiene que volverse judía para convertirse en cristiana.
- Romanos 14:14 relativiza las restricciones sobre los alimentos y las fechas.
- Hebreos 7:1—9:10 revela que todo el sistema sacramental sacerdotal basado en el templo es obsoleto.

La respuesta a este aparente problema está en mi segundo punto: Jesús dice que ha venido a cumplir la Ley y los Profetas. La palabra *cumplir* es la traducción al castellano de la palabra griega *pleroo*, y es un vocablo muy importante en Mateo, ya que aparece dieciséis veces en ese libro (1:22; 2:15, 17, 23; 3:15; 4:14; 5:17; 8:17; 12:17; 13:35, 48; 21:4; 23:32; 26:54, 56; 27:9).

Leamos algunos de esos pasajes para ver cómo se emplea el *cumplimiento* en el Evangelio de Mateo.

- Mateo 1:22: haciendo o diciendo lo que dice el Antiguo Testamento
- Mateo 2:15: encarnando
- Mateo 4:14: llevando a cabo lo que se requiere
- Mateo 26:54: llevar a término

Jesús cumple las Escrituras en lo que enseña, lo que hace, lo que es y en cómo muere, pero la palabra *cumplir* no se refiere simplemente a cumplir profecías específicas. *Pleroo* significa que Jesús completa las Escrituras. La lleva a su culminación, a su objetivo deseado, a su realización. En el ministerio de Jesús, el cumplimiento no se trata solo de hacer y decir lo que el Antiguo Testamento predijo que haría y diría. Como escribe Douglas Moo: «La palabra se usa en el Nuevo Testamento para indicar la amplia relación histórico-redentora de la nueva y culminante revelación de Dios en Cristo con la revelación preparatoria e incompleta de Israel».[1]

La mejor manera de entender todo lo que significa el cumplimiento es pensar en la palabra *llenar*. Jesús se llena y llena toda la Escritura. En Mateo 23:32 (RVR1960), les dice a los escribas y fariseos: «¡Vosotros también llenad la medida de vuestros padres!», es decir: «Id y vivid toda la maldad que han logrado vuestros padres». Esa es la palabra *pleroo*. Jesús dice en Mateo 5:17: «No piensen que he venido a anular la ley o los profetas; no he venido a anularlos, sino a darles cumplimiento». En otras palabras, no he venido a jugar con eso. He venido a concretarlo: para mostrar de qué se trata, para hacer lo que dice, para vivir lo que predice, para poner en color lo que está en blanco y negro, para ponerle esencia a lo que solo se ha visto en sombras. De modo que sí, tiene usted que ver la ley y los profetas a la luz de mí, pero no piense que estoy tratando de oscurecer las cosas en este libro».

Y si eso no fuera suficiente para apoyar una afirmación de las Escrituras, Jesús lo pone en otro nivel en el versículo 18. Ahí dice: «Les aseguro...» Esa es una forma de juramento. *Amen* es la palabra en griego. Es la forma judía de decir: «¡Escuchen! Déjenme decirles algo. Lo que voy a comunicarles es una verdad absoluta: verán cómo desaparecen el cielo y la tierra antes de que vean un ápice o un pequeño punto alejado de la ley».

Iota es una letra griega, pero Jesús se está refiriendo aquí a la letra hebrea *yodh*. Es la más pequeña de las letras hebreas. Parece una coma pequeña. Un erudito ha estimado que hay sesenta y seis mil *yodhs* en el Antiguo Testamento. Jesús dice que cada una de esas *yodhs* cuenta. Él no quiere quitar ni siquiera una instancia de la letra más pequeña en el alfabeto hebreo.

«*Punto*» probablemente se refiere a los pequeños trazos que distinguen las letras hebreas (por ejemplo, *bet* y *kaf* o *dalet* y *resh*). Ninguno de esos pequeños puntos pasará —ni en una letra, ni en una palabra ni en un versículo— en toda la Biblia. Jesús no pudo declarar su afirmación de las Escrituras con un lenguaje más fuerte.

El cristiano y la Biblia (5:19-20)

Una vez que entendemos la actitud de Cristo hacia la Biblia, no es difícil entender cuál debe ser la nuestra. El discípulo cristiano maduro no viola (o quebranta) ninguno de los mandatos de la Escritura.

En Juan 10:35, Jesús declara: «La Escritura no puede ser quebrantada». La palabra griega traducida como «quebrantada» es *luo*, que puede significar: *«romper, aflojar o debilitar»*. Está relacionada con *kataluo*, que se traduce como *«abolir»* en Mateo 5:17. Si Jesús no vino a abolir, romper, debilitar ni quebrantar las Escrituras, tampoco nosotros debemos hacerlo. Si quebrantamos uno de los más pequeños de los mandamientos de Dios y enseñamos a otros a hacer eso, dice Jesús, que nos colocamos entre los «más pequeños» en el reino de los cielos (v. 19).

No te vuelves relevante al jugar con las Escrituras. No es descabellado coquetear con la desobediencia. No se centra en el evangelio para celebrar todas las formas en que estás violando los mandamientos de Dios. Jesús no cree que seas genial; él piensa que eres menos en el reino de los cielos.

¿Qué significa tener «mentalidad de reino»? Puede significar muchas cosas, pero no leer su Biblia o creer que usted sabe más que su Biblia y provocar que la gente ignore partes de la Biblia no es vivir en el reino.

En el versículo 20, Jesús presenta una nueva categoría: alguien que no está en el reino en lo absoluto. Él dice que nuestra justicia debe exceder a la de los escribas y fariseos o no podremos entrar en el reino. Jesús no está hablando de la justicia que necesitan recibir de Él. Esa es la maravillosa verdad del evangelio, pero no es de lo que Jesús está hablando aquí. Él está hablando de discipulado, de cómo vivimos y cómo andamos. En pocas palabras, no debemos caminar como lo hacían los escribas y los fariseos.

Jesús va a explicar en el resto del Sermón del Monte qué clase de justicia busca. Es justicia que «escribiré en su corazón» (Jeremías 31:33). Es la rectitud que indica el pasaje de Ezequiel de 36:27: «Infundiré mi Espíritu en ustedes, y haré que sigan mis preceptos y obedezcan mis leyes».

El legalismo es un intento por ganar la salvación manteniendo la ley. Usualmente empleamos la palabra *legalista* para referirnos a «alguien que toma con más seriedad que yo el ser obediente». Jesús no se opone al cumplimiento de la ley. Está en contra de mantener la ley con hipocresía. Seguir a Jesús es ser alguien que toma en serio toda la Biblia y todos los mandamientos de la Escritura.

Conclusión

Permítame terminar con dos puntos de aplicación:

Primero, no debemos ignorar nada en la Biblia por causa de Jesús. No debemos hacer una falsa distinción entre el Dios del Antiguo Testamento y el Dios del Nuevo Testamento. No debemos menospreciar los milagros, cronologías y genealogías del Antiguo Testamento. No debemos dudar del poder de la Palabra de Dios. Cristo, en su batalla espiritual más grande previa a la cruz, se mantuvo firme contra el diablo al citar tres versículos de Deuteronomio (Mateo 4:1-11).

Segundo, debemos ver la Biblia a la luz de Cristo. Pregúntese: «¿Cómo apunta eso a Jesús? ¿Cómo prepara eso el camino para Jesús? ¿Cómo Jesús vivió eso? ¿Cómo me ayudará Jesús a vivir esto?»

En un brillante pasaje, Jesús estableció el único y seguro fundamento que todos necesitamos para la madurez cristiana: la autoridad de la Escritura y su propia autoridad como el Cristo. Cosas que no son contrarias. Si quiere encontrar a Cristo, debe correr hacia la Biblia. No hay atajos.

Capítulo 5

Sumisión de Jesús a la Sagrada Escritura

JUAN 10:35-36

Ian Hamilton

Cuando estudiaba teología en la Universidad de Edimburgo, en la década de los setenta, mis controversias en clase no eran con los compañeros evangélicos sino con mis profesores, la mayoría de los cuales se habían tragado lo que se llamaba «los resultados seguros de la erudición moderna». Se complacían en desacreditar la histórica enseñanza de la iglesia de que la Biblia es la Palabra infalible de Dios. Recuerdo que uno de mis maestros dijo que pensaba que la gente como yo había muerto con Noé. Le pareció irónicamente divertido que yo creyera que la Biblia era la Palabra viva de Dios, libre de errores.

Hoy, sin embargo, las valiosas verdades que una vez pertenecieron a la esencia y la identidad pública del evangelicalismo están siendo cuestionadas y abandonadas. Lejos de que la Biblia sea vista como clara y accesible para todos, se nos dice cada vez más que solo los expertos —en Cercano Oriente, en modalidades literarias, en teorías como la de la recepción de la audiencia o en sociología cultural— pueden interpretar la Biblia de manera significativa y ayudarnos a entender las «verdades centrales» y «su significado inherente». La convicción de la iglesia a través de las edades en cuanto a que la Biblia no solo es accesible para todos los cristianos, sino que puede ser entendida por todos los creyentes es considerada obsoleta. Sin la ayuda de la academia, se nos dice, el cristiano «común» no puede darle sentido a un documento desfasado —al menos dos milenios, en cuanto a lo cultural e histórico—, del presente.

Este punto de vista, sin embargo, no considera un hecho importante: la Biblia no es un texto antiguo ordinario; es la Palabra viva del Dios viviente. Benjamin B. Warfield, el gran teólogo bíblico de Princeton, lo entendió muy bien. En respuesta a la pregunta: «¿Qué es el cristianismo?», Warfield es reconocido por haber respondido que es un «sobrenaturalismo genuino». Warfield afirmaba la realidad fundamental de la fe cristiana. El cristianismo no es producto del pensamiento fértil de los simples humanos; es la revelación en el tiempo y el espacio del Dios trino.

Así como nadie puede decir que Jesús es Señor sino por el Espíritu Santo, nadie puede entender verdaderamente la Biblia y afirmar su absoluta veracidad, excepto por el Espíritu. Esta convicción está enclavada en la vida y la doctrina del cristianismo evangélico desde la época de la Reforma del siglo dieciséis. La Confesión de Fe de Westminster expresa de manera hermosa y concisa esta convicción central del evangelio:

La autoridad de la Sagrada Escritura, por la que debe ser creída y obedecida, no depende del testimonio de ningún hombre o iglesia; sino totalmente de Dios (que es la verdad misma), su autor; y, por lo tanto, debe ser recibida porque es la Palabra de Dios.

Podemos ser movidos e inducidos por el testimonio de la iglesia a rendir una alta y reverente estima por las Sagradas Escrituras. Además, cualquier aspecto celestial que pueda tener la materia, la eficacia de la doctrina, la majestad del estilo, el consentimiento de todas las partes, el alcance del todo (que es, para dar toda la gloria a Dios), el descubrimiento completo que hace de la única manera de la salvación del hombre, las muchas otras excelencias incomparables y toda su perfección, son argumentos por los cuales hay abundante evidencia de que ella es la Palabra de Dios; *sin embargo, nuestra completa persuasión y nuestra certeza de la verdad infalible y de su autoridad divina, provienen de la obra que hace el Espíritu Santo en nuestro interior dando testimonio por y con la Palabra en nuestros corazones.*[1]

Sería un gran error pensar que hemos «hecho nuestro trabajo» una vez que hemos demostrado, irrefutablemente, que Jesús creía en la absoluta autoridad infalible de la Palabra de Dios y que vivía bajo esa autoridad. Sin el *internum testimonium Spiritus Sancti* («el testimonio interno del Espíritu Santo»), nadie puede ser salvado ni santificado por esta verdad.

¿Cómo puede alguien creer lo que las Sagradas Escrituras revelan sobre algo? Solo por el ministerio del Espíritu Santo. El Nuevo Testamento no podría ser más claro al respecto (1 Corintios 2:12-14). Fue esa convicción la que llevó a Juan Calvino a escribir: «Como solo Dios es un buen testigo de sí mismo en su Palabra, así tampoco encontrará aceptación la Palabra en los corazones de los hombres si no es sellada por el testimonio interno del Espíritu».[2] A Calvino le preocupaba no someter a Dios a nuestros juicios: «Solo Dios es un buen testigo de sí mismo en su Palabra», dijo. Para Calvino, como para los escritores del Nuevo Testamento que le precedieron, la Palabra de Dios puede «obtener reverencia por su propia majestad», pero «nos afecta seriamente solo cuando está sellada en nuestros corazones por el Espíritu».

Esta innegable verdad bíblica debe moldear e influir la manera en que tratamos de persuadir a hombres y mujeres con respecto a la infalibilidad de las Sagradas Escrituras. Un ciego no necesita gafas para ver; lo que necesita es un par de ojos nuevos. Solo el ministerio regenerador del Espíritu Santo puede abrir nuestros ojos a la veracidad y autoridad inherentes y originarias de la Palabra escrita de Dios. Una vez que nuestras mentes cegadas por el pecado se renuevan, aceptamos —de manera sincera— las verdades que una vez fueron oscuras o misteriosas (como la Santísima Trinidad) o simplemente increíbles (como la infalibilidad de las Sagradas Escrituras). Por lo tanto, Calvino escribe: «No buscamos pruebas ni señales de autenticidad sobre las cuales pueda basarse nuestro juicio; ¡sino que sometemos nuestro juicio e ingenio a algo muy superior a cualquier conjetura!» Para Calvino, creer y abrazar la absoluta e incontrovertible veracidad y autoridad de la Palabra de Dios es una cuestión de fe que Dios da a sus elegidos. Cuando Calvino concluye su breve —aunque profundamente insondable— enfoque en el testimonio interno del *Spiritus Sancti,* dice: «Aquellos que desean probarles a los incrédulos que la Escritura es la Palabra de Dios están actuando neciamente, porque ella solo puede ser conocida por la fe. Agustín, por lo tanto, advierte con razón que la piedad y la paz mental deben ser lo primero si el hombre ha de entender algo de tan grandes asuntos».

No obstante, ¿cómo funciona esto realmente? ¿Qué hace el Espíritu para persuadirnos de que la Escritura es verdaderamente la Palabra infalible de Dios? La respuesta no es que el Espíritu da revelación adicional además de lo que está plasmado en las Escrituras, sino que Él nos despierta, como de los muertos, para ver y probar la divina realidad de Dios en las Escrituras, lo que la legitimiza como la Palabra de Dios. Calvino dice: «Nuestro Padre celestial, revelando su majestad [en las Escrituras], eleva la reverencia por las Escrituras más allá del ámbito de la controversia». Esta es la clave para Calvino: el testimonio de Dios en cuanto a las Escrituras es la inmediata, inexpugnable, vivificante revelación a la mente de la majestad de Dios manifestada en las Escrituras mismas.

Así es como lo expresa J. I. Packer:

> El testimonio interno del Espíritu en Juan Calvino es una obra iluminadora mediante la cual —a través del testimonio verbal—, se abren los ojos espirituales ciegos; de forma que las realidades divinas llegan a ser reconocidas y aceptadas por lo que son. Ese reconocimiento, indica Calvino, es inmediato e imposible de captar como se percibe un color —o un sabor— por el sentido físico; un hecho sobre el cual no se puede decir más que cuando actúan los estímulos apropiados, se da; y cuando ya sucedió, nos percatamos de que ocurrió.[3]

Este «sobrenaturalismo genuino» fue expresado en forma instigadora por John Owen: «El que separa completamente al Espíritu de la Palabra, quema su Biblia. La simple letra del Nuevo Testamento no genera más fe y obediencia en las almas de los hombres... que lo que hace la letra del Antiguo Testamento hoy entre los judíos (2 Corintios 3.6, 8)».[4] Owen no decía más que lo que el apóstol Pablo expresó cuando escribió: «El que no tiene el Espíritu no acepta lo que procede del Espíritu de Dios, pues para él es locura. No puede entenderlo, porque hay que discernirlo espiritualmente» (1 Corintios 2:14). La ceguera del hombre y la mujer naturales ante la verdad espiritual —sea esta la encarnación del Hijo eterno de Dios, su concepción virginal, sus actos milagrosos, su muerte expiatoria por el pecado, su resurrección corporal, su ascensión al cielo, su futuro personal y visible, o el carácter infalible y perfectamente autoritativo de la Palabra de Dios— nunca deberían sorprendernos.

Ahora estamos en posición de considerar la sumisión personal de Jesús a la veracidad y autoridad de la Palabra de Dios.

Jesús y su visión de las Escrituras

Si una sola verdad dominaba y moldeaba la vida terrenal de nuestro Señor Jesucristo, era la autoridad absoluta, inviolable e incuestionable de la Sagrada Escritura. Para Jesús, fue suficiente decir simplemente: «Está escrito...» Él entendió que las Escrituras eran la autorrevelación de la Palabra de Dios. Dado que fue exhalada por Dios, es perfecta, superior a toda contradicción y debe ser obedecida de inmediato, sin vacilar; absolutamente, no de modo selectivo.

Herman Bavinck destaca de manera valiosa la actitud de Jesús hacia las Escrituras del Antiguo Testamento.[5] Jesús y sus apóstoles nunca adoptaron una posición crítica hacia el Antiguo Testamento, aceptaron su enseñanza sin ninguna reserva o calificación, ¡y no solo sus enseñanzas ético religiosas! Jesús atribuyó el capítulo 6 de Isaías al propio profeta Isaías (Mateo 13:14); el Salmo 110 a David (Mateo 22:44); la profecía citada en Mateo 24:15 a Daniel; y la ley a Moisés (Juan 5:46). Repetidas veces citó, e incondicionalmente creyó, las narrativas históricas del Antiguo Testamento: la creación de los seres humanos (Mateo 19:4-5), el asesinato de Abel (Mateo 23:35), el diluvio (Mateo 24:37-39), la historia de los patriarcas (Mateo 22:32; Juan 8:56), la destrucción de Sodoma (Mateo 11:23; Lucas 17:28-33), la zarza ardiente (Lucas 20:37), la serpiente en el desierto (Juan 3:14), el maná (Juan 6:32), las historias de Elías y Naamán (Lucas 4:25-27), y el relato de Jonás (Mateo 12:39-41). Para Jesús, la autoridad absoluta de las Escrituras abarcaba cada palabra, incluidos puntos y comas (Mateo 5:18; Lucas 16:17; Juan 10:35; Gálatas 3:16).

De particular importancia es la declaración inequívoca de Jesús en cuanto a que, «La Escritura no puede ser quebrantada» (Juan 10:34-35). En este pasaje, Jesús cita el Salmo 82. No necesitamos hacer un juicio final sobre quiénes fueron esos «dioses» que menciona el salmo; pueden haber sido los jueces de Israel, los poderes angélicos o Israel en el momento de la promulgación de la ley.[6] Lo que está muy claro es que «La Escritura no puede ser quebrantada» significa —escribe D. A. Carson— «que la Escritura no se puede anular, desechar ni probar que es falsa (cf. Marcos 7:13). Conceptualmente [esta declaración] complementa "su ley": es reprensible [Carson saca la esencia de las enseñanzas de Jesús] para dejar de lado la autoridad de la Escritura, la Escritura cuya autoridad ustedes mismos aceptan, solo porque el texto que he citado parece inconveniente para ustedes en este momento».

Es decir, no solo es exacto el registro histórico de la Biblia sino que, en cuanto a profecía, moralidad, teología y cualquier otra enseñanza, las Escrituras no pueden ser contradichas ni confundidas. En Lucas 24:25-27, Jesús reprendió a sus discípulos por no creer todo lo que «los profetas» habían dicho (lo cual equiparó con «todas las Escrituras»). Por tanto, en opinión de Jesús, toda la Escritura es confiable y debe ser creída.

Jesús citaba constantemente las Escrituras como base para su propia enseñanza sobre cómo vivir, la disciplina de la iglesia (Mateo 18:16), el matrimonio (Mateo 19:3-9), los requisitos de Dios para la vida eterna (Mateo 19:16-19), y el mayor mandamiento (Mateo 22:37-39).

Además, empleó el Antiguo Testamento para justificar la limpieza del templo (Mateo 21:12-17) y para recoger el grano en el día de reposo (Lucas 6:3-4). Él confió en la Escritura, la espada del Espíritu (Efesios 6:17), para resistir las tentaciones de Satanás (Mateo 4:1-11). Afirmó inequívocamente que el Antiguo Testamento reemplaza todas las tradiciones e ideas hechas por el hombre. Ningún estándar es más alto que las Escrituras en cuanto a lo que debemos creer y obedecer (Mateo 15:1-9; Marcos 7:5-13). No hay evidencia de que Jesús escogió y eligió algunas partes del Antiguo Testamento, como las llamadas porciones teológicas, morales o religiosas, y rechazó otras. Para Él, todas las Escrituras eran confiables y autoritativas, hasta la última carta (Mateo 5:18).

En este sentido, nunca encontraremos a Jesús apelando a una autoridad superior para sacar algún «significado oculto» de la Escritura. Jesús indica que las Escrituras son esencialmente manifiestas (claras para los no eruditos). Once veces los escritores de los evangelios registran su dicho «¿No has leído?...» Y treinta veces defiende su enseñanza diciendo: «Escrito está...» Además, reprende a sus oyentes por no entender y creer lo que el texto dice claramente.

Algunos afirman que, en el Sermón del Monte, Jesús estaba criticando al Antiguo Testamento y reemplazándolo con su propia autoridad. Nada más lejos de la verdad. En Mateo 5:17-20, Jesús presenta su enseñanza con un anuncio categórico de que no ha venido a abolir la ley sino a cumplirla. Su lenguaje no es confuso y su intención es muy clara. Esto se hace visible en lo que sigue. La serie de contrastes no yuxtapone la enseñanza de Jesús a la de la ley del Antiguo Testamento; al contrario, se opone a la enseñanza tergiversada y corrupta de los fariseos acerca de la ley de Dios.[7]

Desde 5:21, Jesús ilustra su compromiso fundamental y personal con la ley de Dios (véase v. 17). Lejos de abolir la instrucción moral de Dios, Jesús ha venido a recuperarla, restaurarla y poner su sello personal de aprobación en ella. Aquí está la «justicia» que excede a la de los escribas y fariseos (v. 20). Aquí está la ley de Dios en su estado más puro y más buscado.

Isaías 50:4

La sumisión de Jesús a las Escrituras fue absoluta, sin vacilación, disputa ni concesiones. Él sabía que las Escrituras eran la Palabra de Dios y, debido a que Dios no puede mentir, su Palabra no puede ser quebrantada ni anulada. Sin embargo, hay una pregunta que es generalmente interesante y teológicamente significativa: ¿Cómo llegó Jesús a abrazar la autoridad absoluta de la Palabra de Dios y le permitió, de manera voluntaria, que moldeara y formara toda su vida? Si su humanidad era verdadera y realmente «se hizo carne», debemos tomar en serio los procesos mentales y psicológicos normales mediante los que cualquier ser humano aprende algo. Debemos evitar pensar que Jesús dañó el proceso intelectual normal. Lucas nos dice que Jesús «creció en sabiduría» (2:52). El escritor de Hebreos nos dice que «aprendió la obediencia» (Hebreos 5:8).

Con estos antecedentes podemos comenzar a entender Isaías 50:4: «El SEÑOR omnipotente me ha concedido tener una lengua instruida, para sostener con mi palabra al fatigado. Todas las mañanas me despierta, y también me despierta el oído, para que escuche como los discípulos». El entendimiento de Jesús en cuanto al contenido de la Escritura, y la autoridad inherente grabada en el contenido de la Escritura, no le vino a Él de una vez. Su conocimiento de la Palabra de Dios no fue implantado sobrenaturalmente en su ADN en el vientre de la virgen María. Si lo fuera, su humanidad no sería nuestra humanidad.

En su comentario *La profecía de Isaías*, Alec Motyer escribe: «Él (el Siervo del Señor) no estaba dotado de un don instantáneo, una lengua instruida, sino que estaba sujeto a los procedimientos de entrenamiento apropiados para todo discipulado: concentración en la palabra del Señor... convertir su boca en una espada afilada y una flecha pulida (49:2) no ocurrieron automáticamente ni todos a la vez. Eran producto de una atención prolongada, definida aquí como el discipulado de la cita *matutina* con Dios».[8] La sumisión de nuestro Señor Jesús a la veracidad y autoridad de la Sagrada Escritura vino en el contexto del discipulado personal. Necesitamos el ministerio del Espíritu Santo para persuadirnos interiormente de la inerrancia de la Escritura, aunque por lo general lo hace en el contexto del discipulado. Cuando nuestros oídos se abren para «escuchar» las cosas de Dios, este se complace en sellar en nuestros corazones y mentes la verdad divina y el carácter infalible de su Palabra.

Dos hechos se destacan:

1. La naturaleza humana de nuestro Señor era perfectamente santa. Él no estaba contaminado por la naturaleza pecaminosa de Adán. Adán no era su cabeza, por lo que su naturaleza no era moralmente retorcida en ninguna manera. La Palabra de Dios no confrontaba ninguna apariencia de caída en Jesús. Cuando escuchó por primera vez y luego leyó la Palabra de Dios, Jesús habría percibido al instante su inspiración innata, originaria, inspirada por el Espíritu Santo, y la recibió por lo que era, la Palabra de Dios. Cuando escuchamos y leemos la Palabra de Dios, nos aturden instintivamente su autoridad y su verdad. Todos necesitamos que Dios abra nuestros ojos, destape nuestros oídos y nos permita discernir espiritualmente la veracidad de la autoridad de su Palabra y, además, sentirla. Pero Jesús era «santo, manso, sin mancha» (Hebreos 7:26). Era natural que recibiera la Palabra de Dios y aceptara su autoridad incondicional.

2. Sin embargo, la naturaleza humana de nuestro Señor era verdaderamente humana. Era una naturaleza capaz de madurar y crecer. Él «siguió creciendo en sabiduría y estatura, y cada vez más gozaba del favor de Dios y de toda la gente» (Lucas 2:52). Su conocimiento de las Escrituras era, por lo tanto, adquirido. Fue un conocimiento desarrollado. Así como la santidad de Jesús era una incremental

(no de lo menos santo a lo más santo, sino la santidad perfecta de un ser de un año a la santidad perfecta de una persona de treinta años), así también su conocimiento de las Escrituras era incremental. Seguramente sabemos que «mañana tras mañana», nuestro Señor se aplicaba diligentemente, escuchando y recibiendo la Palabra de Dios de buen gusto. Él era un estudiante de las Escrituras siempre listo. Tenía un campo inmaculado y fértil para las Escrituras en su mente y su corazón, a diferencia de nosotros. Pero no evadió el proceso intelectual normal de aprendizaje al someterse continuamente a la autoridad de la Palabra de Dios.

Estos hechos tienen mucho que decirnos. El ministerio del Espíritu Santo y el convencimiento de la absoluta veracidad así como la autoridad de las Sagradas Escrituras, no se dan de forma natural en nuestras vidas, a menos que la persona sea diligente y obediente. Dios normalmente usa sus medios para llevar a cabo sus propósitos de salvación y santificación con nuestras vidas.

Como Hijo del Hombre, Jesús es el ejemplo supremo de la absoluta confianza en la fiabilidad de las Escrituras y en el sometimiento a la autoridad divina. Su promesa de que el Espíritu Santo guiaría a sus apóstoles a la verdad (Juan 16:13) y la declaración de los apóstoles de que escribieron bajo inspiración divina (véase 2 Pedro 3:16) muestra que la visión de Jesús del Antiguo Testamento también se aplica al Nuevo Testamento. ¿Está usted siguiendo su ejemplo?

Implicaciones teológicas

Primero, «dogmáticamente, para Jesús y los apóstoles, el Antiguo Testamento es el fundamento de la doctrina, la fuente de las soluciones, el fin de toda discusión». La declaración de Jesús —«Escrito está…»— se repite con cierta frecuencia. Y fue suficiente para apoyar todo lo que dijo. El Antiguo Testamento era la Palabra absolutamente autorizada de Dios, la última palabra en cualquier debate.

En segundo lugar, esa convicción no era nueva para Jesús. Los escribas y los fariseos creían en la inerrancia y la autoridad absoluta de la Sagrada Escritura. Se enorgullecían de practicar la misma letra de la ley en todas sus jotas y tildes. ¿Dónde, entonces, difirieron de Jesús? Fue principalmente en dos áreas. Primero, fueron selectivos en su obediencia a la Palabra de Dios (Mateo 23:23-24). Segundo, su obediencia fue externa, no interna (vv. 25-28). Fue esa hipocresía la que Jesús expuso tan fulminantemente en el Sermón del Monte. En ese sermón, como se señaló anteriormente, Jesús no se oponía a las Escrituras del antiguo pacto. No estaba enunciando una nueva ley. Él estaba recuperando la verdadera espiritualidad de la ley de Dios, presionando sobre sus oyentes la verdad fundamental de la religión bíblica de que Dios mira el corazón. Donde la creencia en la infalibilidad de la Sagrada Escritura no conduce a una vida de piedad y un deseo de la gloria de Dios, reina el espíritu del fariseísmo.

Tercero, «La inspiración es una doctrina, como la doctrina de la Trinidad, la de la encarnación, etc., que los cristianos aceptan, no porque entiendan la verdad sino porque Dios así lo atestigua. No es un pronunciamiento científico sino una confesión de fe. En el caso de la inspiración, como en el de cualquier otro dogma, la pregunta no es, en primer lugar, cuánto puedo y debo confesar sin entrar en conflicto con la ciencia, sino ¿cuál es el testimonio de Dios y qué, en consecuencia, es el pronunciamiento de la fe cristiana?» La fe cristiana descansa segura sobre esta presuposición fundacional. Aun cuando la ciencia, por su misma naturaleza, es una disciplina evolutiva, «la palabra de nuestro Dios permanecerá para siempre» (Isaías 40:8).

Cuarto, la lucha por la Biblia es ante todo una batalla ética. Así como el mundo es hostil a Jesús, lo que es y lo que ha hecho, también es hostil a las Escrituras (1 Corintios 2:12-14). Las personas que critican la Biblia suponen que los «creyentes simples» no conocen ni entienden las objeciones de la ciencia (así llamada) a la inspiración de la Biblia. Eso no tiene ninguna lógica. Conocemos muchas de las objeciones. No podemos responder a todas ellas; ¿cómo podríamos? Hay dificultades en la Biblia que no podemos y no nos atrevemos a ignorar. ¡Pero no son una barrera para la fe en cuanto al carácter totalmente orgánico e infalible de la Palabra escrita de Dios, como tampoco lo son para la fe en la Santísima Trinidad y la encarnación del eterno Hijo de Dios!

Para Jesús, la expresión «Escrito está...» señaló la autoridad divina e irrecusable de la Escritura.

Conclusión

Hay una razón fundamental por la cual los cristianos tienen una gran visión de las Escrituras. Nos atenemos a la absoluta veracidad de las Escrituras en toda su diversidad humana debido a que Jesús hizo lo mismo. Los cristianos son inerrantes comprometidos ante todo por la devoción a su Señor y Salvador, Jesucristo, el Hijo de Dios hecho carne para nosotros y por nuestra salvación. Las Escrituras dan testimonio de su propia inerrancia, y Jesús pone su imprimátur personal en este testimonio de sí mismo.

Lo que Pablo escribe en 2 Timoteo 3:16-17 refleja con exactitud el pensamiento y la enseñanza de Jesús. Es porque «toda la Escritura es inspirada por Dios» que «no puede ser quebrantada» (Juan 10:35). ¿Cómo podría ser de otra manera? No importa cuánto lo intente, mis palabras reflejan mi naturaleza. Mi naturaleza es defectuosa. Soy un pecador perdonado, pero hasta el día de mi muerte, todavía he de ser pecador. Sin embargo, la naturaleza de Dios es absolutamente pura, sin defectos. Él no puede decir una mentira ni yo escalar al sol con una cuerda de hielo. Lo que Dios es avala que todo lo que Él habla es incontrovertiblemente verdadero. Si toda la Escritura es inspirada por Dios, como se declara, entonces no puede sino ser toda verdad.

Nada de eso significa que no habrá dificultades por resolver ni incluso conflictos internos, los que en la actualidad parecen imposibles de reconciliar. ¿Cómo podría ser de otra manera?

Calvino capta la sacra reverencia con la que Jesús trató a la Palabra escrita de Dios: «Le debemos a la Escritura la misma reverencia que a Dios, ya que tiene su única fuente en Él y no tiene nada de origen humano mezclado con ella».[9]

La doxología concluyente de Pablo a su exposición del «evangelio de Dios» (Romanos 1:1) en Romanos 11:33-36 expresa el testimonio de todos los cristianos al reflexionar sobre la revelación de Dios de sí mismo y su camino de salvación en las páginas de la Sagrada Escritura: «¡Qué profundas son las riquezas de la sabiduría y del conocimiento de Dios! ¡Qué indescifrables sus juicios e impenetrables sus caminos! ¿Quién ha conocido la mente del Señor, o quién ha sido su consejero? ¿Quién le ha dado primero a Dios, para que luego Dios le pague? Porque todas las cosas proceden de él, y existen por él y para él. ¡A él sea la gloria por siempre! Amén».

Capítulo 6

LA NATURALEZA, LOS BENEFICIOS Y LOS RESULTADOS DE LAS ESCRITURAS

2 TIMOTEO 3:16-17

J. Ligon Duncan III

Tengo el privilegio de servir en una institución, el Seminario Teológico Reformado, que se dedica a preparar pastores, plantadores de iglesias y misioneros para el trabajo del evangelio por el resto de sus vidas. Cada año enviamos personas, cientos a la vez, al servicio del pueblo de Dios en la obra de evangelismo y discipulado, y lo único que tienen para enfrentar ese desafío es la Palabra de Dios. Por lo tanto, es mi primera responsabilidad como rector de este seminario despertar por la mañana y creer que la Biblia *es* la Palabra de Dios, porque el mundo no va a ayudar a mis alumnos a creer en esto cuando estén pastoreando, sirviendo en el campo misionero o evangelizando, discipulando o ministrando en las universidades. La facultad y yo tenemos que asegurarnos de verter todo lo que podamos en estos hermanos para que se mantengan firmes en la Palabra de Dios.

El Seminario Teológico Reformado se inició, con este propósito, hace cincuenta años. Los ancianos de la Primera Iglesia Presbiteriana de Jackson, Mississippi, se ofrecieron a establecer una cátedra de teología en un importante seminario presbiteriano si esa institución colocaba en esa posición a un hombre que creyera en la infalibilidad bíblica. El presidente de esa institución se burló de los ancianos y dijo que su entidad no sería comprada por un grupo de fundamentalistas. Entonces ellos dijeron: «Está bien, pondremos el dinero en el banco. Si usted cambia de opinión, llámenos». Cuatro años después, ese dinero se utilizó para comenzar el Seminario Teológico Reformado, una institución comprometida con la inerrancia de las Escrituras, las doctrinas de la gracia y la Gran Comisión. Uno de los pilares sobre los cuales se fundó esa institución fue la inerrancia o infalibilidad bíblica. El mundo, con su intolerancia tóxica, ataca su alma en varias maneras. En primer lugar, hace que usted pierda la confianza en la Palabra de Dios. He visto con tristeza que eso les ha pasado a algunos amigos a lo largo de los años. Pero también puede hacer que usted pierda su deleite en el Dios de la Palabra; en cuanto a lo cual creo que he visto a más hermanos con antecedentes conservadores —que creen en la Biblia—, que se apartan de la creencia en una alta visión de la Escritura debido a ese último ataque. Como ve, si usted empieza a creer que hay algo mejor que el Dios de esta Palabra y que sus promesas, está a un paso de alejarse de su Palabra.

Pablo aborda este peligro en 2 Timoteo 3:14-17 al escribir:

Pero tú permanece firme en lo que has aprendido y de lo cual estás convencido, pues sabes de quiénes lo aprendiste. Desde tu niñez conoces las Sagradas Escrituras, que pueden darte la sabiduría necesaria para la salvación mediante la fe en Cristo Jesús. Toda la Escritura es inspirada por Dios y útil para enseñar, para reprender, para corregir y para instruir en la justicia,a fin de que el siervo de Dios esté enteramente capacitado para toda buena obra.

Quiero bosquejar brevemente este pasaje para enfocarme en los versículos 16 y 17, incluyendo también una pequeña frase del final del versículo 15.

Primero, Pablo dice: «Pero tú permanece firme en lo que has aprendido» (v. 14a). Pablo le dice a Timoteo: «Sigue creyendo, Timoteo. En lo que has aprendido que es verdadero, correcto y bueno. No dejes de creerlo».

Segundo, Pablo agrega: «pues sabes de quiénes lo aprendiste» (v. 14b). En otras palabras, le dice a Timoteo: «Recuerda quién te enseñó las Escrituras. ¡Las aprendiste en las rodillas de tu madre y de tu abuela!» (cf. 2 Timoteo 1:5). En la «Conferencia Juntos por el Evangelio», en 2014, Mark Dever permitió que yo participara en un panel sobre inerrancia bíblica, en el que le pregunté a John Piper: «John, ¿por qué crees en la inerrancia bíblica?» Ahora bien, Piper es un hombre con un doctorado de la Universidad de Múnich, un hombre que ha estudiado el Nuevo Testamento al más alto nivel. Sin embargo, al instante, John respondió: «¡Porque mi mamá me dijo que lo hiciera!» Esa fue una buena respuesta, ¡una que hizo eco de las enseñanzas paulinas! Pablo le dice a Timoteo: «Recuerda, que aprendiste esto de tu madre y de tu abuela. Recuerda quién te enseñó esto». Le recuerda que las personas que se preocupaban por su alma le enseñaron a creer en la Palabra de Dios.

Tercero, el apóstol dice: «Desde la niñez has estado familiarizado con las sagradas escrituras» (v. 15a). Pablo está hablando aquí sobre la Biblia hebrea de Timoteo, el Antiguo Testamento. El Nuevo Testamento no existía cuando Timoteo estaba creciendo. ¡Estaba escribiendo el libro de 2 Timoteo! Pablo le dice a Timoteo: «Has conocido esa Biblia». Por cierto, al final de esa frase, tenemos una maravillosa descripción de dos palabras de la visión de la Biblia en sí misma: «escritos sagrados». Ese es un buen argumento bíblico para la inerrancia de la Escritura. Esa visión se repite en las palabras que lucen las portadas de la mayoría de nuestras biblias: «Santa Biblia».

Cuarto, Pablo le dice a Timoteo que las escrituras sagradas «pueden hacerte sabio para la salvación por la fe en Cristo Jesús» (v. 15b). E insiste en que la Biblia hebrea de Timoteo le enseña el camino de la salvación, que es por medio de Jesucristo. Es decir, la Biblia hebrea de Timoteo predica la salvación solo por gracia a través de la fe solo en Cristo solo.

En quinto lugar, Pablo afirma: «Toda la Escritura es inspirada por Dios» (v. 16a). Aquí, Pablo le está diciendo a Timoteo, y a nosotros, lo que es la Escritura.

Sexto, el apóstol dice que la Escritura es «útil para enseñar, para redargüir, para corregir, y para instruir en justicia» (v. 16b). Para eso están las Escrituras.

Séptimo, Pablo dice cuál es el fin de la Escritura que es útil «para que el hombre de Dios sea completo, equipado para toda buena obra» (v. 17). Eso es lo que hacen las Escrituras.

Así que Pablo le recuerda a Timoteo qué es la Biblia, para qué sirve y qué hace; con lo que lo exhorta a vivir y ministrar según el Libro Sagrado. Y así como el libro de los Salmos no nos dice nunca que alabemos a Dios sin informarnos por qué debemos hacerlo, Pablo no solo le dice a Timoteo: «Vive según el Libro y ministra por el Libro».

Él le dice a Timoteo por qué: porque lo aprendió de su abuela y de su madre piadosa, que cuidaban su alma; porque es la Palabra inspirada por Dios, toda ella; porque es para represión, corrección, entrenamiento en justicia y enseñanza; y finalmente, porque los ojos del cielo están sobre él. Esto lo vemos al echar un vistazo al capítulo 4, donde Pablo expresa: «En presencia de Dios y de Cristo Jesús, que ha de venir en su reino y que juzgará a los vivos y a los muertos, te doy este solemne encargo: Predica la Palabra; persiste en hacerlo, sea o no sea oportuno; corrige, reprende y anima con mucha paciencia, sin dejar de enseñar» (v. 1). Esa es la multitud que está mirando, la audiencia que rodea a Timoteo mientras ministra la Palabra, a la que un día tendría que dar cuenta. Por todas esas razones, Timoteo necesita vivir según el Libro y ministrar de acuerdo a ese Libro.

Es importante destacar que Pablo no le está diciendo a Timoteo algo acerca de la Biblia que el joven no supiera. Timoteo cree lo que Pablo le está diciendo acerca de la Biblia, como lo deja claro Alistair Begg en el próximo capítulo. Entonces, ¿por qué Pablo le dice eso a Timoteo? Creo que la respuesta es doble. Primero, anima a Timoteo y le recuerda una verdad que es absolutamente vital para que el ministro sepa si debe continuar exponiendo las Escrituras, el Día del Señor, año tras año, confiando fielmente en que Él haga su trabajo a través de la Palabra. Timoteo necesita que se le recuerde eso. Él es un joven que empieza en el ministerio. Él no ha llegado donde está Pablo. Pablo puede ver la meta desde donde está parado. Segundo, Timoteo necesita entender cómo se aplica esa verdad tanto a su vida como a su ministerio; por eso, en los versículos 14 y 15, Pablo aplica la verdad bíblica que expone en los versículos 16 y 17 a la vida de Timoteo. Luego, en 2 Timoteo 4:1 y los versículos siguientes, lo aplica a su predicación.

Estoy seguro de que la mayoría de los pastores del pueblo de Dios que están leyendo estas palabras son como Timoteo, saben estas cosas sobre la Biblia. ¿Por qué, entonces, estoy escribiendo acerca de 2 Timoteo 3:16-17? Por las mismas razones que Pablo le escribió estas cosas a Timoteo. El mundo en el que usted habita no le está ayudando a creer en la verdad que indica 2 Timoteo 3:16-17. El aire que respira es tóxico. Dondequiera que mire, hay agresiones a la integridad, a la autoridad, a la infalibilidad e inerrancia de las Escrituras, tanto en su teología como en su ética. Este mundo no le está ayudando a creer en esas cosas, por lo que necesita ser alentado por la Palabra de Dios en cuanto a lo que esta misma tiene que ver con su vida y su ministerio.

Aún más devastador es que vivimos en un mundo donde, durante más de doscientos años, el principal asalto a la Palabra de Dios ha venido de personas que se llaman a sí mismas cristianas. Hace apenas unos años, el vicemoderador de la Iglesia Presbiteriana en los Estados Unidos de América anunció que las Escrituras son solo un punto de referencia para la Palabra de Dios. No es Palabra de Dios con «P» mayúscula. Continuó diciendo: La *«Sola escritura* está muerta». Benjamin B. Warfield, hablando hace unos 125 años atrás, dijo:

> Dondequiera que se reúnan cinco pensadores modernos, es probable que se traten al menos seis teorías sobre la inspiración de la Biblia. Todos difieren en cada punto concebible excepto en uno. Están de acuerdo en que la inspiración es menos penetrante y menos determinante de lo que hasta ahora se había pensado o que todavía se piensa en círculos menos ilustrados. Concuerdan en que hay menos verdad de Dios y más error humano en la Biblia que lo que los cristianos han creído. En consecuencia, acuerdan que la enseñanza de la Biblia puede ser, en esto, en eso o en lo otro —aquí, ahí o en cualquier otro lugar— descuidada con seguridad o abiertamente repudiada.[1]

Es por eso que es tan importante para nosotros escuchar lo que Pablo señala sobre la Biblia en este pasaje. Al final, todos tenemos que decidir si estamos con Pablo, con Moisés o, en última instancia, con Jesús o nuestros contemporáneos, porque lo que Pablo está diciendo aquí lo recibió de Cristo. Él no nos dice nada que el mismo Jesús no haya dicho. Le está diciendo a Timoteo lo que Jesús dijo acerca de las Escrituras.

Al enfocarnos en los versículos 16-17, quiero recordarles los tres puntos que Pablo formula en estos versículos: qué es la Biblia, para qué sirve la Biblia y qué hace la Biblia. Esta es la exhortación de Pablo: «Timoteo y fieles pastores, vivan según el Libro, porque viene directamente de la boca de Dios, porque es el Libro más práctico en este mundo y porque les dice cómo vivir con Dios».

Qué es la Biblia

Primero, Pablo habla acerca de la naturaleza, las cualidades y la utilidad de las Sagradas Escrituras. Con respecto a la naturaleza de las Escrituras, en tres palabras griegas articula la doctrina de la inspiración plena, verbal: *pasa graphe theopneustos* o «Toda la Escritura es inspirada por Dios». Eso mismo es un argumento para la inspiración de la Escritura. Miremos cada una de estas palabras.

Primero, *pasa*, que se puede traducir como «todo» o «cada». Si lo tomamos como «todo», se refiere a la Biblia como un todo (y *graphe* se usa en ese sentido en el Nuevo Testamento). Si lo tomamos como «cada», entonces se refiere a la totalidad de las Escrituras en cada una de sus partes. Pero, de cualquier manera, cuando Pablo dice «Toda la Escritura es inspirada por Dios», deja en claro que ninguna teoría de inspiración parcial o selectiva puede estar a la altura de lo que afirma acerca de la Palabra de Dios. Siempre han habido personas que han dicho: «Oh, creo en la Biblia, pero no creo que Adán y Eva hayan sido especialmente creados por Dios», o «Creo en la Biblia, pero no creo que hubiera una serpiente que hablaba; eso es un mito etiológico» o «Creo en la Biblia, pero no que Jonás haya sido tragado por un gran pez». Afirman que pueden entender la verdad bíblica de estas historias, pero no creen en cada historia en particular.

Hay todo tipo de argumentos en contra de la Biblia como el siguiente: «Bueno, la Biblia toma cosas de las cosmologías paganas, las cuales son erróneas, por tanto contiene cosmologías erradas» o «La Biblia comete errores históricos sobre la geografía y las culturas circundantes» o «La Biblia muestra evidencia de teologías diferentes y en competencia». Bien, a eso el apóstol Pablo le dice: «No, déjenme explicar algo. ¡Toda la Escritura es inspirada por Dios!» Las genealogías de Génesis o las Crónicas son inspiradas por Dios. Esas leyes que detallan la mente en Levítico son inspiradas por Dios. Esas historias tristes en Jueces son inspiradas por Dios. Por tanto, la inspiración es plenaria; eso significa que *toda* la Escritura es inspirada por Dios, no solo Juan 3:16.

Segundo, *graphe,* que significa «escritos inspirados» o «Escritura». ¿Qué es inspirada por Dios? ¡La Sagrada Escritura! Pablo no está hablando del acto del Espíritu Santo al llevar a los escritores de las Escrituras; lo que está diciendo se refiere al producto. Está afirmando que la Escritura es inspirada objetivamente. En otras palabras, Pablo no está diciendo que la Biblia sea inspirada porque nos inspire; esa es una teoría subjetiva de la inspiración. Lo que él afirma es que la Biblia es inspirada objetivamente; las palabras mismas son producto de la inspiración.

Cuando estudiaba en la Universidad de Edimburgo, la Sociedad Teológica Estudiantil celebró un debate entre Nigel Cameron, que entonces estaba en Rutherford House y que creía en la inerrancia bíblica, y Graeme Auld, que era profesor de Antiguo Testamento y no creía en la infalibilidad bíblica. Durante el debate, el moderador les pidió que diesen sus definiciones de inspiración, y Auld indicó: «Bueno, creo que la Biblia está inspirada en que me inspira».

Cuando escuchó eso, Cameron dijo lo siguiente: «¡Ah, eres un coleridgean!» Auld respondió: «¿Perdón?»

Entonces Cameron dijo: «¡Eres un coleridgean! ¡Samuel Taylor Coleridge articuló esa desacreditada visión de la inspiración en el siglo diecinueve! ¡Todos saben desde entonces que esa es una concepción errónea!»

La afirmación de que la Biblia debe ser inspirada porque nos inspira constituye una visión subjetiva de la inspiración. Pero Pablo indica que lo que es inspirado por Dios es *graphe* o la *Escritura*. De la misma manera, habla en 2 Corintios 3:14 acerca de la lectura del antiguo pacto. Ese pacto es algo que se puede leer. Por tanto Pablo no está hablando de las ideas; no está articulando una visión dinámica de la inspiración. Él está dando una visión verbal de la inspiración; las palabras están inspiradas.

Tercero, *theopneustos*, que significa «inspirado por Dios» o «teoinspirado». Dios es el Autor y la Fuente de las Escrituras. Detrás de esto, creo, están las palabras de Jesús citando a Moisés. ¿Recuerda, cuando Jesús está en el desierto y Satanás lo tienta, cómo responde Jesús con las palabras de Moisés de Deuteronomio 8, diciendo: «No solo de pan vive el hombre, sino de toda palabra que sale de la boca de Dios» (Mateo 4:4)? Con una sola palabra, *theopneustos*, Pablo se hace eco de esa afirmación de Jesús. Toda la Escritura es exhalada por la boca de Dios. Pablo no está dando una nueva teoría de la inspiración; está articulando la visión de Jesús en cuanto a la Biblia. Así como en la creación Dios habló y el mundo apareció, también habló de la redención y de su pueblo redimido —la iglesia—, y ambos llegaron a la existencia. Por su Palabra, Dios crea y redime. La Palabra es teoinspirada.

¿Por qué Pablo le dice esto a Timoteo? Porque está a punto de decirle que base su vida y su ministerio en esta Palabra. Timoteo debe creer lo que es esta Palabra. De la misma manera, cuando algunos de ustedes —como ministros del evangelio— se levantan para predicar la Palabra de Dios cada día, están hablando una palabra superior a todos los poderes terrenales. Si la predican fielmente, si la exponen de acuerdo a su propio significado e importancia, se convierten en portavoces del Dios viviente para facilitar un compromiso entre Él y su pueblo. La Palabra de Dios transmite un mensaje a través de usted acerca de Dios, su gracia y la piedad con su pueblo. Pablo quiere que Timoteo tenga confianza en la Palabra de Dios, ya que a veces puede parecer muy débil. Ciertamente es débil a los ojos del mundo. El país se está volviendo loco. La cultura se precipita en una caída vertiginosa. El mundo está desequilibrado. ¿Qué va a hacer usted, predicador? «No lo sé. Supongo que me levantaré el domingo por la mañana y predicaré acerca de Juan». ¡Sí! Esa es la respuesta correcta, porque la Biblia es la Palabra de Dios, y es viva, activa, poderosa y más eficaz que cualquier espada de dos filos (Hebreos 4:12); además, es la palabra de la mismísima boca de Dios. Eso es lo que es la Biblia.

Al articular la inspiración verbal y plenaria, Pablo acaba de darnos la razón por la cual creemos en la inerrancia. Comprenda esto: Confiamos que la Biblia es inerrante porque creemos que está inspirada, no lo contrario. En otras palabras, si entiende lo que es la Biblia, entiende la calidad de su perfección. Afirmamos que su veracidad absoluta está implicada en lo que es. Proviene de la boca de Dios, que no puede mentir, por lo tanto ¡la Biblia no puede mentir! Eso es totalmente cierto. Dado que creemos que es inspirada, porque creemos que es teoinspirada, creemos que es infalible.

Al considerar la doctrina de las Escrituras, es vital que prestemos atención a lo que dice la Biblia sobre la revelación y la inspiración; es esencial estar atentos a las afirmaciones de la Biblia sobre sí misma. He visto a muchos, demasiados eruditos evangélicos, comenzar con una alta visión de la Escritura; pero luego estudian los llamados fenómenos de las Escrituras y pierden su confianza en la Palabra de Dios. Cuando eso sucede, usted puede apostar que han tratado de construir una doctrina de las Escrituras basada en sus propias respuestas provisionales a los fenómenos de las Escrituras sin tomar en consideración adecuadamente lo que la Biblia dice sobre sí misma con respecto a la revelación y la inspiración. Usted no puede aprender qué es la Biblia, ni puede formar una doctrina correcta de las Escrituras, sin prestar atención a las afirmaciones de las Escrituras. De modo que, aun cuando luche con la doctrina de las Escrituras, comience con sus afirmaciones sobre la revelación y la inspiración, y luego trate con los fenómenos de la Escritura. No comience con los fenómenos de las Escrituras para luego intentar leer sus afirmaciones y lo que enseña acerca de la revelación y la inspiración a la luz de su respuesta provisional a los fenómenos. Si lo hace, se convertirá en un liberal.

Para qué es la Biblia

En 2 Timoteo 3:16b, Pablo nos dice que la Biblia es «útil» —es decir, «provechosa» o «beneficiosa»—, para enseñar, para redargüir, para corregir y para instruir en justicia». Cabe decir que aquí Pablo está haciendo una gran proclama sobre la Biblia. Él no está simplemente diciendo que es útil. Afirma que es provechosa y que, además, es importante y confiable, dos cosas muy diferentes. Decir que las Escrituras son importantes no exige demasiado para la Biblia; no reclama lo suficiente. Si me dijera: «Sabe, la gasolina es importante para el funcionamiento del motor de mi automóvil», ¡no voy a pensar que usted es brillante! ¡Por supuesto, la gasolina es importante para el funcionamiento del motor del automóvil! Pero no es solo importante, ¡es esencial!

De la misma manera, la Biblia no es solo importante; es mucho más que eso. La Biblia que nosotros, como ministros del evangelio, usamos para predicar el domingo por la mañana ya es más que importante. Es útil. Y es provechosa, dice Pablo, por cuatro cosas. Primero, para la enseñanza, es decir, para impartir la verdad de Dios. En segundo lugar, es útil para reprender, es decir, para advertir contra los errores en cuanto a la creencia y el comportamiento. En tercer lugar, es beneficiosa para la corrección, es decir, para redireccionar. Este es el aspecto positivo de la advertencia. No solo quiere decirle a un hermano que cometió un error: «Eso está mal, no lo haga». Quiere que él crea lo que es verdad y que viva de la manera en que Dios le insta a vivir. Quiere volver a ganar a su hermano. Por tanto, la corrección es esa redefinición que ocurre cuando usted desafía la incredulidad o el comportamiento incorrecto.

Por último, la Palabra de Dios es útil para ejercitar la justicia, es decir, para discipular y preparar al creyente en la piedad. En 1 Timoteo 1:5, Pablo describe el objetivo de su ministerio: «El propósito de este mandamiento es el amor nacido de corazón limpio, y de buena conciencia, y de fe no fingida». En ese contexto, Pablo critica a los falsos maestros. ¿Y a qué dice que conduce su enseñanza? A especulaciones interminables (v. 4). ¿Pero a qué conduce la verdadera enseñanza? Al amor de un corazón puro, a una buena conciencia y a una fe sincera. Por eso es que enseñamos y la Biblia es útil para este propósito. Queremos ver a los creyentes que vivan la verdad de la Palabra en amor y para eso es que la Palabra es útil. Por tanto, la Biblia es el libro más provechoso, útil y beneficioso del mundo. Es por ello que el autor del Salmo 119 sigue cantando acerca de por qué ama tanto a la Escritura. «¡Oh cuánto amo tu ley, oh SEÑOR! ¡Me enseña a vivir y me muestra quién eres! Me envía al camino de la vida. ¡Amo tu Palabra!» Eso es lo que Pablo le está diciendo a Timoteo: «La Biblia es inspirada; inspirada por Dios. La Biblia es provechosa; es útil y beneficiosa».

Qué hace la Biblia

En última instancia, Pablo afirma que la Biblia nos muestra el camino de la vida y de la piedad, es decir, nos equipa y prepara para la vida cristiana. El apóstol escribe que «pueden darte la sabiduría necesaria para la salvación mediante la fe en Cristo Jesús» (2 Timoteo 3:15b). Esa es la justificación. Luego continúa diciendo que el fin de las Escrituras es «que el siervo de Dios esté enteramente capacitado para toda buena obra» (v. 17). Eso es santificación. Entre su conversión y el día en que Dios le lleve a su hogar celestial (o cuando venga Jesús, lo que ocurra primero), vivirá en justificación y santificación. En ese negocio es que se desempeña la Biblia. Eso es lo que hace. Establece el camino de la salvación para que no confiemos en nosotros mismos sino en Cristo; ponemos nuestra fe en Él como se nos indica en el evangelio, no en nuestras propias obras. Pero, aunque no somos salvos por nuestras obras, Pablo dice en Efesios 2:8-10 que somos salvos para buenas obras. Así que aun cuando la Biblia nos muestre el camino de la salvación por la confianza en Jesús —aparte de las obras de la ley—, también nos muestra el camino de la vida cristiana, que es para buenas obras.

Cuando Pablo escribe «que el hombre de Dios puede estar completo, equipado para cada buena obra», deja claro que la Biblia es totalmente suficiente para desarrollar la vida cristiana. Es capaz de equiparnos para la fe, la vida, la piedad y para toda buena obra. Pablo aclara muy bien que el trabajo del pastor con el pueblo de Dios no termina hasta que los hombres y las mujeres se hayan conformado a Cristo. Esa es la meta del aprendizaje de las Escrituras y de la doctrina. No debemos contentarnos con que las personas profesen a Cristo, comenzando a estudiar sus Biblias, ni incluso conque abracen la doctrina correcta. No debemos descansar hasta que veamos que esa doctrina correcta —por la gracia de Dios y por el poder del Espíritu—, opere en una existencia santa y una vida de amor.

En 2 Timoteo 3:17, Pablo se hace eco de las palabras de Cristo en cuanto a la Gran Comisión. Cuando les dijo a sus discípulos: «Vayan y hagan discípulos de todas las naciones, bautizándolos en el nombre del Padre y del Hijo y del Espíritu Santo, 20 enseñándoles a obedecer todo lo que les he mandado» (Mateo 28:19-20a). Jesús les dice a los discípulos que vayan a todas las naciones a hacer discípulos. ¿Cómo? Bautizando y enseñando. ¿Enseñando qué? *Todo* lo que Él les había enseñado a ellos. Pablo sabe que el trabajo del ministro no se hace hasta que este vive lo que dice la Biblia, no basta simplemente con creer lo que dice. Como afirma el autor del himno: «Confía y obedece, porque no hay otra manera de ser feliz en Jesús, sino confiar y obedecer».[2] Sabemos que es cierto que no obedeceremos lo que no creemos. Pero también es verdad que no creeremos lo que no obedecemos.

Hace poco, escuché a Mark Dever predicar un poderoso mensaje en el que indicó: «La impiedad conduce a la herejía». Todos estamos de acuerdo en que la herejía conduce a la impiedad. Lo hemos visto suceder y lo vemos en las Escrituras. Pero a menudo no recordamos que también funciona de otra manera, la manera contraria. La impiedad conduce a la herejía. Y también funciona de ese modo con la doctrina de la Escritura. Veo a muchas personas en el ambiente evangélico que están cambiando su punto de vista sobre las Escrituras para adaptar su inmoralidad o la inmoralidad que quieren permitirles a otros. La impiedad los ha llevado a la herejía. La maldad los ha llevado a una baja visión de las Escrituras. Y ahí es donde la tentación puede venir para nosotros personalmente. Podemos pensar: «Nunca dejaré de creer en la inspiración, la infalibilidad, la inerrancia y la autoridad de las Escrituras», pero si dejamos que nuestro corazón comience a amar algo o a alguien más que al Dios de las Escrituras, que nuestro corazón empiece a amar algo más que las promesas de la Palabra, estamos a un paso de negar las Escrituras y alejarnos de la fe. No nos limitemos, pues, a simplemente aferrarnos a la Palabra sin amarla, tenemos que mantener la Palabra en lo que amamos y en el modo en que vivimos, de manera que nos opongamos a las asechanzas del maligno.

Capítulo 7

Deje que salga el león

2 TIMOTEO 4:1-5

Alistair Begg

El título para este capítulo lo he tomado de una famosa cita de un sermón de Charles H. Spurgeon:

> Una gran cantidad de hombres sabios están defendiendo el evangelio con sus escritos; sin duda, es algo muy apropiado y correcto; pero observo que si hay muchos libros de ese tipo, es porque el evangelio mismo casi no se predica. Supongamos que a varias personas se les ocurre que tienen que defender a un león. La fiera está en una jaula y tenemos todo un ejército de soldados para luchar por ella. Bueno, debería sugerirles —si ellos no se oponen ni sienten que es humillante—, que se aparten amablemente, abran la puerta y dejen salir al león. Creo que esa sería la mejor manera de protegerlo, porque él se cuida solo. Así mismo es el evangelio, la mejor «defensa» es dejar que salga. No se preocupe por defender el Deuteronomio o todo el Pentateuco; predique a Jesucristo y a este crucificado. Deje salir al León y mire quién se atreve a acercársele. El León de la tribu de Judá pronto expulsará a todos sus adversarios.[1]

Esto, en esencia, es lo que Pablo le está pidiendo a Timoteo que haga en los primeros versículos de 2 Timoteo 4. El apóstol identifica aquí la necesidad que se le impone a Timoteo. El momento de la partida de Pablo ha llegado. Ya peleó la batalla, terminó la carrera y mantuvo la fe; ahora es absolutamente crucial que Timoteo, su joven lugarteniente, haga lo mismo. Pablo le insta a que tenga la prioridad absoluta del ministerio de la Palabra de Dios, ordenándole que predique la Palabra, es decir, que deje salir al león. Lo que Timoteo cree acerca de las Escrituras se hará evidente en su predicación y lo que es verdad para ese joven ministro ha de serlo también para todos los timoteos actuales que deseen emularlo.

En los versículos finales del capítulo 3, Pablo no le está informando a Timoteo algo que este no sepa. Se supone que Timoteo no leyó los versículos 16 y 17 de ese capítulo ni que dijera: «Ah, vaya, yo no sabía eso acerca de la Biblia». Timoteo había crecido con un entendimiento escritural. Estaba familiarizado con la frase veterotestamentaria: «Vino palabra del Señor...» (a Salomón, a Samuel y a todos los profetas). Timoteo reconoció que Pablo le estaba recordando una verdad que nunca se atrevería a olvidar. Mi objetivo en este capítulo, esencialmente, es hacer lo mismo: recordar lo que sabemos y, con suerte, promover la tarea de predicar la Palabra. Las Escrituras son divinamente inspiradas. Son completamente confiables. Son suficientes y, como señaló Pablo, proporcionan la clave para la competencia y la utilidad del hombre de Dios. Timoteo sabe que el apóstol se ha enfrentado a una deserción total en el contexto de Asia. «Todos... me han abandonado» (2 Timoteo 1:15). Timoteo debía prepararse ante la posibilidad de que a él también lo abandonarán. Desde una perspectiva humana, en realidad, no hay garantía de que la iglesia naciente se mantenga en la próxima generación. Por lo tanto, es crucial que Timoteo continúe con lo que ha aprendido, esté convencido y crea firmemente.

Timoteo realmente ministraba en un ambiente no muy diferente al nuestro. Tuvo que predicar la Palabra de Dios en un tiempo de confusión total, particularmente en dos frentes: moral y doctrinal. Es un contexto en el que las personas no saben cómo se supone que deben comportarse y en qué se supone que deben creer. Así que, con la partida del apóstol y la transición de la iglesia apostólica a una era postapostólica, Timoteo tuvo que tomar esa carga. Consideraremos: (1) su encargo (vv. 1-2), (2) su desafío (vv. 3-4) y (3) y la oportunidad de mostrar su carácter (v. 5).

Su encargo

Pablo le escribe a Timoteo: «En presencia de Dios y de Cristo Jesús, que ha de venir en su reino y que juzgará a los vivos y a los muertos, te doy este solemne encargo:predica la Palabra; persiste en hacerlo, sea o no sea oportuno; corrige, reprende y anima con mucha paciencia, sin dejar de enseñar» (vv. 1-2). Este encargo es solemne, simple e inquisitivo.

Un encargo solemne

Cuando Pablo escribe: «Te encomiendo en presencia de Dios y de Cristo Jesús», no hay nada de casualidad ni intrascendencia en este encargo. Matthew Henry dice de manera acertada: «Lo mejor de los hombres tiene que ser impresionado con el cumplimiento de su deber».[2] Piense en Moisés, Isaías o Jeremías, todos los cuales se mostraron inicialmente reacios a obedecer el llamado de Dios. Por eso, Pablo le recuerda a su joven amigo que él ejerce su ministerio con el Padre y el Hijo como sus testigos. Así que insta a Timoteo a vivir en una forma que cumpla su ministerio de la misma manera que Pablo: consciente de la aparición prometida de Cristo, cuando venga con poder para juzgar a los vivos y a los muertos. Pablo trabajó con su mirada puesta en el premio (Filipenses 3:14), por lo que Timoteo necesitaba hacer lo mismo.

Lo asombroso de la responsabilidad se ve claramente en Hebreos 13:17, ya que el autor le recuerda a la gente que deben prestar atención a sus líderes, «pues cuidan de ustedes como quienes tienen que rendir cuentas». El pastor no es responsable ante la junta directiva los ancianos, los diáconos o la congregación. Él, junto con sus compañeros ancianos, es responsable de la congregación. Él dará cuentas a Dios, a quien sirve.

Pablo ha vivido su vida en el «ahora» a la luz de la realidad del «entonces». Cuando leemos la historia de la iglesia, descubrimos a otros que vivieron de esa manera, creyentes para los cuales la perspectiva de «entonces» incidía en el «ahora», lo que los hizo distinguir. Se decía que el gran reformador escocés John Knox, que tenía mucha oposición, temía tanto al rostro de Dios que nunca temió a ningún hombre, ¡ni a ninguna mujer! Izaak Walton escribió acerca de Richard Sibbes: «De este hombre bendito, que este justo elogio sea dado: el cielo estaba en él, antes de que él estuviera en el cielo».[3]

Algunos de nosotros nos preocupamos tanto por vivir en el ahora que casi perdemos completamente la perspectiva del entonces. Lo cual no ocurrió con Robert Murray McCheyne, autor del himno «Cuando este mundo haya pasado», que escribió: «Cuando este mundo haya pasado, cuando se haya hundido el sol. / Cuando estemos con Cristo en gloria, mirando el final de la historia. / Entonces Señor, sabré perfectamente, cuánto debo yo».[4] No podemos fracasar en esto. Tomemos la siguiente frase de la ceremonia matrimonial y hagamos un paralelo con el ministerio: «No debe tomarse a la ligera ni descuidadamente, sino con respeto, con reverencia a Dios, con la debida consideración en cuanto al propósito para el cual fue establecido por Dios». Tal es el llamado y el encargo del ministerio de la Palabra de Dios. Es un encargo solemne.

Un encargo simple

El encargo de Pablo a Timoteo es simple, en el sentido de que es directo. No es difícil de entender. Timoteo lo entendió rápido; y usted y yo también podemos hacerlo. Todo lo que Pablo le escribió a Timoteo en esta carta con respecto al patrón de la sana doctrina, el buen depósito, la Palabra de verdad y las sacros escritos (2 Timoteo 1:13-14; 2:15; 3:15) fundamenta esta instrucción. Timoteo recibió el ministerio de la Palabra. Lo ejerció consciente de que la Palabra realiza la obra de Dios por el Espíritu de Dios; esa poderosa predicación de la Biblia no se relaciona con el histrionismo del predicador, sino con la conciencia de que Dios opera en el predicador así como entre la congregación. Tener conciencia de Dios tiene que ver con la presencia de Él, su majestad, su alteridad, su maravilla, su trascendencia y, al mismo tiempo, su inmanencia. Él está aquí; está presente. En resumen, este encargo se da y se recibe en la presencia del Padre y del Hijo, y a la luz de la aparición y el reino del Señor Jesucristo.

Es por eso que la predicación, como me ha ayudado a verla Christopher Ash, es culturalmente neutral. No importa a dónde se dirija uno, las personas entienden cómo sentarse y escuchar a alguien que habla con autoridad. Alguien que está con la Escritura desde el principio. En Deuteronomio 4:10, Dios dice: «Convoca al pueblo para que se presente ante mí y oiga mis palabras, para que aprenda a temerme todo el tiempo que viva en la tierra, y para que enseñe esto mismo a sus hijos». Moisés más tarde cuenta: «Entonces el Señor les habló desde el fuego, y ustedes oyeron el sonido de las palabras, pero no vieron forma alguna; solo se oía una voz» (v. 12). ¡Solo una voz! A los predicadores a menudo se les pregunta cómo logran «tratar con algo diferente» cada semana. Tristemente, demasiados púlpitos son ocupados por personas ingeniosas y bien intencionadas que han perdido la confianza en la suficiencia de la Escritura. El objetivo principal del predicador no es simplemente aumentar el conocimiento del oyente con respecto a un pasaje y proporcionar algunos consejos prácticos a modo de aplicación. Eso está muy bien, pero el objetivo principal del ministerio de la Palabra de Dios es que, a medida que el Espíritu traiga la Palabra, el oyente pueda tener un encuentro vivificante con Dios mismo. El resultado final es que cuando Dios haya cumplido sus propósitos el oyente cambie.

El fallecido J. Gresham Machen impresionaba a sus alumnos en el Seminario Teológico de Westminster, él decía: «El verdadero predicador cristiano se presenta ante la congregación con la Biblia abierta. No llega con el fin de presentar sus opiniones. Ni los resultados de sus investigaciones acerca de cualquier fenómeno religioso. El verdadero predicador presenta lo que hay en la Palabra de Dios».[5] Lo que Dios les habló a los apóstoles nos ha sido legado en el Nuevo Testamento, así que nosotros, como Timoteo, debemos predicar la Palabra y nada más que la Palabra, nada menos que eso.

W. E. Sangster, el famoso predicador metodista del Methodist Central Hall en Londres, casi al final de su vida en la década de 1950, se lamentó: «La predicación está en las sombras. El mundo no cree en ella».[6] Ahora bien, en la segunda década del siglo veintiuno, ¿es doloroso reconocer que el problema es mayor? La predicación está en las sombras. La iglesia no cree en eso. ¿Es justo decir que estamos muy necesitados de este encargo solemne y simple? Debemos preguntarnos: «¿Estoy convencido de que la predicación expositiva y la enseñanza de la Biblia, confesada, mantenida y sostenida por la obra del Espíritu de Dios, es la fuerza impulsora que da forma a la auténtica vida de la iglesia?»

El encargo inquisitivo

Este encargo es una búsqueda en la medida en que nos hace considerar nuestro compromiso. Pablo le dice a Timoteo que debe estar listo en todo momento. Ciertas ocasiones serán más intimidantes y potencialmente desalentadoras que otras, por lo que es importante que esté listo para difundir el mensaje en cualquiera de ellas, sean convenientes o inconvenientes. No hay excusa para el miedo ni la pereza. La Palabra debe ser proclamada aunque las personas sean hostiles o aunque sean receptivas; estén sintonizadas o no lo estén; aun cuando la perspectiva de un domingo sea deleitosa o sea terrible; aun cuando la multitud sea enorme o cuando la congregación esté disminuyendo. La Escritura hará lo que tenga que hacer; reprobará, reprenderá y exhortará. Tal trabajo no será necesariamente cómodo, pero siempre será útil, como ya lo señaló Pablo (3:16).

¿Quién es ideal para hacer esto? Cuando meditamos en las congregaciones a las que servimos, nos preguntamos: ¿cómo podemos saber todo y conocerlos a todos? ¿Cómo sabremos exactamente qué hacer, cómo predicar y hacer una aplicación útil para el oyente? Nuestra confianza en la predicación de la Palabra proviene de la conciencia de que Dios abre los ojos a los ciegos, ablanda los corazones duros y logra sus propósitos. No debemos esperar resultados de la noche a la mañana. Eso requiere «paciencia y enseñanza completas». J. B. Phillips lo parafrasea de esta manera: «Usa la máxima paciencia en tus enseñanzas» (PHILLIPS). La Nueva Versión Internacional lo dice así: «con gran paciencia e instrucción cuidadosa». Qué adjetivos más desalentadores: completo, supremo, genial. ¿Por qué Dios no podía haber dicho «con un poquito de paciencia»? ¿O «con paciencia intermitente»? Pero no, ¡este encargo requiere de una paciencia *total*!

Esto examina mi corazón. Hace años, en una tarde de verano en un parque en Glasgow, traté desesperadamente de enseñar a mi hijo a manejar la bicicleta sin ruedas de entrenamiento. Me consagré a que fuera capaz de andar en una bicicleta de dos ruedas. Me preocupaba apasionadamente que aprendiera a hacerlo. Pero la noche terminó mal, perdí la paciencia con él. Lo que debería haber sido un maravilloso recuerdo fue estropeado por mi impaciencia. Mucho peor, sin embargo, son los momentos en que el beneficio de la instrucción de las Escrituras es inhibido por la impaciencia del predicador. En su biografía de D. Martyn Lloyd-Jones, Iain Murray cita a William M. Taylor diciendo: «El ministro joven es propenso a tratar de alcanzar de un salto la altura que otros han alcanzado "mediante una larga serie de pasos individuales en el trabajo de un cuarto de un siglo"».[7] James Montgomery Boice me advirtió cierta vez en cuanto al peligro de sobreestimar lo que se puede lograr en un año y subestimar lo que se puede lograr en cinco.

Seamos claros. Este encargo divino es solemne. Pero también es simple. La Palabra inerrante debe ser predicada cuando el viento esté a favor de nosotros y cuando todas las circunstancias se presenten en contra. Debe ser predicada pacientemente y con cuidado.

Su desafío

Ahora Pablo le presenta a Timoteo su desafío: «Porque llegará el tiempo en que no van a tolerar la sana doctrina, sino que, llevados de sus propios deseos, se rodearán de maestros que les digan las novelerías que quieren oír. Dejarán de escuchar la verdad y se volverán a los mitos» (vv. 3-4).

El apóstol Pablo ya hizo consciente a Timoteo de aquellos que se desviaron de la verdad (2:17-18). Ahora Timoteo debe ejercer su ministerio en ausencia de Pablo y en presencia de personas que se están alejando de la verdad y deambulando en el mito. Timoteo debe estar preparado para los tiempos en que «las personas no soportarán la *sana enseñanza*». Debe continuar siguiendo el «patrón de la *sana doctrina*» (1:13), incluidas las «sanas enseñanzas de nuestro Señor Jesucristo» (1 Timoteo 6:3). Esta palabra *sana* significa «saludable», y es importante que sepamos cuán importante es esto. Solo cuando a la congregación se le enseñe una sana doctrina, podrá reconocer lo qué es insalubre y fraudulento.

Cuando era niño, oí hablar de aquellos que aparentemente eran sanos y los que no. Nunca entendí eso realmente hasta que me di cuenta de que, en ciertos casos, declarar la teología de alguien como «*sana*» era otra forma de decir: «¡Está de acuerdo conmigo!» Del mismo modo, hace años, estaba predicando en Irlanda del Norte; y mi anfitrión era un administrador bancario retirado llamado T. S. Mooney, que era considerado como una especie de obispo no electo de la Iglesia Evangélica Presbiteriana. Era un hombre muy amable y capaz. Cada tarde antes de hablar en la Convención de los Jóvenes en Londonderry, él entraba a la pequeña habitación en la parte posterior de la iglesia metodista y orábamos juntos. Oraba fervientemente para que Dios me ayudara mientras predicaba, por lo que yo estaba muy agradecido. Luego tomaba su asiento en la congregación. La primera noche, apenas terminé la introducción, vi que estaba en la tercera etapa anestésica. Estaba completamente dormido. Eso sucedió el lunes, el martes y el miércoles. Mientras conducíamos a su apartamento esa noche, toqué el tema de sus hábitos de sueño: «T. S., todas las noches has orado conmigo antes de predicar, pero luego te has quedado dormido». Mirándome con cierta curiosidad, me respondió: «Así es; como puedes ver, me mantengo despierto hasta que me aseguro de que estás bien, ¡luego tomo una siesta!»

El problema que Pablo enfoca aquí no era exclusivo de la época de Timoteo. La gente ha rechazado la sana doctrina desde la caída. En vez de valerse de los maestros y las enseñanzas que los hará santos, sanos y útiles, van en busca de lo intrigante, lo fascinante, lo especulativo y lo picante. Se interesan más en la novedad que en la ortodoxia. Andan tras maestros que les digan lo que quieren escuchar.

En Deuteronomio 4, vemos a Moisés relatando cómo, hablando en nombre de Dios, llamó al pueblo de Israel a escuchar la voz de Dios, a prestar atención a su Palabra. A pesar de que habían profesado obediencia, fueron seducidos por todas las imágenes y la corrupción de sus vecinos. En términos contemporáneos, sintieron que era mucho más fácil invitar a sus amigos al drama que a otro sermón «aburrido». Como resultado de negarse a inclinarse ante su Creador, se convirtieron en creadores, formando sus pequeños dioses manipulables adaptados a sus caprichos. Básicamente, intercambiaron la verdad de Dios por la mentira. Como observó Martín Lutero: «Si un hombre no tiene a Dios, debe tener sus ídolos».

En Isaías 30, encontramos al pueblo de Dios rechazando la instrucción del profeta, no porque no fuera claro, sino porque lo era demasiado: «Porque este es un pueblo rebelde; son hijos engañosos, hijos que no quieren escucharla ley del Señor. A los videntes les dicen: "¡No tengan más visiones!", y a los profetas: "¡No nos sigan profetizando la verdad! Dígannos cosas agradables, profeticen ilusiones. Apártense del camino, retírense de esta senda, y dejen de enfrentarnos con el Santo de Israel"» (vv. 9-11). No querían que Isaías dejara de predicar. Simplemente querían que predicara de una manera acorde a sus fantasías; una forma que se ajustara a sus pasiones.

El verdadero desafío para la mayoría de nosotros no es que dejemos de creer en la Biblia, sino que realmente dejemos de usarla y no nos sometamos a la autoridad de la Palabra de Dios en nuestras vidas ni en nuestra proclamación. Es bastante común encontrar a aquellos que están buscando y proponiendo una espiritualidad que en realidad está desconectada de la verdad bíblica. Ese seguramente es el entorno en el que la mayoría de nosotros estamos operando ahora. La gente nos dice todo el tiempo: «Soy una persona muy espiritual. Solo que no tengo ningún interés en la Biblia». Esas personas son de las que siguen maestros que se las ingenian con las mujeres débiles que Pablo mencionó (2 Timoteo 3:6). Aunque siempre andan aprendiendo cosas, nunca alcanzan el conocimiento de la verdad. Siguen y acumulan maestros como algunos de nosotros acumulamos montones de revistas o artículos sin sentido. No somos los mejores para ellos, ya que tenemos diferentes ideas y estrategias. Se la pasan tratando de encontrar nueva información, pero si les preguntáramos: «¿Qué saben del Evangelio del Señor Jesucristo?», no tendrían ni idea de que responder. «Algo espantoso y terrible ha ocurrido en este país. Los profetas profieren mentiras, los sacerdotes gobiernan a su antojo, ¡y mi pueblo tan campante! Pero ¿qué van a hacer ustedes cuando todo haya terminado?» (Jeremías 5:30-31).

Tengo la desdichada distinción de vivir en Cleveland, Ohio, una ciudad que ha tenido más equipos deportivos perdedores que ninguna otra. Pero mucho más devastador es el hecho de que en Cleveland tenemos la sede de la denominación protestante considerada como la más liberal en Estados Unidos, a saber, la Iglesia Unida de Cristo. El lema mercadotécnico actual de la IUC es «La iglesia del Dios que todavía habla,» (sí, seguido por una coma, no por un punto). Esto vino de un comentario hecho por Gracie Allen, que estuvo casada la mayor parte de su vida con el comediante George Burns, que dijo: «Nunca coloque un punto donde Dios haya puesto una coma». Para ellos todo parece razonable y complaciente. En una reciente reunión en Cleveland, los representantes de la denominación argumentaban a favor de una agenda de los derechos de los homosexuales. Al final de la noche, un amigo mío bajaba en el ascensor con un hombre y su esposo, que habían estado allí representando a la iglesia en ese evento. Mi amigo, armándose de coraje, le dijo amablemente al hombre: «Disculpe, señor, si le puedo preguntar: ¿Qué opina de Mateo 19, donde Jesús dijo: ¿No han leído que en el principio el Creador los hizo hombre y mujer, y dijo: Por eso dejará el hombre a su padre y a su madre, y se unirá a su esposa, y los dos llegarán a ser un solo cuerpo?» El hombre lo miró con curiosidad un momento y luego dijo: «Pero por supuesto que no creemos todo lo que dice la Biblia». De acuerdo a la IUC, Dios todavía está hablando; sin embargo, aparentemente está contradiciendo todo lo que dijo en su Palabra. Esas iglesias tienen gente en ellas todos los domingos (no muchas, misericordiosamente). Ese es el ambiente en el cual estamos ministrando.

Su carácter

En 2 Timoteo 4:5, Pablo muestra el modo en que la acusación y el desafío le dan a Timoteo la oportunidad de mostrar su carácter: «Tú, por el contrario, sé prudente en todas las circunstancias, soporta los sufrimientos, dedícate a la evangelización; cumple con los deberes de tu ministerio». Este versículo agrega cuatro imperativos a los cinco que hay en el versículo 2. A Timoteo se le da una orden difícil, una tarea del tamaño de un hombre. Aquí tenemos, como lo dice un comentarista, «una declaración real de lo que es el ministerio cristiano». Así como estaba, enfrentado a la oposición, sería demasiado fácil para Timoteo tirar la toalla, abandonar la lucha, salir de la carrera. Pero ese no era el momento para autocompadecerse. La oportunidad aquí es para que se mantenga estable, para enfrentar cualquier sufrimiento que pueda surgir, para seguir predicando el evangelio y para completar la tarea.

Sé prudente o sobrio

Timoteo está rodeado de algunos que se han intoxicado con todas sus nociones mitológicas. Personas que se han alejado; se han desviado. Este no es un buen momento para que Timoteo ponga en acción su piloto automático pastoral. Por su propio bien y por el de los que están bajo su cuidado, no se atreve a quedarse dormido. Debe estar atento. Debe estar preparado para soportar. Debe asegurarse de que no sea susceptible a las nociones especulativas y de que no esté excesivamente influenciado por el número de personas que acuden en masa en pos de los falsos maestros. Por eso Pablo le aconseja: «Pero tú sé sobrio» (RVR1960) o «Mantente alerta en cualquier situación».

Soporta los sufrimientos

Pablo comenzó esta carta invitando a Timoteo a unirse a él en cuanto a «sufrir por el evangelio» (1:8). Todo el tiempo ha hablado sobre su sufrimiento. Nunca podría ser acusado de mitigar los problemas que Timoteo enfrentaría. Timoteo no podría reconocer muchos de nuestros acercamientos al ministerio del evangelio porque son blandos y egocéntricos. En el caso de Pablo, el sufrimiento era obviamente físico, y probablemente también lo sería para Timoteo. Muchos de nuestros hermanos y hermanas hoy enfrentan lo mismo. Para aquellos que vivimos en Occidente, al menos por ahora, el sufrimiento puede ser más mental y emocional, pero no obstante es real. Sin embargo, a medida que las personas esperen un evangelio más aceptable desde el punto de vista político, puede aumentar el costo de proteger el buen depósito. Es costoso declarar pública o privadamente la declaración bíblica del hombre como pecaminoso, culpable, responsable y perdido. Es difícil proclamar ese mensaje con café y rosquillas en el vestíbulo del templo. Cuando un pastor le da la bienvenida a la iglesia y explica algo como lo siguiente: «¡Queremos que todos se diviertan esta mañana, no deseamos que nadie se enoje ni se incomode!», es difícil que continúe con una declaración como la que sigue: «Está establecido para los hombres que mueran una sola vez, porque es pecador, culpable, responsable y está perdido. Por cierto, no derrame su café». Es por eso que el culto superficial y las presentaciones insensatas no preparan el escenario para una predicación bíblica apegada a la Palabra de Dios. Las reuniones centradas en el hombre que tienen solo una aproximación vaga a la adoración bíblica, no enfocan la mente ni inquietan el corazón. Timoteo no está llamado a crear sufrimiento, sino a soportarlo. Él (y los timoteos contemporáneos) estarán en el extremo receptor de las acusaciones e insinuaciones del maligno, que viene a engañar, desalentar y descarriar, si es posible. Sin duda, Timoteo tendrá ocasión de descansar en lo que Pablo le instó: «Sean fortalecidos por la gracia que es en Cristo Jesús» (2:1). Así es como el creyente puede soportar el sufrimiento.

Dedícate a la evangelización

Pablo no quiere que Timoteo se ocupe en otra cosa que no sea la predicación. Simplemente está reforzando el encargo a Timoteo de predicar la Palabra. Como parafrasea Phillips el versículo 5: «Continúa predicando el evangelio constantemente». Lo que Pablo está diciendo es: «Sé representante del evangelio, Timoteo. Si vas a ser conocido por algo, que sea por ser un representante del evangelio».

En su libro *A Quest for Godliness*, J. I. Packer escribe: «Si uno predica la Biblia bíblicamente, no puede dejar de predicar el evangelio todo el tiempo; además, todo lo que predique será... al menos implícitamente... evangelístico».[8] El pastor que dice de manera consecuente: «En nombre de Cristo les rogamos que se reconcilien con Dios» (2 Corintios 5:20), trasmite una súplica personal y apasionada. Por eso debe predicar como hacía el pastor puritano Richard Baxter, como un moribundo a hombres y mujeres moribundos, declarando con confianza y cortesía que Dios estaba en Cristo reconciliando al mundo consigo mismo, sin tener en cuenta nuestros pecados, y afirmando que el único refugio seguro para el pecador yace en la misericordia de Dios mismo. Cuando este mensaje cobra vida en el predicador y alumbra a los oyentes, se está llevando a cabo una evangelización útil, efectiva y bíblica. He observado con tristeza el modo en que algunos ministros del evangelio —buenos, piadosos y eficaces— se apartaron de este mensaje al ejercer un ministerio de denuncia, maldiciendo constantemente la oscuridad. Optaron por señalar la situación, pero no señalaron al Salvador. Otros han adoptado los planes políticos, la ecología o los derechos humanos de los idealistas. Pero al cambiar su enfoque, ¿qué pasó? Se descuidó el trabajo de la evangelización. A comienzos del siglo diecinueve, William Booth escribió: «Pienso que los principales peligros que enfrentará el próximo siglo serán la religión sin el Espíritu Santo, el cristianismo sin Cristo, el perdón sin arrepentimiento, la salvación sin regeneración, la política sin Dios y el cielo sin infierno».[9]

Aquellos a quienes se les confió el evangelio no se atrevan a descuidar este trabajo. Debemos declarar que el Hijo de Dios vino a morir por nosotros y que nos ofrece vestirnos con su justicia. Debemos dejar en claro que todo lo que Dios ha hecho por nosotros, como dijo Juan Calvino, «sigue siendo inútil y sin valor para nosotros» si permanecemos apartados de Cristo.[10] El fallecido John Murray observó: «La pasión por la evangelización se apaga cuando perdemos de vista la grandeza del evangelio».[11] Hay una nueva generación de jóvenes predicadores reformados que corren el peligro de equivocarse en este momento. Algunos han despertado felizmente para descubrir la teología bíblica, por lo que nos regocijamos. Sin embargo, en algunos casos, el problema imperativo que ha surgido con este descubrimiento es que de una manera u otra se ven obstaculizados cuando se trata de presionar a las personas en cuanto a los reclamos de Cristo y la oferta gratuita del evangelio. Debemos tener cuidado con eso. Elija bien a sus mentores y escuche nuevamente a Murray, que dice: «Es en la cresta de la ola de la soberanía divina que la convocatoria absoluta del evangelio llega al cansado y al cargado. Es el propio testimonio de Jesús el que proporciona la dirección en la que nuestro pensamiento sobre este tema debe proceder. Cualquier inhibición o reserva al presentar las oberturas de la gracia no debería caracterizar nuestra proclamación más de lo que caracteriza al testimonio del Señor».[12]

Cumple con los deberes de tu ministerio

Para finalizar, Pablo insta a Timoteo a seguir adelante para concluir el trabajo. Debe llevar a cabo plenamente la comisión que Dios le ha encomendado. En griego secular, la expresión *a veces* denota el cumplimiento de una promesa o el pago de una deuda. Timoteo había prometido en su ordenación seguir a Cristo y darlo a conocer, y nosotros hemos hecho lo mismo. Timoteo está en deuda con Pablo, del mismo modo que estamos nosotros con aquellos que nos guiaron a Cristo, que nos nutrieron y que continúan alentándonos e inspirándonos. Jesús, al pagar una deuda que no debía, mantuvo su promesa al Padre. A su vez, recibió la promesa del Padre otorgándole las naciones como herencia.

Con cuarenta años en el ministerio pastoral, no me siento hastiado ni desanimado. De hecho, si tuviera la oportunidad de comenzar de nuevo desde el principio, la aprovecharía. Por tanto, debemos trabajar mientras sea de día, porque llegará la noche cuando ya no podamos.

El *desafío* que enfrentamos es claro. El *carácter* que forjamos está en proceso. El *encargo* de predicar la Palabra es sencillo. Por eso le digo: ¡abra la puerta y deje salir al león!

Segunda parte

LA INERRANCIA EN LA HISTORIA

DE LA IGLESIA

Los antecedentes

Capítulo 8

El fundamento y la columna de la fe

EL TESTIMONIO DE LA PRE-REFORMA.
HISTORIA DE LA DOCTRINA DE LA *SOLA SCRIPTURA*

Nathan Busenitz

Una gran visión de la Escritura, tanto en términos de su inerrancia como de su autoridad, yace en el corazón de la Reforma Protestante. Para los reformadores, solo las Escrituras establecieron las doctrinas de la iglesia, por lo que cualquier otra autoridad en competencia tuvo que ser rechazada. En este sentido, la Confesión de Ginebra de 1536 es representativa:

> Confesamos que deseamos seguir la *sola Escritura* como norma de fe y religión, sin mezclarla con ninguna otra cosa que pueda ser concebida por la opinión de los hombres aparte de la Palabra de Dios, y sin querer aceptar para nuestro gobierno espiritual cualquier otra doctrina que lo que se transmite a nosotros por la misma Palabra sin adición ni disminución, según nuestro Señor manda en su Palabra escrita.[1]

Aunque los reformadores buscaron la afirmación de sus puntos de vista a partir de los escritos de los Padres de la iglesia (es decir, líderes cristianos y teólogos de los primeros siglos de la historia de la iglesia), consideraron la *sola Escritura* como la base y la autoridad definitiva para sus afirmaciones teológicas. Como se lo explicó Martín Lutero, en 1519, a Johann Eck:

He aprendido a atribuir el honor de la infalibilidad solo a aquellos libros que son aceptados como canónicos. Estoy profundamente convencido de que ninguno de estos escritores se ha equivocado. A todos los demás escritores, sin importar cómo se hayan distinguido en santidad o en doctrina, los leo de esta manera: evalúo lo que dicen, no en base a lo que ellos mismos creen que es verdadero, sino solo en la medida en que son capaces de convencerme por la autoridad de los libros canónicos o por una razón clara.[2]

Para los reformadores, la doctrina de la *sola Escritura* abarcaba tanto la pureza como la autoridad de la Biblia. Reconocieron que debido a que la Escritura consiste de las palabras perfectas de Dios, no solo refleja su carácter sagrado, sino que también refleja su autoridad absoluta. Al reconocer que *solo Cristo* es la cabeza de su iglesia, afirmaron además que *solo su Palabra* es la autoridad suprema para determinar las doctrinas de la iglesia. En consecuencia, llegaron a la conclusión de que todas las demás autoridades potenciales (incluidos papas, concilios y tradiciones de la iglesia) deben estar sujetas a Cristo y a su Palabra.

Sin embargo, ¿fueron los reformadores los primeros en la historia de la iglesia en abrazar tal punto de vista con respecto a la autoridad absoluta de las Escrituras? ¿O puede percibirse un testigo distinto que afirme esta convicción teológica en los escritos de los primeros líderes cristianos? Para responder a estas preguntas desde una perspectiva histórica, es necesario considerar lo que los Padres de la iglesia dijeron al respecto.

Aunque no es autoritativo como lo es solamente la Escritura, el testimonio de la historia de la iglesia anterior a la Reforma proporciona una valiosa representación de la perspectiva de la iglesia primitiva sobre la inerrancia y la autoridad de la Biblia. Los creyentes en la actualidad pueden beneficiarse enormemente de tal estudio, porque les permite ver el modo en que las primeras generaciones de cristianos articularon y defendieron las convicciones evangélicas. En este capítulo, examinaremos los escritos de los Padres de la iglesia bajo dos titulares: la inerrancia de las Escrituras y la autoridad de las Escrituras.

Los Padres de la iglesia y la inerrancia de las Escrituras

Incluso una lectura superficial de la literatura patrística demuestra que los primeros cristianos consideraban que las Escrituras contienen las mismas palabras de Dios. Debido a que entendieron que Dios es perfecto, reconocieron que su Palabra también es perfecta. Debido a que Dios no puede mentir, su Palabra es necesariamente exenta de error o falsedad. Ese compromiso se expresa en toda la literatura teológica de varias maneras. Primero, los Padres de la iglesia entendieron que debido a que la Escritura proviene del Espíritu Santo, no puede contener error. Por ejemplo, Clemente de Roma (ca. 100) hace esta conexión cuando les dice a los corintios: «Han buscado las Sagradas Escrituras, que son verdaderas, que fueron dadas por el Espíritu Santo; ustedes saben que nada impropio o falso está escrito en ellas».[3] Ireneo (ca. 130-202) repite esta conclusión en su tratado *Contra herejías*: «Las Escrituras son de hecho perfectas, ya que fueron dichas por la Palabra de Dios y su Espíritu».

Segundo, debido a que la Escritura no tiene error, los primeros Padres de la iglesia (como Justino Mártir [165] e Ireneo) afirmaron que no se contradice a sí misma. Su creencia de que toda la Escritura es verdadera los llevó a concluir que cada porción de la Escritura armoniza perfectamente con cualquier otra parte. Citemos a Ireneo otra vez:

Toda Escritura, que nos ha sido dada por Dios, será considerada por nosotros perfectamente congruente: y las parábolas [es decir, los pasajes menos claros] armonizarán con aquellos pasajes que son perfectamente claros; y esas declaraciones cuyo significado es claro servirán para explicar las parábolas.

Para aquellos que podrían afirmar que hay contradicciones en las Escrituras, Justino ofrece esta respuesta: «Como estoy completamente convencido de que ninguna Escritura contradice a otra, debo admitir que no entiendo lo que está registrado, y trataré de persuadir a quienes imaginan que las Escrituras son contradictorias, para que sean más bien de la misma opinión que yo». Atanasio (296-373) asevera de manera similar: «Es la opinión de algunos, que las Escrituras no concuerdan, o que Dios, quien dio el mandamiento, es falso. Pero no hay desacuerdo, lejos de eso, tampoco puede el Padre, que es la verdad, mentir; "Porque es imposible que Dios mienta"».[4]

Los primeros líderes cristianos estaban de acuerdo en su convicción de que la Palabra de Dios es absolutamente verdadera. Tertuliano (ca. 160-220) dice: «Las declaraciones de la Sagrada Escritura nunca serán discordantes con la verdad». Atanasio brinda una aseveración similar: «Las Escrituras sagradas e inspiradas son suficientes para declarar la verdad». En su exposición de Juan 17:17, Juan Crisóstomo (ca. 347-407) explica: «"Tu palabra es verdad", es decir, "no hay falsedad en ella, y todo lo que se dice en ella debe suceder"». Agustín (354-430) es especialmente claro en este sentido, como lo demuestran los siguientes extractos:

He aprendido a conferir este respeto y honra solo a los libros canónicos de la Escritura: de ellos solo creo firmemente que los autores estaban completamente exentos de error. Y si en estos escritos me ataca la perplejidad por cualquier cosa que me parezca contraria a la verdad, no dudo en suponer que es el manuscrito el que está defectuoso, o que el traductor no ha captado el significado de lo que se dijo, o que yo mismo no he podido entenderlo... En relación con lo cual sería erróneo dudar de que estén libres de error.[5]

Las Escrituras son sacras, verdaderas e irreprensibles... Por tanto, no tenemos ningún argumento para responsabilizarlas si en algún momento erramos por no haberlas entendido. Cuando las entendemos, estamos en lo cierto, pero cuando erramos por no entenderlas, ellas permanecen en lo correcto. Nos hemos equivocado, no hacemos que nuestras Escrituras estén equivocadas, pero continuamos parados y derechos, para que podamos volver a ella por su corrección.[6]

Me parece que cosecharemos las consecuencias más desastrosas si sostenemos la creencia de que todo lo que se encuentra en los libros sagrados es falso: es decir, que los hombres por quienes las Escrituras nos han sido entregadas, y que se comprometieron a escribir, pusieron en estos libros algunas cosas falsas... Porque si una vez admites en un santuario de autoridad una declaración falsa hecha en el cumplimiento del deber, no quedará ni una sola oración de aquellos libros que, se presenta a alguien difícil en la práctica o difícil de creer, no puede explicarse por la misma regla fatal, como una declaración en la que... el autor declaró lo que no era verdadero.

Siete siglos después, Anselmo de Canterbury (ca. 1033-1109) expresó la misma convicción con estas palabras: «Estoy seguro de que si digo algo indudablemente contradictorio con la Sagrada Escritura, es incorrecto; y si me doy cuenta de tal contradicción, no deseo mantener esa opinión».

Debido a que estos padres de la iglesia reconocieron que la Palabra de Dios era totalmente cierta, tomaron en serio las advertencias en las Escrituras dirigidas a cualquiera que le sustraiga o agregue algo. Atanasio ilustra este principio en su *Trigésima Novena Carta Festal*. Después de enumerar los libros canónicos de las Escrituras, explica: «Estas son fuentes de salvación, para que los sedientos se satisfagan con las palabras vivas que contienen. Solo en estas se proclama la doctrina de la piedad. Que ningún hombre agregue ni deje que alguien saque algo de estas».

Basilio de Cesarea (330-379) también afirma: «Eliminar todo lo que está escrito o interponer algo que no esté escrito equivale a una franca deserción de la fe y hace al infractor sujeto a una acusación de desacato». De manera similar, Agustín enfatiza el hecho de que, debido a que la Palabra de Dios es perfecta, no debe alterarse de ninguna manera. Al respecto escribe:

Si alguien predica acerca de Cristo, de su iglesia o de cualquier otro asunto relacionado con nuestra fe y nuestra vida, no diremos otra cosa que lo que Pablo afirma, que si un ángel del cielo le predica algo más que lo que ha recibido en las Escrituras de la ley y de los evangelios, que sea anatema.

Como demuestran estos breves ejemplos, la evidencia de los prominentes padres de la iglesia muestra que consideraban la Escritura como la misma revelación de Dios dada por el Espíritu Santo, de modo que refleja su carácter perfecto.

Ellos enseñaron que no contiene ningún error, que es absolutamente cierta y que cualquiera que le agregue o le reste será juzgado en consecuencia por Dios. De esta forma, afirmaron de manera clara su creencia en la inerrancia de la Escritura.

Los Padres de la iglesia y la autoridad de las Escrituras

Así como estos primeros líderes cristianos reconocieron que las Escrituras reflejan el carácter perfecto de Dios, también reconocieron que ellas vienen con la propia autoridad de Dios. Como explica Justino Mártir:

[La Escritura debería] ser creída por su propia nobleza y por la confianza que se debe a Aquel que la envía. Ahora la palabra de verdad es enviada por Dios... Para ser enviada con autoridad, no es necesario que se deba exigir que presente una prueba de lo que se dice; ya que tampoco hay otra prueba más allá de sí misma, que es Dios.

Debido a que no hay una autoridad superior a Dios, no puede haber una autoridad superior a la Palabra que Él ha revelado. Agustín conecta la inerrancia con la autoridad al explicar que cuando alguien ataca la veracidad de la Palabra de Dios, simultáneamente intenta socavar la autoridad de Dios. Agustín escribe: «Porque, verdaderamente, cuando él [es decir, un falso maestro] declara que algo [en las Escrituras] es falso, exige que se le crea con preferencia y se esfuerza por estremecer nuestra confianza en la autoridad de las Escrituras divinas». En otra parte, Agustín reitera la verdad de que la Escritura tiene la más alta autoridad porque es la Palabra de Dios:

Este Mediador, tras haber hablado lo que juzgó suficiente primero por los profetas, luego por sus propios labios, y luego por los apóstoles, ha producido además la Escritura que se llama canónica, *que tiene autoridad suprema*, y a la que damos asentimiento en todos los asuntos de lo cual no debemos ser ignorantes.

El compromiso de los primeros cristianos con la autoridad suprema de las Escrituras se evidencia en al menos tres formas: en su reverencia por las Escrituras dentro de la iglesia, en su confianza en las Escrituras para exponer las falsas enseñanzas y en su consideración por las Escrituras sobre cualquier otra fuente de autoridad.

La reverencia patrística por las Escrituras en la iglesia

La alta consideración que los antiguos cristianos tenían por la autoridad de la Palabra de Dios se evidencia primero, en el hecho de que las Escrituras ocupaban un lugar central y de autoridad en la vida de la iglesia primitiva. En su *Primera Apología*, escrita alrededor del año 150, Justino proporciona una de las primeras descripciones extrabíblicas de un servicio de la iglesia. Por eso escribe:

> Y en el día llamado domingo, todos los que viven en las ciudades o en el campo se reúnen en un solo lugar, y se leen las memorias de los apóstoles o los escritos de los profetas, mientras el tiempo lo permita; luego, cuando el lector ha cesado, el presidente [el pastor] instruye verbalmente y exhorta a la imitación de estas cosas buenas.

Como demuestra la descripción de Justino, la iglesia primitiva consideraba que los textos del Antiguo Testamento («los escritos de los profetas») y los textos del Nuevo Testamento («los mensajes de los apóstoles») tenían autoridad, de modo que eran leídos y predicados durante la reunión colectiva. Los creyentes que asistían al servicio de adoración semanal eran amonestados y se les instaba a obedecer las cosas buenas reveladas en las Escrituras.

Esta actitud hacia la Palabra de Dios se hace explícita por Ireneo. Hablando de los apóstoles, él escribe:

> El plan de nuestra salvación no lo hemos aprendido de nadie más que de aquellos a través de quienes el evangelio nos ha llegado, lo que proclamaron en público en un momento, y en un período posterior, por la voluntad de Dios, y que nos fue transmitido en las Escrituras, para ser la base y la columna de nuestra fe.

En respuesta a las enseñanzas heréticas de los gnósticos, Ireneo apeló a la Escritura como su autoridad definitiva, como el «fundamento y columna» de la fe de la iglesia. Comentando la opinión de Ireneo sobre las Escrituras, William Webster observa:

Está claro que Ireneo enseñó que las Escrituras son la columna y el fundamento de la fe... Para Ireneo, por tanto, la Escritura es la revelación completa y definitiva dada por Dios al hombre a través de los apóstoles. Es inspirada, autoritativa y una fuente de prueba para discernir la verdad y el error. Son las Escrituras las que tienen la autoridad final y suficiente, ellas son el fundamento y el pilar de la fe de la iglesia. Las Escrituras son material y formalmente suficientes.

Como lo ilustran las palabras de Ireneo, las Escrituras ocuparon un lugar central en la adoración semanal de la iglesia primitiva puesto que proporcionaban la base autoritativa para lo que los cristianos creían y lo que la iglesia enseñaba.

La confianza patrística en las Escrituras para condenar la herejía

Un antiguo compromiso cristiano con la autoridad de las Escrituras se ve, en segundo lugar, en la repetida apelación de los padres a las Escrituras en defensa de la sana doctrina, sobre todo frente al ataque herético. El historiador J. N. D. Kelly resume esta característica de la teología patrística con las siguientes palabras:

> La muestra más clara del prestigio que disfrutan las [Escrituras] es el hecho de que casi todo el esfuerzo teológico de los padres, sean polémicos o constructivos, se usó en lo que equivalía a la exposición de la Biblia. Además, en todas partes se daba por sentado que, para que cualquier doctrina ganara aceptación, primero tenía que establecer su base en las Escrituras.

Podríamos enumerar muchos ejemplos para demostrar la veracidad de esa declaración. Por ejemplo, Ireneo condenó a sus oponentes gnósticos apelando a las Escrituras. Por lo que escribió: «Así es, por tanto, su sistema, que ni los profetas anunciaron, ni el Señor enseñó, ni los apóstoles cumplieron, sino que presumen que más allá de todos los demás tienen un conocimiento perfecto. Ellos recopilan sus puntos de vista en fuentes distintas a las Escrituras». Para Ireneo, el hecho de que los gnósticos basaran sus enseñanzas en algo distinto a la Palabra de Dios era evidencia suficiente, en sí mismo, para probar que su sistema era falso.

Tertuliano plantea un punto similar en su tratado sobre la resurrección. Ahí escribe: «Deje, en efecto, a los herejes la sabiduría que comparten con los paganos, y permita que apoyen sus preguntas solamente en las Escrituras: entonces no podrán mantener su posición». Tertuliano no dudó en etiquetar a los falsos maestros como herejes puesto que no podían apoyar sus enseñanzas de la Palabra de Dios. Al igual que Tertuliano, Hipólito (ca. 170-236) responde a los herejes comparando sus enseñanzas con las Escrituras:

> Volvamos a la exposición de la verdad misma, de modo que podamos establecerla, ya que contra ella han surgido todas esas herejías poderosas e incapaces de declarar nada a su propósito. Hay, hermanos, un solo Dios, cuyo conocimiento obtenemos en las Sagradas Escrituras, no en otra fuente... Todos los que deseamos ejercer la piedad no podremos aprender su práctica de ninguna otra fuente que no sean los oráculos de Dios. Sean cuales sean las cosas, las Santas Escrituras las declaran, a ellas miremos; y cualquier cosa que ellas enseñen, permiten que aprendamos.

Al enfrentar la falsedad del arrianismo, Atanasio escribe:

> ¿Cuál de las dos teologías presenta a nuestro Señor Jesucristo como Dios e Hijo del Padre: eso que usted vomitó [es decir, el arrianismo], o lo que nosotros hemos hablado y mantenido sobre las Escrituras [es decir, el trinitarianismo]?... Tampoco las Escrituras les dan [a los herejes arrianos] ningún pretexto; porque a menudo se ha demostrado, y se demostrará ahora, que su doctrina es ajena a los oráculos divinos.

Del mismo modo, en su controversia con los donatistas, Agustín apela a las Escrituras como el único parámetro adecuado para discernir la verdad del error:

> No traigamos balanzas engañosas, a las cuales podamos colgar los pesos que queramos y cómo lo queramos, alegando que nos conviene: «Esto es pesado y esto es liviano»; saquemos la sacra balanza de las Sagradas Escrituras de la casa del

tesoro del Señor, y pesémoslos en ella, para ver cuál es el más pesado; o más bien, no los pesemos nosotros mismos, sino que leamos los pesos declarados por el Señor.

Tales ejemplos muestran un enfoque patrístico estándar: se defendía la sana doctrina y se denunciaban las falsas enseñanzas sobre la base de la autoridad bíblica. Estos primeros líderes cristianos apoyaban su caso en las Escrituras, porque no había otra autoridad superior a la que pudieran apelar.

El respeto patrístico a las Escrituras por encima de cualquier otra autoridad

El compromiso con la autoridad bíblica en la iglesia primitiva se ve, en tercer lugar, en el modo en que los padres elevaron las Escrituras por encima de otras potenciales fuentes de autoridad. A partir de un estudio sobre literatura patrística, se puede argumentar que la iglesia primitiva consideraba las Escrituras como su máxima autoridad en la determinación de la sana doctrina. Este compromiso con la máxima autoridad de la Palabra de Dios (lo que los reformadores protestantes más tarde llamarían *Sola Scriptura*) se puede demostrar en las siguientes líneas.

Primero, los teólogos patrísticos como Orígenes y Agustín insistieron en que los libros no canónicos, aunque podrían ser edificantes y beneficiosos para los creyentes, no tienen una autoridad igual a la Escritura. Como lo explica Orígenes (ca. 182-254): «Ningún hombre debe, para confirmar las doctrinas, usar libros que no sean Escrituras canonizadas».[7] En otros lugares, desarrolla esta convicción:

En los dos testamentos, cada palabra que pertenece a Dios puede ser requerida y discutida, y todo conocimiento de las cosas puede entenderse a partir de ellos. Pero si aún queda algo que la Sagrada Escritura no determine, no se debe recibir ninguna tercera Escritura para autorizar ningún conocimiento o doctrina.

Agustín hace un comentario similar sobre cualquier libro escrito después del cierre del canon del Nuevo Testamento. Por lo que escribe:

Hay una clara línea divisoria que separa todas las producciones posteriores a los tiempos apostólicos de los libros canónicos autorizados del Antiguo y del Nuevo Testamento. La autoridad de esos libros nos ha llegado de los apóstoles... y, desde una posición de destacada supremacía, reclama la sumisión de cada mente fiel y piadosa... En los innumerables libros que se han escrito después, a veces podemos encontrar la misma verdad que en las Escrituras, pero no tienen la misma autoridad. La Escritura posee un sacro carácter propio de sí misma.

En otra parte, Agustín reitera el siguiente principio:

Que esas cosas que citamos de otras fuentes, no de los libros canónicos divinos, se eliminen de nuestro medio. Quizás alguien pregunte: ¿Por qué quieres eliminar esas cosas? Porque no quiero que la santa iglesia sea probada por documentos humanos sino por oráculos divinos.[8]

Segundo, líderes cristianos como Ambrosio (ca. 337-397) consideraron las Escrituras (en las que se revela la sabiduría de Dios) como más autorizadas que cualquier forma de sapiencia humana. Ambrosio expresó ese principio con las siguientes palabras:

No siga las tradiciones de la filosofía ni aquellas que reúnen apariencia de verdad bajo el «vano engaño» de las artes de la persuasión. Más bien, acepte, de acuerdo con la regla de la verdad, lo que se establece en las palabras inspiradas de Dios y se vierte en los corazones de los fieles por la contemplación de tal sublimidad.

En su tratado, *La unidad de la iglesia*, Agustín escribe de manera similar: «No escuchemos: Esto digo, esto dice usted; sino así dice el Señor. Seguramente son los libros del Señor, en cuya autoridad ambos estamos de acuerdo y en la que ambos creemos. Allí busquemos a la iglesia, allí discutamos nuestro caso». El contexto de esa declaración es notable, porque Agustín apela allí a las Escrituras como su máxima autoridad, aun en asuntos relacionados con la iglesia.

Tercero, varios padres de la iglesia declaran en forma expresa que consideraban las Escrituras como más autoritativas que sus propias opiniones y sus enseñanzas. En vez de elevar sus interpretaciones a un nivel de igual autoridad con las Escrituras, elevaron las Escrituras por encima de sus propias perspectivas. Consideremos los siguientes ejemplos:

Dionisio de Alejandría (ca. 265): No evadimos las objeciones, pero nos esforzamos en lo posible por sostener y confirmar las cosas que teníamos ante nosotros, y si la razón dada nos satisface, no nos avergonzamos de cambiar de opinión y concordar con los demás; pero por otro lado, a conciencia, con sinceridad y con los corazones abiertos ante Dios, aceptamos todo lo establecido por las pruebas y enseñanzas de las Sagradas Escrituras.

Cirilo de Jerusalén (ca. 315-386): Respecto a los sacros y divinos misterios de la fe, ni siquiera una declaración casual sobre ellos debe entregarse sin apoyo de las Sagradas Escrituras; no debemos dejarlos de lado por la mera plausibilidad y los artificios del habla. Incluso a mí, que digo estas cosas, den credibilidad absoluta, a menos que reciban la prueba de las cosas que anuncio de las Escrituras divinas. Esta salvación que creemos no depende del razonamiento ingenioso, sino de la demostración de las Sagradas Escrituras.

Basilio de Cesarea: Aquellos oyentes que son instruidos en las Escrituras deben examinar lo que dicen los maestros, recibir lo que está en conformidad con las Escrituras y rechazar lo que se opone a ellos; y aquellos que persisten en la enseñanza de tales doctrinas deben ser estrictamente evitados.

Juan Crisóstomo, notando que todos los argumentos deben ser apoyados por las Escrituras: Estas son las razones; pero es necesario establecerlas todas a partir de las Escrituras, y mostrar con exactitud que todo lo que se ha dicho sobre este tema no es una invención del razonamiento humano, sino la oración misma de las Escrituras. Por lo tanto, lo que decimos será a la vez más merecedor de crédito y hundirá lo más profundo en sus mentes.

Agustín: Los razonamientos de cualquier hombre, aunque sean [verdaderos cristianos] y de gran reputación, no deben ser tratados por nosotros de la misma manera que se tratan las Escrituras canónicas. Estamos en libertad, sin violentar el respeto que estos hombres merecen, de condenar y rechazar cualquier cosa en sus escritos, si encontramos que han tenido opiniones diferentes a las que otros o nosotros mismos tenemos. Así me ocupo de los escritos de otros, por lo que deseo que mis lectores inteligentes traten igualmente los escritos míos.

Como sugiere Agustín, los lectores inteligentes son aquellos que evalúan los escritos patrísticos en comparación con el estándar de la verdad bíblica, no al revés.

En esa misma línea, Agustín en otra parte afirma que las Escrituras son más autorizadas que los escritos de los padres fundadores de la iglesia. Por ello escribe:

> Quién puede dejar de darse cuenta de que el canon sagrado de las Escrituras, tanto del Antiguo como del Nuevo Testamento, está confinado a sus propios límites, y que está absolutamente en una posición superior a todas las cartas posteriores de los obispos, que no pueden contener ninguna forma de duda o disputa si lo que confiesan que está contenido en ellas es correcto y verdadero; pero que todas las cartas de los obispos que se han escrito, o se están escribiendo, desde el cierre del canon, pueden ser refutadas si hay algo contenido en ellas que se aleje de la verdad.

Cuando Agustín (que escribió en el siglo quinto) discrepó con Cipriano (un padre del siglo tercero), no dudó en afirmar que los escritos de Cipriano debían evaluarse a la luz de las Escrituras. Así, Agustín explica:

> No le hacemos injusticia a Cipriano cuando establecemos una distinción entre sus epístolas y las Escrituras canónicas;

podemos juzgar libremente los escritos de creyentes y no creyentes por igual... Por esa razón, las epístolas de Cipriano, que no tienen autoridad canónica, deben ser juzgadas de acuerdo a su arreglo con la autoridad de los escritos divinos. Por lo tanto, podemos aceptar de Cipriano solo lo que está de acuerdo, y rechazar con seguridad lo que no está de acuerdo con las Escrituras.[9]

Como lo ilustra el ejemplo de Agustín, no era insignificante para las primeras generaciones de cristianos (incluidos los que vivieron en los siglos segundo y tercero) someter sus escritos a la guía autorizada de la verdad bíblica.

Cuarto, hay evidencia de que los primeros cristianos también vieron las Escrituras como más autorizadas que los concilios de la iglesia. Incluso después de que el Concilio de Nicea se reunió en el año 325, Atanasio, el renombrado defensor de la ortodoxia trinitaria, todavía consideraba que la autoridad de las Escrituras era superior a ella. El consejo tenía autoridad solo en la medida en que reflejaba con precisión las enseñanzas de la Palabra de Dios. Hablando de teólogos arrianos, Atanasio escribió:

En vano, entonces, corren con el pretexto de que han exigido concilios por el bien de la fe; porque la Escritura divina es suficiente sobre todas las cosas; pero si se necesita un concilio al respecto, están los procedimientos de los Padres, ya que los obispos de Nicea no descuidaron este asunto, sino que declararon la doctrina con tanta precisión, que las personas que lean sus palabras honestamente no pueden dejar de recordarles la religión de Cristo anunciada en las Escrituras divinas.

Observe que Atanasio argumenta que «las Escrituras son suficientes sobre todas las cosas», incluidos los concilios. Además, defiende la ortodoxia del Concilio de Nicea sobre la base de que sus determinaciones reflejaban la verdad «anunciada en las Escrituras divinas». El arrianismo no estaba equivocado porque violaba los hallazgos de un concilio, sino porque distorsionaba y rechazaba la clara enseñanza de la Palabra de Dios.

Agustín señala de manera similar que los concilios de la iglesia no son la máxima autoridad del cristiano. Al debatir sobre un hereje arriano llamado Maximino, Agustín declara abiertamente: «No debo presionar la autoridad de Nicea contra ti, ni tú la de Arminio contra mí; no reconozco lo uno, como no lo haces con lo otro; pero lleguemos a la base de lo que es común a ambos, el testimonio de las Sagradas Escrituras».[10] En otras palabras, donde la autoridad de los concilios falla, la autoridad de la Palabra de Dios continúa reinando.

En quinto lugar, en los asuntos doctrinales, la evidencia de los padres demuestra que, en general, consideraban que las Escrituras eran más autorizadas que la tradición de la iglesia. Aunque algunos de los padres ocasionalmente citan la tradición oral para apoyar ciertas prácticas eclesiásticas, en general, consideran a la Escritura como la autoridad final en asuntos de doctrina. Basilio es un ejemplo al respecto. En algunos lugares, hace referencia a las costumbres no escritas, como la triple inmersión en el bautismo y la orientación hacia el este para orar. Pero en la determinación de la sana doctrina, él consideraba únicamente las Escrituras como su guía autorizada.

Considere, por ejemplo, cómo responde Basilio a los defensores del arrianismo:

Se quejan de que su costumbre [es decir, la tradición] no acepta esto y que las Escrituras no están de acuerdo. ¿Cuál es mi respuesta? No considero justo que la costumbre que se adquiere entre ellos deba considerarse como ley y regla de la ortodoxia. Si la costumbre debe tomarse como prueba de lo que es correcto, entonces es ciertamente competente para mí poner a mi lado la costumbre que se adquiere aquí. Si rechazan esto, claramente no estamos obligados a seguirlos. *Por lo tanto, dejemos que la Escritura inspirada por Dios decida entre nosotros*; y en cualquier aspecto en que se encuentren doctrinas en armonía con la Palabra de Dios, a favor de ese lado se emitirá el voto de verdad.

Al denunciar los errores de la teología arriana, la apelación final de Basilio no era a la tradición ni a los concilios de la iglesia, sino a la Palabra de Dios. Desde su perspectiva, la razón definitiva por la que el arrianismo estaba errado no era que violara la tradición trinitaria, sino que se apartaba de la verdad bíblica.

Por otra parte, Basilio reitera este punto:

> Lo que nuestros padres dijeron, lo mismo decimos nosotros, que la gloria del Padre y del Hijo es común; por eso ofrecemos la doxología al Padre con el Hijo. Pero no nos basamos únicamente en el hecho de que esa es la tradición de los Padres; porque ellos también siguieron el sentido de las Escrituras, y partieron de la evidencia de que, algunas oraciones anteriores se dedujeron de las Escrituras y las presentaron a ustedes.

Como lo demuestra la declaración de Basilio, su caso por la deidad de Cristo no se basó finalmente en las enseñanzas de los primeros líderes cristianos, sino en una autoridad aún mayor: la Palabra de Dios.

En resumen, se pueden producir abundantes ejemplos de los primeros escritos cristianos para mostrar que, en cuestiones de doctrina, la iglesia primitiva elevó las Escrituras por encima de (1) los escritos no canónicos, (2) la sabiduría humana, (3) las propias enseñanzas de ellos (y la de los Padres de la iglesia), (4) los hallazgos de los concilios de la iglesia, y (5) las tradiciones de la iglesia. Sobre esa base, entonces, se puede presentar un caso sólido para demostrar que un coro de voces patrísticas anticipó la doctrina reformada de la *Sola Scriptura*, que la Escritura es perfectamente verdadera y que es la autoridad máxima para determinar qué es la iglesia, qué cree y qué enseña.

Una nota sobre la tradición

Sin embargo, ¿qué pasa con aquellos lugares donde los padres de la iglesia hablan de «tradición»? ¿Cómo deben entenderse tales referencias a la luz de la clara afirmación de los padres acerca de la inerrancia y autoridad de las Escrituras?

La Iglesia Católica Romana insiste en que ciertas doctrinas cristianas fueron preservadas no solo a través de los *escritos de Escrituras inspiradas, sino también a través de la transmisión de la tradición oral extrabíblica*. Dicha tradición oral supuestamente explica el origen de doctrinas claramente católicas, como la infalibilidad del papa, la inmaculada concepción y la asunción de María.

Al responder a tales afirmaciones, es útil reconocer que los padres de la iglesia usaron el término tradición en una variedad de formas, ninguna de las cuales respalda las afirmaciones católicas modernas. Por ejemplo, Ireneo define la tradición no en términos de doctrinas extrabíblicas, sino en términos de los elementos esenciales de la fe cristiana, todos los cuales se enseñan expresamente en las Escrituras. Ireneo explica que la «tradición antigua» de los apóstoles consiste en lo siguiente:

Creo en un solo Dios, Creador del cielo, la tierra y todas las cosas, por medio de Cristo Jesús, el Hijo de Dios; que, debido a su amor supremo por su creación, consintió nacer de la virgen, uniendo al hombre a Dios a través de sí mismo, y habiendo sufrido bajo Poncio Pilato; y resucitando, y habiendo sido recibido en esplendor, vendrá en gloria, el Salvador de los que son salvos, y el Juez de los que son juzgados, y enviando al fuego eterno a los que transforman la verdad, y desprecian a su Padre y su advenimiento.

Para Ireneo, la «tradición» incluye (1) creer en un solo Dios, (2) creer que creó todas las cosas a través de Cristo, (3) creer en la encarnación, (4) creer en la deidad y la humanidad de Cristo, (5) creencia en la pasión de Cristo, (6) creencia en su resurrección, (7) creencia en la ascensión, y (8) creencia en la segunda venida. Esa lista articula los fundamentos de la fe cristiana y corresponde a verdades doctrinales que se enseñan claramente en las Escrituras.

Es importante destacar que Ireneo utilizaba el término *tradición* como una refutación directa contra los herejes gnósticos que afirmaban que poseían una tradición secreta que se había trasmitido oralmente por los apóstoles, pero que era diferente de las Escrituras. En respuesta, Ireneo explica que las tradiciones de los apóstoles están contenidas en las enseñanzas de las Escrituras. Por lo tanto, los gnósticos estaban equivocados porque elevaban la tradición no bíblica y secreta por encima de las Escrituras, mientras que los verdaderos creyentes no tenían otra tradición autoritativa aparte de la Palabra de Dios.

Sin duda, los padres de la iglesia a veces recurrían a generaciones anteriores de líderes cristianos para mostrar que, a diferencia de los herejes, sus enseñanzas no eran novedosas. Sin embargo, esa apelación a la historia de la primera iglesia nunca fue considerada como una autoridad superior o igual a la Escritura. Como explica Gregg Allison:

> Esta práctica de apelar a la autoridad de la iglesia, especialmente a los escritos de los padres de la iglesia [primitiva], nunca tuvo la intención de privar a las Escrituras de su legítimo lugar de autoridad. En las batallas contra la herejía, el punto de la apelación era brindar apoyo a las doctrinas verdaderas porque eran las doctrinas que la iglesia siempre había abrazado; no eran las ideas novedosas de los falsos maestros. Y, por supuesto, todo lo que la iglesia creía tenía que remontarse a la Escritura misma, porque esa era la máxima autoridad en todos los asuntos.

Es cierto que también hubo momentos en que algunos padres de la iglesia (como Basilio de Cesarea) usaron la palabra *tradición* para referirse a prácticas eclesiásticas de importancia secundaria, como la triple inmersión en el bautismo y la orientación hacia el este para orar. Es importante destacar que las doctrinas católicas modernas como la infalibilidad del papa y la asunción de María no están incluidas en las tradiciones de las que habla Basilio. Además, en la iglesia primitiva, incluso las prácticas secundarias estaban sujetas a evaluación basada en las Escrituras. Por lo tanto, el mismo Basilio puede explicar que «cada palabra y acción debe ser ratificada por el testimonio de la Sagrada Escritura para confirmar lo bueno y avergonzar a los malvados».

Un siglo antes de Basilio, Cipriano (ca. 200-258) brinda un ejemplo útil de este tipo de evaluación bíblica de la tradición. Cipriano estaba abordando la cuestión de si los novacianos heréticos que regresaron a la iglesia ortodoxa debían o no ser rebautizados. Nuestro objetivo en este capítulo no es abordar ese tema en particular, sino observar la autoridad a la que Cipriano apeló para responder la pregunta que planteó. Lo significativo es que deseaba seguir una práctica tradicional solo si venía de la Biblia. Así que escribe:

> ¿De dónde es esa tradición? ¿Viene de la autoridad del Señor y del evangelio, o proviene de los mandamientos y las epístolas de los apóstoles? Porque Dios da testimonio del hecho de

que deben hacerse las cosas que están escritas... Por lo tanto, si se prescribe en el evangelio o está contenido en las epístolas o en los Hechos de los Apóstoles... [entonces] que esta divina y santa tradición sea observada».

En resumen, cuando los padres de la iglesia hablaron de la tradición en un sentido doctrinal, o en el sentido de la «regla de la fe», casi siempre se refirieron a las verdades que se enseñan expresamente en las Escrituras, como lo demuestra el ejemplo de Ireneo. Al mismo tiempo, algunos escritores patrísticos (como Basilio en el siglo cuarto) a veces hablaban de «tradiciones» extrabíblicas y no escritas que pertenecían a ciertas prácticas y costumbres eclesiásticas. Aun así, la evidencia sugiere que la mayoría de los padres de la iglesia habrían concordado con el principio de que todo, ya sea doctrinal o práctico, está debidamente sujeto a la Palabra de Dios. En consecuencia, el uso de la palabra *tradición* no contradice su compromiso con la autoridad determinante de las Escrituras.

Conclusión

En base a la evidencia de los escritos de los padres de la iglesia, se puede presentar un caso firme para demostrar que la iglesia primitiva afirmó la doctrina de la *Sola Scriptura,* es decir, la convicción de que la Escritura es infalible y que es la máxima autoridad y el último tribunal de apelación para el establecimiento de la sana doctrina. Es la regla por la cual todas las cosas deben ser medidas.

La Escritura es la Palabra de Dios. Por lo tanto, refleja su carácter perfecto y viene con su autoridad absoluta. La iglesia primitiva entendió que someterse a las Escrituras es sujetarse al señorío de su divino Autor. Así, en los escritos de los padres de la iglesia, encontramos afirmaciones como las siguientes:

Hacemos que las Sagradas Escrituras sean la regla y la medida de cada principio; por lo que necesariamente fijamos nuestros ojos en eso, y aprobamos solo eso, lo cual puede hacerse para armonizar con la intención de esos escritos.

Porque entre las cosas que están claramente establecidas en las Escrituras se encuentran todos los asuntos que conciernen a la fe y la manera de vivir.

¿Qué más le enseñaré que lo que leemos en el apóstol? Porque las Sagradas Escrituras fijan el gobierno de nuestra doctrina, no sea que seamos más sabios de lo que deberíamos... Por lo tanto, no debería enseñarle nada más excepto exponerle las palabras del Maestro.

A la luz de tal evidencia, los evangélicos contemporáneos pueden tener una gran confianza en que su compromiso con la inerrancia y la autoridad de las Escrituras tiene una rica historia que abarca los dos últimos milenios. La doctrina de la *sola Escritura* no fue un invento del siglo dieciséis. Aunque no siempre se haya articulado tan clara o directamente en el período anterior a la Reforma como lo fue durante el siglo quince, no obstante, ha sido la preciada convicción de los creyentes a lo largo de toda la historia de la iglesia.

En ese sentido, Webster escribe:

La opinión de los padres y teólogos a lo largo de la historia de la iglesia y hasta la Reforma fue abrumadoramente a favor del principio reformado de la *sola Escritura* y fue opuesta a la posición del Concilio de Trento. Contrariamente a lo que afirman los apologistas católicos romanos, el principio de la *sola Escritura* no solo es bíblico sino que es histórico.

Armados con la confianza de que esta doctrina está establecida en las Escrituras y afirmada por la historia de la iglesia, los creyentes pueden avanzar audazmente en el conocimiento de que no hay autoridad más alta que la Palabra de Dios, porque no hay autoridad más grande que Dios mismo.

Capítulo 9

EL PODER DE LA PALABRA EN EL PRESENTE

LA INERRANCIA Y LA REFORMA

Carl R. Trueman

Al abordar el tema de la inerrancia y la Reforma, mi intención es relativamente modesta. La inerrancia como doctrina ha sido atacada por efectos de la infusión de la epistemología de la Ilustración en la fe cristiana. La idea central de esta tesis es que el realismo del sentido común escocés forjó profundamente la manera en que los teólogos de Old Princeton —específicamente Charles y A. A. Hodge y Benjamin B. Warfield—, enfocaron el texto bíblico. En otros lugares, hubo quienes afirmaron que la doctrina era una innovación norteamericana, surgida de la controversia exclusivamente fundamentalista-modernista estadounidense de finales del siglo diecinueve y el veinte. En respuesta a todo ello, deseo argumentar simplemente que algunos de los elementos básicos que conformaron la doctrina de la inerrancia posterior estuvieron presentes en la iglesia desde un período muy temprano y que la doctrina es bastante compatible con la enseñanza de reformadores clave. Si bien los problemas de continuidad y discontinuidad en el desarrollo teológico son a menudo más complicados de lo que podríamos imaginar, sugeriría que las formulaciones posteriores en cuanto a inerrancia se basan en nociones de inspiración e integridad textual coherentes con las posiciones de generaciones anteriores.

A menudo se considera que la Reforma protestante coloca a las Escrituras en el centro de la vida y práctica de la iglesia. Fue, después de todo, la era de las grandes traducciones de la Biblia: la Biblia de Lutero, la Biblia de Ginebra, la Versión Autorizada. Desde el punto de vista teológico y cultural, las Escrituras fueron una de las principales preocupaciones de la época. La arquitectura eclesial también cambió en ese punto, colocando el púlpito en una posición central, como indicativo de un movimiento de adoración centrado en la Palabra y, por implicación, una comprensión centrada en la Palabra para toda la vida cristiana.

Por lo tanto, nada se disputa sobre la importancia de las Escrituras en la Reforma. Ciertas preguntas sobre las Escrituras eran asuntos de debate contencioso; los ejemplos obvios incluyen la extensión del canon y los principios correctos de interpretación, especialmente con respecto a la Cena del Señor. En estos dos asuntos, hubo diferencias significativas incluso entre los protestantes que afirmaban el principio de las Escrituras. Aun así, en ese principio de la Escritura, todo el magisterio de los reformadores estaba de acuerdo.

Como protestantes de hoy, debemos ser conscientes de la manera en que nos apropiamos de nuestra herencia y procuramos permanecer fieles a sus confesiones. Sin embargo, debemos recordar que siempre hay problemas cuando los cristianos de una época exigen respuestas a sus preguntas en base a textos escritos en otra. Esto no quiere decir que los textos anteriores no puedan hablar en los tiempos posteriores. Obviamente, la fe cristiana se basa con exactitud en ese principio: cada domingo, los pastores predican con un texto antiguo a fin de proporcionar a sus personas respuestas a sus situaciones de hoy. Pero las preguntas de naturaleza teológica especializadas a menudo surgen en circunstancias específicas y en el contexto de formulaciones dogmáticas concretas. Eso hace que el paso de una pregunta a otra sea más complicado de lo que nos gustaría.

Así sucede con la inerrancia. Aunque los eruditos están de acuerdo en la centralidad de las Escrituras para la Reforma Protestante, ven el tema de la inerrancia en la Reforma mucho más polémico. Esto se debe en gran parte a la simple razón de que las preguntas que los planteamientos posteriores de la doctrina de la inerrancia intentaron responder no se formularon de la misma manera en los siglos dieciséis y diecisiete.

Al abordar el tema de la inerrancia en la Reforma, debemos recordar que la articulación de la idea que encontramos en Charles Hodge y Warfield se desarrolló en un contexto polémico específico. Los detalles precisos de ese contexto, principalmente la crítica alta del siglo diecinueve y el desarrollo de las trayectorias de la teología postkantiana provenientes de Friedrich Schleiermacher, no se aplicaron en los siglos dieciséis y diecisiete. Por lo tanto, las preocupaciones específicas y muchos de los argumentos particulares que encontramos en los siglos diecinueve y veinte no tienen contrapartes directas en los inicios de la historia.

Los reformadores estaban luchando con un conjunto diverso de problemas. En una sociedad predominantemente analfabeta, se enfocaron en la Palabra leída y especialmente en la Palabra proclamada. La predicación era, pues, el contexto principal para pensar acerca de la autoridad de la Palabra de Dios. Por lo tanto, su preocupación inmediata al reflexionar sobre la naturaleza de la autoridad bíblica era típicamente el poder de la Palabra en el presente, no los orígenes de la Palabra en el pasado. Además, el tipo de preguntas que enfrentaron Hodge y Warfield surgió del elaborado desarrollo del mundo que los reformadores ayudaron a iniciar, pero con el que no tuvieron que luchar mucho. Por ejemplo, la crítica más alta que yace en el escenario del trabajo de los princetonianos fue, por supuesto, el resultado del serio compromiso lingüístico y textual con las Escrituras que las convicciones de los reformadores ayudaron a crear. Pero esos desarrollos realmente comenzaron a mediados del siglo diecisiete. Eran en gran parte desconocidos para Martín Lutero, Juan Calvino y compañía.

Antes de abordar el tema de la doctrina propiamente dicha, vale la pena hacer un bosquejo del contexto en el que surgió el principio de la Escritura de la Reforma. La iglesia había participado en la exposición de las Escrituras desde su inicio. ¿Por qué, entonces, las Escrituras se convirtieron en un foco tan importante en el siglo dieciséis? La respuesta es la confluencia de un enfoque creciente a finales de la Edad Media en lo que llamaríamos revelación especial y el colapso de las estructuras tradicionales de autoridad.

Varios factores influyeron en ese desarrollo. Primero, una creciente falta de confianza en el razonamiento humano surgió en Europa a fines del siglo trece y catorce. Intelectualmente, esto fue representado por los llamados voluntaristas, los que acentuaron la soberanía de la voluntad de Dios en todas sus acciones y, por lo tanto, la necesidad de basar cualquier afirmación teológica sobre la revelación particular de sí mismo. Esta revelación no fue típicamente identificada con las Escrituras sino con la tradición de la iglesia. Sin embargo, el tema principal —que la teología se basaba en la revelación de Dios—, fue un paso importante hacia la posición de la Reforma.

En segundo lugar, las condiciones ambientales —en particular la Peste Negra a fines de la Edad Media—, también sirvieron para socavar la confianza y la seguridad humana. En un mundo incierto, las personas recurren a lo que parece constante y confiable. Como la razón y las habilidades humanas parecían inútiles ante los dramáticos e impredecibles actos de Dios, los pensamientos se enfocaban cada vez más en la noción de la revelación, lo que llamaríamos revelación especial, como el medio primario y normativo para conocer a Dios.

En tercer lugar, se produjo un colapso de las estructuras autoritativas de la iglesia, que culminó con los desastrosos reclamos de tres papas rivales a finales del siglo catorce y principios del quince, y la necesidad de un concilio imperial en Constanza para resolver el problema. Cien años más tarde, en la Disputa de Leipzig, John Eck presionaría a Lutero sobre el tema de la autoridad. Fue en ese momento que Lutero se dio cuenta del significado tanto de su propio desarrollo teológico como del Concilio de Constanza: si el papado había fallado y el concilio había errado, ¿qué quedaba? Solo la Escritura.

Aun así, los reformadores mismos no pasaron mucho tiempo desarrollando una doctrina de las Escrituras. Esto podría interpretarse como que ellos no estaban particularmente interesados en el asunto. Sin embargo, esa sería una conclusión históricamente torpe. Parece mucho más razonable ver el silencio confesional comparativo sobre el tema como un indicio del hecho de que, en términos de asuntos como la inspiración divina y la autoridad entendidos en el sentido más estricto, los reformadores no se vieron a sí mismos como fundamentalmente desviados de la tradición recibida. Por lo tanto, será útil ampliar nuestra discusión para conectar los puntos de vista de las Escrituras antes de la Reforma.

La inspiración

Es evidente desde muy temprano en la historia de la iglesia postapostólica que la inspiración en términos de la inscripción fue vista como íntimamente conectada con el Espíritu Santo. Por lo tanto, la Primera Epístola de Clemente dice: «Observe cuidadosamente las Escrituras, que son las verdaderas expresiones del Espíritu Santo».[1] Aquí no se dan detalles específicos acerca de la forma en que el texto de la Escritura es la expresión del Espíritu Santo; simplemente hay una afirmación segura de que tal es el caso. De hecho, unos pocos párrafos después leemos: «Amados, ustedes comprenden muy bien las Sagradas Escrituras. Han examinado profundamente las profecías de Dios». Nuevamente, se identifican las palabras de las Escrituras y el discurso de Dios.

Esto tampoco es exclusivo de Clemente. Teodoreto de Ciro (siglo quinto) habla en términos similares: «Algunos han dicho que no todos los salmos provienen de David, que algunos son obra de otros. No tengo ninguna opinión de ninguna manera». ¿Qué diferencia hace si son todos de David o si algunos son composiciones de otros, cuando está claro que todos son el fruto de la inspiración del Espíritu Santo?» Y en el siglo sexto, Gregorio el Grande cuestionó las preguntas sobre la autoría de varios libros anónimos con referencia a la inspiración: «No tiene sentido preguntar quién escribió el libro de Job, ya que se cree con razón que el Espíritu Santo fue su autor. En otras palabras, el que lo escribió es el que dictó lo que se debía escribir». Esto también es evidencia de que los escritores de la iglesia antigua podrían, en ocasiones, usar un lenguaje que indicara un enfoque en el dictado del proceso de inscripción. Así, el apologista griego Atenágoras usa la analogía de los instrumentos musicales para fundamentar la autoridad de las Escrituras en base a la inspiración:

> Tenemos a los profetas como testigos de las cosas que entendemos y creemos. Hombres como Moisés, Isaías, Jeremías y otros profetas declararon cosas acerca de Dios y lo pertinente a Él. Sería irracional para nosotros no creer en el Espíritu de Dios y aceptar meras opiniones humanas, porque Dios movió la boca de los profetas como si fueran instrumentos musicales.

Este también parece ser el concepto que subyace a una declaración en el Fragmento Muratoriano: «Aunque se enseñan diversas cosas en los evangelios, no hay diferencia con respecto a la fe de los creyentes, porque todos ellos fueron inspirados por el mismo Espíritu controlador».

Por supuesto, al citar estas fuentes, no estoy afirmando que el escritor del fragmento, Atenágoras o Gregorio, tuviera un entendimiento

adecuado de la inspiración y la inscripción. Simplemente estoy señalando que una visión muy alta del texto de las Escrituras como revelación inspirada estuvo explícitamente presente en algunas de las
primeras publicaciones postapostólicas. Esa es la única inferencia que
se puede extraer del estilo de lenguaje dictado.

Al igual que con muchas otras cosas, en teología, la Edad Media
proporciona desarrollos conceptuales clave relativos a las Escrituras
y la inspiración que yacen en el trasfondo de la Reforma. Un problema obvio con el lenguaje al dictar es que, si se entiende de manera
unívoca, resulta imposible dar una explicación adecuada de los diferentes estilos e incluso la variedad de géneros en las Escrituras. Y,
como suele ser el caso, es Tomas Aquino quien hace las distinciones
conceptuales necesarias, y que allanan el camino, para una comprensión más elaborada y adecuada de la inspiración.

Aquino hace una distinción básica entre revelación e inspiración.
La primera es la provisión milagrosa de nueva información. La última
es la exaltación de las facultades humanas. De esta manera, Aquino
permite que la iglesia evite los escollos de un énfasis demasiado directo o unívoco en el dictado. Él estaba consciente de que, en algunos
casos, la Biblia misma describe una forma de dicción, como cuando
el Señor instruye a sus profetas para que escriban sus palabras. Pero
también sabía que había momentos en que la revelación se producía
a través de una visión. Y lo que es más importante, había momentos
en que la mente era guiada solo por el Espíritu Santo para escribir
aquello que el Señor deseaba que estuviera inscrito. Esto permitió la
explicación de los variados estilos de escritura de los autores bíblicos,
y también las afirmaciones metodológicas explícitas de alguien como
Lucas, que declaró específicamente su enfoque histórico para recopi-
lar información y forjar una narrativa.

En cuanto a la Reforma, deberíamos recordar lo que notamos
anteriormente: que el tipo de preguntas más críticas que comenzaron
a surgir a mediados del siglo diecisiete y que llegaron a su apogeo en
el siglo diecinueve no fueron de gran preocupación. Los problemas
en el momento de la Reforma eran el canon y la perspicuidad, los que
impulsaron la autenticación de la Escritura y los problemas de interpretación a la vanguardia, ninguno de los cuales hizo que el origen de
la Escritura fuera el foco principal de atención.

Sin embargo, en los escritos de los reformadores, encontramos lenguaje sobre el Espíritu Santo, la inspiración y el dictado similar a lo que notamos en la iglesia primitiva. Si bien no puedo dirigirme a todos y cada uno de los reformadores, vale la pena señalar que Lutero, de todos ellos, tendía a favorecer el modo profético de inspiración que a menudo implicaba una forma de dictado. Reflejando en el prefacio de su *Dictata super Psalterium* (1513-15) en 2 Samuel 23:1-4, declara:

> Otros profetas usaron la expresión «La palabra del Señor vino a mí». Este, sin embargo, no dice: «La palabra del Señor vino a mí», sino que dice, en una nueva forma de hablar: «Su palabra fue hablada por medio de mí». Con esta expresión señala una inspiración muy íntima y amigable».[2]

Lutero expresa una idea similar, con una aplicación más general cuando, al hablar de Simeón en Lucas 2, escribe: «Lucas dice de Simeón que es una personificación de todos los profetas llenos del Espíritu Santo. Ellos hablaron y escribieron como fueron inspirados por el Espíritu Santo».

Por lo tanto, para Lutero, el origen de las Escrituras yace en el hablar de Dios a oradores y escritores inspirados. Es por eso que frecuentemente cita las Escrituras en términos de «el Espíritu Santo dice» o «el Espíritu Santo señala». De hecho, el tiempo presente aquí es importante, puesto que destaca la importancia práctica de la inspiración de las Escrituras en su origen para la aplicación y el poder de las Escrituras en el presente. Básica para el consejo pastoral de Lutero es la idea de citar las Escrituras para tranquilizar su conciencia o la de un amigo con problemas. Por lo tanto, cuando el diablo venga a tentarle, debe presentarle los versículos de las Escrituras. Esos versículos constituyen la declaración del Espíritu en el presente porque fueron inspirados por el Espíritu en el pasado. Esta conexión es una de las bases de la práctica pastoral y la predicación de la Reforma.

A Calvino le sucede casi igual en cuanto a su gran visión de la inspiración original de las Escrituras al punto que, en ocasiones, hasta se siente preparado para usar el lenguaje del dictado. Por eso, al comentar sobre 1 Pedro 1:11, dice:

Al mismo tiempo, se le da un gran elogio a su doctrina, puesto que fue el testimonio del Espíritu Santo; los predicadores y ministros eran hombres, pero él era el maestro. Tampoco declara sin razón que el Espíritu de Cristo gobernó entonces; y él hace al Espíritu, enviado desde el cielo, para presidir a los maestros del evangelio, porque demuestra que el evangelio proviene de Dios y que las antiguas profecías fueron dictadas por Cristo.[3]

Algunas precauciones son apropiadas, sin embargo. Debemos recordar que el lenguaje del dictado se puede usar metafóricamente, como un medio para destacar la autoridad del contenido más que como un relato específico del modo como se entrega. Por lo tanto, el comentario de Calvino sobre 1 Pedro 1:11 debe establecerse junto con el que hace sobre 2 Pedro 1:21:

Él dice que fueron *impulsados*, no es que estuvieran desconsolados (como los gentiles imaginaron que habrían estado sus profetas), sino porque no se atrevieron a anunciar nada propio, y obedientemente siguieron al Espíritu como su guía, que regía su habla como en su propio santuario. Entienda por *profecía de la Escritura* lo que está contenido en las Sagradas Escrituras.[4]

Aquí Calvino muestra un grado de precaución sobre la inspiración profética. Implica que los profetas son *impulsados* por el Espíritu Santo, pero no de tal manera que estén *desconsolados*. Podríamos resumir este punto de vista diciendo que Calvino es preciso con respecto al contenido de las Escrituras —es divinamente inspirado y es exactamente lo que Dios pretende—, al tiempo que es modesto, sino algo vago, en cuanto a los medios de inspiración.

Esto es muy similar a la posición de Heinrich Bullinger:

Además, la doctrina y los escritos de los profetas siempre han sido de gran autoridad entre todos los sabios en todo el mundo. Porque es bien percibido por muchos argumentos, que ellos mismos no tomaron su comienzo de los profetas, como autores principales; sino que fueron inspirados por Dios desde el cielo por su Espíritu Santo: puesto que es Dios, el cual morando por su Espíritu en las mentes de los profetas, nos habla por sus bocas. Y por esa causa tienen un testimonio muy grande a manos de Cristo y sus apóstoles elegidos. Lo que decimos a esto, además, es que Dios por su ministerio ha hecho milagros y prodigios para maravillarse, y aquellos no pocos; para que al menos con señales poderosas podamos saber que es Dios, por cuya inspiración los profetas enseñan y escriben lo que dejaron para que lo recordemos.[5]

Una vez más, debemos tener en cuenta que Bullinger es impreciso en cuanto a la mecánica de la inspiración, pero cierto con el resultado: un texto minucioso, confiable y poderoso. Por supuesto, esta doctrina no se está elaborando para abordar variantes de lectura de manuscritos, aunque sí establece un marco conceptual que será útil para los mismos.

¿Errores en la Biblia?

Esto nos lleva por fin al tema de los reformadores y sus creencias acerca de la posibilidad de que la Biblia contenga errores. Algunos han argumentado que a los reformadores no les perturbaba la posibilidad de que hubiera errores en la Biblia o los aceptaban alegremente. Tales afirmaciones a menudo se basan en la idea de que la preocupación por los errores y las contradicciones es resultado de hacer preguntas modernistas o ilustradas a un texto premoderno. Estas preguntas supuestamente no tenían ningún interés para la mente premoderna, ni tal vez incluso para la moderna. Aquí, es útil tener en cuenta que encontramos que el problema se planteaba en una forma básica cuando Agustín, en el siglo quinto. El escribe:

De todos los libros del mundo, creo que solo los autores de las Sagradas Escrituras estaban totalmente libres de error, y si me sorprende algo que parezca ir en contra de la verdad, no dudo en suponer que el manuscrito es defectuoso o el traductor no ha captado el sentido de lo que se dijo, o no lo he entendido por mí mismo.

Aquí, Agustín ofrece tres razones por las que puede parecer que hay errores en las Escrituras: un manuscrito defectuoso, una traducción incorrecta o un fallo en su propia comprensión. En ningún momento ofrece la posibilidad de un error real en el texto original como motivo del problema. Una vez más, esto parece una clara evidencia de que la preocupación por los errores en la Biblia no es un fenómeno moderno, arraigado en las epistemologías y preocupaciones de la Ilustración.

Sin embargo, hay una cita de Agustín que no es suficiente para demostrar un consenso generalizado sobre el tema en la iglesia antigua. No obstante, lo que la referencia demuestra es que el tipo de inquietudes expresadas y los argumentos ofrecidos por inerrantistas posteriores en la tradición de Hodge-Warfield no está sin precedente en textos anteriores. Ya en el siglo quinto, los teólogos estaban conscientes del problema planteado por errores aparentes o potenciales.

Aunque los problemas de la alta crítica eran más o menos desconocidos en el siglo dieciséis, el área donde la posibilidad de error presionaba a los reformadores era la cronología bíblica. En este contexto, es interesante observar el trabajo de Lutero. Lo es porque se puede argumentar que el abrumador consenso académico descarta cualquier idea de él o de todos los reformadores, sosteniendo la inerrancia tan ridícula como para no necesitar justificación.

A veces, tal posición se apoya en referencia a la actitud de Lutero hacia el libro de Santiago. Sin embargo, podríamos responder a eso señalando que los problemas de Lutero con Santiago no eran que fuese una pieza de la Escritura con errores teológicos, sino que es un libro que simplemente no debería ser parte de la Biblia. El problema es la inspiración y la canonicidad, no la inspiración y el error.

Más problemático para el tema preciso de la erradicación, es el enfoque de Lutero sobre la naturaleza de la cronología bíblica, que él declara como altamente confusa y algo caótica. Sin embargo, un par de ejemplos proporcionan alguna oportunidad para la reflexión instructiva. Primero, tal vez el problema cronológico más grave para Lutero es el conflicto entre Moisés y Esteban por el llamado de Dios a Abram. Moisés coloca el llamado en Jarán (Génesis 11:31), mientras que Esteban lo establece en Mesopotamia (Hechos 7:2).

La manera en que Lutero aborda el problema es interesante e instructiva. Primero, se refiere al enfoque de algunos otros exegetas sin nombre:

La respuesta habitual es que Abraham fue llamado dos veces, una en Ur de los caldeos, tal vez por el patriarca Sem, y más tarde en Jarán, pero que Moisés está satisfecho con el relato de la llamada posterior en Jarán. Así, estos testigos no están en desacuerdo; Moisés relata el último, Esteban el primer llamado.

Lutero rechaza ese enfoque con el argumento de que tal lectura implicaría que Moisés no fue la fuente del conocimiento de Esteban sobre el incidente, lo que claramente fue. En vez de eso, Lutero ve la respuesta como una mentira que yace en la intención y el género del autor:

> Sin embargo, me parece que Moisés y no Esteban —que ciertamente obtuvo su conocimiento de esta historia de Moisés—, da cuenta de lo sucedido. Pero cuando relacionamos algo de manera incidental, a menudo sucede que no prestamos tanta atención a todos los detalles como lo hacen los que determinan dejar un relato escrito de un evento para sus descendientes. Por eso, Moisés es el historiador, pero a Esteban le preocupan poco los detalles; porque el relato aparece en Moisés, y Esteban simplemente apunta a que sus oyentes se percaten de que el padre de este pueblo no tenía ley ni templo y, sin embargo, era aceptable a Dios, a quien agradaba. El punto principal del asunto es este: Esteban enfatiza que Dios no se revela a sí mismo debido al templo, a la circuncisión ni a la ley; sino que Él justifica, remite los pecados y otorga la vida eterna únicamente por causa de la Simiente prometida, a quien la sinagoga había asesinado previamente.

Utilizo este ejemplo no para argumentar que el enfoque de Lutero es necesariamente el correcto, sino para señalar dos cosas. Primero, que él era consciente de los conflictos entre diferentes pasajes de las Escrituras y, de hecho, de las tradicionales soluciones propuestas para tales conflictos. En segundo lugar, le interesaba ofrecer una justificación para el conflicto que no dijera simplemente: «Las Escrituras contienen errores. Por favor, no se preocupe por eso». Parece que se mostró muy reacio a cometer un error de asesoramiento como tal; más bien, usó lo que podríamos describir como una sensibilidad al género literario y la intención del autor para no tener que declarar las Escrituras como erróneas. Podemos estar en desacuerdo con su enfoque, pero es claro que le preocupaba mucho defender la confiabilidad de las declaraciones de las Escrituras. Tras su pensamiento estaba el entendido básico de que Dios es confiable y, por lo tanto, las Escrituras también deben serlo.

El pasaje se presta a la comparación con el enfoque de Calvino que, en su comentario de Génesis, no hace ninguna alusión al problema que Génesis 11:31 plantea para el discurso de Esteban en Hechos, pero se basa en la antigua convención geográfica de describir a Jarán como parte de Mesopotamia:

> Además, la ciudad llamada Jarán por causa de los hebreos, es confirmada con ese nombre por el consenso de todos los escritores, y está situada en Mesopotamia; aunque Lucan, más por razones poéticas que verdaderas, la ubica en Asiria. El lugar fue famoso por la destrucción de Craso y el derrocamiento del ejército romano.[6]

Esta es también una presunción de sus comentarios sobre Hechos 7:2.[7]

En otra parte, Lutero se refiere a los problemas de establecer una armonía de las cronologías reales en los libros de los Reyes y, de hecho, de armonizar los relatos de Cristo tal como se presentan en los evangelios. Sin embargo, incluso aquí debemos ser cuidadosos al llegar a una conclusión demasiado precisa basada en su reconocimiento de las dificultades y el descuido en el aspecto cronológico entre los evangelistas. Él mismo intentó crear armonía entre los escenarios clásicos de los evangelios donde esto es un problema: las tentaciones en el desierto, la limpieza del templo y las negaciones de Pedro. Si, como se ha afirmado, Lutero solo estaba interesado en el encuentro existencial entre Cristo y el individuo en el presente a través de la Palabra de Dios, difícilmente se habría preocupado por armonizar tales pasajes. Lo mismo seguramente se aplica a Calvino y a otros que intentaron hazañas similares.

La inerrancia en un contexto teológico

Hasta ahora he argumentado que el silencio general de los reformadores sobre el tema de la inspiración de las Escrituras nos permite inferir que, en general, estaban contentos con la tradición que heredaron. Esta tradición tenía una perspectiva elevada de la inspiración del Espíritu Santo que tuvieron los escritores originales y, por lo tanto, el texto de las Escrituras. Además, había desarrollado distinciones en la Edad Media que permitían que los teólogos pensaran más allá de la categoría de dictado cuando se trataba de inspiración. Y esta tradición era muy consciente de las dificultades planteadas por aparentes contradicciones en las Escrituras. Lutero es un gran ejemplo de evidencia de que este es el caso.

Sin embargo, en medio de todo el debate contemporáneo sobre la inerrancia, centrado como está en el texto tal como fue dado originalmente, quiero concluir apelando a dos cosas. Quiero usar a los reformadores como un medio para establecer la inerrancia en algún tipo de contexto teológico.

Primero, mientras que el ideario evangélico contemporáneo está atrapado por una narrativa que pone en su corazón los asaltos a la veracidad del texto de las Escrituras, la narrativa histórica del declive de la iglesia es más complicada. La teología reformada no colapsó simplemente porque el texto de la escritura fue atacado; se derrumbó porque la doctrina de Dios fue atacada. Mi propio trabajo acerca del siglo dieciséis me convenció de que ciertos aspectos del socinianismo —progenitor del unitarianismo— eran, en muchos aspectos, un movimiento biblicista que consideraba a las Escrituras como absolutamente autoritativas.

Si tenemos en cuenta que el elemento central del enfoque de los reformadores era la confiabilidad de Dios (el punto del cual depende la justificación por gracia a través de la fe), no perderemos de vista la conexión entre la doctrina de Dios y la doctrina de la Escritura. El mundo evangélico es adepto a la indignación selectiva, pero en este tema, la selectividad podría resultar mortal. La doctrina de la Escritura y la doctrina de Dios deben estar estrechamente relacionadas para que no se socave ninguna de las dos.

De hecho, cuando la doctrina de las Escrituras se convirtió en un punto teológico separado en la época de la ortodoxia posterior a la Reforma, es significativo ver que muchos de los atributos de las Escrituras eran los mismos que los de Dios. La Escritura era considerada autoritativa, perfecta, efectiva, poderosa, santa y necesaria. Lo mismo se podría decir de Dios. En resumen, las Escrituras eran consideradas como un reflejo del ser de Dios mismo puesto que era el discurso de Dios.

En segundo lugar, y consecuentemente sobre este punto, no nos dejemos hipnotizar tanto por la inerrancia o por las alianzas que pueda forjar, que nos perdamos la imagen dogmática más grande y dejemos otras doctrinas sin vigilancia. La inerrancia debe coordinarse con otros aspectos de las Escrituras (como la suficiencia y la perspicuidad) y, sobre todo, debe tener una relación efectiva con la doctrina de Dios. Dado el repudio general de gran parte del teísmo clásico en los círculos evangélicos —al menos ese teísmo clásico tal como lo previeron los hombres que formularon la doctrina protestante de la Escritura—, esto debería darnos a todos motivos para pensar y, de hecho, para preocuparnos.

Por último, debemos recordar por qué la confiabilidad del discurso de Dios en las Escrituras era tan importante para los reformadores: porque fue el fundamento para entender la confiabilidad de la predicación. La Palabra predicada correctamente era el discurso de Dios dirigido a las congregaciones en el presente, como queda claro en el primer capítulo de la *Segunda Confesión Helvética*, la gran declaración de fe confesional de Bullinger para la Zúrich de su época:

La predicación de la Palabra de Dios es la Palabra de Dios. Por eso, cuando esta Palabra de Dios ahora es predicada en la iglesia por expositores legalmente llamados, creemos que la misma Palabra de Dios es proclamada y recibida por los fieles; y que no debe inventarse ninguna otra Palabra de Dios ni se debe esperar del cielo: y que ahora debe considerarse la Palabra que se predica, no el ministro que la predica; porque aun cuando él sea malo y pecador, la Palabra de Dios sigue siendo verdadera y buena.

Capítulo 10

Cómo perdió Escocia

el control de la Biblia

UN CASO DE ESTUDIO DEL COMPROMISO
CON LA INERRANCIA

Iain H. Murray

Hay momentos en que los libros llegan a las manos de los cristianos justo cuando los necesitan. Así pasó conmigo un día de febrero de 1954, cuando estudiaba en la Universidad de Durham. Un libro usado llegó a mis manos: *Una historia crítica del pensamiento libre en referencia a la religión cristiana*, por Adam S. Farrar. El volumen fue resultado de las conversaciones de Farrar en la serie de Conferencias Bampton, Oxford, en 1862. La fecha es significativa. Fue antes de que se desechara la autoridad de las Escrituras en las universidades británicas, y Farrar, que era evangélico, dedicó casi setecientas páginas a revisar los ataques a la Palabra de Dios a lo largo de los siglos.[1] Tenía mi primera experiencia personal en oposición a la confiabilidad de las Escrituras, y ese libro me mostró que aquello no era algo nuevo. Los ataques a la Palabra de Dios son tan antiguos como la historia del hombre caído. Necesitaba aprender la clave para entender la historia.

Esa clave es la explicación de la hostilidad de las naciones paganas contra Israel en el Antiguo Testamento. Lo que hizo distinguir, singularmente, al pueblo de Israel de los demás fue la revelación que recibieron del cielo. Dios les dio profetas que decían: «El Espíritu del Señor habló por medio de mí; puso sus palabras en mi lengua» (2 Samuel 23:2). Por eso el salmista escribió: «A Jacob le ha revelado su palabra; sus leyes y decretos a Israel. Esto no lo ha hecho con ninguna otra nación; jamás han conocido ellas sus decretos» (Salmos 147:19-20a). Y el apóstol Pablo afirmó: «Entonces, ¿qué se gana con ser judío... En primer lugar, a los judíos se les confiaron las palabras mismas de Dios» (Romanos 3:1-2). En el fondo, el asalto a Israel fue una guerra contra la Palabra de Dios.

Pasemos al Nuevo Testamento y a la era de la iglesia primitiva. ¿Qué motivó los trescientos años de persecución a los cristianos? Juan, en Patmos, nos dice que fue «a causa de la palabra de Dios» (Apocalipsis 1:9). Cristo describe a los que sufren como «quienes han guardado mi palabra» (3:8), y los condenados a muerte se dice que fueron «muertos por la palabra de Dios y por el testimonio que habían dado» (6:9).

Lo mismo se repite en la Reforma. ¿Por qué fue asesinado William Tyndale en 1536? Porque se había apegado a la Palabra de Dios y la había traducido al inglés. Veinte años después, John Rogers, su amigo y ayudante, fue juzgado en Londres. El obispo Gardiner, juez católico romano de Rogers, lo desafió a que nombrara una doctrina en la que el papa enseñara contra la Palabra de Dios. Rogers señaló de inmediato la aplicación papal de todos los servicios en la lengua latina, en contra de 1 Corintios 14:19. Cuando se ofreció a explicar el pasaje, Gardiner exclamó: «No, no, usted no puede probar nada con la Escritura: la Escritura está muerta y debe tener una exposición viva». Rogers respondió: «No, no, la Escritura está viva». Pero cuando quiso decir más, fue interrumpido: «No, no, todos los herejes alegan el uso de las Escrituras, pero debemos tener una exposición viva para ellos».[2] En otras palabras, la iglesia debe determinar la verdad, explicar las Escrituras y decir lo que se debe creer.

Unos días después, Rogers escribió un testimonio final. Declaró que el mensaje recuperado por la Reforma fue que el Parlamento debe «dar lugar a la Palabra del Dios que siempre vive, y no Dios al acto del Parlamento: de la Palabra de Dios no perecerá ni una tilde; al contrario, se cumplirá y se realizará todo lo que está contenido en ella, y para ello todos los hombres —reyes y reinas, emperadores, parlamentos y concilios generales— deben obedecerla; por otra parte, la Palabra no obedece a nadie, no puede ser cambiada ni alterada, ni podemos agregar ni poner nada a ella, ni tomar nada de ella». Por esta fe, Rogers también murió quemado en Londres el 4 de febrero de 1555.

Pasemos de nuevo al período puritano. En la década de 1620, bajo la predicación de los puritanos en Ulster, Irlanda del Norte, hubo un notable avivamiento y muchos cientos llegaron a la fe en Cristo. Veinte años más tarde, hubo un levantamiento católico en el mismo lugar, apoyado por sacerdotes, en el que miles de protestantes fueron ejecutados. Un informe de la época nos dice que «la Biblia fue el objeto contra el cual los romanistas expresaron su odio por la verdad. "La han roto en pedazos, la han pateado, aplastado con el pie, han saltado sobre ella y la han pisoteando; diciendo 'Hay una plaga en este libro que ha generado toda esta pelea'"».[3] En los períodos de la Reforma y el Puritanismo, los ataques a la Biblia se hacían comúnmente en forma de persecución física; todos los cuales venían de la religión falsa.

En el siglo dieciocho, los ataques vinieron del mundo y en forma de filosofía. Muchos de los atacantes afirmaban creer en Dios, pero no el Dios de la Biblia. Rechazaban la revelación del cielo. Se dijo de Voltaire, líder del erróneamente llamado período de la Ilustración, que «el único objetivo de todos sus esfuerzos era destruir la creencia en la inspiración plenaria de las Escrituras y el origen divino de la revelación que es atestiguado por ellas. No hay un libro en las Escrituras que no atacó… Trató de mostrar absurdos y contradicciones en todos ellos».

El que popularizó a Voltaire y a los filósofos fue Tom Paine, cuyos libros *Los derechos del hombre* y *La era de la razón* tuvieron enormes ventas a ambos lados del Atlántico. Paine se jactó de que: «He pasado por la Biblia como un hombre que atraviesa un bosque con un hacha derribando árboles. Muchos de estos son engaños y el sacerdote puede replantarlos, pero nunca crecerán».[4]

El ataque que quiero considerar en una manera más detallada es uno que ha tenido un efecto más devastador en nuestro mundo contemporáneo que cualquier otro escrito por Voltaire o Paine. Procede de una fuente diferente, no de la iglesia romana ni de la filosofía mundana, sino del interior de las iglesias protestantes. Además, era mucho más sutil, porque no se presentaba como un ataque en lo absoluto. Apareció afirmando que era por la Biblia y por el cristianismo.

El siglo diecinueve vio grandes avances en muchas áreas del conocimiento, por lo que debemos estar agradecidos. Sin embargo, en lugar de atribuir ese progreso a la providencia de Dios, hubo quienes lo explicaron en términos de la supuesta marcha evolutiva de la humanidad. Afirmaban que la geología demostró que el relato de Génesis acerca del comienzo del mundo era imposible. Negaban la autenticidad del Pentateuco. Dudaban si el hombre primitivo incluso sabía escribir en el tiempo de Moisés.

Cuando los cristianos se enfrentaron por primera vez a tales ideas, las reconocieron como producto de la incredulidad. En ese entonces las iglesias protestantes creían en la autoridad de la Palabra de Dios. Pero en la década de 1880, surgió una respuesta diferente. Algunos prominentes profesores de seminarios bíblicos se presentaron en las iglesias y argumentaron que no había necesidad de defender cada parte de las Escrituras. Podrían hacerse algunas concesiones a las teorías modernas. El cristianismo podría defenderse mejor manteniendo solo lo que es esencial y fundamental. Se estaba estableciendo un nuevo movimiento, decían, no para destruir la fe, sino para ponerla sobre una base más firme, dejando de lado solo los asuntos menos importantes e incidentales, y concentrándose en la preservación de lo más vital. Esta enseñanza tomó el nombre de «Nueva Apologética», una apologética no para los incrédulos sino para la cristiandad.

Para ver más de cerca este desarrollo, quiero concentrarme en Escocia y, en particular, en la Iglesia Libre de Escocia, la denominación que se convirtió en la potencia de las ideas que llegarían a todas las partes del mundo anglosajón.

Principios

La Iglesia Libre de Escocia fue formada en 1843 por unos quinientos ministros que se separaron de la Iglesia de Escocia, debido a la interferencia del estado en la iglesia. Fue un movimiento nacido de un renacimiento de la fe evangélica, por lo que estuvo marcado por la oración, la evangelización y el celo misionero, tanto en el país como en el extranjero. Sus líderes fueron respetados en todo el mundo protestante. Algunos hablaban de ella como la iglesia más apostólica del mundo.

Sin embargo, cuarenta años después, fue en esa iglesia que entró en escena la Nueva Apologética.

William Robertson Smith, discípulo de A. B. Davidson y Julius Wellhausen (lo llamaría «el hombre más inteligente de Gran Bretaña»), fue el primero en la Iglesia Libre en hacer público un programa para desarrollar el entendimiento de las Escrituras en una nueva base. Desde el principio, su carrera fue extraordinaria; dotado de una poderosa oratoria, conocimientos e idiomas, ya era un fenómeno cuando, desde la facultad de teología, se trasladó directamente a un puesto de profesor de hebreo en Aberdeen, a la edad de veintitrés años. Pero en los próximos siete años, sus escritos publicados suscitaron una creciente preocupación. Rechazó tanto las advertencias de que fuera más prudente, que en 1881 fue destituido de su cargo. Robert Rainy, director de New College, Edimburgo, quien cada vez más acogería a la nueva escuela de maestros, trató de evitar esa decisión, dando como una de sus razones que tal acción contra el profesor Smith podría promover lo mismo contra otros. Rainy perdió su defensa de Smith por un voto, pero tenía razón al advertir que el asunto no se refería solo a un hombre. Ya otros estaban en esa misma ala.

Marcus Dods (1834-1909) fue uno de los primeros en surgir. En un sermón llamado «Revelación e inspiración» (1877), presentó la opinión de que aceptar una inexactitud en el Antiguo Testamento no debía afectar la sustancia de la fe. La década siguiente sirvió para mostrar qué tan rápido estaba cambiando la posición de la iglesia. En 1889, a pesar de la oposición, Dods sucedió a George Smeaton como profesor de exégesis del Nuevo Testamento en el New College. Pero en su conferencia inaugural, Dods describió la creencia en la inspiración plenaria de la Biblia como «una teoría de la inspiración que ha convertido a la Biblia en una ofensa para muchos hombres honrados, lo que es deshonroso para Dios, y que ha convertido a los investigadores en escépticos por miles; una teoría que debería calificarse de herética en todas las iglesias cristianas».[5] Al año siguiente, cuando se intentó juzgarlo por herejía en la asamblea general, se desestimó el caso en su contra. Era una prueba de que la precaución en cuanto a apoyar a la Nueva Apologética ya no era necesaria.

Un apoyo cercano a Dods lo constituyó George Adam Smith (1856-1942), nacido en India de padres evangélicos y de mentalidad misionera. Durante un tiempo, había seguido al depuesto Robertson Smith en Aberdeen, ya que también era alumno de Davidson y de teólogos alemanes. Pero aún no se había anticipado hasta dónde llegaría. Entre 1882-1892, se ganó la reputación de predicador dinámico en Aberdeen, por lo que fue nombrado profesor de Antiguo Testamento en la Universidad de la Iglesia Libre, en Glasgow. Al oponerse a lo que él llamó «dogmas de inspiración verbal», George Adam Smith profesó manejar el Antiguo Testamento de una manera «revolucionaria con respecto a los métodos de interpretación de las Escrituras hasta ahora aceptados entre nosotros». Eso quedó claro cuando dictó conferencias sobre la predicación en Yale, en 1899, bajo el título «La crítica moderna y la predicación del Antiguo Testamento». El Antiguo Testamento, según él, mostró el avance evolutivo del hombre desde una religión primitiva. Los primeros capítulos de Génesis no eran históricos, sino que habían sido compuestos en base a «la materia prima del mito y la leyenda de Babilonia». Agregó que «el dios del antiguo Israel era un dios tribal». La existencia de Abraham era cuestionable.

Cuando se intentó llamar al profesor para que rindiera cuentas de su enseñanza en la asamblea general de 1902, Rainy fue nuevamente defensor del acusado, y esta vez su moción de no acción fue aprobada por 534 votos a 263, indicativo de los tiempos cambiantes desde la deposición de Robertson Smith veinte años antes.[6]

Estos hombres, y otros que los apoyaron, cambiaron el curso de la iglesia. Sobre la cuestión de cómo ganaron tal influencia y popularidad, hay varias cosas que decir:

1. *Todos los principales portavoces de la Nueva Apologética, o «crítica de la creencia» —como se le llamó—, se presentaron como evangélicos definidos.* Cuando se nombró al joven Robertson Smith, había «garantías de su ortodoxia». Se decía que era un hombre humilde y leal a la iglesia. Él «probó», creía W. R. Nicoll, «que un crítico avanzado podía ser un evangélico convencido y ferviente».

Como Nicoll era editor de la publicación *British Weekly*, su opinión tenía peso. Él había descrito a Dods como «el hombre más parecido a Cristo que he conocido»; mientras que Dods se refirió a su llamado como el de «evangelista». Henry Henderson dijo acerca de Dods: «Su objetivo era alto y digno: restaurar la fe y el gozo de los hombres en las verdades del Verbo Divino».

George Adam Smith afirmó que él y sus colegas, todos, eran evangélicos y que estaban proporcionando una base mejor para «la fe más estable que nunca se había imaginado: la más rica mina de experiencia cristiana, las mejores bases para predicar el evangelio de Cristo... perspectivas infinitamente más amplias del poder de Dios».[7]

2. *El abandono de lo que George Adam Smith llamó «la antigua ortodoxia», que parecía prometer un gran éxito espiritual.* Los jóvenes andaban tras lo novedoso. Y ellos sabían cómo hablar efectivamente a «las mentes modernas»; algunas de sus publicaciones

tenían amplia circulación y el futuro parecía brillante para ellos. Eran inmunes a la crítica: «Los jóvenes ministros dejaron ir la fe de sus padres».[8] Tales palabras, de los defensores de «la doctrina de la inspiración verbal», venían solo de los hombres de ayer, los «tradicionalistas», que estaban haciendo mucho daño, ya que llevaron a «muchos espíritus serios y puros a abandonar el cristianismo porque ignorantemente pensaron que se identificaba con todo en ambos testamentos». Representaban un evangelismo «acosado por la estrechez, la inexactitud y el temor a reconocer algunos de los movimientos más sanos y más divinos de nuestro tiempo».

3. *La nueva enseñanza, según se afirmaba, estaba generando mayor apego a Cristo.* Ciertamente, se dijo, la Biblia ayuda, «así como ayudan las señales de tránsito a los viajeros en el camino», y hasta se podría elogiar como un «libro divino, excepcional». Pero no es considerada como la palabra definitiva, porque los cristianos tienen algo más grande y mejor que las señales: ¡tienen a Cristo como guía viviente! Sin embargo, se puede encontrar mucha ayuda en la Biblia; la fe se basa en la experiencia personal de Cristo, no en el texto de un libro. Por ello, la fe del evangelio y la Nueva Apologética podrían avanzar juntas.

De modo que, una visión reducida de las Escrituras no debía considerarse como pérdida sino como ganancia espiritual. Debido a eso, R. W. Dale trató de animar a los predicadores con la idea de que «ahora no hay autoridad que se interponga entre *nosotros* —entre las congregaciones a las que ustedes y yo debemos ministrar—, y Aquel que es la verdad de Dios».[9]

Por tales razones, explicadas por seductores y habilidosos expositores, la nueva enseñanza tuvo una influencia poderosa y persuasiva. Aquellos que nunca percibimos ese hechizo nos preguntamos cómo ganó a tanta gente, incluidos evangélicos reconocidos como Alexander Whyte y W. Y. Fullerton, biógrafo de Charles H. Spurgeon; pero sucedió. Whyte habló en apoyo a Robertson Smith en la asamblea general. Cuando T. R. Glover fue nombrado presidente de la Unión Bautista en 1925, Fullerton lo reconoció como «un profeta a quien Dios nos ha enviado». Pero Glover fue el hombre que dijo: «La inspiración verbal es una creencia monstruosa».

Se puede hacer que el error parezca sumamente atractivo, tanto que ya estamos engañados si pensamos que podemos resguardarnos del mismo por nuestra cuenta: «Con el poder del Espíritu Santo que vive en nosotros, cuida la preciosa enseñanza que se te ha confiado» (2 Timoteo 1:14).

El error fatal

La incredulidad en cuanto a las Escrituras conduce inevitablemente a la incredulidad en cuanto a Cristo mismo. El principio fundamental de la Nueva Apologética era que la sustancia de las Escrituras se puede mantener y promover sin defenderla en todas sus partes. Las Escrituras son infalibles, decían esos maestros, pero *no en todas partes* son infalibles. Sin embargo, esta idea contiene una suposición errónea: que es posible identificar qué partes de las Escrituras *son* palabra de Dios. Anteriormente, la pregunta fundamental para los cristianos era: «¿Qué dice la Palabra de Dios?» La nueva pregunta tenía que ser: «¿Qué parte de la Biblia *es* la Palabra de Dios?»

Al principio, la respuesta a ello parecía simple: asuntos como el diluvio de Noé, Jonás en el vientre de un gran pez y la autoría del libro de Daniel podrían dejarse a un lado, ya que no involucran la sustancia de la fe. La creencia cristiana, se decía, no dependía de tales argumentos. Pero no pasó mucho tiempo para que la gente viera que el Señor Jesucristo trató todos esos detalles como una historia auténtica. Entonces, la nueva subvención comenzó a afirmar, por ejemplo, que el Pentateuco no provenía de Moisés, pero Cristo creyó que así fue (Marcos 7:10; 12:26; Lucas 24:27).

Esto hace que surja otra pregunta: ¿Cuánto debe decirse de Cristo que se deba creer? Él creía que «la Escritura no puede ser quebrantada» (Juan 10:35). Creía que el matrimonio se originó como lo declaró Dios en Génesis 2 (Mateo 19:5). «Les aseguro que mientras existan el cielo y la tierra, ni una letra ni una tilde de la ley desaparecerán hasta que todo se haya cumplido» (Mateo. 5:18). Dijo que su vida y su muerte habían sido de acuerdo con «todo lo que los profetas han hablado» (Lucas 24:25), porque «las Escrituras deben cumplirse» (Lucas 22:37).

La única manera de escapar de tales textos era aceptar que no todo lo que Jesús enseñaba era confiable. Él dijo: «El cielo y la tierra pasarán, pero mis palabras jamás pasarán» (Mateo 24:35), pero eso tuvo que corregirse para que dijera que solo «un poco» de sus palabras no pasaría. Cuáles dependían de la capacidad de los eruditos para encontrar al

«Jesús histórico». Esta fue la búsqueda que la teología alemana había intentado y no había tenido éxito. David Strauss, uno de los creadores de esa búsqueda, concluyó: «En efecto, ahora es posible poner en tela de juicio cualquier conocimiento real del Jesús histórico».

Otros teólogos alemanes fueron más optimistas, pero sus supuestos hallazgos llevaron al avance de una sucesión de diferentes «cristos». En una revisión de uno de los libros de Dods, Benjamin B. Warfield escribe que Dods estaba dispuesto a renunciar a la inspiración de las Escrituras siempre y cuando se preservara a Cristo. ¿Pero cuál Cristo?, preguntó. ¿Sería el Cristo de los Dods? «¿Qué pasa con el Cristo que nos da Wernle, o Wrede, u Oscar Holtzmann, o Auguste Sabatier, o Réveille, o Brandt o Harnack? ¿A qué Cristo de las Escrituras falibles nos veremos forzados a tolerar?»

Al final, Dods no tuvo respuesta. La confianza de su juventud había desaparecido. En 1907, dos años después de la revisión de Warfield, en una carta privada, se sinceró con un amigo e hizo un pronóstico escalofriante de la manera en que veía el futuro de la iglesia en Escocia: «Las iglesias no se conocerán a sí mismas dentro de cincuenta años. Ojala que se pueda dejar algún pequeño vestigio de la fe cuando todo haya terminado».[10]

La Nueva Apologética no solo fue un fiasco, fue un fracaso a un costo muy alto. Uno de los ancianos que había protestado contra la nueva enseñanza un cuarto de siglo antes fue Moody Stuart, que había sido el pastor de Robert Murray McCheyne años antes. Stuart escribió:

La Palabra del Señor es pura, por lo que saldrá de esta prueba con todo su resplandor, así como sale la plata del horno. Pero, entre tanto, una calamidad indecible nos puede alcanzar, ya que nuestros hijos pueden perder el único tesoro que debíamos legarles; y pueden vagar —por largos años— «a través de lugares secos buscando descanso y no encontrarlo», antes de recobrar el dominio de la Palabra de vida y recuperar su posición sobre la roca de la verdad eterna.[11]

Siempre tendré en mi mente la iglesia en la que crecí. Es un notorio edificio de piedra arenisca roja, con un auditorio con capacidad para al menos mil personas, un espacioso salón y muchas salas adicionales. Fue inaugurado en 1900, y el predicador invitado para esa ocasión tan importante fue el profesor George Adam Smith, un hombre lleno de confianza con la nueva iglesia y el nuevo siglo. Pero, ¿qué pasó? Ese hermoso edificio, en la actualidad, se mantiene en pie, pero está cerrado. Predicadores y feligreses se han ido, pero no fueron los primeros en abandonar. Primero se perdió la Palabra de Dios, se perdió la luz y así se fue perdiendo todo, hasta que solo quedó un monumento vacío. Esa es la historia no de uno, sino de miles de edificios de iglesias en Gran Bretaña en este día.

Hace poco, se publicó un gran volumen sobre la No Conformidad en Inglaterra. *No conformidad* es otra expresión para lo que también se llama, al sur de la frontera, las «Iglesias Libres», el nombre que cubre todas las denominaciones históricas tradicionales apartadas de la Iglesia de Inglaterra. En dicho volumen se incluye una cita de un libro de 1962 de Christopher Driver. *¿Cuál es el futuro para las iglesias libres?* El enfático signo de interrogación al final del título es significativo. Como una manera de describir la escena contemporánea, Driver escribe:

En grandes extensiones del país... detrás de las desgastadas fachadas y lastimeros púlpitos al borde de los caminos, no queda nada más que un remanente encarnado y apegado, que se entretiene en sus agradables tardes dominicales y las alegres horas con sus mujeres en habitaciones sucias, de las que generaciones enteras han huido hace mucho tiempo.[12]

Qué lenguaje más parecido a las palabras de Jeremías: «Si han rechazado la palabra del Señor, ¿qué sabiduría pueden tener?... ¡Ojalá mi cabeza fuera un manantial, y mis ojos una fuente de lágrimas, para llorar de día y de noche por los muertos de mi pueblo!» (Jeremías 8:9; 9:1).

El desastre mundial

Si bien los efectos de ese abandono de las Escrituras han sido trágicos en la historia británica, hay algo peor. Horacio Bonar era el moderador de la Iglesia Libre de Escocia en 1883, cuando la Nueva Apologética se apoderó de su denominación. En ese entonces Bonar suplicó a la asamblea general que se detuviera y pensara en lo que el mundo exterior estaba escuchando de ellos:

Los hermanos en la lejana India y más allá de Australia nos están escuchando. Los hermanos en América, en África, en Europa y en las remotas islas del lejano sur, nos observan... Cien periódicos que salen por todas partes, no solo de sus comarcas, sino del mundo, imprimirán sus palabras.

La iglesia no escuchó a Bonar. En vez de disciplinar a los maestros erróneos, los honraba. Respaldado por la reputación evangélica de la Iglesia Libre, el mensaje de que no era necesario creer en *todas* las Escrituras para ser evangélico se difundió por todos los campos misioneros del mundo. Poco a poco se detuvo la gran expansión misionera del siglo diecinueve; la incredulidad empezó a destruir sus raíces. En las décadas de 1920 y 1930, se hicieron intentos para exigir a las agencias misioneras principales que emplearan y enviaran solo a los misioneros que creían en todas las Escrituras. Por ejemplo, en 1922, se hizo un llamado a la Sociedad Misionera de la Iglesia de Inglaterra para que examinara a sus candidatos en cuanto a su posición referente a las Escrituras. La junta directiva rechazó tal prueba.

En 1933, a través del Presbiterio de New Brunswick, J. Gresham Machen hizo un llamado a la asamblea general de la Iglesia Presbiteriana de los Estados Unidos para que su junta de misiones extranjeras solo designara a hombres que sostuvieran «la plena fiabilidad de las Escrituras». En esa apelación, Machen produjo una publicación de ciento diez páginas que evidenciaba hasta qué punto se toleraba y se promovía la incredulidad en el campo misionero. Demostró que la «política inclusiva», que estaba siendo permitida en las iglesias de la nación, estaba manifestándose de manera desastrosa en China, donde algunos líderes eclesiales llegaron hasta a negar la resurrección corporal de Cristo. Denunció que la literatura de los liberales se estaba publicando en chino. En uno de esos libros, el autor habló en cuanto a cómo una madre le leía a su hija parte del Antiguo Testamento donde se registraba la destrucción de los amalecitas. La madre trató de explicarle el juicio a su hija diciéndole que «la revelación era progresiva, por lo que ahora —en Jesús— se nos dijo que amáramos a nuestros enemigos y les hiciéramos bien, aunque nos utilicen. La niña pensó por un momento y luego su rostro se iluminó y dijo: "Ah... ya entiendo esto que está aquí fue antes de que Dios fuera cristiano"».[13]

A pesar de todo lo que escribió y dijo Machen, la asamblea general brindó un fuerte y sincero apoyo al personal de la junta de misiones extranjeras. Se mantuvo la política inclusiva. Cuando Machen y otros formaron una junta misionera independiente, la asamblea general ordenó que se disolviera y prohibió a cualquiera de los miembros de la iglesia que participara en ella. Como Machen no obedeció la orden, lo juzgaron; no le permitieron cuestionar la legitimidad del mandato de la asamblea, lo declararon culpable y lo suspendieron del ministerio.

La llamada política inclusiva fue en realidad una estrategia antibíblica. Machen había citado maestros en China que expresaron la esperanza de que los modernistas y no los fundamentalistas llegarían a ese campo misionero. Los deseos de Machen serían rechazados, como también lo sería él en la iglesia donde había servido toda su vida.

¿De qué trata realmente la controversia sobre las Escrituras?

Es común que aquellos que se oponen a los evangélicos presenten esta controversia como una batalla por lo que llaman la «visión tradicionalista» de la Biblia. Pero esa representación descarta el problema real. La objeción fundamental no es tanto lo que la Biblia enseña acerca de su inspiración; a lo que se refiere es a lo que enseña acerca de Dios, el hombre y el camino de la salvación. Ella enseña que, desde la caída del hombre, la mente humana está enemistada con Dios: «La mentalidad pecaminosa es enemiga de Dios, pues no se somete a la ley de Dios, ni es capaz de hacerlo» (Romanos 8:7). Por eso Jesús dijo: «¿Por qué no entienden mi modo de hablar? Porque no pueden aceptar mi palabra» (Juan 8:43). Pablo agrega: «El que no tiene el Espíritu no acepta lo que procede del Espíritu de Dios, pues para él es locura. No puede entenderlo, porque hay que discernirlo espiritualmente» (1 Corintios 2:14). Para recibir la verdad espiritual, el hombre primero tiene que nacer del Espíritu. Solo entonces tiene «el Espíritu de verdad, que el mundo no puede recibir, porque ni lo ve ni lo conoce» (Juan 14:17).

Lo que la Biblia revela acerca de Dios y de nosotros es lo último que el que no es cristiano desea creer. ¿Quiero que me digan no solo que hago mal, sino que además me equivoco desde lo más profundo de mi ser? ¿Que mi corazón es engañoso y exasperadamente malvado? ¿Que no hay justo ni siquiera uno? ¿Que vivir para mí mismo, y no para mi santo Creador, me hace merecedor de su justa ira y su condena? ¿Que no puedo salvarme y que, si Dios no me libera, me perderé en el infierno para siempre? ¿Que solo Cristo salva y que solo mediante el arrepentimiento y la fe en Él alcanzaré el cielo? ¡No!, eso no es cierto. Eso es ofensivo para todos nosotros. No es posible que eso sea verdad. Eso contradice la buena opinión que tengo de mí mismo. El hombre natural no quiere a Cristo: «No queremos a este por rey» (Lucas 19:14).

De modo que, la respuesta a qué se debe hacer para que la Biblia sea aceptable por todas las personas no es la que propuso la Nueva Apologética. Mucho más que cualquier doctrina (la inerrancia bíblica), necesita ser descartada. Debemos desechar todo lo que se refiera a los hombres humildes, eliminar lo sobrenatural y suprimir todo lo que la Palabra de Dios diga que el pecado se merece. Si hacemos eso, la iglesia y el mundo pueden vivir en paz. Tal fue el resultado final de la Nueva Apologética y su enfoque acerca de la Biblia. Se estableció con el objetivo confeso de conservar la sustancia, dejando de lado solo lo considerado por ellos como incidental. Pero a fin de cuentas quedaron —entre los escombros—, muchos falsos cristos y un mensaje opuesto a la verdad. Ya no se trataba de que Dios se reconciliara con nosotros mediante la muerte de su Hijo, sino de cómo debemos hacer que *nosotros* mismos y el mundo mejoremos «con su ayuda». No fue un mensaje de gracia, sino de obras. «La ética cristiana» y Cristo como ejemplo para nosotros, se convirtieron en el evangelio; no lo ofensivo que Cristo hizo para liberar a los pecadores de la ira venidera, sino el mensaje agradable de lo que podemos decidir por nosotros mismos.

Esto no es una tergiversación. En la misma manera en que se corrompen las Escrituras, empeora la naturaleza humana. Esa siempre ha sido la verdad, en todo lugar y en todo tiempo.

Sin embargo, hay otra pregunta: ¿Fue esta consecuencia la *intención* de aquellos que socavaron la confiabilidad de las Escrituras en el siglo diecinueve? ¿Ha sido *planeado* esto por el estado actual de la iglesia y del país?

No conozco razón alguna para creer que lo sea. Los maestros de la Nueva Apologética fueron el instrumento inconsciente de un gran engaño, cuyo autor fue aquel cuya existencia no parecían reconocer.

Los eruditos que socavaron las Escrituras excluyeron de su pensamiento una parte vital de las mismas: no tenían nada que decir sobre los ángeles o los demonios; sobre la rebelión de Satanás contra Dios; ni acerca de lo que dijo Cristo: «Los que están junto al camino son los que oyen, pero luego viene el diablo y les quita la palabra del corazón, no sea que crean y se salven» (Lucas 8:12); ni lo que afirmó Pablo: «Según el espíritu que ahora ejerce su poder en los que viven en la desobediencia» (Efesios 2:2).

Esta omisión cambió la mentalidad del protestantismo hasta nuestros días. D. Martyn Lloyd-Jones señaló: «Estoy seguro de que una de las principales causas del mal estado de la iglesia en la actualidad es el hecho de que el diablo está siendo olvidado».[14] La ignorancia de la historia juega un papel importante en este olvido. Los ataques a la Biblia, aunque toman diversas modalidades, han tenido características similares a lo largo de los siglos puesto que se originan en la misma fuente. Lo cierto es que hay variaciones a nivel humano, pero incluso a ese nivel, hay características de lo demoníaco que deben ser discernidas. Las huellas dactilares de Satanás están en todo ello. Considere dos de esas características en el período que hemos estado tratando:

1. *Satanás siempre incita y apoya la idolatría de los hombres.* ¿Cómo puede lograr mejor el objetivo que tiene en cuanto a derrocar la creencia cristiana? Elevando a los hombres, aclamando su brillantez y admirando su asombrosa erudición. Lo último que quiere es a los hombres de espíritu contrito que ven la necesidad de «temblar» ante la Palabra de Dios (Isaías 66:5). Es más, aún hoy sigue tentando con la promesa de que: «Serás como Dios» (Génesis 3:5), y apela al orgullo pertinente a nuestra naturaleza caída. John Owen, en su libro *La naturaleza y las causas de la apostasía*, pone al orgullo en primer lugar en la lista de causales.

La Iglesia Libre de Escocia llegó a verse a la vanguardia del mundo evangélico; se destacaba en la predicación, en las misiones extranjeras y quería liderar en la promoción de los estudios teológicos. La mejor manera de hacer eso parecía ser enviar a sus brillantes estudiantes a Alemania, donde el prestigio del aprendizaje teológico era insuperable. Pero las advertencias apostólicas fueron olvidadas: «...y tú por la fe te mantienes firme. Así que no seas arrogante, sino temeroso» (Romanos 11:20); «Probad los espíritus si son de Dios;

porque muchos falsos profetas han salido por el mundo» (1 Juan 4:1, RVR1960). Tan grande era la capacidad de los maestros alemanes que la Iglesia Libre no vio necesidad alguna de atender a las advertencias. Los eruditos alemanes fueron elogiados y aplaudidos, y sus discípulos trajeron a Escocia el hábito de felicitarse unos a otros cuando tomaron posiciones en las universidades teológicas. Ellos también fueron aclamados y halagados; si hubieran pedido elogios para sus libros, los habrían tenido en abundancia. En verdad, eran hombres talentosos; y, por cierto, idolatrar a los hombres comúnmente proviene de una admiración ciega por sus talentos. Sin embargo, Satanás tiene talentos o dones intelectuales mucho mayores que los de los seres humanos. Donde el orgullo se evidencia, podemos estar seguros de que ha encontrado su entrada. Es el diablo quien quiere que los hombres sean idolatrados y considerados celebridades.

Sin embargo, volviendo al tema de la Iglesia Libre de Escocia, John Macleod escribió: «Fue tanta la ironía de la historia que una iglesia que se enorgullecía del lugar que dio a la fe reformada se convirtió muy pronto en el hogar de ese revolucionario movimiento teológico que ha transformado todo el aspecto de la vida religiosa de Escocia. Las otras iglesias también estaban sintiendo el espíritu cambiado de la época. Pero estaba reservado para los ministros más jóvenes de la Iglesia Libre tomar la iniciativa en el abandono de la fe de sus padres».

2. *Satanás obra por los inmorales, los suspicaces, los evasivos y los malvados.* Su arma principal es lo que las Escrituras llama el «engaño del pecado» (Hebreos 3:13). Es un modo de trabajar opuesto a la franqueza y la sencillez del cristianismo. Pablo dijo de la historia del evangelio: «Estoy convencido de que nada de esto ignora, porque no sucedió en un rincón» (Hechos 26:26). La verdad no tiene nada que ocultar, pero el error es como una serpiente que prefiere la oscuridad.

Este elemento se encontraba en los años en que la Iglesia Libre estaba abrazando la nueva enseñanza. Al principio, el debilitamiento de las Escrituras continuó poco a poco; se introdujo silenciosamente en las instituciones teológicas antes que se leyera o escuchara en la iglesia en general. No quiero decir que sus maestros fueran engañadores intencionales, pero desde el principio, a menudo faltaba la previsión de los cristianos. Por ejemplo, Dods no solo estaba expresando el temor de que en cincuenta años quedaran «pocos vestigios de la fe». Hay registro de una conversación entre Robert Rainy, líder de la Iglesia Libre, y el profesor D. S. Cairns en el hogar de este último en Aberdeen, en 1892. Cairns preguntó si «mantenerse receptivos en cuanto a la infalibilidad de las Escrituras» (como lo estaba haciendo Rainy) no llevaría a dudar sobre todo el sistema de doctrina que se había construido sobre esa base. Rainy respondió que eliminar el antiguo fundamento solo produciría una especie de «leve deslizamiento de tierra» en muchas mentes con respecto a las doctrinas evangélicas características. Pero eso nunca se reconoció en público. El biógrafo de Rainy reveló esa conversación en 1910, agregando que Rainy creía que aun cuando sucediera ese deslizamiento, las doctrinas evangélicas «resurgirían». No se explicó cómo sucedería eso sin el fundamento sobre el que se basaban esas verdades. El hecho de que la crítica moderna de las Escrituras condujera al progreso todavía se creía en 1910 y durante muchos años después.

La transgresión más fundamental tenía que ver con la manera obscena en que se revisaba la doctrina de las Escrituras. Eso está directamente relacionado con la seria controversia actual en la Iglesia de Escocia, que ha visto a varias de las congregaciones evangélicas más fuertes obligadas por la conciencia a abandonar la denominación. Como escenario de esa controversia, hay que mencionar las dos grandes fusiones de denominaciones escocesas que se han llevado a cabo desde finales del siglo diecinueve. La primera fue la unión de la Iglesia Libre de Escocia con la Iglesia Presbiteriana Unida en 1900, que se vio reconstituida bajo el nombre de Iglesia Libre Unida. La segunda fue la unión en 1929 de la Iglesia Libre Unida y la Iglesia nacional de Escocia, el cuerpo que habían dejado sus congregaciones en fechas anteriores.

Esas fusiones fueron provocadas por un aflojamiento de los artículos de fe que los ministros debían afirmar. Antes de 1900, los ministros de la Iglesia Libre aseguraban que creían que «*toda la doctrina de la confesión de fe*, aprobada por las asambleas generales de esta iglesia, son verdades divinas». Después de 1900, eso se convirtió en «*la doctrina de esta Iglesia* establecida en la confesión de fe». El significado de las palabras que he destacado en cursivas, en la frase anterior, es más claro a continuación. Después de esa revisión por parte de la Iglesia Libre Unida, la Iglesia de Escocia preparó su unión con ella revisando sus propios artículos constitucionales en 1921. Eso allanó el camino para la unión en 1929, cuando los artículos revisados de 1921 se convirtieron en la fuente de autoridad de la ampliada Iglesia de Escocia. El artículo 1 declaraba en parte:

> La Iglesia de Escocia se adhiere a la Reforma escocesa; recibe la Palabra de Dios que está contenida en las Escrituras del Antiguo y Nuevo Testamentos como su gobierno supremo de fe y vida; y confiesa las doctrinas esenciales de la fe cristiana fundadas en ellas y contenidas en su propia confesión.

Estas palabras siguen siendo parte de la constitución de la Iglesia de Escocia en la actualidad. ¿Cómo, entonces, ha descendido su pureza doctrinal al punto que permite y defiende a los ministros que practican la homosexualidad? ¿Cómo puede la asamblea general ahora permitir lo que la Palabra de Dios condena en forma tajante? La respuesta es que los artículos de 1900 y 1921 fueron enmarcados para permitir la indulgencia. Es cierto que, en esas fechas, nadie consideraba la posibilidad de que existieran pastores homosexuales, pero se abrió una puerta que haría que eso fuera posible. Eso tenía que ver con el uso aparentemente inocente de la palabra *contenida*. La fe que se debe sostener, decía el artículo, está en «la Palabra de Dios que está *contenida* en las Escrituras». Pero *contenida* puede significar dos cosas. Cuando lleve a casa una bolsa de comestibles, puede decirme que «contiene» papas. Puede significar que solo lleva papas, pero también puede significar que la bolsa contiene papas junto con otros artículos. Los promotores de la Nueva Apologética hicieron un uso deliberado de esa ambigüedad.

Puede parecer poco piadoso sugerir que una imprecisión como esa fue permitida deliberadamente por el primer artículo de la Iglesia de Escocia en 1929, pero la evidencia parece irrebatible. El uso del término *contenida* en el sentido amplio se usó mucho antes de esa fecha. En la década de 1890, J. C. Ryle protestó contra la introducción de esta palabra ambigua, diciendo: «Sostengo que la Escritura no solo *contiene* la Palabra de Dios, sino que es la Palabra de Dios».[15] En ese mismo período, un promotor de la Iglesia Libre de la Nueva Apologética habló en el lenguaje al que Ryle se opuso cuando dijo: «La Biblia contiene la Palabra de Dios; registra una revelación que vino de Él; su inspiración es la más alta de toda la literatura». Esto suena como un elogio a la Biblia, pero el escritor no afirmó en ninguna manera la confiabilidad de *todas* las Escrituras. Sus palabras fueron muy ambiguas.

Puesto que la idea de que la Palabra de Dios está *contenida* en las Escrituras era de conocimiento común antes de 1929, ¿es creíble que la Iglesia de Escocia hubiera optado por hablar de «ello» si eso no implicará permitir la legitimidad de usar la ambigüedad? Sin embargo, la evidencia va más allá de la suposición. Ese artículo 1 *tuvo que redactarse* en un lenguaje que permitiera el uso ambiguo del término *contenido* porque los líderes y maestros de la Iglesia Libre Unida, con la que la Iglesia de Escocia quería unirse, rechazaban abiertamente la antigua creencia. Tanto en la Iglesia Libre (después de 1881) como luego en la Iglesia Libre Unida, nadie fue silenciado por negar la infalibilidad de las Escrituras. Cuando, como ya se mencionó, se presentó una acusación contra George Adam Smith por esos motivos en 1902, este fue exonerado, y fueron los que presentaron la acusación los que fueron criticados. En palabras de uno de los profesores más populares de la Iglesia Libre de los Estados Unidos, James Denney: «Cuando una piedad indocta, jura por inspiración verbal, incluso literal... [esta] adopta una actitud en cuanto a simples documentos que, en principio, son fatales para el cristianismo». Después de 1902, no hubo más intentos en la Iglesia Libre Unida para defender la posición de la confesión sobre las Escrituras.

El hecho claro es que la unión de 1929 no podría haberse efectuado sin una redacción que permitiera cierta indulgencia con la autoridad de las Escrituras. Por tanto, si alguien hubiera preguntado cómo, en 2009, la Iglesia de Escocia podría confirmar el nombramiento de un ministro homosexual a la luz del Artículo 1, habría una respuesta como la siguiente lista: «¡La Biblia contiene errores y Palabras de Dios! La Iglesia nunca se comprometió a defender *todas* las Escrituras como palabras de Dios».

Podemos objetar que esa respuesta no puede justificarse a partir de la redacción del artículo 1, porque ese artículo, citado de manera parcial anteriormente, también «confirma las doctrinas fundamentales de la fe cristiana... incluida en su propia confesión», por lo que seguramente la inspiración de las Escrituras es una doctrina fundamental de la Confesión de Westminster. Por lo tanto, tiene que ser parte de la fe que la iglesia está comprometida a defender.

Esto tiene dos respuestas. Primero, los defensores de la Nueva Apologética no aceptaron que los teólogos de Westminster profesaran la creencia en la infalibilidad de las Escrituras. Eso forzó a la feligresía a creer que esa fue una explicación sincera de la confesión, puesto que la confesión enseña claramente que las Escrituras son una verdad *escrita* dada por Dios: «Agradó al Señor, en pro de una mejor propagación de la verdad... confirmar lo mismo por escrito, lo que hace que la Sagrada Escritura sea lo más necesario» (1.1). Nuevamente, en el Catecismo Menor de Westminster, la pregunta 3 dice: «¿Qué es la Palabra de Dios? Las sagradas escrituras del Antiguo y Nuevo Testamento son la palabra de Dios, la única regla de fe y obediencia». Patrick Simpson, en su libro *Life of Principal Rainy*, admite que «la inspiración verbal de la Biblia no había sido cuestionada en la iglesia escocesa desde la Reforma», sin embargo, niega que esa creencia esté en la confesión.

Aun así, suponiendo que la confesión enseñe la confiabilidad de todas las Escrituras, no dice que sea una de las «doctrinas fundamentales». Los redactores de los artículos revisados hicieron un ardid deliberado con tal conclusión. Eso provenía de la Iglesia Libre antes de 1900, donde Rainy popularizó el principio de que la iglesia tiene poder para determinar su propia fe y decidir cuáles son las «doctrinas fundamentales» y las que no lo son. Este principio, que estaba implícito en la redacción modificada ya mencionada de 1900, no obliga a los ministros a sostener «toda la doctrina de la confesión de fe», sino a «la doctrina de esta iglesia expuesta en su confesión de fe». El significado de esto se amplió en los artículos de 1921, llevados a la unión de 1929. Eso dejó en libertad a la iglesia para que decidiera cómo interpretar la confesión y qué era «fundamental». El artículo 5 dice: «Esta iglesia tiene el derecho inherente de declarar el sentido en el que entiende su confesión de fe, de modificar las formas de expresión en el mismo, o de formular otras declaraciones doctrinales... pero siempre de acuerdo con la Palabra de Dios y con las doctrinas fundamentales de la fe cristiana contenidas en dicha confesión, de cuyo acuerdo la iglesia será el único juez». El artículo 8 reclama el mismo derecho para que la iglesia «modifique o agregue a» sus artículos, «pero siempre de acuerdo con las disposiciones del primer artículo». Dada la ambigüedad presente en ese primer artículo, la condición no contiene ninguna garantía en absoluto. El resultado del asunto es que la iglesia puede determinar que la inspiración plenaria no es fundamental, o incluso que no es parte de «la Palabra de Dios». Aquí la puerta se dejó lo suficientemente abierta para permitir que la iglesia sostenga la homosexualidad.

En resumen, he tratado de mostrar que el cambio en el fundamento del credo de las iglesias de Escocia se introdujo en un lenguaje que de ninguna manera fue sencillo. Sin embargo, el cambio fue trascendental, por no decir que monstruoso. La ortodoxia ya no implicaría creer en la Biblia, sino creer lo que la iglesia le dice a su gente que crea. La afirmación del artículo 1 de la Iglesia de Escocia, que se adhirió a la Reforma escocesa, era engañosa. Había sido un objeto primordial de la Reforma derrocar la creencia de que la iglesia constituye la regla de la fe. Todo el conflicto de la Reforma tuvo que ver con la reafirmación de las Escrituras contra la autoridad humana en el ámbito espiritual. Sin embargo, al justificar el derecho de la iglesia a revisar su propia fe, se arrogó el ejemplo de los reformadores. La confesión escocesa de 1560 trabajó en un principio contrario, con la iglesia declarando que estaba dispuesta a aceptar cualquier revisión; no por su propia decisión, sino por si alguien notaba algo «repugnante a las Escrituras». Las Escrituras por sí solas tenían autoridad para determinar la fe. En las palabras de la confesión que el artículo 1 pretendía seguir:

El juez supremo, mediante el cual se determinarán todas las controversias de la religión... No puede ser otro sino el Espíritu Santo hablando en las Escrituras. (1:10)

Todas las juntas o concilios, desde los tiempos apostólicos, sean generales o particulares, pueden errar; y, de hecho, muchos han errado. Por lo tanto, no debe hacer de ellos una regla de fe o práctica; sino algo para usar como ayuda. (31:4)

El resultado del cambio en la base de la fe fue una iglesia inclusiva con un ministerio radicalmente diferente. Dentro de cien años, la iglesia escocesa estaba permitiendo lo contrario de lo que antes había sido visto como fundamental. Con referencia a mediados del siglo diecinueve, W. Robertson Nicoll escribió: «Cualquier ministro de la Iglesia Libre que afirmara la existencia de errores en la Biblia habría sido depuesto sumariamente».[16] Sin embargo, antes que finalizara el siglo siguiente, un ministro de la Iglesia de Escocia, el Dr. Peter Cameron, afirmaría que «muy pocos de ellos creen en la verdad literal y en la inerrancia de la Biblia». Como director designado de la institución educativa St. Andrew's College, en Sydney, en 1991 —el cual tenía que ser miembro de la Iglesia Presbiteriana—, Cameron se creía libre para afirmar que Pablo estaba «equivocado» y que las palabras atribuidas a Cristo en Mateo 23 no eran de Jesús, sino que eran «una obra maestra del vituperio». Pero se sorprendió cuando la Iglesia Presbiteriana de Australia rechazó los motivos de la inerrancia como una herejía, y quiso saber: «Si la Confesión de Fe de Westminster requiere una interpretación fundamentalista de la Biblia, ¿cómo es posible que tantas iglesias presbiterianas fuera de Australia tengan una mayoría de ministros no fundamentalistas y se suscriban a la Confesión de Fe de Westminster?»[17]

Espero haber dado una respuesta a esa pregunta anterior.

Como ejemplo de la manera en que se usó el lenguaje ambivalente en las Escrituras en el campo misionero, señalo lo que sucedió en la isla de Tangoa, parte de las Nuevas Hébridas (ahora Vanuatu), en el Pacífico Sur, el 1 de julio de 1948. La Iglesia Presbiteriana de las Nuevas Hébridas se independizó de la supervisión de la Iglesia Presbiteriana de Nueva Zelanda. Durante un siglo, las islas de las Nuevas Hébridas habían sido evangelizadas por misioneros fieles y creyentes de la Biblia (presbiterianos escoceses), ayudados por la Iglesia Presbiteriana de Nueva Zelanda. Pero con el paso de los años, la Iglesia de Nueva Zelanda (bajo la influencia directa de Escocia) se volvió liberal, mientras que los cristianos nativos de las Nuevas Hébridas se apegaron a la Biblia. Eso condujo a un incidente que amenazó al otorgamiento de independencia por parte del organismo de Nueva Zelanda. Se estableció una condición para que a la iglesia de las Nuevas Hébridas se le concediera la independencia solo si incluía en su constitución la frase «las Escrituras que contienen la Palabra de Dios».

Los cristianos nativos no entendieron la ambigüedad que implicaba aquella frase, por lo que cuando el misionero neozelandés J. Graham Miller protestó que la redacción debía dejar claro que «las Escrituras… son la Palabra de Dios», la independencia fue anulada. Miller era un hombre fuerte y atlético pero ese día, por primera y última vez en su vida, se derrumbó bajo el estrés de la emoción. Sin embargo, era un cristiano muy respetado por los creyentes locales y, al año siguiente, cuando fue el primer moderador de la Iglesia Presbiteriana de las Nuevas Hébridas, se mudó a la asamblea general para que la iglesia cambiara su declaración de fe y eliminara las palabras «contenidas en». No era comúnmente un hombre que usara ayudas visuales en tales ocasiones, pero en ese momento crucial, las usó. Los cristianos nativos tenían que entender lo que significaba la diferencia. Así que trajo consigo una Biblia en desuso y deteriorada. Cuando expuso su caso, sostuvo esa Biblia en alto ante la asamblea y procedió —con lentitud y solemnidad— a arrancarle una página en un libro, otra página en otro libro y así sucesivamente, explicando entre tanto que eso era lo que significaba el vocablo «contenido». Los cristianos nativos vieron algo que no debían olvidar, y en 1949 su joven iglesia recobró la histórica creencia cristiana en todas las Escrituras como la Palabra de Dios.[18]

Nuestra respuesta

Los evangélicos cometemos un grave error cuando no trazamos una línea definida entre los que defienden la autoridad de todas las Escrituras y los que no lo hacen. En Gran Bretaña, en el siglo pasado, una posición fiel de InterVarsity Fellowship mantuvo esta línea marcada firmemente en el mundo estudiantil, a pesar de mucha oposición. Pero cuando los estudiantes evangélicos entraron en denominaciones en las que la inerrancia de las Escrituras era desechada y se trataba como una pregunta cerrada, se vieron presionados a dejarla de lado. Se podía dar una audiencia sobre otros temas, pero no sobre este.

El Dr. J. I. Packer hace un comentario perspicaz sobre el fracaso en Gran Bretaña en cuanto a este punto. Él escribe que en el actual debate estadounidense entre evangélicos y liberales, muchos de los primeros «adoptaron el nombre de "fundamentalistas" como una insignia de honor, lo que representaba su posición en cuanto a los fundamentos cristianos, [de modo que] la inerrancia bíblica fue desde el principio la piedra fundamental más explícita y concreta en el caso de los debates paralelos en Gran Bretaña. Esto, ahora pienso (no siempre lo pensé), defiende una visión clara en el Nuevo Mundo, ya que sin infalibilidad la estructura de la autoridad bíblica como los evangélicos la conciben se derrumba».[19]

Me parece que este reconocimiento acercó a Packer al principio que Lloyd-Jones expresó: «Hoy hay un llamado a la separación. Es la única distinción en la iglesia que reconozco absolutamente. Aquellos que se someten a la Palabra de Dios, su revelación y a su enseñanza, y aquellos que no lo hacen».[20]

La evidencia es que cuando el debate sobre los problemas de la iglesia no comienza con un reconocimiento común del gobierno de las Escrituras, se pierde mucho tiempo y no se gana nada. Además:

1. *Esta historia nos proporciona una visión muy humillante de la naturaleza humana.* ¡Cuán débiles somos! ¡Qué falibles son las opiniones de los hombres más capaces! Sin embargo, con qué facilidad se pone la confianza en los hombres, y se descuida la advertencia que Cristo indica en cuanto a «cuidarse de los hombres» (Mateo 10:17). Generaciones enteras han sido desviadas por las personalidades persuasivas y atractivas de los hombres, y algunas veces de las mujeres, que prometieron grandes cosas y, sin embargo, alejaron a muchos de la piedad y la verdad. «Así que, el que piensa estar firme, mire que no caiga» (1 Corintios 10:12).

2. *La dimensión demoníaca debe dejar claro que necesitamos lo sobrenatural para luchar contra lo sobrenatural.* Por necesidad, «Porque nuestra lucha no es contra seres humanos, sino contra poderes, contra autoridades, contra potestades que dominan este mundo de tinieblas, contra fuerzas espirituales malignas en las regiones celestiales» (Efesios 6:12). De ahí la naturaleza de las armas: «Además de todo esto, tomen el escudo de la fe, con el cual pueden apagar todas las flechas encendidas del maligno. Tomen el casco de la salvación y la espada del Espíritu, que es la palabra de Dios» (vv. 16-17). No es con opiniones, palabras ni incluso con doctrinas que podemos resistir al diablo. El destino de los judíos en Éfeso es una lección saludable para todos los tiempos. Lucas dice que «Algunos judíos que andaban expulsando espíritus malignos intentaron invocar sobre los endemoniados el nombre del Señor Jesús. Decían: "¡En el nombre de Jesús, a quien Pablo predica... Un día el espíritu maligno les replicó: "Conozco a Jesús, y sé quién es Pablo, pero ustedes ¿quiénes son?" Y abalanzándose sobre ellos, el hombre que tenía el espíritu maligno los dominó a todos» (Hechos 19:13-16).

Es sorprendente hoy, cuando el paganismo aumenta y el interés por la magia está de moda, que no muchos parecen interesados en pensar cómo sobrevivió la iglesia primitiva y superó tres siglos de persecución. Ciertamente hubo apologistas que hablaron por el cristianismo, pero la batalla principal no fue a nivel intelectual. La victoria vino a través del poder moral del evangelio transformando vidas y arrojando luz en la oscuridad. Hoy tenemos mucho por lo cual estar agradecidos. Ha habido cierta recuperación de la predicación y de la verdad bíblica. Pero esto no es suficiente. Nuestra mayor penuria puede ser la falta de un sentido más profundo de necesidad, un reconocimiento más claro de que «Tuyo es el reino, el poder y la gloria». Necesitamos más oración, más humildad y más devoción a las Escrituras. Dios ha prometido: «... pero miraré a aquel que es pobre y humilde de espíritu, y que tiembla a mi palabra» (Isaías 66:2, RVR1960). Aquí es donde comienza cada avance espiritual. Los momentos decisivos de la historia han sido los tiempos en que los cristianos han expresado su amor por la Palabra de Dios y las almas de los hombres han estado dispuestas a entregar sus vidas por Cristo.

Insto a los jóvenes a que usen bien su tiempo. Será demasiado corto. No permita que nada le distraiga de esa resolución apostólica: «Y nosotros persistiremos en la oración y en el ministerio de la palabra» (Hechos 6:4). Les recomiendo la resolución de John Wesley:

> Soy una criatura de un día, pasando por la vida como una saeta por el aire. Quiero saber una cosa: el camino al cielo; cómo aterrizar a salvo en esa feliz orilla. Dios mismo ha condescendido en enseñar ese camino; por este mismo fin descendió del cielo. ¡Lo ha escrito en un libro! ¡Oh, dame ese libro! A cualquier precio. ¡Dame el Libro de Dios! Lo tengo: aquí hay suficiente conocimiento para mí. Permite que sea «un hombre de un solo libro».[21]

Capítulo 11

¿Cómo se llegó a esto?

LOS DESAFÍOS DEL MODERNISMO A LA INERRANCIA

Stephen J. Nichols

Herman Bavinck fue nombrado rector de teología en la Universidad Libre de Ámsterdam en 1911. Para conmemorar la ocasión, pronunció un discurso titulado «*Modernismo en la ortodoxia*». Bavinck exaltó las virtudes del mundo moderno, uno al que se refirió como «totalmente diferente al de nuestros antepasados». Habló de los grandes logros y avances de la modernidad. Y se maravilló de lo que estaba por venir. «Dios está ocupado haciendo grandes cosas en estos días», dijo a la audiencia reunida para esa estricta ocasión académica. Sin embargo, lo que dijo en sus días Charles Dickens también tuvo validez para Bavinck. No solo fue el mejor de los tiempos, también fue el peor de ellos. El año siguiente, 1912, Bavinck se dirigió a la Convención de Teólogos Modernos, ese era el nombre real. En ese discurso recordó su formación teológica en Leiden. Eso no estaba en las raíces pietistas con las que Bavinck estaba más familiarizado; no se trataba de la «Escuela Kampen», de la tradición teológica y eclesiástica holandesa. Los profesores de Leiden se nutrieron profundamente en la fuente de la modernidad y se enorgullecían de su respetabilidad académica. Y todo eso tuvo un impacto perjudicial en su visión referente a la Biblia. Como afirmaba Bavinck en cuanto a su tiempo en Leiden, recordaba haber recibido solo piedras cuando buscaba pan. Reflejando los desarrollos en Alemania, los profesores de Leiden aplicaron el método de la modernidad, el método científico, al espécimen, es decir, la Biblia. Al final, determinaron que la Biblia era poco más que un címbalo. Cuando Bavinck quedó atrapado en sus reminiscencias, miró a la audiencia de teólogos modernistas frente a él y expuso su respuesta a cómo veía las Escrituras:

> Ellas [las realidades de la fe cristiana] siguen siendo eso, realidades. Si las dejara, me perdería. Y luego dije: Eso no puede ser verdad. Estas realidades valen más, son tan reales como los hechos en la naturaleza y en las Escrituras. Por lo tanto, no estoy ligado a ninguna tradición, sino a lo que es para mí personalmente, en lo más profundo de mi alma, la vida de mi vida, la salvación misma de mi alma.

Y así tenemos el reto de la modernidad. El desafío es simplemente este: ¿Es la Palabra de Dios, la Biblia, autoritativa? ¿Tiene autoridad sobre nosotros? ¿O es un libro antiguo, pasado de moda, que simplemente no pasa la prueba de veracidad en el mundo moderno? ¿Es un címbalo que resuena o que solo hace ruido? ¿O es la verdad?

Lo que era cierto en el contexto de Bavinck en los Países Bajos también lo era en Alemania, en el Reino Unido y en Estados Unidos de América. En la época en que Bavinck estaba lidiando con los modernistas en su contexto holandés, J. Gresham Machen estaba haciendo lo mismo en su contexto estadounidense. Aunque sus opiniones surgieron en muchos escritos, el breve artículo de Machen *Rascacielos y catedrales* en (todos los lugares) la revista de *McCall*, en 1931, es una representación destacada. Igual que Bavinck, Machen celebra los logros del mundo moderno; «No soy medievalista», escribe. Pero plantea algunas preguntas significativas sobre la modernidad. La modernidad intenta oprimir a Dios y a su antigua Palabra. Por tanto, aun cuando consiente que la modernidad puede hacer mucho por el cuerpo, Machen pregunta: ¿Qué puede hacer la modernidad por el alma? Luego concluye:

> Incluso en la actualidad, en medio de todo el ruido, los gritos y el poder de la maquinaria, hay corazones hambrientos de pan, pero de un pan verdadero; corazones sedientos de agua viva. Las cosas en las que el mundo se interesa son esas que se ven; sin embargo, las cosas que se ven son temporales y las que no se ven son eternas.[1]

En la época en que Machen luchaba con la modernidad en Estados Unidos, D. Martyn Lloyd-Jones estaba lidiando con el impacto que esa corriente tenía en la iglesia en el Reino Unido. Es más, antes del «Doctor», como se conocía a Lloyd-Jones, Charles Haddon Spurgeon respondió a las artillerías de la modernidad durante la «Controversia de la decadencia». Entre los temas de dicha controversia orbitaban las doctrinas ortodoxas, incluida la inspiración verbal y plenaria de las Escrituras y la inerrancia. En 1892, meses después de la muerte de Spurgeon, los que deseaban detener la marea del modernismo que se extendía por la iglesia en Gran Bretaña crearon la Liga Bíblica como una galvanización de la postura de Spurgeon sobre la autoridad de las Escrituras y la inerrancia. Fue en la revista trimestral de la Liga Bíblica en 1930 cuando aparecieron las siguientes palabras:

Crítico y fundamentalista son polos opuestos. El abismo entre ambos no es el mismo que entre el conocimiento y la ignorancia, la superioridad intelectual y la incapacidad mental, el liberalismo sin trabas y el conservadurismo intransigente. Es algo más amplio y más profundo. Es el abismo entre dos concepciones de Dios fundamentalmente diferentes, su Palabra y su Cristo.[2]

Thomas Houghton, editor *de Gospel Magazine*, una publicación hermana de *The Bible League Quarterly*, agregó este análisis preciso: «Una vez que se acepta que la Biblia ya no debe considerarse como una revelación divina inspirada, infalible, inerrante y autoritativa, y que tal cosa se considera inapelable, todo el cuerpo de la doctrina cristiana está en peligro de desmoronarse».

El desafío original a Dios y a su Palabra se remonta al principio de las edades. En el huerto del Edén, Satanás tentó a Eva sembrando semillas de duda en su corazón y adulterando las palabras reales de Dios. Luego vemos el desafío a la Palabra de Dios en la tentación que sumió a la humanidad en su condición pecaminosa. Desde entonces, todos los tiempos han tenido su propia y destacada oposición a la Palabra de Dios. Y así llegamos a nuestra época, nuestro momento y nuestro desafío en las primeras décadas del siglo veintiuno.

El reto a la Palabra de Dios en nuestro tiempo viene con todas las trampas y propensiones de la modernidad. El método científico es visto como la manera imparcial de llegar a la verdad y al conocimiento, la justicia y la moralidad. En última instancia, la ciencia y la tecnología conducen a la perfección y prosperidad del ser humano. Eso es lo que promete la modernidad. A raíz de la Ilustración, el método científico se aplicó a las ciencias sociales, la política, la economía, la historia y la religión. Se consideró que los textos religiosos reflejaban la cosmovisión de sus escritores y la de sus oyentes o lectores originales. El mundo mitológico de la era precientífica no era solo el telón de fondo de la Biblia, sino que necesariamente estaba encerrado en la Biblia. La palabra aquí es *historicismo*, que es la idea de que los textos o ideas siempre están ligados al contexto particular, el lugar en el espacio y el tiempo, en el que surgen. No hay ideas universales ni permanentes. No hay ideas independientes de un contexto; sin ser «vistas desde ninguna parte», por así decirlo. Al contrario, todas las ideas provienen de algún lugar y todas ellas reflejan su momento.

Aplicar el historicismo a la Biblia hace que esta pueda tener vigencia solo si se toma de forma más relativa y menos absoluta. Más contundente aun, la Biblia debe someterse a nuestras sensibilidades culturales, no lo contrario. Como los milagros no despejan el obstáculo de la investigación científica, hay que reconsiderarlos. Lo que la Biblia podría decir sobre la naturaleza humana no coincide con los hallazgos de la investigación contemporánea en ciencias sociales. En este sentido, las consideraciones de la Biblia sobre el género, la sexualidad y el matrimonio tampoco armonizan con los datos de las ciencias sociales. O eso es lo que dice el argumento.

Ese es el liberalismo. Es el deseo de tener un cristianismo, pero bajo nuestros propios términos o en los términos de nuestros días. En vez de someternos al texto, el texto debe someterse a nosotros. En Estados Unidos, este movimiento alcanzó su mayor auge cultural en 1925, en el «Juicio del mono», en el que el estado de Tennessee acusó a John Thomas Scopes, un profesor de ciencias de escuela secundaria que había violado la ley de Butler, la que prohibía la enseñanza de la teoría de la evolución. El hecho es que las implicaciones de todo eso fueron mucho más peligrosas. Se convirtió en el caso de Dios frente a la modernidad, el caso de la Biblia frente a la cosmovisión modernista.

Sin embargo, una vez más, cada época y cada generación parecen tener sus propias batallas contra la Biblia. Así que, en estas primeras décadas del siglo veintiuno, tenemos la nuestra.

De todo lo anterior toma nombre el título de este artículo, el cual plantea la siguiente pregunta: ¿Cómo se llegó a esto? Pero antes debemos responder una interrogante más simple: ¿cuál es el significado de *esto*? *Esto* se refiere al punto del evangelicalismo estadounidense (en su mayoría) en el que la visión a largo plazo de la inspiración verbal y plenaria, de la infalibilidad y la inerrancia de las Escrituras, está siendo cuestionada, reconsiderada y rechazada por quienes afirman ser evangélicos. Podríamos plantear la pregunta de esta manera: ¿Cómo surgió eso de que los evangélicos han superado la doctrina de la inerrancia?

Tres períodos de desarrollo

Esta pregunta es especialmente extraordinaria si consideramos el siglo anterior; en este podemos ver tres períodos de desarrollo que conducen a nuestro tiempo:

1880-1930: La controversia fundamentalista-modernista
1940-1970: El auge del evangelicalismo
1970-2000: La generación de la Declaración de Chicago sobre la Inerrancia Bíblica

Al reflexionar en esos tiempos vemos que, en cada uno de ellos, el compromiso absoluto de los teólogos conservadores con la inerrancia fue un punto no negociable. La inerrancia era el objetivo de la batalla. Esto fue totalmente cierto en las décadas de 1880 y 1930. Los representantes citados anteriormente, incluidos Bavinck, Machen y los miembros de la Liga Bíblica, atestiguaron todos sobre la necesidad y la centralidad de la inerrancia. Los liberales y los modernistas se opusieron a la inerrancia. Los conservadores teológicos la defendieron.

Esto también ocurrió en la siguiente generación, la que se extendió desde la década de 1940 hasta la de 1970. Una vez más, los liberales se opusieron a la inerrancia, pero los conservadores la salvaguardaron. En 1949, un grupo de teólogos de diversos seminarios se unieron con el objeto de formar una sociedad académica para la que solo necesitaban una frase que expresara su declaración doctrinal. Así que la declaración doctrinal de la Sociedad Teológica Evangélica fue: «La Biblia únicamente, y en su totalidad, es la Palabra de Dios en forma escrita y, por lo tanto, en todos sus manuscritos es inerrante». Eso era suficiente.

Sin embargo, a medida que esa generación expandía sus alas, especialmente en los pasillos de la academia, comenzaron a aparecer fisuras y grietas en la doctrina de la Escritura. Se estaba preparando el escenario para la Declaración de Chicago sobre la Inerrancia Bíblica. R. C. Sproul padeció eso intensamente. Al igual que Bavinck, había recibido piedras cuando deseaba pan. En su universidad teológicamente liberal solo tenía un salvavidas: Thomas Gregory; y otro en su muy liberal seminario teológico: John Gerstner. Cuando Sproul fue a la Universidad Libre de Ámsterdam a realizar sus estudios de doctorado, estuvo bajo el liderazgo de G. C. Berkouwer que fue, en muchos sentidos, el sucesor de Bavinck. Sproul observó, sin embargo, que Berkouwer, que criticaba a Karl Barth, empezó poco a poco a acercarse a las ideas de este. Barth no estaba interesado en la visión verbal y plenaria de la inspiración; al contrario, abogaba por una visión más dinámica, la cual comenzó a ganar adherentes. Berkouwer quedó atrapado en ella.

Barth también hizo un profundo impacto a través del Atlántico. Ser de respetabilidad académica en aquellas décadas posteriores a la Segunda Guerra Mundial significaba ser «barthiano» o «bultmanniano», como llamaban a los seguidores de Rudolf Bultmann. Sproul ya había visto todo eso cuando se desempeñaba como estudiante y, cuando regresó a Estados Unidos para ocupar su lugar tras el púlpito, lo presenció con mayor profundidad. Cuando fundó los Ministerios Ligonier, publicó rápidamente la «Declaración de Ministerios Ligonier sobre las Escrituras», en 1973. Esta declaración afirmaba que la inspiración, la infalibilidad y la inerrancia son cruciales para la fe cristiana, al mismo tiempo que declaran la plena confianza en la Palabra de Dios.[3]

En 1976, Harold Lindsell publicó su libro *La batalla por la Biblia*. Sproul escribió a Lindsell sugiriéndole que usara su publicación y su posición como editor de la prestigiosa revista *Christianity Today* para convocar a una reunión de académicos con el fin de redactar una declaración sobre la inerrancia. Lindsell se negó, pero le sugirió a Sproul que tomara la iniciativa de convocar a ese grupo y redactara una declaración de ese tipo, lo que al final sucedió.

El Consejo Internacional sobre Inerrancia Bíblica se reunió en Chicago del 25 al 28 de 1978. Más de trescientos académicos y pastores escucharon los documentos de varios miembros del consejo y luego analizaron los cinco puntos principales y los diecinueve artículos adicionales que constituirían la Declaración de Chicago sobre la Inerrancia Bíblica. Imagínese tratando de convocar a un grupo tan grande y diverso de teólogos evangélicos hoy y pídales que acepten una declaración tan detallada y completa. Sería difícil, por decir lo menos. El hecho de que tal cosa sucediera en Chicago, en 1978, demuestra tanto la urgencia del problema como el consenso generalizado entre los conservadores teológicos sobre la inerrancia. Una vez más, el objeto de la batalla era claro. Los evangélicos estuvieron a favor de la inerrancia.

Una institución que se ubicó al otro lado de la línea de la Declaración de Chicago fue el Seminario Teológico Fuller en Pasadena, California. Un joven estudiante de Fuller se sintió bastante decepcionado por la facultad y la enseñanza que recibió allí. Así que el 25 de marzo de 1971 ofreció un «Discurso de un minuto a la facultad y los fideicomisarios del Seminario Fuller». En esa breve alocución, Wayne Grudem dijo lo que sigue: «Ninguno de mis cursos aquí ha fortalecido mi confianza en la Biblia. Aún más angustiante es la mentalidad intelectual restringida que observo; no he tenido un profesor que enseñe la inerrancia bíblica ni siquiera como una posible opción».

George Marsden hizo una crónica de la historia de Fuller en su obra *Fundamentalismo reformista: el Seminario Fuller y el Nuevo Evangelicalismo*.[4] Este libro, al igual que el tema que expuso, tiene una historia interesante. En el prefacio, Marsden señala cómo llegó ese libro a ser una historia de advertencia sobre la declinación, especialmente sobre la declinación de las instituciones académicas. Marsden nunca escribió su libro con ese objetivo. Sin embargo, a pesar de sus intenciones, Marsden ofrece una visión de primera mano de un rápido y precipitado declive. Fuller representó el declive y el alejamiento de la generación que lo fundó y su compromiso con la inerrancia. En contraste, la Declaración de Chicago representó una posición firme.

La Declaración de Chicago fortaleció a una generación mientras luchaban por la Biblia en sus instituciones, iglesias y denominaciones. Se convirtió tanto en un parámetro de referencia como en un punto de reunión. Como resultado, no todas las instituciones sufrieron declive. Los conservadores bautistas del sur «recuperaron» la denominación y finalmente recobraron los seminarios cuando los barthianos se retiraron o se fueron y fueron reemplazados por una nueva generación de eruditos comprometidos con la inerrancia.[5] La Declaración de Chicago ofreció un terreno seguro para permanecer firmes, y los que estaban con ella pudieron tener la seguridad de que no estaban solos.

Nuevos argumentos

En estas primeras décadas del siglo veintiuno, sin embargo, se están formulando nuevos argumentos contra la Declaración de Chicago y contra la inerrancia dentro del propio evangelicalismo. En una entrevista con Dan Reid, de InterVarsity Press, los autores de *El mundo perdido de las Escrituras*, John Walton y Brent Sandy, abordan el tema de cómo operan las Escrituras y cómo debemos repensar el tema de la autoridad de las mismas. Tanto Walton como Sandy reflexionan sobre cómo llegan esos problemas a sus estudiantes y la inquietud de estos con la inerrancia. En un momento dado, Walton señala: «Muchos de los que hacen estas preguntas no han perdido su compromiso con la verdad ni con la autoridad de la Biblia. Lo que ocurre es que acaban de descubrir que el término *inerrancia* no se adapta a una manera global de expresar sus convicciones; por eso se preguntan por qué algunos todavía la atesoran con tanta pasión». Peter Enns también habla de las dificultades que enfrenta la «cultura de la inerrancia» en su libro *La Biblia me lo dice así: Por qué la defensa de las Escrituras nos ha hecho incapaces de leerlas*. Solo en algunas páginas del libro, Enns habla de «historias difíciles de interpretar y de leer muy parecidas a un guion para un cuento de hadas».[6] También están los problemas éticos. Todo el «desorden» de las Escrituras lleva a Enns a aconsejar a los lectores a repensar la Biblia y dejar atrás posiciones semejantes a la inerrancia.

Tales afirmaciones contra la inerrancia parecen venir en tres categorías: la exegética, la filosófica y la cultural. De hecho, estas tres categorías de quejas y objeciones han sido utilizadas desde los tempranos años de 1880 y el desafío modernista a la Biblia, si no en épocas anteriores.

Las preocupaciones exegéticas incluyen problemas de armonización entre los relatos de los libros históricos del Antiguo Testamento y las narraciones en los evangelios. También incluyen el uso de citas del Antiguo Testamento en el Nuevo.[7]

Las preocupaciones filosóficas representan las ideas de algunas de las escuelas de pensamiento del siglo veinte, especialmente las de los filósofos analíticos y los positivistas lógicos. Estas escuelas sostienen que nuestro idioma es local y contextual, aunque ingenuamente pensemos que es objetivo. El positivista lógico nos dice que pensamos que nuestras palabras representan —con precisión— realidades objetivas y verdades éticas absolutas. Pero en realidad, no es así. Estas escuelas fueron simplemente precursoras de la posmodernidad y un énfasis en nuestra «situación». Todo lenguaje es contextual y nunca trasciende al «grupo» o al contexto del grupo. Eso era verdad en cuanto a los propios escritores bíblicos. Estaban desesperada y necesariamente situados en su contexto. Sus palabras no trascienden sus tiempos.

Estos puntos de vista filosóficos dan lastre a las objeciones culturales. La Biblia es tímida, representa épocas pasadas. La Biblia es imperialista y colonial, no adecuada a nuestros tiempos postcoloniales. La Biblia es antihomosexual. La Biblia es exclusivista e intolerante, no se adapta bien a una sociedad inclusiva y tolerante. En resumen, las objeciones culturales dicen —en efecto— que ahora sabemos más y mejor que los escritores bíblicos.

Podemos ver un hilo común en estas tres líneas de objeción: la falta de sumisión. Todas carecen de humildad, el ingrediente necesario y esencial cuando uno se presenta ante Dios y mira su Palabra.

Podemos obtener una perspectiva si nos remontamos a un momento en la historia de la iglesia. Jerónimo, la figura asociada a la tarea de traducir la Biblia al latín y darle a la iglesia la Vulgata, tuvo una curiosa interacción con Agustín sobre la autoridad y la veracidad de las Escrituras. La disputa surgió sobre la manera en que Jerónimo veía la epístola a los Gálatas 2:11-14 y las acciones de Pedro al asociarse con —y luego retirarse de ellos— los cristianos gentiles por temor a los judaizantes. Jerónimo defendió la opinión de Orígenes, que sostenía que Pablo inventó todo ese episodio para cumplir su propósito de condenar rotundamente a los judaizantes. En otras palabras, ese evento nunca sucedió.

Agustín, de inmediato, conectó los puntos de las implicaciones de esta visión particular con la autoridad de las Escrituras y envió una carta bastante extensa a Jerónimo. En ella, Agustín insinúa: «Parece ser muy desastroso creer que pueda haber alguna falsedad en los libros sagrados. Me explico, que aquellos hombres que nos escribieron y nos transmitieron las Escrituras, mintieron —de alguna manera— en lo que escribieron».[8] Y añade:

> Admitir incluso una falsedad —aunque sea bien intencionada por alguien con tanta autoridad—, y que no quede una sola sección de esos libros que —si alguien las cuestiona—, no presente dificultades desde el punto de vista de la práctica o sea difícil de creer —desde el punto de vista de la doctrina—, evadirá, por el mismo principio tan pernicioso, ser calificado como el acto deliberado de un escritor que estaba mintiendo.[9]

Agustín luego se refiere a los escritos de la Biblia como «la autoridad de la verdad no adulterada». Y concluye:

> Se debe hacer un esfuerzo por llevar al conocimiento de las Sagradas Escrituras a un hombre que tenga una opinión tan respetada y veraz de los libros sagrados que se niegue a deleitarse con una falsedad bien intencionada en cualquier parte de ellos, y preferiría pasar por alto lo que él no entiende antes que elegir su propia inteligencia en remplazo de la verdad. Porque, de hecho, cuando expresa tal preferencia, exige credibilidad para sí mismo e intenta destruir nuestra confianza en la autoridad de las Sagradas Escrituras.[10]

Son notorias tres cosas en la respuesta de Agustín a Jerónimo. Primero, Agustín atribuye nada menos que una completa y absoluta veracidad a la Biblia. Es cierto que la palabra *inerrancia* no aparece en esta carta, pero el concepto claramente está presente. Cuando habla de la verdad no adulterada de las Escrituras, a lo que se está refiriendo es a la cualidad de la inerrancia. En segundo lugar, Agustín acepta fácilmente que existen dificultades teológicas e interpretativas en el texto. A los críticos de la inerrancia les gusta señalar, erróneamente, que solo tienen dificultades con el texto y que los que defienden la inerrancia son ingenuamente ignorantes de tales dificultades. Sin embargo, Agustín reconoce tales dificultades; la cuestión principal es cómo responde a ellas. Eso lleva al tercer punto (y muy significativo), que destaca el intercambio de Agustín con Jerónimo. Agustín exige que nos sometamos al texto, no que lo adoptemos a nosotros. No era incomprensible que uno afirmara su propia credibilidad por encima de la de las Escrituras. Al contrario, debemos acercarnos a estas con humildad, reconociéndolas como de Dios y, por lo tanto, como verdaderas. Además, tenemos que reconocer que nuestra única postura hacia ella debe ser de reverencia, nunca de cuestionamiento, sospecha o rechazo.

Ante el rostro de Dios, solo tenemos una opción: caer a tierra y confesar nuestro pecado, nuestra indignidad; como lo hizo el profeta Isaías (Isaías 6). Frente a las páginas de la Palabra de Dios, debemos asumir la misma postura de humildad y reverencia.

El enfoque de Agustín concuerda con el del reformador Peter Martyr Vermigli. Aun cuando Vermigli se convirtió en Roma e hizo su aporte a la doctrina de la Reforma acerca de la autoridad de las Escrituras, continuó meditando en dos palabras latinas: *Dominus dixit* o «Así dice el Señor». En el prefacio de su comentario sobre 1 Corintios, Vermigli escribe: «El primer principio por el cual se determinan todas las verdades teológicas verdaderas debe considerarse como lo siguiente: *Dominus dixit*». La autoridad de las Escrituras solo establece el dogma de la iglesia. Esto se debe a que los papas y concilios, las tradiciones detrás del dogma de Roma, se equivocan. Vermigli luego se toma un tiempo para catalogar algunos de los errores más destacados de los concilios pasados. Por ello concluye: «Así como la Palabra de Dios es confiable y permanece para siempre, las creencias de los hombres son inciertas y siempre son poco confiables».

Se podrían citar muchos más momentos en la historia de la iglesia que reforzarían aun más este punto. Pero si consideramos el período desde la década de 1880 hasta el presente, debemos considerar a los princetonianos, a saber, los Hodge —tanto a Charles como a Archibald Alexander—, a Benjamin B. Warfield y a Machen. Lo que queda claro con respecto a la contribución del Seminario Teológico de Princeton a la doctrina de las Escrituras es la claridad, sin mencionar la contundencia, con la que declararon la doctrina de la inerrancia. El argumento de Warfield a favor de la inerrancia fue bastante directo. Si usted afirma que las Escrituras son revelación divina, es guiado a una inspiración verbal, plenaria, dado el carácter y la naturaleza de Dios. Si afirma la inspiración verbal, plenaria, es llevado a la inerrancia. La contribución de Princeton fue con claridad y convicción, no con innovación ni invención.

Uno podría hacer el mismo argumento con respecto a la Declaración de Chicago sobre la Inerrancia Bíblica. A medida que los desafíos a la inerrancia crecieron y cambiaron a lo largo de los siglos de la iglesia, la respuesta tuvo que reflejar los detalles de esos desafíos. Así fue con los princetonianos y así fue en Chicago en 1978.

Nuevos desafíos

Han surgido nuevos desafíos desde entonces, por lo que volvemos otra vez a las áreas exegética, filosófica y cultural pertinentes a la objeción y al desafío.

Las cuestiones exegéticas siguen siendo las mismas. El argumento de Peter Enns con respecto al Pentateuco no difiere mucho del de Charles Augustus Briggs. La insistencia de Enns en que debemos reconocer más la humanidad de las Escrituras, para que no arriesguemos una visión «docética» de la inspiración, no es en absoluto diferente de la que pregonaba Barth en cuanto a la inspiración.

Al final del libro de Enns, *Inspiración y encarnación*, también se reflejan claramente los énfasis filosóficos actuales. El giro «lingüístico» en la filosofía durante el siglo veinte trajo un nuevo énfasis al contexto, por lo que Enns nos ve como un contexto irremediablemente reciente, incapaces de escapar de nuestro propio contexto de manera interpretativa o teológica. Pero luego Enns va un paso más allá y ve a la propia Biblia como afectada por el contexto: «La Biblia tiene carácter dinámico, porque Dios mismo es dinámico, activo y está vivo en nosotros y en la vida de su iglesia», escribe. Luego agrega: «La Biblia establece trayectorias, no reglas».[11] Anteriormente, en su libro, Enns no solo habla de la «dimensión situacional» de la literatura sapiencial del Antiguo Testamento y los libros históricos, sino también de la ley.[12]

Aquí, de nuevo, vemos la influencia de Barth. De hecho, es interesante observar que la creciente inquietud de los evangélicos con la inerrancia es directamente proporcional al favor progresivo con el que se ve a Barth. El libro *The Divine Spiration of Scripture,* de Andrew McGowan, es un ejemplo del punto.[13] Este cambio en la recepción de Barth entre los evangélicos de hoy es una marcada diferencia con respecto a la era de la Declaración de Chicago. Incluso Carl F. H. Henry, que optó por no firmar la Declaración de Chicago, tomó una postura crítica hacia Barth.

En su autobiografía, Henry recordó el momento en que entrevistó a Barth durante una conferencia de prensa. Henry escribe:

Al identificarme como Carl Henry, editor de la revista *Christianity Today* —continué—: La pregunta, doctor Barth, se refiere a la realidad histórica de la resurrección de Jesús. — Señalé la mesa de prensa y noté la presencia de líderes religiosos, editores y reporteros que representan a *United Press, Religious News Service, Washington Post, Washington Star* y otros medios—. Si las funciones actuales de estos periodistas fueran las mismas que en el tiempo de Jesús, ¿habrían tenido la responsabilidad de cubrir algún aspecto de la resurrección? —insistí—, ¿Sería eso noticioso «en el sentido de lo que cualquier persona común y corriente entiende las noticias»?

Barth se enojó. Señalándome y en una clara apelación a mi labor editorial en la revista en la que trabajaba, me preguntó: «¿Dijiste *Cristianismo hoy* o *Cristianismo ayer?*» La audiencia, en su mayoría profesores no evangélicos y personal administrativo, rugió de alegría. Cuando alguien responde así de forma inesperada, uno casi siempre recurre a un versículo de las Escrituras. De modo que le respondí, con toda intención: «Ayer, hoy y siempre».[14]

Son muchas las implicaciones de la doctrinal escritural de Barth en las otras doctrinas de la teología sistemática; por lo que el evangelio surge rápidamente. Las formas en que los evangélicos se están apropiando de Barth actualmente no carecerán de consecuencias en todas las áreas de la teología sistemática y la comprensión ortodoxa.

Las objeciones culturales reflejan claramente las predilecciones del día. Esto se puede ver patéticamente en los insolentes comentarios de Rob Bell, cuando le dijo a Oprah Winfrey: «La iglesia seguirá siendo aún más irrelevante, si continúa citando las cartas de hace dos mil años como su mejor defensa, cuando hay personas de carne y hueso delante de uno que son tus hermanos, hermanas, tías, tíos, compañeros de trabajo y vecinos, que se aman y solo quieren pasar la vida con alguien».[15] Bell rechaza lo que la Biblia enseña sobre la homosexualidad y promueve sus propias conclusiones. Esto es, usando la expresión de Agustín, Rob Bell exige credibilidad para sí mismo por encima de la credibilidad de Dios y su Palabra.

En 1 Tesalonicenses 2:13, Pablo escribe: «Así que no dejamos de dar gracias a Dios, porque al oír ustedes la palabra de Dios que les predicamos, la aceptaron no como palabra humana, sino como lo que realmente es, palabra de Dios, la cual actúa en ustedes los creyentes». La Biblia es la revelación de Dios para nosotros. Es perfecta, pura, santa y verdadera. Debemos recibirla humildemente como tal. La Palabra es lo que debemos predicar, lo que debemos acoger en nuestras vidas y lo que solo opera en nosotros.

Sin embargo, eso siempre ha tenido sus desafíos. Nuestro nuevo desafío es el mismo de antaño, nada diferente al desafío que surgió desde el principio. La serpiente, irónicamente, le preguntó a Eva: «¿Es verdad que Dios les dijo...?» Nuestra respuesta debe ser: «Sí, si lo dijo».

Tercera parte

LA INERRANCIA EN LA
PERSPECTIVA TEOLÓGICA

Respuesta a las críticas

Capítulo 12

FUNDAMENTOS DE LA INERRANCIA BÍBLICA

DEFINICIÓN Y PRELUDIOS

John M. Frame

La inerrancia bíblica siempre ha sido un tema de difícil defensa para los cristianos. Los creadores de la opinión cultural, incluidos científicos, filósofos, periodistas e incluso cierta clase de teólogos, están listos para descartar la inerrancia bíblica como una superstición, aun cuando están dispuestos a prestar cierta atención a las afirmaciones de Cristo. Algunos han cuestionado si no sería ventajoso proclamar a Cristo sin las Escrituras. Somos salvos, después de todo, por Cristo, no por un libro. ¿Por qué, entonces, necesitamos una Biblia infalible? Muchas personas han oído hablar de Cristo, no por la Biblia sino por la predicación verbal o el testimonio de otro. Dios puede comunicarnos su voluntad por muchos medios: la naturaleza y la predicación, así como por las palabras escritas. Por lo tanto, parece al menos posible que Él mismo haya elegido comunicarse con nosotros de esta manera, no a través de una Biblia infalible. Por estas razones, puede parecer que la inerrancia es prescindible o que es una doctrina bastante menor, una que pueda ignorarse sin mucha consecuencia.

Sin embargo, en teología, las conexiones lo son todo, y el contexto es lo más importante. Y la doctrina de la inerrancia tiene un contexto, un sistema de conexiones teológicas, que nos impide prescindir de ella y la convierte en una doctrina de gran importancia.

Primero, definamos *inerrancia*, junto con algunos otros términos importantes en su contexto doctrinal:

Inspiración: Un acto por el cual Dios crea una identidad entre alguna palabra humana y su propia palabra. El término es usado más libremente por algunos escritores. Pero el único lugar en las Escrituras donde las traducciones al castellano hacen uso del término es 2 Timoteo 3:16, y la palabra griega que se usa allí, *theopneustos*, significa, como en las versiones castellanas, *«inspirada por Dios»*, es decir, *«hablada por Dios»*. Por lo tanto, decir que la Escritura es inspirada es decir que las palabras de la Escritura, de la mano de escritores humanos, son las propias palabras de Dios.

Autoridad: El derecho a regir. Dios tiene autoridad suprema, por lo que tiene el derecho de decirnos qué hacer y recibir obediencia a cambio. Dado que las Escrituras son su Palabra inspirada, las Escrituras tienen el mismo derecho. Lo que dicen las Escrituras, Dios lo dice.

Infalibilidad: Imposibilidad de cometer error. Decir que Dios es infalible no se refiere solo a que no se equivoca, sino a que *no puede errar*. Si la Escritura es su Palabra, lo mismo se puede decir de ella. Algunos escritores usan el término en un sentido más amplio, para indicar la confiabilidad general en asuntos religiosos. Pero la palabra *infalibilidad* en sí no sugiere tal limitación. Es un término más fuerte que la inerrancia (ver abajo), no más débil.

Inerrancia: La propiedad de no errar, ya sea por ignorancia o engaño. Puesto que Dios no puede engañar ni ser ignorante, Dios es inerrante en lo que piensa y en lo que dice. Dado que las Escrituras son su Palabra, también las Escrituras son inerrantes.

Tenga en cuenta que, desde el principio hasta el final de esta lista, se ejecuta una secuencia de razonamiento. Si las Escrituras son la Palabra *inspirada* de Dios, entonces comparten la *autoridad* de Dios. La *autoridad* de Dios se extiende a toda la vida, incluyendo nuestras creencias. Por tanto, su Palabra tiene la autoridad de decirnos qué creer. Eso significa que no podemos criticar las Escrituras. Como no podemos criticarla, debemos considerarla *inerrante* y, aún más, *infalible*. Así que nuestra lista de definiciones presenta un contexto bíblico importante para la doctrina de la inerrancia. En general, podemos describir ese contexto como la doctrina de Dios. La Escritura es inerrante porque Dios es inerrante. Debido a que Dios es inerrante y ha determinado hablarnos en palabras escritas, esas palabras escritas también son infalibles. En el resto de este capítulo, trazaremos este patrón con más detalle. Empezaremos viendo a Dios como un Dios que habla, y concluiremos con las Escrituras como un ejemplo importante de su discurso divino y, por lo tanto, inerrante.

Dios es un Dios que habla

Dios es un ser cuya naturaleza misma es comunicativa. Habla, no solo a las criaturas, sino dentro de su propia existencia trinitaria: Padre a Hijo, Hijo a Padre, tanto al Espíritu como este a los dos. Es comunicativo porque es más personal que impersonal, en realidad, es tripersonal. Dios no es una sustancia física o un principio abstracto. De hecho, Él sabe, planea, ama y hace. Él hace las cosas que hacen las personas. Por eso habla. Hablar es la forma en que las personas se comunican entre sí. Así como Dios es eterno, omnisciente, omnipotente, amoroso, justo y bueno, también es un Dios que *habla*. Hablar es uno de sus atributos eternos. Un Dios que no puede hablar no es el Dios de la Biblia.

Y hablar no es algo que Dios simplemente *hace*. Al igual que con todos los atributos mencionados anteriormente, hablar es un atributo *necesario* de Dios, un atributo sin el cual no sería Dios. Compare la enseñanza de la Biblia sobre el amor de Dios. El amor de Dios no es meramente algo que posee; es algo que Él es (1 Juan 4:8, 16). Así que la Biblia dice que el hablar de Dios es idéntico a Dios mismo: «En el principio era la Palabra, y la Palabra estaba con Dios, y la Palabra era Dios» (Juan 1:1).

Así que la «Palabra de Dios» es algo maravilloso, que lleva la más alta dignidad. Es (1) Dios mismo y (2) todas las comunicaciones de Dios, tanto entre los miembros de la Trinidad como con las criaturas.

Cuando Dios habla a las criaturas, habla como Señor. Más de siete mil veces, las Escrituras usan este título para Dios y, a menudo, para Jesucristo. El señorío de Dios se refiere a su poder, autoridad y presencia. Estos son los que a veces he descrito como los «atributos de señorío» de Dios. Por tanto, cuando Dios habla, esa palabra hablada tiene las mismas cualidades. Él siempre habla como Señor. Veamos más de cerca estos atributos del señorío:

Primero, la palabra hablada de Dios es su *poder* controlador. No es solo una comunicación de contenido lingüístico a nuestras mentes, aunque ciertamente es eso. También es un gran poder que hace que las cosas sucedan. Cuando Dios dice: «Sea la luz» (Génesis 1:3), la luz llega a existir. Incluso antes de que exista, la luz obedece esta palabra de Dios. Tal es ese poder que «llama a la existencia a las cosas que no existen» (Romanos 4:17). De modo que las Escrituras a menudo exaltan el poder de la Palabra de Dios. Resumiendo Génesis 1, el Salmo 33 dice: «Por la palabra del Señor fueron creados los cielos, y por el soplo de su boca, las estrellas... porque él habló, y todo fue creado; dio una orden, y todo quedó firme» (vv. 6, 9; cf. Salmos 148:5; Juan 1:3, 10; Hebreos 1:2; 11:3; 2 Pedro 3:5-7).

Desde que Dios hizo el mundo, ha continuado gobernándolo por la palabra de su poder. Observe lo que se atribuye a «la voz del Señor» en el Salmo 29 y a las palabras y los mandatos de Dios en los Salmos 147:15-18 y 148:7-8. La palabra de Dios gobierna tanto la providencia como la creación (Génesis 1:9, 11, 22; Job 37:12; Salmos 18:15; 33:11; 119:89-91; Mateo 8:27; Hebreos 1:3; 2 Pedro 3).

Cuando Dios habla a las criaturas racionales, la palabra continúa siendo poderosa. La palabra de Dios juzga a las personas pecaminosas, y con frecuencia el poder de esa palabra de juicio es palpable (Salmos 46:6; Isaías 30:30-31; 66:6; Oseas 6:5; Joel 2:11; Amós 1:2). En 2 Pedro 3:5-7, el apóstol compara el juicio del diluvio de Noé con la creación original por la palabra de Dios. Así como la palabra de Dios fue lo suficientemente poderosa para traer al mundo a la existencia, también destruirá todas las obras de maldad. La Palabra de Dios es como un fuego (Job 41:19-21), una espada (Isaías 49:2) y un martillo (Jeremías 23:29).

Sin embargo, la Palabra de Dios también es poderosa para salvar, poderosa en gracia. En Génesis 18:14, después de que Dios le ha prometido milagrosamente un hijo a Abraham y a Sara en su vejez, le atribuye el milagro a su palabra. Él pregunta: «¿Hay algo demasiado difícil para el Señor?» Literalmente, «ninguna palabra [*rhema*] será imposible para Dios». Cuando el centurión le pidió a Jesús que sanara a su siervo, le dijo que no tenía que ir personalmente a su hogar, solo «di la palabra» (Lucas 7:7). Jesús elogia la fe del centurión, porque este creyó en la omnipotencia de la palabra de Jesús.

Así que, cuando los apóstoles llevan el evangelio de Cristo al mundo, se alegran de que no solo es un cuerpo, sino también un poder (Romanos 1:16; 1 Tesalonicenses 1:5; 2:13). La palabra en sí cambia los corazones y fortalece a los creyentes (Romanos 16:25). Es la «palabra de vida» (Filipenses 2:16; 1 Juan 1:1), el evangelio que trae a la luz la vida y la inmortalidad (2 Timoteo 1:10). ¿Qué tan poderosa es la palabra? Nada más que la propia omnipotencia de Dios:

Así será mi palabra que sale de mi boca; no volverá a mí vacía, sino que hará lo que yo quiero, y será prosperada en aquello para que la envié (Isaías 55:11).

Lo que Dios dice con su boca lo cumple con su mano (2 Crónicas 6:15; cf. Ezequiel 1:3; 3:22).

Segundo, la palabra de Dios es su *autoridad* divina. Hemos visto que la autoridad de Dios es su derecho a gobernar. Por su poder, Él hace que las cosas sucedan. Por su autoridad, impone obligaciones. Por tanto, cuando Él nos habla, estamos obligados a hacer lo que nos diga. Cuando su palabra declara hechos, tenemos la obligación de creerlos tal como Él los ha declarado. Cuando nos ordena, tenemos el deber de atenderlo.

La historia de la Biblia es esa que Dios habla a los seres humanos, quienes responden con obediencia o desobediencia, por lo que Dios envía consecuencias: bendiciones para la obediencia y maldiciones para la desobediencia. En Génesis 1:28, la primera experiencia de nuestros primeros padres es escuchar a Dios hablar. La palabra de Dios describe su tarea fundamental en la tierra: llenarla y someterla. Pero en Génesis 2:16-17, agrega una orden que prohíbe a Adán comer del árbol del conocimiento del bien y del mal.

Luego, en Génesis 3, hay una palabra contraria, la de una serpiente que habla, que representa a Satanás. La competencia es entre dos palabras que reclaman la autoridad suprema: Dios y el diablo. El ataque de Satanás es precisamente a la palabra que Dios ha hablado. Cuestiona si Dios ha pronunciado tal palabra (v. 1), y luego, asumiendo que Dios la ha hablado, Satanás la contradice (vv. 4-5). Adán y Eva no tienen una tercera autoridad que arbitre la disputa. No tienen forma de probar qué palabra es verdadera, aparte de las propias palabras y los que las hablan. Al final, toman su decisión por su propio razonamiento, autónomo, siguiendo su propia palabra en vez de la de Dios.

Esa es la naturaleza del pecado, confiar en la propia razón, no en la palabra de Dios. Adán y Eva deberían haber aceptado la palabra desnuda de Dios, sin verificación de ningún otro emisor, a pesar de que fue contradicha por otra fuente que afirmaba tener experiencia. Hay consecuencias por la desobediencia de nuestros primeros padres. Dios declara el castigo. Pero, de manera sorprendente, también proclama la gracia, diciendo que un día enviaría un Libertador para aplastar la cabeza de la serpiente; Libertador que sería descendiente de Adán y Eva (v. 15). Esta buena noticia también proviene de la pura palabra de Dios. Nuevamente, Adán y Eva no tienen forma de comprobar la palabra de Dios con alguna autoridad superior, ciertamente no por su propia razón ni su autonomía. Pero, esta vez, creyeron.

La Biblia repite ese patrón una y otra vez. Noé no es un maestro de ciencia meteorológica; él sabe que un diluvio viene solo por la palabra de Dios, y obedece (Génesis 6:22; 7:5, 9). Hebreos 11:7 elogia la fe de Noé como un modelo de la confianza cristiana en Dios: él responde a Dios «en temor reverente». De hecho, no solo obedece la palabra de Dios, sino que también la proclama (2 Pedro 2:5). Abraham también recibe una palabra de Dios, en su caso, el anuncio de un milagro biológico, que en su vejez él y su esposa, Sara, tendrán un hijo. Al igual que con Noé, su fe en la palabra de Dios es un modelo para los cristianos:

> Ante la promesa de Dios no vaciló como un incrédulo, sino que se reafirmó en su fe y dio gloria a Dios, plenamente convencido de que Dios tenía poder para cumplir lo que había prometido. Por eso se le tomó en cuenta su fe como justicia. Y esto de que «se le tomó en cuenta» no se escribió solo para Abraham, sino también para nosotros. Dios tomará en cuenta nuestra fe como justicia, pues creemos en aquel que levantó de entre los muertos a Jesús nuestro Señor. Él fue entregado a la muerte por nuestros pecados, y resucitó para nuestra justificación (Romanos 4:20-25).

El mismo patrón continúa a través de las historias del Antiguo Testamento de Moisés, David y los profetas. Culmina en Jesús, que es la Palabra de Dios por excelencia (Juan 1:1, 14). Las palabras de Jesús, también, son palabras de la máxima autoridad. Él enseña que llamarlo Señor no tiene sentido a menos que hagamos la voluntad del Padre (Mateo 7:21-23). Cuando regrese en gloria se avergonzará de aquellos que se avergüenzan de Él, especialmente de los que se han avergonzado de sus palabras (Marcos 8:38; Lucas 9:26). Su madre y sus hermanos son aquellos que «escuchan la palabra de Dios y la hacen» (Lucas 8:21). En el Evangelio de Juan, Él hace este principio aún más explícito:

> Si alguno escucha mis palabras, pero no las obedece, no seré yo quien lo juzgue; pues no vine a juzgar al mundo, sino a salvarlo. El que me rechaza y no acepta mis palabras tiene quien lo juzgue. La palabra que yo he proclamado lo condenará en el día final. Yo no he hablado por mi propia cuenta; el Padre que me envió me ordenó qué decir y cómo decirlo. Y sé muy bien que su mandato es vida eterna. Así que todo lo que digo es lo que el Padre me ha ordenado decir (Juan 124:47-50).

Tercero, la palabra de Dios constituye su *presencia* personal. Esta es también una cualidad de la Biblia, porque las Escrituras son un lugar donde Dios mora personalmente con su pueblo. En el Antiguo Testamento, la morada de Dios con Israel se centra en la proximidad de su palabra (Deuteronomio 4:7-8; 30:11-14). Como hemos visto, Dios realiza sus obras poderosas a través del habla. Así que, en ese discurso, Él está presente para juzgar y salvar. El discurso de Dios, de hecho, tiene atributos divinos: justicia (Salmos 119:7), fidelidad (119:86), maravilla (119:129), eternidad (119:89, 160), omnipotencia (Génesis 18:14; Isaías 55:11; Lucas 1:37), omnisciencia (Hebreos 4:12-13), y perfección (Salmos 19:7 en adelante). Ninguna criatura tiene tales atributos. El hecho de que la palabra de Dios los tenga implica que es divino, que es nada más que el propio Dios que habla. Así que la palabra de Dios es objeto de adoración (Salmos 56:4, 10; Salmos 119:48, 161). Tal adoración puede ser dada solamente a Dios; darla a cualquier otra cosa es idolatría. Por lo tanto, la palabra de Dios es Dios mismo. La Escritura dice claramente que es lo definitivo.

De manera que Juan 1:1-14 no solo dice que Jesús es Dios, sino también que la palabra de Dios es Dios. Hay una identificación de tres vías: Dios = la Palabra = Jesús. Lo que eso significa para nosotros es que Dios siempre está presente en su palabra. Usted no puede tener a Dios aparte de su palabra, ni su palabra aparte de Dios. Dios es un Dios que habla, y la palabra es el discurso de Dios.

Claramente, el discurso de Dios es autoritativo, infalible e inerrante, como he dicho en las definiciones anteriores. Los errores provienen de dos fuentes: los errores y el engaño. Dios no comete errores, porque lo sabe todo (Hebreos 4:13). Y no dice mentiras (Tito 1:2).

Cómo nos habla Dios

Ahora debemos preguntarnos cómo llega a nuestra experiencia este maravilloso discurso de Dios. ¿Cómo llega a nuestros oídos, nuestras mentes y nuestros corazones?

Las Escrituras hablan de que Dios se revela a sí mismo a través de la naturaleza (Salmos 19:1; Romanos 1:19-21), lo cual es importante. Pero la revelación natural de Dios no se expresa en palabras y oraciones, aunque ciertamente es una expresión de la palabra de Dios. En este capítulo, me estoy enfocando en la revelación de Dios en lenguaje humano, la revelación que conduce directamente a la publicación de las Escrituras. Esto sucede en tres etapas: la voz divina, los profetas y los apóstoles, y la Palabra escrita.

Primero, la *voz divina*. En este modo de revelación, Dios habla a los seres humanos sin ningún mediador humano. El paradigma de esta revelación se puede encontrar en Éxodo 20, la única ocasión en que todo Israel se reúne en un lugar (acampado alrededor del Monte Sinaí) para escuchar las palabras de los propios labios de Dios. Él les habla de los Diez Mandamientos (Éxodo 20:3-17). La gente está aterrorizada y le piden a Moisés que hable con Dios en nombre de ellos. Él acepta esa tarea.

Desde esa perspectiva, este tipo de revelación directa es poco común. Moisés habla «cara a cara» con Dios (Números 12:8) cuando «contempla la imagen [o forma] del Señor». Otros profetas también escucharon directamente a Dios, como veremos. Y en momentos especiales, Dios el Padre habla desde el cielo a la gente en la tierra, como en el bautismo de Jesús: «Este es mi Hijo amado; estoy muy complacido con él» (Mateo 3:17). Además, no debemos olvidar que, durante su ministerio terrenal, el mismo Jesús fue la voz divina. Él dice que el último día, su palabra juzgará a los que lo rechazan (Juan 12:48).

No obstante, este no es el medio común de la revelación divina, incluso durante los tiempos descritos en la Biblia. Normalmente, Dios le habla a su pueblo a través de mediadores.

En segundo lugar, *los profetas y los apóstoles.* Estos son los mediadores por los cuales Dios normalmente ha hablado con su pueblo. Deuteronomio 18:18-19 define la naturaleza de un profeta:

> «Por eso levantaré entre sus hermanos un profeta como tú; pondré mis palabras en su boca, y él les dirá todo lo que yo le mande. Si alguien no presta oído a las palabras que el profeta proclame en mi nombre, yo mismo le pediré cuentas».

Profeta es uno que tiene las palabras de Dios en su boca. Estas palabras, dice Dios, son «mis» palabras. Aquellos que no obedecen deben responder a Dios. Es decir, no hay diferencia entre la palabra del profeta y la voz divina en términos de poder, autoridad y presencia divina. Por lo general, entendemos que la palabra de Dios, hablada directamente como la voz divina, es absoluta, pero persistimos en la idea de que esta condición desaparece cuando la palabra pasa de los labios de Dios a los humanos. Pero la Escritura reprende esa noción. Las palabras que Moisés habla son «mis» palabras, dice Dios. Él dice lo mismo de las palabras de David, Isaías, Jeremías y el resto. Jeremías dice:

> Luego extendió el Señor la mano y, tocándome la boca, me dijo: He puesto en tu boca mis palabras. Mira, hoy te doy autoridad sobre naciones y reinos, para arrancar y derribar, para destruir y demoler, para construir y plantar. La palabra del Señor vino a mí, y me dijo: ¿Qué es lo que ves, Jeremías? Veo una rama de almendro, respondí. Has visto bien —dijo el Señor—, porque yo estoy alerta para que se cumpla mi palabra (Jeremías 1:9-12).

Este pasaje enfatiza el *poder* de la palabra profética, que es capaz de hacer todas las cosas que hace la palabra de Dios.

En el Nuevo Testamento también hay profetas (Hechos 2:17-18; 11:27-28; 21:9-14), pero escuchamos más a menudo acerca de los apóstoles como receptores de la palabra de Dios. Jesús designa a los apóstoles, los hombres más cercanos a Él, para hablar la palabra de Dios (Mateo 10:19-20). Él dice que el Espíritu Santo les permitirá recordar todo lo que Jesús dijo (Juan 14:26). El Espíritu también les revelará «toda la verdad» y les declarará «las cosas que han de venir» (Juan 16:13). De modo que la revelación a los apóstoles se refiere al pasado (lo que Jesús dijo), al presente (toda la verdad) y al futuro (las cosas que están por venir).

Nuevamente, nos sentimos tentados a preguntar si las palabras de los apóstoles tienen el mismo poder, autoridad y presencia divina que las palabras de la voz de Dios. Pero Jesús dice que cuando el Espíritu da palabras a los apóstoles, «no hablará por su propia cuenta, sino que dirá solo lo que oiga» (Juan 16:13). El Espíritu no habla más que «lo que oye» de otra persona. Y ese otro no es nadie más que el Padre. Los propios apóstoles reportan la manifestación de este extraordinario discurso del Espíritu. Pablo escribe a los gálatas:

Quiero que sepan, hermanos, que el evangelio que yo predico no es invención humana. No lo recibí ni lo aprendí de ningún ser humano, sino que me llegó por revelación de Jesucristo (Gálatas 1:11-12).

La consecuencia es que el evangelio de Pablo no es solo de Pablo. Es el evangelio de Jesucristo. Por lo tanto, tiene autoridad absoluta: todos los que escuchan están obligados a creerlo.

Ese evangelio también lleva consigo el *poder* de Dios:

A la verdad, no me avergüenzo del evangelio, pues es poder de Dios para la salvación de todos los que creen: de los judíos primeramente, pero también de los gentiles (Romanos 1:16).

De modo que la palabra de Dios conlleva los atributos de su señorío, aun en los labios de los seres humanos a quienes Dios ha designado para hablar su palabra.

Tercero, *la Palabra de Dios escrita*, es eso, la Escritura. Sabemos que los profetas y los apóstoles usaron las palabras que Dios les dio a escribir. ¿Tienen esas palabras escritas el mismo poder, autoridad y presencia divina que las palabras pronunciadas oralmente? Bueno, ¿por qué no? Imagínese que escucha una estimulante conferencia de un experto en arte renacentista y luego compra un libro escrito por esa persona. ¿Esperaría que el libro tuviera menos autoridad que la conferencia, que el profesor fuera menos experto en escribir que en hablar? No. Suponemos que la escritura de una persona generalmente tenga la misma calidad que sus comunicaciones orales.

Lo mismo es cierto acerca de la visión bíblica de la Palabra de Dios. La Palabra escrita de Dios tiene el poder, la autoridad y la presencia de Dios, tanto como su voz divina, sus profetas y sus apóstoles. La Palabra escrita, de hecho, juega un papel central en la comunicación de Dios con su pueblo. Lo importante de la escritura es que da *permanencia* a la comunicación. Aunque algunos teólogos modernos han dicho lo contrario, la revelación de Dios no debe ser una cosa momentánea que luego desaparece. Es, más bien, algo sólido, una comunicación que podemos transmitir de una generación a otra. Los santos del Antiguo Testamento erigieron columnas de piedra para que sus descendientes recordaran las palabras de Dios (Génesis 12:7; 13:18; 28:18; 35:14). En el Nuevo Testamento, la palabra del Espíritu se convierte en una tradición *(paradosis)*, algo «transmitido» (Mateo 11:27; 1 Corintios 15:3; 2 Tesalonicenses 2:15; 3:6; 1 Timoteo 6:20; Judas 3).

De modo que, aun cuando Israel, en Éxodo 19 y 20, escuchó la divina voz del cielo, y aunque escuchó la palabra del profeta Moisés a petición propia, la revelación definitiva de Dios fue un documento escrito. Ese documento comienza con los Diez Mandamientos, escrito en «dos tablas del testimonio» (Éxodo 31:18, RVR1960), tablas de piedra «escritas con el dedo de Dios». Este documento no es solo la palabra de Dios; ¡lleva su propia caligrafía! Es un «documento de pacto», un «tratado de soberanía» entre el Gran Rey Yahvé y su pueblo vasallo, Israel.[1] Este tratado es el documento de gobierno de Israel, al igual que la Constitución escrita es la ley fundamental de los Estados Unidos de América.

El documento se coloca en el santuario del Señor (indicando su santidad), y se lee a la gente periódicamente. A lo largo del Pentateuco, Dios insta a Israel a obedecer todos los estatutos, testimonios, mandamientos, leyes y ordenanzas (por ejemplo, Deuteronomio 4:1-8;

6:1-9, 24-25; 7:11; 8:11). Después que Moisés muere y Josué se prepara para guiar a Israel a la tierra prometida, Dios dice:

> Solo te pido que tengas mucho valor y firmeza para obedecer toda la ley que mi siervo Moisés te ordenó. No te apartes de ella para nada; solo así tendrás éxito dondequiera que vayas. Recita siempre el libro de la ley y medita en él de día y de noche; cumple con cuidado todo lo que en él está escrito. Así prosperarás y tendrás éxito (Josué 1:7-8).

El documento del pacto toma muchos textos adicionales, escritos por Josué (Josué 24:25-28) y otros profetas (Isaías 30:8-11; Jeremías 25:13). A lo largo de la Biblia, Dios continúa instando a su pueblo a obedecer su pacto escrito, y los judíos lo aceptan como Sagrada Escritura. Jesús nunca critica las Escrituras, a quien critica es a los judíos por no obedecerlas (Juan 5:45-47). Él dice: «La Escritura no puede ser quebrantada» (Juan 10:35). Pablo, al final de su vida, llama a Timoteo a una fuente de la verdad de Dios que sobrevivirá al apóstol:

> Toda la Escritura es inspirada por Dios y útil para enseñar, para reprender, para corregir y para instruir en la justicia, a fin de que el siervo de Dios esté enteramente capacitado para toda buena obra (2 Timoteo 3:16-17).

«Inspirada por Dios» significa simplemente que el texto contiene las palabras habladas de Dios.

Las palabras escritas de los apóstoles también transmitieron su autoridad profética. Pablo habla acerca de esto en su Primera Carta a los Corintios:

> Si alguno se cree profeta o espiritual, reconozca que esto que les escribo es mandato del Señor. Si no lo reconoce, tampoco él será reconocido (1 Corintios 14:37-38).

Aquí, la palabra escrita de Pablo es el criterio que determina si una persona es realmente profeta o no. Así que esa palabra escrita, más que las palabras orales de los profetas, sirve como la más alta autoridad en la iglesia.

El texto escrito del documento del pacto del Antiguo Testamento y las palabras de los apóstoles en el Nuevo Testamento son lo que hoy llamamos «Biblia». Esa Biblia es la revelación escrita de Dios para nosotros.

Conclusión

Como hemos visto, el fundamento de la inerrancia bíblica es la naturaleza de Dios mismo. Dios no es un principio impersonal, sino una persona que habla, tanto dentro de la Trinidad como con sus criaturas. Pero siempre habla como Señor, con poder, autoridad y presencia. Cualquier palabra que sea verdaderamente de Dios conlleva su señorío: podemos confiar en ella como en la voz divina y directa de Dios.

Él decidió hablar a los seres humanos con esa voz divina y directa, pero también a través de los profetas y los apóstoles. Estos oradores humanos tienen la palabra de Dios en sus labios. También tienen esa palabra en sus manos, ya que la escriben en piedra, pergamino o papiro. Por tanto, podemos confiar en ese texto escrito como si Dios nos estuviera hablando directamente.

Hay mucho más que decir, por supuesto. Surgen preguntas sobre cómo interpretar ese texto, cómo tener seguridad de cuál texto es el correcto, exactamente qué libros pertenecen a la Biblia, etc. Otros artículos, en este libro, abordan tales preguntas. Pero nuestros «fundamentos» también son relevantes para esas preguntas, porque tenemos un Dios que tiene respuestas a ellas. Aunque tales problemas pueden parecer formalmente difíciles para nosotros, no lo son para Dios. Si Él desea hablar con los seres humanos, realmente no le es difícil hacerlo. Y Él quiere hablar con nosotros. Es por eso que envió la Palabra, su Hijo amado, tanto para dar testimonio de la verdad (Juan 18:37) como para morir por el pecado.

Al comienzo de este capítulo, formulé esta pregunta: ¿Por qué necesitamos una Biblia infalible cuando tenemos a Cristo? La respuesta, creo, se encuentra en el contexto que he esbozado. La salvación no es un proceso mecánico, sino una relación entre Dios y nosotros. Esa relación es totalmente personal y, por lo tanto, incluye una conversación. Dios quiere *hablarnos*, no solo para transformarnos. Cuando Dios habla, habla infaliblemente y, por lo tanto, sin error. Para nosotros, recibir su Palabra es un acto de adoración. Lo recibimos humildemente, no críticamente, porque su Palabra es preciosa para nosotros. Su Palabra, en última instancia, es nuestro Salvador, Jesucristo. Mientras adoramos, le atribuimos todo el «poder y riqueza y sabiduría y poder y honor, gloria y bendición» (Apocalipsis 5:12). Por un momento no pensamos que podría haber defectos en su carácter ni en su obra. Tampoco puede haber ninguna falsedad en su Palabra, su evangelio. Alabamos su Palabra como a Él (Salmos 56:4, 10). En ese contexto, cuando nos inclinamos en adoración, entendemos por qué la Biblia no puede ser otra cosa que inerrante.

Capítulo 13

CÓMO DIVIDIR CORRECTAMENTE
LA PALABRA DE VERDAD

LA INERRANCIA Y LA HERMENÉUTICA

R. Albert Mohler Jr.

Ser humano es ser una criatura hermenéutica, es decir, una criatura que interpreta. Participamos en un proceso de interpretación desde el momento en que abandonamos el útero. Constantemente estamos observando, aprendiendo y, en cada punto, actuamos como intérpretes de todo lo que sentimos, observamos y experimentamos. Ser cristiano es aceptar el don de la revelación divina y llegar a un conocimiento salvador de Jesucristo. La salvación llega a aquellos que escuchan la Palabra de Cristo y creen, que se arrepienten de sus pecados y siguen a Cristo en obediencia al patrón de palabras sanas reveladas en las Sagradas Escrituras. Así, el cristiano fiel busca ser un intérprete apegado a la Biblia, sabiendo que ella es nada menos que la Palabra de Dios, inerrable, infalible e inspirada. No se puede evadir la tarea hermenéutica, pero el cristiano viene a esa tarea armado con un conocimiento de lo que es la Biblia para entender fielmente lo que dice.

La inerrancia y el momento evangélico

La inerrancia de la Biblia ha sido un tema crucial del debate evangélico durante el último medio siglo y más. Desde los comienzos del movimiento evangélico, la afirmación de la inspiración divina y la autoridad de la Biblia han estado en el epicentro de la fe y la identidad evangélicas. Al hacer esta afirmación central, los evangélicos han tratado de mantener una continuidad de convicción consciente con la trayectoria teológica fiel del cristianismo clásico, y sobre todo con las afirmaciones teológicas centrales de la Reforma. La afirmación de los reformadores de la *sola Escritura* se refleja en nuestra propia afirmación contemporánea de la inerrancia, confiabilidad y veracidad total de la Biblia.

El impulso básico detrás de la afirmación de la inerrancia bíblica es directo. Queremos decir lo que la iglesia fiel siempre ha dicho acerca de la Biblia: «Cuando la Biblia habla, Dios habla». Benjamin B. Warfield explicó esta afirmación evangélica con singular claridad cuando insistió en que lo que él denominó correctamente «la doctrina eclesial de la inspiración», la cual siempre procuró afirmar como la simple verdad de que la Biblia es la Palabra de Dios, una Palabra *oracular*, la Palabra que el mismo Dios ha hablado. Al hablar de la «doctrina eclesial de la inspiración», Warfield dejó en claro que esto es lo que la iglesia fiel siempre ha afirmado sobre la Biblia en todas partes. La inspiración verbal plenaria y la infalibilidad de la Biblia han sido manifestaciones características del pueblo de Dios a través de milenios, aun cuando esas verdades se revelan y se afirman dentro de la Biblia misma.

Al defender la inerrancia de la Biblia, Warfield declaró simplemente que «de todas las maneras posibles, la iglesia ha dado su testimonio desde el principio, y hasta nuestros días, de su fe en la confiabilidad divina de sus Escrituras, en todas sus afirmaciones de cualquier tipo».[1]

En 1978, los evangélicos estadounidenses estaban tratando de afirmar esta comprensión de la naturaleza y la autoridad de la Biblia cuando se adoptó la Declaración de Chicago sobre la Inerrancia Bíblica (CSBI, por sus siglas en inglés; ver apéndice). Como indicaron los redactores de la declaración, simplemente intentaban afirmar lo que la iglesia fiel siempre había dicho: la inerrancia plenaria de la Biblia. Además, buscaban hacerlo a medida que el terreno más amplio cambiaba en el mundo teológico, e incluso cuando algunos que decían ser evangélicos negaban abiertamente la inerrancia de la Biblia.

En esencia, la Declaración de Chicago sobre la Inerrancia Bíblica es una afirmación y una definición de la total veracidad y confiabilidad de la Biblia. «Siendo completa y verbalmente dadas por Dios —dice—, las Escrituras son sin error o falta en todas sus enseñanzas, tanto en lo que declaran acerca de los actos de creación de Dios, acerca de los eventos de la historia del mundo, acerca de su propio origen literario bajo la dirección de Dios, como en su testimonio de la gracia redentora de Dios en la vida de cada persona» (Una declaración breve, punto 4).

En un prefacio de la CSBI, los redactores advirtieron: «Alejarse de las Escrituras con fe o conducta es desleal a nuestro Maestro. El reconocimiento de la verdad total y la confiabilidad de las Sagradas Escrituras es esencial para una comprensión plena y adecuada de su autoridad». Luego declararon que la CSBI «afirma esta inerrancia de las Escrituras de nuevo, dejando claro nuestro entendimiento y advirtiendo contra su negación».

La sección conocida como «Una declaración breve» establece el impulso principal de la CSBI:

1. Dios, que es la Verdad misma y dice solamente la verdad, ha inspirado las Sagradas Escrituras para de este modo revelarse al mundo perdido a través de Jesucristo como Creador y Señor, Redentor y Juez. Las Sagradas Escrituras son testimonio de Dios acerca de sí mismo.

2. La Sagrada Escritura, siendo la propia Palabra de Dios, escrita por hombres preparados y supervisados por Su Espíritu, es de autoridad divina infalible en todos los asuntos que toca: debe ser creída, como la instrucción de Dios, en todo lo que afirma; obedecida, como el mandato de Dios, en todo lo que requiere; abrazada, como promesa de Dios, en todo lo que promete.

3. El Espíritu Santo, autor divino de las Escrituras, las autentifica en nuestro propio espíritu por medio de su testimonio y abre nuestro entendimiento para comprender su significado.

4. Siendo completa y verbalmente dadas por Dios, las Escrituras son sin error o falta en todas sus enseñanzas, tanto en lo que declaran acerca de los actos de creación de Dios, acerca de los eventos de la historia del mundo, acerca de su propio origen literario bajo la dirección de Dios, como en su testimonio de la gracia redentora de Dios en la vida de cada persona.

5. La autoridad de las Escrituras es inevitablemente afectada si esta inerrancia divina es de algún modo limitada o ignorada, o es sometida a cierta opinión de la verdad que es contraria a la de la Biblia; tales posiciones ideológicas causan grandes pérdidas al individuo y a la Iglesia.

Creo que cualquier pérdida de confianza en la infalibilidad de las Escrituras y cualquier intento por marginar o subvertir la afirmación de la inerrancia significarán un desastre para el movimiento evangélico. Pienso que la afirmación de la inerrancia de la Biblia nunca ha sido tan esencial para el evangelicalismo como movimiento y como tradición teológica y espiritual viva. Además, creo que la infalibilidad de las Escrituras es absolutamente crucial para el proyecto de perpetuar un testimonio evangélico distintivo en el futuro. Sin inerrancia, el movimiento evangélico se volverá inevitablemente disoluto e indistinto en su fe y doctrinas, y se confundirá cada vez más acerca de la naturaleza y la autoridad de su mensaje.

Voy a dejar mi posición clara una vez más. No creo que el evangelicalismo pueda sobrevivir sin la afirmación explícita y completa de la inerrancia bíblica. Dadas las presiones de la modernidad tardía, una época cada vez más hostil a las afirmaciones de verdades teológicas, hay pocas bases para cualquier esperanza de que los evangélicos sigan siendo evangélicos distintivamente sin un compromiso explícito con la inerrancia de la Biblia.

Más allá de esto, la inerrancia debe entenderse como necesaria e integral a la vida de la iglesia, la autoridad de la predicación y la integridad de la vida cristiana. Sin un compromiso total con la confiabilidad y la veracidad de la Biblia, la iglesia se quedará sin su autoridad definitoria, sin tener confianza en su capacidad para escuchar la voz de Dios. Los predicadores carecerán de confianza en la autoridad y la veracidad de la misma Palabra que tienen la misión de predicar y enseñar. Este no es un tema de teoría homilética, sino una cuestión de vida o muerte sobre si el predicador tiene una Palabra distintiva y autorizada para predicar a las personas que necesitan desesperadamente dirección y orientación. Los cristianos individuales se quedarán sin la seguridad de confiar en la Biblia o la capacidad de entenderla.

En nuestro momento evangélico actual, la aserción de la inerrancia bíblica está vinculada a la afirmación necesaria de la aseveración de la verdad cristiana total en un contexto de abierta hostilidad cultural y subversión ideológica. Además, la doctrina de la revelación divina apunta a la única manera de salir del contexto hermenéutico actual del nihilismo, el subjetivismo y el relativismo que se nos presenta en nuestro clima intelectual actual.

Eso plantea una pregunta crucial: ¿implica la inerrancia una hermenéutica?

Un estado de continua crisis hermenéutica

Desde el amanecer de la Ilustración, una sensación de crisis hermenéutica ha perseguido a la mente occidental. Immanuel Kant reconoció esto y trató de trasladar las inquietudes religiosas y espirituales de la investigación por observación empírica, como correspondería al mundo material (*el mundo fenoménico*), a un reino de investigación más especulativa (*el mundo nouménico*). El escepticismo de Kant sobre la posibilidad misma de la revelación divina le negó el único medio de encontrar una base epistemológica a la creencia cristiana.

Se puede dibujar una línea desde Kant hasta Friedrich Schleiermacher, que fue el padre fundador de la teología liberal moderna y el inventor, en un sentido muy verdadero, de la ciencia moderna de la hermenéutica. Schleiermacher vio la tarea hermenéutica no como una ciencia precisa sino esencialmente como una forma de arte: intentar recrear y reingresar los pensamientos y sentimientos de un autor. Como un romántico hasta el final, Schleiermacher entendió bien la crisis hermenéutica presentada por el «volver al punto» de la Ilustración. Pero él entendió algo aún más de largo alcance. Schleiermacher creía que la hermenéutica era esencialmente el problema de la comprensión humana, como tal. Su concepción de la hermenéutica sienta las bases para preguntarse si los seres humanos pueden realmente saber algo.

En épocas más modernas, la iglesia se ha enfrentado a una virtual avalancha de sucesivos cambios hermenéuticos y una interminable cabalgata de propuestas hermenéuticas. La gran crisis intelectual de Occidente ha producido una cultura de crisis hermenéutica continua basada en un profundo escepticismo epistemológico. El antisobrenaturalismo generalizado produjo un colapso de la autoridad intelectual. La iglesia y las Escrituras fueron desplazadas por la autoridad de la razón humana soberana y el enfoque empírico de todo conocimiento.

El antisobrenaturalismo de la cultura secular moderna condujo a la propuesta de que la Biblia debería ser leída e investigada como cualquier otro artefacto literario. La «alta crítica» moderna de la Biblia surgió directamente de esta propuesta, y rápidamente ganó dominio en el protestantismo liberal y el modernismo católico romano. A principios del siglo veinte, los hombres de la iglesia liberal como Harry Emerson Fosdick, describían abiertamente la Biblia como un «problema». Para esos predicadores y teólogos liberales, la Biblia era un problema que debía resolverse más que la solución al problema del conocimiento.

En una prosa transparente, el autor John Updike describe a un predicador presbiteriano ficticio de una congregación sofisticada de Nueva York que pierde su fe en esta era. En su novela *En la belleza de los lirios*, Updike habla del reverendo Clarence Arthur Wilmot, que pierde su fe y llega a la conclusión, mientras estudia un sermón, nada menos, que no hay Dios. El reverendo Wilmot remonta su pérdida de fe al enfoque histórico-crítico de la Biblia que le habían enseñado en el seminario, donde «hambriento de conocimiento y valiente en su sentido juvenil de la protección de Dios al alcance de la mano», se «hundió en el frío mar Báltico de la alta crítica».[2] Los altos críticos, según Updike, tomaron sus salarios de los fieles cristianos, pero «minaron las antiguas paredes y vigas de apoyo del cristianismo» con su crítica bíblica.[3]

El siglo veinte vio algunas propuestas hermenéuticas provenientes de Martín Heidegger y Ludwig Wittgenstein, pero el existencialismo de Heidegger y los juegos de lenguaje de Wittgenstein no permitieron salir de la crisis hermenéutica. Heidegger influyó en Rudolf Bultmann, cuya propuesta de «desmitificar» el Nuevo Testamento condujo a la negación absoluta de lo sobrenatural dentro de la Biblia. El intento de Karl Barth por trasladar la revelación del texto a un encuentro divino-humano permitió una recuperación a corto plazo de la confianza en la Biblia, pero su propia epistemología kantiana socavó esa confianza y lo dejó personalmente confundido cuando vio el resurgente liberalismo teológico que vino a su paso.

A mediados del siglo veinte, en el mundo académico se prestó atención más amplia a las propuestas hermenéuticas presentadas por filósofos como Hans-Georg Gadamer, que buscaban redefinir el desafío hermenéutico en términos de una «fusión de horizontes» entre el horizonte del texto y el del intérprete. Este abrazo de la indeterminación interpretativa, ofreció ideas brillantes sobre el proceso de comprensión humana, y rápidamente dio paso a una profusión de escuelas de crítica liberacionistas y revisionistas, sometiendo cada texto y autoridad a la crítica constante de liberacionistas, feministas y muchos otros.

En el mundo teológico, la «Nueva Hermenéutica» surgió en un intento por rescatar a la Biblia del subjetivismo total, pero su incapacidad para salvar el abismo entre el texto y el mundo moderno la condenó al fracaso. Demasiado pronto, la situación intelectual volvió a cambiar, con el surgimiento de lo que se conocería como «posmodernismo», con su relativismo radical y la propuesta de que todas las afirmaciones de la verdad y los textos son simplemente artilugios de la construcción social. La «muerte de la meta narrativa» iba de la mano con la famosa «muerte del autor» de Jacques Derrida, y el lector, en lugar del texto o su autor, se convirtió en el agente de la determinación del significado.

Cuando el siglo veintiuno comenzó, el posmodernismo rápidamente cayó sobre sí mismo, pero su legado de relativismo y subjetividad radical se mantuvo. La hermenéutica de sumisión al texto bíblico que había guiado la lectura y comprensión de la Biblia durante siglos había dado paso, en grandes sectores de la iglesia, a una hermenéutica de sospecha, en la cual el texto bíblico debía ser interrogado y sometido a la crítica constante en lugar de leerla, recibirla y obedecerla.

Inerrancia e interpretación

Cuando preguntamos si la inerrancia implica una hermenéutica, Kevin Vanhoozer responde directamente: «Una cosa es afirmar la veracidad de la Biblia en todo lo que declara y otra muy distinta decir cuál es la verdad de la Biblia. La inerrancia sola, por tanto, no es todavía una hermenéutica completa.»

Vanhoozer tiene razón al insistir en que la inerrancia, tomada sola, no es una «hermenéutica completa». Sin embargo, yo diría que la inerrancia, tomada sola, establece ciertos límites, reglas básicas, principios y hábitos para la interpretación fiel de la Biblia.

Algunos de estos ya eran visibles en los métodos interpretativos enseñados y demostrados por los primeros defensores de la inerrancia en el contexto estadounidense, como Warfield y J. Gresham Machen, y defensores similares de la Biblia en territorio británico, como J. I. Packer y D. Martyn. Lloyd-Jones. Aunque están separadas tanto por la geografía como por el tiempo, estas figuras son representativas de un enfoque hermenéutico unificado que se basó explícitamente en la herencia bíblica y el enfoque a la Biblia que fue característico de los reformadores y sus herederos.

Ese enfoque apuntaba a entender la Biblia como el libro oracular que Warfield describía, la Palabra que Dios *habló*. La Escritura debía interpretarse por medio de un método histórico-gramatical que buscaba afirmar el significado más literal del texto, utilizando las mejores herramientas disponibles para el intérprete (en especial el conocimiento de los idiomas bíblicos), entendiendo las diferentes formas de lenguaje y literatura bíblicos, y afirmando la total veracidad de todo lo que asevera el texto, en todos los aspectos. Ese es el enfoque hermenéutico que se aborda en la CSBI. Esa declaración afirma de manera clara que la inspiración divina se extiende a las mismas palabras de las Escrituras, y niega que «el lenguaje humano esté tan limitado por nuestra humanidad que sea inadecuado como un medio de revelación divina» (Art. IV). La inspiración de las Escrituras se afirma «en su totalidad y en cada una de sus partes» (Art. VI), en consecuencia se extiende desde todo el canon hasta las palabras individuales del texto original. La CSBI afirma que Dios desplegó a los escritores humanos individuales de las Escrituras con su «personalidad característica y su estilo literario» (Art. VIII), honrando así la intención del autor y las variedades de formas literarias. La declaración afirma explícitamente «la unidad y consistencia intrínsecas de las Escrituras» y niega que cualquier lectura legítima de la Biblia pueda permitir contradicciones o discrepancias genuinas (Art. XIV).

Además, en un conjunto muy importante de proposiciones, la declaración expresa una hermenéutica concisa pero clara:

Afirmamos que el texto de las Escrituras debe interpretarse por la exégesis gramática histórica, teniendo en cuenta sus formas y recursos literarios, y de que las Escrituras deben ser usadas para interpretar cualquier parte de sí mismas. Rechazamos la legitimidad de cualquier manera de cambio del texto de las Escrituras, o de la búsqueda de fuentes que puedan llevar a que sus enseñanzas se consideren relativas y no históricas, descartándolas o rechazando su declaración de autoría (Art. XVIII).

Aun cuando esos puntos y principios no constituyen una «hermenéutica completa», establecen claros indicadores de límites y criterios para el desarrollo de cualquier enfoque hermenéutico que sea compatible con la afirmación de la inerrancia.

El Consejo Internacional sobre Inerrancia Bíblica siguió a la CSBI, con la Declaración de Chicago sobre la Hermenéutica Bíblica (CSBH), publicada en 1982. En esa declaración, los firmantes aseveraron que cada texto de la Biblia tiene un significado que es «único, definitivo y fijo» (Art. VII), que ofrece una variedad de aplicaciones. Afirmaron que «la Biblia expresa la verdad de Dios en forma de declaraciones proposicionales», y negaron que un error tenga que ser definido como algo que engaña intencionadamente (Art. VI).

En respuesta a Gadamer y sus seguidores, negaron que «"horizontes" del escritor bíblico y los del intérprete puedan "fusionarse" correctamente en tal forma de que lo que el texto comunique al intérprete no esté controlado por el significado explícito de las Escrituras» (Art. IX).

En otra sección crucial, la declaración afirma la conciencia de los diversos estilos literarios y la necesidad de prestar la debida atención a las formas literarias. Sin embargo, rechaza cualquier esfuerzo por usar el género literario para «invalidar la historicidad» (Art. XIII). Eso sentaría las bases para un debate decisivo en la reunión de la Sociedad Teológica Evangélica en 1983, cuando este mismo tema se convirtió en un caso de prueba para la afirmación de la inerrancia.

La Declaración de Chicago sobre la Hermenéutica Bíblica nunca ha ganado el estatus de la Declaración de Chicago sobre la Inerrancia Bíblica, en parte porque los problemas hermenéuticos se acumulan muy rápidamente en esta era de crisis hermenéutica constante. Al mismo tiempo, basándose en los cimientos establecidos por la CSBI, la CSBH agregó aún más detalles a la hermenéutica que los firmantes creían que se debía a la afirmación de la inerrancia.

En un ensayo destinado a ser un resumen de consenso de la cumbre que produjo la declaración sobre la hermenéutica, Packer redujo los problemas a tres convicciones que enmarcaban «perspectivas básicas sobre la tarea hermenéutica». Lo que Packer escribió fue lo siguiente:

> Primero, la Escritura, al ser la propia instrucción de Dios para nosotros, es completamente verdadera y completamente confiable. Segundo, la hermenéutica es crucial para la batalla

por la autoridad bíblica en la iglesia contemporánea. Tercero, como el conocimiento de la inerrancia de las Escrituras
debe controlar la interpretación, prohibiéndonos descartar
cualquier cosa que las Escrituras demuestren afirmar, así la
interpretación debe aclarar el alcance y el significado de esa
inerrancia al determinar qué afirmaciones hacen las Escrituras en realidad.[4]

Packer aseveró todo lo que se encuentra dentro de la declaración
sobre la hermenéutica en sí y luego afirmó también una norma cris-
tológica para una hermenéutica evangélica que nunca establece una
antítesis entre Cristo y cualquier texto bíblico, sino que afirma que
Cristo es el cumplimiento de toda la Biblia y de todas sus partes. Una
hermenéutica verdaderamente evangélica se enfocará en Jesucristo
como el centro y el evangelio como su tema.

En una palabra, final, Packer señaló los problemas en juego:

El siglo veinte ha visto muchos intentos por afirmar la instrumentalidad de las Escrituras para presentarnos la Palabra
de Dios, aun cuando todavía niega que la Palabra se haya
establecido para siempre en las palabras del texto bíblico.
Estos puntos de vista consideran el texto como el testimonio
humano falible por medio del cual Dios modela e incita esas
ideas que nos da a través de la predicación y el estudio de la
Biblia. Pero en su mayor parte, estos puntos de vista incluyen
una negación de que la Palabra de Dios es una comunicación
cognitiva y, por lo tanto, caen inevitablemente en el misticismo impresionista. Además, su negación de que la Escritura es
la Palabra de Dios dada objetivamente hace que la relación
de esa Palabra con el texto sea indefinible y, en consecuencia, permanentemente problemática. Esto se aplica a todas
las formas actuales de teología neoortodoxa y existencialista,
incluida la llamada «nueva hermenéutica», que es una versión extrema e incoherente del enfoque descrito.[5]

En base a las declaraciones explícitas que se encuentran en la
Declaración de Chicago sobre la Inerrancia Bíblica y la Declaración de Chicago sobre la Hermenéutica Bíblica, podemos ver que

la inerrancia también implica el rechazo de: (1) los esfuerzos más temporales para evadir la cuestión de la historicidad por el uso ilegítimo de la crítica de género; (2) el esfuerzo por relativizar el texto de la Biblia por medio de formas de pensamiento posmodernas; (3) el esfuerzo por negar la autoridad de los escritores humanos de las Escrituras en términos de significado; y, en última instancia, (4) cualquier esfuerzo por negar la autoridad final y última de Dios como el Autor de todo el texto de la Biblia, hasta las mismas palabras. No hay espacio para una hermenéutica sospechosa en la afirmación de la inerrancia. Si bien la interpretación correcta de algunos textos puede requerir un estudio, una investigación y un trabajo arduo considerables, el texto debe afirmarse como totalmente verdadero en todo lo que afirma y en todos los aspectos, durante todo el proceso interpretativo. Si bien podemos obtener información legítima sobre la importancia de la ubicación social y el contexto social, sobre la importancia de una comunidad interpretativa y sobre los desafíos de la comunicación intercultural, no podemos rendirnos a un método hermenéutico que coloca la autoridad final o el control interpretativo sobre cualquiera de estas inquietudes.

El paisaje hermenéutico actual: ¿A dónde van los evangélicos?

Poco después de la publicación de la Declaración de Chicago sobre la Hermenéutica Bíblica, surgió una controversia dentro de los círculos evangélicos cuando el profesor Robert H. Gundry, del Westmont College en California, publicó un importante comentario sobre Mateo. En ese comentario, Gundry afirmó que Mateo había revisado el material para satisfacer las necesidades de los lectores a quienes escribió. Gundry empleó críticas de redacción para argumentar que gran parte de la narrativa de la infancia de Jesús en el Evangelio de Mateo llegó en forma de midrash, y que no debía tomarse históricamente o, al menos, se debía tomar como parcialmente no histórica. Por ejemplo, afirmó que Mateo tomó a los pastores encontrados en la narrativa de la infancia del Evangelio de Lucas y los convirtió en los magos del oriente. Los sabios, sugirió, nunca visitaron a Jesús.

En 1983, se le pidió a Gundry que renunciara a la Sociedad Teológica Evangélica, que, en ese momento, tenía una declaración doctrinal de una oración que requería que todos los miembros firmaran

212 EL PASTOR Y LA INERRANCIA BÍBLICA

anualmente: «La Biblia sola, y la Biblia en su totalidad, es la Palabra de Dios escrita y, por lo tanto, es inerrante en los autógrafos.[6] La votación de la Sociedad Teológica Evangélica en 1983 no fue unánime, pero fue abrumadora y el tema central fue exactamente el que se planteó en este capítulo: ¿Implica la inerrancia una hermenéutica? Más específicamente, como se aplicó al caso de Gundry: ¿Se puede afirmar la inerrancia y luego implementar críticas de redacción (como hizo Gundry en su comentario)? ¿Se puede afirmar la inerrancia y luego argumentar que el autor de Mateo inventó libremente los detalles, reconstruyó los eventos y luego presentó su evangelio como un relato histórico? La votación para pedir la renuncia de Gundry indicó claramente que la Sociedad Teológica Evangélica no creía que la afirmación de la inerrancia pudiera permitir tal hermenéutica.

Desde entonces, una serie de nuevos problemas hermenéuticos han entrado en escena. En 2005, Peter Enns, entonces profesor asociado de Antiguo Testamento en el Seminario Teológico Westminster en Filadelfia, publicó la obra *La inspiración y la encarnación: Los evangélicos y el problema del Antiguo Testamento*, en la que argumentó que los evangélicos deberían seguir viendo la Biblia como «finalmente de Dios», pero para muchas personas, «la Biblia ya se ha convertido en un grave problema teológico», haciéndose eco de las palabras utilizadas por Fosdick casi un siglo antes.[7]

Enns argumentó que la manera de salir del «problema» es ver a la Biblia como inspirada por Dios (en cierto sentido) y completamente humana: «*como Cristo es tanto Dios como humano, también lo es la Biblia*». Pero al defender Enns un vínculo entre la inspiración y la encarnación, postuló la existencia de lo que la mayoría de los evangélicos reconocerían rápidamente como un error genuino en la Biblia. Argumentó que el Antiguo Testamento, en particular, está forjado por las limitaciones culturales e intelectuales inherentes a los humanos antiguos que lo escribieron, recopilaron, editaron y ensamblaron. También dijo: «En otras palabras, entender el Antiguo Testamento en su arcaico entorno del Cercano Oriente plantea el cuestionamiento de cuán normativas son algunas de sus partes: si el Antiguo Testamento es un fenómeno cultural, ¿hasta qué punto es vinculante para un escenario cultural tan diferente como el nuestro?»

Ese libro fue suficiente para plantear una inquietud seria sobre la capacidad de Enns para firmar la declaración de fe del Seminario

Teológico de Westminster. A fin de cuentas dejó la facultad en Westminster y actualmente enseña en la Eastern University, en Pensilvania. En 2014, lanzó el libro *La Biblia me lo dice: ¿Por qué la defensa de la Biblia nos ha incapacitado para leerla.*[8] En este libro, Enns sugiere abiertamente que pasajes problemáticos —como el relato del Antiguo Testamento sobre la conquista de Canaán— deben entenderse como reflejo de la limitada cosmovisión teológica y moral de los antiguos israelitas. Dicho sin rodeos, Enns no cree que la conquista de Canaán haya ocurrido, al menos no en forma remota, como las afirmaciones narrativas del Antiguo Testamento. Tampoco cree que el éxodo de Egipto haya ocurrido, al menos no de acuerdo a los detalles que se encuentran en el libro de Éxodo. Rechaza audazmente la aprobación divina de la conquista de Canaán y encuentra evidencias arqueológicas de la falta de explicación bíblica del éxodo.

En referencia a la conquista de Canaán, Enns propone: «Los antiguos israelitas eran un arcaico pueblo tribal. Veían al mundo y a su Dios en formas tribales. Contaban historias de su pasado tribal, conducidos a la batalla por un Dios guerrero primitivo que valoraba las mismas cosas que hacían, como matar enemigos y tomar su tierra. Así es como se conectaron con Dios, en su tiempo, a su manera».

Con más arrogancia aún, Enns describe la Biblia como «la historia de Dios contada desde el limitado punto de vista de personas reales que vivieron en un determinado momento y lugar». Por supuesto, esto plantea la cuestión de qué puede significar cualquier aspecto sobre la inspiración divina en su esquema. Pero también plantea otro punto: esta hermenéutica no es ciertamente compatible con una declaración de inerrancia.

Enns tiene a su favor que entiende eso. Hace poco serví como colaborador de un libro sobre la infalibilidad de la Biblia en el que Enns también fue un contribuyente importante. En un sentido muy real, Enns y yo representamos los extremos del proyecto. Defendí la visión clásica de la inerrancia bíblica, mientras que Enns la rechazó por completo. «En pocas palabras», escribió, «la inerrancia, por muy definida y matizada que sea, tiene una gran dificultad para abordar de manera adecuada y convincente las Escrituras como un fenómeno histórico».[9] Así es como ve el asunto. Básicamente estoy en desacuerdo con él, pero respeto el hecho de que él sepa y reconozca que su hermenéutica no es congruente con la afirmación de la inerrancia.

De este modo, Enns proporciona, a su manera, evidencia del hecho de que, aun cuando la inerrancia no representa una «hermenéutica completa», ciertamente excluye al menos algunas, e incluso la mayoría, de las innovaciones hermenéuticas actualmente populares en el mundo secular académico, y representadas al menos en cierto grado en instituciones cristianas.

La mayor frustración es causada por alguien dentro de los círculos evangélicos que intenta ofrecer lo que Enns describe como una definición «matizada» de la inerrancia de la Biblia, y luego usa esa definición revisada para defender el uso de una hermenéutica que la inerrancia en realidad descarta.

Este tipo de enfoque se usó recientemente en un libro titulado *La fe evangélica y el desafío de la crítica histórica*, escrito por un equipo de eruditos que intentaron argumentar que los evangélicos deben hacer las paces con los críticos históricos de la Biblia y aprender a convivir con la crítica histórica y a emplear alguna de sus modalidades.[10]

Los editores desean «dejar de lado el tema de la inerrancia» y proponer una disposición evangélica positiva hacia la crítica histórica. En general, los contribuyentes de este proyecto no responden a la mayoría de las preguntas que plantean, pero proporcionan una amplia evidencia del hecho de que los editores «apartan» la inerrancia por una buena razón. El libro incluye sugerencias de que la caída de Adán puede no haber sido un hecho histórico. Un editor colaborador afirma: «Es cierto que los elementos fantásticos en el relato del éxodo y la falta de evidencia directa de un escape israelí de Egipto plantean desafíos a la historicidad de la narrativa bíblica». Sin embargo, nos asegura que esto puede dejar espacio para «algún tipo» de salida de «(proto) israelíes de Egipto».

Este tipo de propuesta no se limita a este volumen y sus contribuyentes. Similares propuestas hermenéuticas se encuentran en otros escritos que provienen de profesores de instituciones evangélicas y de otros estudiosos en la academia evangélica.

Ser humano es ser una criatura hermenéutica. Ser cristiano es ser discípulo hermenéutico. Ser evangélico, en el sentido más pleno y más urgente, es mantener una hermenéutica creyente que afirma que la Biblia, en su totalidad y en sus partes, es la Palabra de Dios.

La afirmación evangélica de las Escrituras sigue siendo: «Cuando las Escrituras hablan, Dios habla». Esta afirmación define la inerrancia. A su vez, la inerrancia conlleva una hermenéutica. Puede que no sea una hermenéutica «completa», pero la inerrancia establece las reglas básicas para la interpretación fiel de la Palabra de Dios. Excluye cualquier esfuerzo por negar, evadir o minimizar la condición de verdad de cualquier texto de la Biblia. Excluye cualquier hermenéutica que se acerque al texto bíblico como un texto para ser considerado y estudiado como cualquier otro texto histórico. Rechaza de la mano cualquier «hermenéutica de sospecha» y pide el estudio reverente y obediente de la Palabra de Dios.

Sí, la inerrancia *implica* una hermenéutica. Ahora bien, la labor de los eruditos evangélicos fieles en cada generación es trabajar, con temor, temblor y alegría, en aras de una comprensión de todo lo que implica esa hermenéutica.

Capítulo 14

EL USO DE OSEAS 11:1 EN MATEO 2:15

LA INERRANCIA Y EL GÉNERO

G. K. Beale

El uso que Mateo hace de Oseas 11:1 es un texto notoriamente difícil y debatido: José «estuvo allí [en Egipto] hasta la muerte de Herodes para que se cumpliera lo que el Señor había dicho a través del profeta: "De Egipto llamé a mi hijo» (AT). Hay tres dificultades con la forma en que Mateo usa el pasaje del Antiguo Testamento de Oseas. La primera es que el versículo de Oseas es una mera reflexión histórica, pero Mateo lo entiende claramente como una profecía directa que se cumple en Cristo. El segundo problema es que lo que Oseas atribuye a la nación de Israel, Mateo lo atribuye al individuo: Jesús. Tercero, la referencia de Oseas 11:1 a que Israel sale de Egipto primero introduce a la sagrada familia con Jesús entrando a Egipto, y es solo más tarde en Mateo 2:21 que Jesús y sus padres salen de ese país.

En vista de esas dificultades, surgió una variedad de respuestas. Un comentarista indicó que este pasaje es «el ejemplo de la diversidad de formas en que el Nuevo Testamento usa al Antiguo», especialmente porque no está «interesado en reproducir el significado» de los textos del Antiguo Testamento sino en leer las presuposiciones cristológicas ajenas al Antiguo Testamento.[1] Otro comentarista ha dicho que este es el «caso más preocupante» de «exégesis del Antiguo y del Nuevo Testamento» para muchas personas. Otros han visto el uso de Oseas 11 como una simple interpretación errónea de Mateo, de alguna manera, viendo Oseas 11:1 como una profecía cuando solo era una reflexión histórica sobre el éxodo original.[2] Por ejemplo, M. Eugene Boring ha dicho que «el uso de las Escrituras por parte de Mateo» en los capítulos 1 y 2 de su evangelio, incluida la cita de Oseas 11, está «en contraste con su significado original obvio» y «los cambios que realiza en el texto mismo... lo somete a la acusación de manipular la evidencia de una manera que no es convincente para los extraños».[3] Otros han atribuido a Mateo una revelación especial similar a la de Qumrán sobre el «significado completo» (*sensus plenior*) de Oseas 11:1, una postura reveladora que ya no está a la disposición de los subsecuentes intérpretes de la iglesia.[4] Otros han comprendido que Mateo emplea una hermenéutica defectuosa utilizada en otras partes del judaísmo, que los intérpretes cristianos no deberían emular, pero que la conclusión interpretativa está supuestamente inspirada por Dios.[5] De manera similar, pero con una nueva fisura, otros han llegado a la conclusión de que la interpretación de Mateo en cuanto a Oseas 11:1 no debe considerarse correcta de acuerdo con nuestros estándares modernos de interpretación, sino que era parte de una hermenéutica judía en el mundo del primer siglo, que los estudiosos modernos no tienen derecho a juzgar como errónea. Según este punto de vista, el procedimiento interpretativo, aunque extraño, debe verse como inspirado por el Espíritu e incluso ser visto como un patrón que debe seguir la iglesia contemporánea. Desde otra perspectiva, algunos ven el procedimiento interpretativo como no equivocado, pero tan singular que los cristianos de hoy no deberían atreverse a practicar el mismo procedimiento para abordar pasajes similares del Antiguo Testamento que simplemente narran un suceso histórico.

Por lo general, se hacen tales conclusiones porque Mateo (y otros escritores del Nuevo Testamento) está siendo juzgado por lo que a menudo se llama un método interpretativo «histórico-gramatical» y por una comprensión particular de ese método.

Por último, hay estudiosos que entienden que Mateo ve el éxodo pasado de Israel desde Egipto en Oseas 11:1 como una tipología general de Jesús saliendo de Egipto a la luz del contexto canónico más amplio del Antiguo Testamento.[6] La tipología puede definirse como el estudio de correspondencias analógicas entre personas, eventos, instituciones y otras cosas dentro del marco histórico de la revelación especial de Dios que, desde una perspectiva retrospectiva, son de naturaleza profética. De acuerdo con esta definición, las características esenciales de un tipo son: (1) correspondencia analógica; (2) historicidad; (3) prefiguración; (4) escalada; (5) retrospección (aunque este último elemento se calificará a continuación). La noción de que la historia del Antiguo Testamento podría ser una prefiguración de los acontecimientos en el Nuevo Testamento tiene una larga historia entre los intérpretes que se remonta a los padres apostólicos. La legitimidad hermenéutica de tal interpretación tipológica se basa en la legitimidad presuposicional de lo que se considera una filosofía bíblica de la historia, en la cual se ve que Dios diseña patrones de la historia anterior para prefigurar patrones posteriores de la historia. Por supuesto, los académicos varían en su aceptación de esta presuposición y, por lo tanto, difieren acerca de la legitimidad hermenéutica del enfoque tipológico de los escritores del Nuevo Testamento. Algunos han criticado que el enfoque tipológico es virtualmente idéntico a la visión *sensus plenior*, ya que la percepción tipológica de los autores del Nuevo Testamento a menudo ha sido vista como una visión que solo pudo haber llegado a través de la obra del Espíritu retrospectivamente, después de la muerte y resurrección de Cristo. En consecuencia, los escritores del Antiguo Testamento no habrían estado al tanto de la interpretación tipológica de sus escritos.

Mi enfoque en este capítulo es probar ampliamente que Mateo empleó un enfoque tipológico; sin embargo, hay que mostrar que la perspectiva tipológica de Mateo no era algo exclusivo de su propia perspectiva carismática y reveladora. Por lo tanto, la interpretación de Mateo no era puramente algo que él hubiera considerado accesible solo retrospectivamente a través de la obra reveladora del Espíritu, después de la venida de Cristo. Más bien, lo que él ve ya era algo visto hasta cierto punto por el propio Oseas. Otra forma de decir esto es que la interpretación tipológica que Mateo hace de Oseas 11:1 fue estimulada por el propio entendimiento tipológico de Oseas en cuanto a ese versículo, gran parte del cual incluso puede ser discernido por una amplia exégesis gramático-histórica de todo el capítulo en Oseas.

La discusión en esta sección introductoria podría revisar las discusiones recientes sobre la llamada «intertextualidad» o, mi preferida, la «exégesis bíblica interna», pero no creo que afecte sustancialmente la siguiente interpretación que hago del uso de Oseas 11:1 en Mateo 2:15.

Además de un método gramático-histórico «estricto», existen otros enfoques para interpretar las Escrituras que tienen viabilidad e integridad hermenéutica. Por ejemplo, ¿podría ser que Mateo está intencionalmente no solo empleando un enfoque «gramático-histórico» equilibrado, sino que también está empleando una especie de enfoque bíblico-teológico, y los dos enfoques son complementarios?

El argumento de este capítulo es que Mateo está interpretando Oseas 11:1 a la luz de su relación con todo el capítulo en el que se encuentra y de todo el libro, y que su enfoque —de hecho— se encuentra al borde de un contexto gramático-histórico. Enfoque combinado con una metodología bíblico-teológica. En Oseas 11, después de aludir al éxodo de Israel fuera de Egipto (v. 1), la historia de la nación en su tierra se narra brevemente. La gente no respondió fielmente a la liberación de Egipto que Dios les concedió ni a sus mensajeros proféticos que los exhortaban a ser leales a Dios; pero adoraban a los ídolos, a pesar de la gracia que Dios les había mostrado (vv. 2-5). En consecuencia, Dios los juzgará por su falta de arrepentimiento (vv. 6-7). Sin embargo, el juicio no será absoluto debido a la compasión de Dios por la nación (vv. 8-9). Se dice que esa compasión se expresa a través de la futura restauración de su pueblo, que «caminará tras el Señor» y «vendrán temblando de occidente. Vendrán desde Egipto, temblando como aves; vendrán desde Asiria, temblando como palomas, y yo los estableceré en sus casas» (vv. 10-11).

El enfoque en Oseas sobre el futuro regreso escatológico de Israel desde Egipto

En el tiempo final, de acuerdo con Oseas 11:10-11, habrá una restauración de Israel desde varias tierras, incluido «Egipto».

1. *El significado del uso de Números 23 y 24 en Oseas 11:10-11.* Incluso la imagen del león, en Oseas 11:10-11, en relación directa con Israel que sale «de Egipto» es una alusión a su primer éxodo en Números 23 y 24, donde se dice que Dios la guió «fuera de Egipto» y la gente y el rey son comparados con un «león»:

220 El pastor y la inerrancia bíblica

NÚMEROS	OSEAS
23:22a: «Dios los *sacó de Egipto* con la fuerza de un toro salvaje». 23:24: «Un pueblo se alza *como leona*; se levanta como león. No descansará hasta haber devorado su presa y bebido la sangre de sus víctimas». 24:8: «Dios los *sacó de Egipto* con la fuerza de un toro salvaje. Israel devora a las naciones hostiles y les parte los huesos; ¡las atraviesa con sus flechas». 24:9a: «Se agacha *como un león*, se tiende *como una leona*: ¿quién se atreverá a molestarlo?»	11:10-11: El Señor rugirá *como león*, y ellos lo seguirán. Cuando el Señor lance su rugido, sus hijos vendrán temblando de occidente. Vendrán *desde Egipto*, temblando como ave...

Los dos pasajes de Números junto con Oseas 11:11 son los únicos lugares en el Antiguo Testamento donde existe la mención combinada de (1) Dios «sacó a Israel de Egipto» y (2) del libertador o del ser liberado en comparación con un león. En Números 23, las personas que «salieron de Egipto» en el pasado se comparan con un león, y en Números 24, se dice que el rey de Israel «salió de Egipto» y también se compara con un león (aunque es posible que esto describa a Dios). Es posible que la representación de Números 24 sea de un éxodo futuro, pero es más probable que el éxodo anterior esté a la vista en ambos pasajes de Números, y luego las futuras victorias de Israel se vean en los siguientes contextos, que probablemente incluyan una perspectiva escatológica (Números 23:24; 24:8b, 9b, 17-19). Un posible problema de que Números 24:7-8a sea una referencia a un éxodo anterior es que no hubo un «rey» que salió de Egipto en ese momento, a menos que uno identifique a tal líder con Moisés, lo que parece ser el caso (cf. Éxodo 2:14, donde a Moisés se le llama «príncipe» o «gobernante» [LXX; también Hechos 7:35]).

La identificación exacta del «león» en Oseas 11:10 es dificultosa. Es posible que el león de Oseas 11 sea el rey que «sale de Egipto» en Números 24:7-9, pero parece continuar con una descripción de Dios mismo. Sin embargo, en ambos casos —en Números 23 y en el capítulo 24— se dice que Dios era «para ellos [o él] como los cuernos del buey salvaje», para que la siguiente descripción del león en Números se pueda aplicar igualmente a la gente y al rey porque están identificados con su Dios, que es el Único dando el máximo poder para la liberación. Esta ambivalencia puede reflejarse también en Oseas 11:10. Sin embargo, a la luz de Israel y su rey como un «león» en Números 23 y 24, Dios puede ser el que se compara con un «león» en Oseas 11 debido a la identificación corporativa entre Israel y su Dios y porque Dios es el que «saca a Israel de Egipto» en ambos textos de Números. Por otro lado, como veremos más adelante, el paralelo entre Oseas 1:11 y 11:11 podría sugerir que el «león» de 11:10 es posible que sea el real líder escatológico del regreso de Israel. Esto podría ser señalado más adelante por Oseas 3:5, donde el regreso de Israel del cautiverio también está dirigido por un rey davídico escatológico. Números 23 y 24 también señala que un líder israelita podría compararse con un «león» en 11:10, donde el león representa a Israel y su líder humano.

Por lo tanto, la identificación precisa de la figura del «león» en Oseas 11:10 es algo difícil, y puede haber una ambigüedad intencional, aunque en la superficie la referencia parece apuntar a que Dios es «como un león», que es mi propia evaluación final. En este sentido, la referencia a «él» (Oseas 11:10b RVR1960, «él rugirá como león») probablemente tenga su antecedente en «el Señor» (11:10a RVR1960, «en pos de Jehová caminarán»).

Aunque hay algunos inconvenientes interpretativos difíciles en las referencias de Números 23 y 24 y su uso en Oseas 11:10-11, en el último pasaje es probable que Oseas vea que estas alusiones de Números a los hechos pasados referentes a la «salida de Egipto» junto con la imagen «del león» serán recapituladas nuevamente en el futuro escatológico. En consecuencia, se ve que el éxodo anterior presagia un éxodo posterior de los últimos tiempos, que es una comprensión tipológica. Y, si Números 24:8-9 no es una narración del primer éxodo, sino una predicción de un éxodo del tiempo del fin, entonces Oseas 11:10-11 puede ser incluso la reiteración de esa profecía, aunque Números 23 puede ser incluido, probablemente en un aspecto tipológico.

Por lo tanto, el punto principal o el objetivo de Oseas 11:1-11 es el logro de la restauración futura de Israel por parte de las naciones,

222 El pastor y la inerrancia bíblica

incluida «Egipto». El significado general del capítulo 11 es indicar que la liberación de Israel (de Egipto) por parte de Dios, que condujo a su ingrata incredulidad, no es la última palabra acerca de la liberación de ellos por parte de Dios; aunque serán juzgados, Dios los liberará nuevamente, incluso de «Egipto». El capítulo comienza y termina con el éxodo de Egipto, pero el primero se refiere al evento pasado y el segundo a un suceso futuro. El patrón del primer éxodo al comienzo de la historia de Israel (Oseas 11:1) se repetirá al final de la historia de Israel en el tiempo final. Es poco probable que Oseas haya visto estos dos éxodos como eventos similares accidentalmente, casualmente o desconectados. Oseas parece entender que el primer éxodo de Israel (Oseas 11:1) debía recapitularse en el momento del éxodo de la nación. Esta comprensión de 11:1 en su contexto se nutre aún más al recordar que Oseas ya ha visto el primer éxodo en Números 23 y 24 para ser recapitulado en un éxodo de los últimos días.

2. *El significado de las referencias repetidas en todo el primer éxodo de Oseas de Israel desde Egipto y del éxodo de Israel en el tiempo del fin desde Egipto.* La mención de un primer éxodo de Egipto fuera de 11:1 ocurre en otras partes de Oseas, y un regreso futuro de Egipto parecería estar implicado por repetidas profecías de Israel que regresarán a Egipto en el futuro, aunque Oseas 1:10-11 (vea la tabla en la página 231) y 11:11 son los únicos textos que afirman explícitamente un futuro regreso de Egipto (aunque, como hemos visto anteriormente, hay varios textos en Isaías que también son explícitos sobre esto).

Si alguien le hubiera preguntado a Oseas si creía que Dios era soberano en la historia y que Dios había diseñado el primer éxodo de Egipto como un patrón histórico que anunciaba un segundo éxodo de Egipto, ¿no habría respondido que sí? Al menos, esta parece ser la forma en que Mateo entendió a Oseas, sobre todo al utilizar el lenguaje del primer éxodo de Oseas 11:1 a la luz del contexto más amplio y particularmente inmediato, en especial el de Oseas 11, donde el «regreso a Egipto» se predice (v. 5), y donde el punto principal y la meta es el éxodo del tiempo del fin de Egipto (v. 11). ¿Qué mejor lenguaje usar para la profecía de Oseas del segundo éxodo y el comienzo de su cumplimiento en Jesús que el que ya está a la mano y que describe al primer éxodo? Este es un paso para decir que el primer éxodo fue visto por Oseas y, más claramente, por Mateo como

PRIMER ÉXODO DE EGIPTO	FUTURO RETORNO A EGIPTO (O UN FUTURO RETORNO DESDE EGIPTO)
Oseas 2:15b: «Y cantará allí como en los días de su juventud, como en el día en que ella subió de la tierra de Egipto» [aunque este pasaje compara el primer éxodo con un futuro éxodo].	Oseas 7:11: «Efraín fue como paloma incauta, sin entendimiento; llamarán a Egipto, acudirán a Asiria».

PRIMER ÉXODO DE EGIPTO

Oseas 2:15b:
«Y cantará allí como en los días de su juventud, como en el día en que ella subió de la tierra de Egipto» [aunque este pasaje compara el primer éxodo con un futuro éxodo].

Oseas 12:13:
«Y por un profeta Jehová hizo subir a Israel de Egipto, y por un profeta fue guardado».

Cf. Oseas 12:9a:
«Pero yo soy Jehová tu Dios desde la tierra de Egipto».

Cf. Oseas 13:4:
«Mas yo soy Jehová tu Dios desde la tierra de Egipto; no conocerás, pues, otro dios fuera de mí, ni otro salvador sino a mí».

FUTURO RETORNO A EGIPTO
(O UN FUTURO RETORNO DESDE EGIPTO)

Oseas 7:11:
«Efraín fue como paloma incauta, sin entendimiento; llamarán a Egipto, acudirán a Asiria».

Oseas 7:16b:
«Cayeron sus príncipes a espada por la soberbia de su lengua; esto será su escarnio en la tierra de Egipto».

Oseas 8:13b:
«y castigará su pecado; ellos volverán a Egipto».

Oseas 9:3:
«No quedarán en la tierra de Jehová, sino que volverá Efraín a Egipto y a Asiria, donde comerán vianda inmunda».

Oseas 9:6:
«Porque he aquí se fueron ellos a causa de la destrucción. Egipto los recogerá, Menfis los enterrará. La ortiga conquistará lo deseable de su plata, y espino crecerá en sus moradas».

Ver también Oseas 1:11b:
«Y subirán [Israel] de la tierra [de Egipto]»."

Oseas 11:5:
«No volverá a tierra de Egipto, sino que el asirio mismo será su rey, porque no se quisieron convertir» (AT).

Note arriba la implicación de un futuro éxodo de Egipto en Oseas 2:15.

un patrón histórico que apunta a la reaparición del mismo patrón más adelante en la historia de Israel. A este respecto, el uso de Mateo de Oseas 11:1 también puede llamarse «tipológico», ya que entendió, a la luz de todo el capítulo 11 de Oseas, que el primer éxodo mencionado en el versículo 1 inició un proceso histórico de pecado y juicio para culminar en otro éxodo final (vv. 10-11). Después de escribir lo anterior, encontré que Duane Garrett dijo:

> No necesitamos mirar más allá de Oseas 11 para comprender que este profeta también creía que Dios seguía patrones al trabajar con su gente. Aquí, la esclavitud en Egipto es el patrón para un segundo período de esclavitud en una tierra extranjera (v. 5), y el éxodo de Egipto es el tipo para un nuevo éxodo (vv. 10-11). Por lo tanto, la aplicación de los principios tipológicos a Oseas 11:1 [por Mateo] está de acuerdo con la naturaleza de la profecía en sí misma y con el propio método de Oseas.

Muchos comentaristas han observado que la colocación de la cita de Oseas 11:1 en Mateo 2:15 parece estar fuera de orden, ya que la cita se adjunta directamente solo al informe de José, María y Jesús que van a Egipto y no saliendo de allí. Más bien, se dice que salen de Egipto más tarde en 2:21. En consecuencia, varios comentaristas han notado que la cita parece haber sido mejor colocada directamente después de Mateo 2:21, donde dice que la sagrada familia regresó de Egipto y «vino a la tierra de Israel». Aquellos que reconocen la extraña ubicación en 2:15 explica que es una anticipación al regreso de Egipto narrado en el siguiente contexto. Que esto, de hecho, es en parte el caso, es evidente al notar que el comienzo de 2:15 menciona que la sagrada familia «estuvo allí hasta la muerte de Herodes». Eso anticipa claramente los versículos 20-21, que narran el regreso de José y su familia en una conexión inseparable con la muerte de Herodes. Otros sostienen que la cita no podría haber sido colocada después del versículo 21 porque se habría distraído del enfoque geográfico al final del versículo 21 y en los versículos 22-23 sobre el destino de Israel y particularmente de Nazaret. Por lo tanto, la preocupación primordial del capítulo con respecto a las ubicaciones *geográficas* llevó a Mateo a poner la cita en el versículo

15, aunque lógicamente, la cita parece estar fuera de lugar. La vista geográfica aún consideraría el versículo 15 como una anticipación de los versículos 20-21.

En este sentido, el patrón repetido del Antiguo Testamento de Israel o de los israelitas que regresan a Egipto y luego regresan de Egipto puede situarse en el fondo de la referencia de Mateo a Oseas 11:1 y tener relación con la aparente ubicación extraña de la cita. Los pasajes típicamente aducidos por varios comentaristas para componer este patrón son 1 Reyes 11:40; Jeremías 26:21-23; 44:12-15; 2 Reyes 25:26; y Jeremías 41:16-18; 43:1-7. Todos estos pasajes representan a Egipto como un lugar aparente para refugiarse del peligro en Israel, aunque en cada caso, se trata de la desobediencia de los israelitas que buscan refugio y, excepto 1 Reyes 11:40, Egipto se convierte en un lugar de peligro. Craig Blomberg ve la posibilidad de que 1 Reyes 11:40 en particular pueda estar detrás de Mateo 2:14-15: «Por esto Salomón procuró matar a Jeroboam, pero Jeroboam se levantó y huyó a Egipto, a Sisac rey de Egipto, y estuvo en Egipto hasta la muerte de Salomón» (Mateo 2:14-15 dice: «Y él, despertando, tomó de noche al niño y a su madre, y se fue a Egipto, y estuvo allá hasta la muerte de Herodes»). Este patrón de entrar y luego regresar de Egipto es una recapitulación de la entrada original de Israel en Egipto y su éxodo (Génesis 46:4; Salmos 105:23; 37-38). Egipto también se convirtió en un lugar de sufrimiento y pecado (por ejemplo, vea Ezequiel 20:7-8; 23:3, 8, 19, 27), como sucedió en el caso de los israelitas que más tarde se mudaron a Egipto.

Este patrón más amplio del Antiguo Testamento —en cuanto a entrar a, y luego regresar de, Egipto— se destaca particularmente en Oseas, un patrón (que hemos analizado anteriormente) que se encuentra en toda su profecía. El patrón más amplio del Antiguo Testamento, especialmente cuando se encuentra en Oseas, puede tener alguna relación con la supuesta y extraña alusión de Oseas 11:1 en Mateo 2:15. Hemos observado que el contexto más amplio de Oseas indica la futura reintegración de Israel a Egipto y un futuro posterior en Egipto nuevamente. La referencia a Oseas 11:1, hemos argumentado, debe verse en el contexto de las menciones repetidas a lo largo del libro a un éxodo anterior y al *reingreso futuro de Israel y el posterior regreso de Egipto*. En particular, este patrón se encuentra completamente en el capítulo 11 de Oseas: Oseas 11:5, solo cuatro versículos después de Oseas 11:1, dice que «no volverán [Israel] a Egipto», y esto es seguido por el punto narrativo principal de todo el capítulo, que «sus hijos vendrán... desde Egipto» (11:11). De modo que, el capítulo once de Oseas comienza con el éxodo anterior de Israel desde Egipto (v. 1), en la mitad se recalca la referencia a Israel que ingresa a Egipto y concluye con una promesa de su futuro regreso de Egipto (v. 11). James Limburg sintetiza la trama de Oseas 11 de la siguiente manera: «De esta forma, la historia llega a su fin [en el versículo 11]: fuera de Egipto, regreso a "Egipto" debido a la rebelión; luego, fuera de "Egipto", volvemos a casa nuevamente debido a la compasión del Señor».[7] Y todas estas referencias en los versículos 1, 5 y 11 están vinculadas lógica y narrativamente entre sí.

En este sentido, si Mateo está al tanto del contexto más amplio y especialmente inmediato de su alegada cita a Oseas 11:1, ¿no tendría en cuenta tanto volver a Egipto como regresar allí? Por lo tanto, si el contexto más amplio de Oseas, sobre todo Oseas 11, está presente en Mateo 2:15, como hemos argumentado, entonces la cita en Mateo 2:15 no está extrañamente situada. En este sentido, el regreso de la sagrada familia a Egipto es una parte crucial de la referencia tipológica de Oseas 11:1. La narración de la familia que va a Egipto se ve como el cumplimiento de la referencia contextualizada de Oseas 11:1 que incluía en su ámbito más amplio el futuro de Israel al reingresar a Egipto[8] y luego Mateo 2:21 señala una etapa posterior del cumplimiento al registrar el regreso de Egipto a la tierra de Israel. Esto impide que Mateo tenga una perspectiva exegética «gramático-histórica» de Oseas 11:1 en el contexto de 11:2-11. Mateo está revelando lo que ya está latente exegéticamente en Oseas 11. Esta explicación agrega evidencia adicional para apoyar la opinión de muchos comentaristas de que la cita en Mateo 2:15 anticipa 2:21. Sin embargo, esta explicación también muestra de manera importante que 2:15 no es completamente anticipativo, pero indica que 2:14 es un verdadero comienzo inicial de Oseas 11:1, entendido en el contexto inmediato de Oseas, en particular el capítulo 11. Como hemos visto, el patrón más específico de «reingresar y regresar de Egipto» que se encuentra en Oseas se corrobora en otras partes del Antiguo Testamento y puede aumentar la fuerza del patrón de Oseas.

El único rey que representa a Israel en el futuro retorno de Egipto

Algunos han visto como problemático que lo que se habló de la nación en Oseas 11:1 lo aplique Mateo, no a la nación, sino a una figura mesiánica individual. En consecuencia, consideran que Mateo distorsiona el significado corporativo original de Oseas 11:1.

Sin embargo, el uso de lo que se aplicó a la nación en 11:1 a la única persona, Jesús, también pudo haber sido provocado por la narrativa acerca del rey de Israel que salió de Egipto en Números 24, que parece ser aludido en parte en Oseas 11:10-11. De hecho, Números mismo aplica las mismas imágenes de leones al pueblo (23:24) que al rey (24:9). Oseas 1:10-11 también sugiere el potencial de aplicar lenguaje corporativo al individuo, donde se dice que los israelitas serán llamados «hijos del Dios vivo» en el momento de su restauración futura, que será dirigida por «un líder». Es más, incluso la declaración al final de 1:11, «y subirán de la tierra», es una referencia a la subida de la «tierra» de Egipto, sobre todo porque es una alusión a Éxodo 1:10 e Isaías 11:16. Después de todo, ¿qué sentido tiene que esto se refiera a la tierra de Israel ya que, en el tiempo final, Israel iba a ser restaurado a su tierra, y describir esto como Israel «subir desde su propia tierra» sería extremadamente extraño?

Si esta es una referencia al futuro retorno a Israel de Egipto, encaja de manera admirable con la esperanza expresada en Oseas 11:10-11 (y otras referencias implícitas como las mencionadas anteriormente), y afirmaría de modo específico que tal futuro sería dirigido por un líder individual (literalmente, en hebreo dice «una cabeza»). Tal líder individual parece ser descrito más adelante en 3:5 como un rey davídico de los últimos días: «Después los israelitas buscarán nuevamente al Señor su Dios, y a David su rey. En los últimos días acudirán con temor reverente al Señor y a sus bondades». Esta imagen de «temor» en Oseas 3:5 para describir la manera en que Israel se acerca a Dios cuando es restaurado es paralela a la descripción de la manera de su restauración en 11:10-11, donde también dice «Vendrán desde Egipto, temblando» («temblor» se repite dos veces en 11:10-11, aunque se usa un verbo hebreo diferente al de 3:5). Esto puede apuntar más al entendimiento bíblico-teológico de Oseas de que cuando Israel salga de Egipto en el futuro (de acuerdo con 1:11 y 11:10-11), de hecho, serán dirigidos por un único rey, lo que refuerza aún más por qué Mateo pudo aplicar el idioma nacional corporativo de Oseas 11:1 a un único rey, Jesús. ¿No podría Mateo haber tenido una lectura tan bíblico-teológica de Oseas? Incluso podríamos decir que Mateo puede estar interpretando Oseas 11:1 y 11:10-11 por Oseas 1:10-11.

Lo curioso es que la referencia a la restauración de los «hijos del Dios viviente» en Oseas 1:10 tiene su paralelo más cercano en toda la Biblia en Mateo 16:16, donde Pedro profesa que Jesús es «el Mesías, el Hijo del Dios vivo». Esto bien puede ser una alusión a Oseas 1:10, por la cual se ve a Jesús como el hijo, el rey que guía a los hijos de Israel, a quienes representa. Tal identificación de este hijo propio con los hijos colectivos es probablemente la razón por la que Mateo 2:15 aplica la referencia corporativa de «hijo» de Oseas 11:1 al individuo Jesús.

Hay una última razón para entender cómo Mateo puede tomar lo que se aplica a la nación en Oseas 11:1 y aplicarlo al Mesías como individuo. Garrett ha analizado el uso de Génesis en Oseas y ha descubierto que el profeta alude repetidas veces a descripciones en Génesis de los patriarcas individuales y a otras personas importantes en la historia de Israel. Algunas veces estas descripciones son buenas, aunque no siempre lo son. El profeta aplica estas descripciones a la nación de su época. Por ejemplo, la iniquidad de Israel en el presente la involucra siguiendo el mismo patrón de desobediencia que el de Adán (Génesis 6:7) o de Jacob (Génesis 12:2-5), y la promesa hecha a Jacob como individuo «Yo te haré bien, y tu descendencia será como la arena del mar, que no se puede contar por la multitud» (Génesis 32:12; cf. 15:5 y 22:17, dirigida a Abraham) ahora se vuelve a aplicar y se dirige directamente a Israel: «Con todo, los israelitas serán tan numerosos como la arena del mar, que no se puede medir ni contar» (Oseas 1:10). De manera similar, el valle de Acor, donde se tomó a Acán y su familia para ser ejecutados por su pecado (Josué 7:24-26), fue tomado por Oseas y se invirtió para indicar que Dios revertiría el juicio de Israel de la derrota y el exilio, e Israel no sería exterminado por su pecado, pero tendría una esperanza de redención (Oseas 2:15). En lugar de ir de uno a muchos, Mateo va de muchos (Israel) a uno (Jesús), pero utiliza el mismo tipo de enfoque hermenéutico corporativo «uno y muchos» para interpretar y aplicar las Escrituras anteriores como lo hizo Oseas.

Conclusión

Por lo tanto, Mateo contrasta a Jesús como el «hijo» (2:15) con el «hijo» de Oseas (11:1). Este último, que salió de Egipto, no fue obediente y fue juzgado, pero sería restaurado (11:2-11), mientras que el primero hizo lo que Israel debería haber hecho: Jesús salió de Egipto, fue perfectamente obediente y no mereció el juicio, pero lo sufrió de todas formas por la culpa de Israel y el mundo con el fin de reconciliarlos con Dios. Mateo presenta a Jesús para recapitular la historia de Israel puesto que representa a Israel en sí mismo. Puesto que Israel desobedeció, Jesús ha venido a hacer lo que Israel debió haber hecho; por lo que siguió los pasos de Israel hasta el punto en que debía fracasar, luego seguir obedeciendo y al fin tener éxito en la misión que Israel debía haber llevado a cabo. El intento de matar a los niños israelitas, el viaje de Jesús y su familia a Egipto y el retorno a la tierra prometida, es el mismo patrón básico de Israel en la antigüedad. Por lo tanto, Jesús hizo lo que Israel debía haber hecho, pero no hizo. Este uso de Oseas 11:1 también es un ejemplo de lo importante que fueron los patrones del éxodo para Mateo y los otros escritores del Nuevo Testamento a fin de comprender la misión de Jesús. Su viaje fuera de Egipto se identifica como un éxodo escatológico de Egipto, al que señaló el primer éxodo de Israel a Egipto.

Este capítulo también intenta demostrar, contrariamente a varios estudios, que lo que Mateo citó de Oseas 11:1 muestra una sensibilidad exegética, gramatical e histórica al contexto inmediato de Oseas 11:2-11, junto con el contexto más amplio de todo el libro, el último de los cuales implica una perspectiva bíblico-teológica sobre la manera en que las distintas partes de Oseas se relacionan entre sí. Es de las profundidades del libro de Oseas (y posiblemente incluso de Oseas 11) y sus reverberaciones de Números 23-24, que Mateo recoge todo lo que ha expresado en la cita de Oseas 11. Por lo tanto, podemos hacer de nuevo la pregunta: «¿Es la exégesis tipológica de Mateo acerca de Oseas 11:1 hermenéutica y exegéticamente legítima?» «¿Es la exégesis tipológica de Oseas, que sigue Mateo, legítima hermenéutica y exegéticamente?» No hay espacio aquí para responder a esto adecuadamente, excepto para decir que la exégesis tipológica en Oseas se puede discernir mediante una exégesis gramático-histórica de Oseas. ¿Es legítima la tipología hermenéutica para los escritores del Antiguo Testamento? Creo que sí, al menos a nivel bíblico-teológico, pero no puedo discutir esto aquí, aunque he intentado hacerlo en otros lugares.

A la luz de esto, ¿puede ser una simple coincidencia que los dos últimos versículos de Oseas 10, que preceden a Oseas 11, concluyan al referirse a un «tumulto que surgirá», «cuando las madres fueron destrozadas junto con sus hijos» y «Pues el rey de Israel será destruido por completo» (vv. 14-15)? Luego, el siguiente versículo, Oseas 11:1, dice: «De Egipto llamé a mi hijo». Esto es extraordinariamente parecido a Mateo 2:13-21, donde habla de que todos los niños varones en Belén fueron asesinados (v. 16) y hubo un «llanto y gran luto» por parte de las madres por sus hijos (v. 18), seguido de la muerte de «Herodes el rey» (vv. 1, 3), mención de la cual ambos preceden y siguen la cita de Oseas 11:1: «De Egipto llamé a mi hijo».

Este estudio sobre Oseas 11, en Mateo 2, ha intentado dar una ilustración y confirmación profunda de la evaluación que R. T. France realizó hace más de treinta años acerca del rico contexto del Antiguo Testamento que yace tras las citas de Mateo 2:

> Mateo... estaba preparando deliberadamente un capítulo rico en posibles adiciones exegéticas, de modo que cuanto más plenamente compartiera el lector las tradiciones religiosas y la erudición bíblica del autor [es decir, el contexto del Antiguo Testamento], fuera más probable que obtuviera frutos de su lectura, mientras que, al mismo tiempo, había un significado superficial lo suficientemente sencillo para que incluso el lector más ingenuo lo siguiera... Los significados adicionales transmiten una comprensión cada vez más rica y positiva de la persona y el papel del Mesías, que no se integra en un esquema teológico ordenado, sino que es diverso y sugerente para aquellos que tienen ojos para ver.

Apéndice 1: El problema de la traducción de la primera parte de Oseas 11:5

Las traducciones a nuestro idioma hacen que la primera parte de Oseas 11:5 como «ellos [o literalmente "él" = Israel] no [lõ'] volverán a Egipto» (RVR1960, LBLA, RVA, BLPH, Tárgum). Sin embargo, algunas traducciones dicen «volverán a la tierra de Egipto» (o «tornará a la tierra de Egipto»), interpretando de forma aparente e implícita que *lõ'* tiene una fuerza aseverada positiva (RVR1960, BLPH, LBLA, RVA; como las versiones en inglés JPS y NETB); otros consideran que *lõ'* es negativo, pero traducen la primera parte del versículo 5 como una pregunta: «¿No volverán a la tierra de Egipto?» Por consiguiente, la pregunta retórica espera una respuesta positiva, por lo que esta traducción tiene el mismo sentido positivo que los que preceden directamente. Asimismo, los comentaristas están divididos en su opinión acerca del versículo, algunos lo toman como una referencia explícita negativa[9] y otros lo toman positivamente. Por lo tanto, tanto las traducciones como los comentaristas están bastante divididos respecto a si la primera parte del versículo 5 se refiere o no a un regreso a Egipto o niega tal regreso.

Entiendo que la expresión es positiva: ya sea «volverán a Egipto» o «¿no volverán a Egipto?», esta última espera una respuesta positiva. Ya que *lõ'* puede tomarse fácilmente en un sentido positivo, es bastante plausible que esta sea la fuerza, sobre todo porque repetidamente en todo Oseas se profetiza que Israel volverá a Egipto y que regresarán de Egipto. Si Oseas 11:5a afirmaba verdaderamente que Israel no volvería a entrar en Egipto, sería la única referencia en Oseas y, de hecho, refutaría todas las demás referencias positivas en el libro, lo cual es poco probable, en particular desde el 11:11 («vendrán... temblando como las aves de Egipto») asume que los israelitas ya están en Egipto, así como en Asiria. Sin embargo, algunos todavía tratan de darle sentido al versículo 5a como una referencia negativa dentro del contexto de Oseas.

Si *lõ'* no se toma como una fuerza positiva afirmativa o como una pregunta que espera una respuesta positiva, entonces es posible que se forme el final del versículo 4, de modo que la partícula negativa *lõ'* se lea como el pronombre plural de tercera persona *lõ* («para él», entendido físicamente como «ellos»), que es la forma en que la *Biblia Hebraica Stuttgartensia* lo toma: «Yo [Dios] levanté el yugo de su cuello y los alimenté [literalmente "él"],» para que el versículo 5 comience con «Ellos [él]... volverán a Egipto...» Si esto es correcto, como lo cree la *Biblia NET* (New English Translation), entonces la confusión textual entre el *lõ'* negativo y el pronombre *lô* se produjo debido a un error en el sonido, ya que las dos palabras suenan idénticas, lo cual es una confusión de escribas que se encuentra en otra parte de la Biblia hebrea (así que vea la nota en la *Biblia NET*). La

Septuaginta sigue esencialmente al hebreo: «prevaleceré con él [= les será corporativo]», y comienza el versículo 5 por «Efraín establecido en Egipto». La expresión de la Septuaginta «Efraín se estableció en Egipto», es una referencia al pasado o, más probablemente, el verbo en tiempo pasado es como un perfecto profético hebreo, que funciona para referirse al futuro.

Pero incluso si la lectura original fuera «no volverán a Egipto», la interpretación positiva de la LXX (que entendió positivamente el Texto Masorético) se habría convertido en parte de la tradición exegética en el primer siglo d. C., del cual Mateo pudo haber sido consciente y hubiera apreciado a la luz de las otras referencias positivas en otras partes de Oseas a un futuro regreso a Egipto (tal vez comparable a la opinión de Pablo sobre Salmos 68:18 en Efesios 4:8, donde cambia «Él recibió regalos» a «Él dio dones», probablemente para entender la noción general en otro lugar a lo largo del salmo de Dios que otorga dones a Israel). E incluso si Mateo era consciente de solo una referencia negativa en Oseas 11:5, hemos visto anteriormente que hay referencias repetidas al futuro regreso de Israel a Egipto en los capítulos 7 a 9 de Oseas, que llevan al capítulo 11, de donde Mateo bien pudo haber derivado el tema del futuro regreso de Israel a Egipto y lo integró en su comprensión tipológica del capítulo 11.

Apéndice 2: ¿Es la referencia a «Egipto» en Oseas 11:5a y 11:10-11 literal o figurativa?

Douglas Stuart y Allen R. Guenther se encuentran entre los que toman el regreso a Egipto como una figura para un cautiverio en Asiria. Hans Walter Wolff, J. Andrew Dearman, y Marvin A. Sweeney, entre otros, sostienen que Egipto y Asiria son lugares geográficos literales y que Egipto no es simbólico para Asiria. Limburg toma enigmáticamente «Egipto» como una tierra literal a la que Israel volverá y lo toma como figura del futuro cautiverio en Asiria. Es poco probable que «Egipto» sea figurativo para «Asiria» en Oseas 11:5, ya que «Egipto» nunca se usa figurativamente en todo el Antiguo Testamento fuera de Oseas, excepto en Génesis 13:10, donde forma parte de un símil explícito comparándolo con parte de la tierra prometida. No es convincente que Oseas use «Egipto» figurativamente para «Asiria» en otras partes del libro y luego lo use para referirse a «Egipto» literal en 11:5 (como, por ejemplo, argumenta Thomas Edward McComiskey).

Por lo que puedo decir, en más de seiscientos casos en el Antiguo Testamento, «Egipto» se usa solo una vez en sentido figurado, lo que —como se vio anteriormente—, ocurre en un símil formal: «como el huerto de Jehová, como la tierra de Egipto en la dirección de Zoar, antes que destruyese Jehová a Sodoma y a Gomorra» (Génesis 13:10 RVR1960). Cuando la restauración de Asiria y Egipto se mencionan juntas en otras partes del Antiguo Testamento, queda claro que ambos deben entenderse literalmente (desde la perspectiva del Antiguo Testamento) como lugares, que se enumeran entre otros lugares geográficos desde los cuales los judíos dispersos deben reunirse (Isaías 11:11, 15-16; Micaías 7:11-13; Zacarías 10:8-11; aparentemente también Isaías 27:12-13, a la luz de 11:11, 15-16; vea también Isaías 19:23-25, que se refiere a Egipto y a Asiria como personas que regresan a Dios en el futuro escatológico). Cuando «Egipto» y «Asiria» se mencionan juntos en otros lugares en contextos no escatológicos, también son lugares geográficos literalmente distintos (Génesis 25:18; 2 Reyes 17:4; 23:29; Isaías 7:18; 20:3-4; Jeremías 2:16-18, 36; Lamentaciones 5:6). Las referencias a «Egipto» y «Asiria» en Oseas parecen tomarse mejor de la misma manera que en otras partes del Antiguo Testamento, especialmente en otras partes de los profetas. Oseas 7:11 (Israel «llama a Egipto, va a Asiria») probablemente se refiere a regiones geográficas distintas, ya que 7:8 dice «Efraín se mezcla con las *naciones* [plural]», aparentemente refiriéndose a más de la nación Asiria. Oseas 9:3 («Efraín regresará a Egipto, y en Asiria comerán comida inmunda») debe tomarse de manera similar a la luz de 9:17 («andarán errantes entre las naciones [plural]»). Oseas 12:1 (Israel «hace pactos con Asiria, y a Egipto le da aceite») aparentemente debe tomarse de la misma manera. La referencia en Oseas 11:10-11 a Israel que regresa no solo de «Egipto» y «Asiria», sino también «desde el oeste», parece indicar que se tiene en mente una restauración más amplia que meramente de Asiria, de modo que «Egipto» puede ser una referencia literal entre los distintos lugares de la diáspora desde los cuales se restaurará Israel.

Capítulo 15

¿Está muerta la inerrancia? Cómo cerrar la «brecha» hermenéutica

LA INERRANCIA Y LA INTERTEXTUALIDAD

Abner Chou

Los estudiantes tienen una habilidad especial para encontrar brechas. Como profesor, veo sus ingeniosos intentos por eludir los requisitos y pedir extensiones en las tareas. Escucho a muchos profesores decir que desean que los estudiantes pongan tanto esfuerzo en sus estudios como en lo que intentan por salir de ellos.

Sin embargo, los estudiantes no son los únicos que encuentran esas brechas. Algunos de sus maestros también lo hacen, sobre todo en el área de la inerrancia. Hace poco, algunos eruditos, que dicen ser inerrantistas, han socavado la inerrancia con sus interpretaciones acerca de la Biblia. A pesar de lo que ella dice, argumentan que Adán nunca existió (Génesis 1:26-28) y que ciertos detalles de la vida de Jesús son ficticios (Mateo 2:1-23; 27:52-53).[1] ¿Cómo pueden hacer eso y afirmar que siguen siendo inerrantistas? Ellos apuntan a la letra pequeña de la inerrancia: la hermenéutica y la intención del escritor. El error ocurre solo cuando el autor afirma algo falso. La brecha consiste en reinterpretar lo que afirmó. Si Moisés *declaró* que Adán era histórico, concluir que es un mito significa que la Biblia está equivocada. No obstante, aun cuando la Biblia no hablara nunca de un Adán histórico, concluir que es un personaje mítico no implica que la Biblia esté errada. Al modificar la interpretación de lo que el autor pretende, *aparentemente* se puede hacer cualquier elucidación congruente con la inerrancia. «El autor nunca quiso decir...» son las palabras mágicas que reivindican cualquier interpretación cuando se quiere contradecir la inerrancia. Con una brecha como esa, la inerrancia se vuelve inerte, porque ya no afecta la manera en que entendemos la Biblia. ¿Cómo lidiamos con esa brecha? La solución es entender el modo en que pensaban realmente los escritores bíblicos. ¿Se preocuparon por el significado preciso de las palabras de las Escrituras y lo que implicaban (por ejemplo, las afirmaciones históricas)? ¿O acaso su preocupación fue únicamente por el mensaje en general?

Esta cuestión de cómo los autores bíblicos interpretaron y aplicaron la Biblia tiene que ver con la intertextualidad. Algunos apelan a ella para mostrar que los autores bíblicos no eran hermenéuticamente precisos, por lo que no deberíamos leerlos con tanta precisión.[2] Para esos eruditos, la hermenéutica de los escritores bíblicos revela que la Biblia es inerrante solo en su mensaje intencional, pero no en todo lo que sus declaraciones afirman. Por lo tanto, necesitamos liberar nuestra hermenéutica y comprensión de la inerrancia.

Contrario a ello, tras un examen más detenido, podemos ver que los escritores bíblicos mantuvieron un alto estándar hermenéutico, por lo cual los supuestos «pasajes problemáticos» no prueban lo opuesto. Bajo la inspiración del Espíritu, los escritores bíblicos leyeron las Escrituras con una hermenéutica gramático-histórica literal y sostuvieron su veracidad en todos los niveles (cf. Juan 16:13). El uso que hicieron de las Escrituras confirma su convicción de que la Biblia es precisa, unificada, correcta, autoritativa e infalible. Esta es la forma en que escribieron la Biblia y nos exigen que la leamos de la misma manera. La inerrancia no es inerte. Nadie puede simplemente apelar a algo como: «Pero el autor nunca tuvo la intención de hacerlo…» como un vacío legal porque la intertextualidad nos muestra la intención de los autores de leer cada declaración de la Palabra de Dios como la verdad, toda la verdad y nada más que la verdad.

La hermenéutica literal y la Palabra de Dios como verdad

En la esencia de la interpretación literal yace el asunto de la verdad. ¿Respetaron, los escritores bíblicos, la intención original de la revelación anterior y trataron las Escrituras como la verdad autoritativa, inmutable y congruente de Dios? ¿O su uso de las Escrituras mostró que las veían como algo menos que eso?

Para empezar, tengo tres observaciones principales sobre la manera en que los escritores del Nuevo Testamento trataron al Antiguo Testamento:

1. *Los apóstoles vieron el Antiguo Testamento como verdad* (Juan 17:17; 2 Timoteo 2:9-15; cf. 2 Timoteo 3:16; 2 Pedro 1:21). Esa no es una pequeña observación. El término verdad se refiere a lo que es un hecho (Hechos 26:25), la naturaleza de Dios (Romanos 3:4) y las palabras de Cristo (Juan 8:31-32). Esto significa que los apóstoles creyeron que la Escritura era precisa y que reflejaba el carácter de Dios. En efecto, Juan usa una frase de Isaías 65:16 acerca de la veracidad de Dios y la aplica a la Palabra de Dios en Apocalipsis 22:6. Este es un caso del uso del Antiguo Testamento en el Nuevo Testamento que muestra cómo las Escrituras poseen la verdadera naturaleza de Dios. En consecuencia, los apóstoles presentan las Escrituras como las palabras de los profetas (Mateo 4:14) y las palabras de Dios (Mateo 1:22). Ellos creían que el mensaje de Dios era exactamente lo que los escritores del Antiguo Testamento comunicaban, ni más ni menos (cf. 2 Pedro 1:20-21).

2. *Los apóstoles afirmaron su coherencia con el Antiguo Testamento.* Al citar las Escrituras, los apóstoles usaron frases como «según las Escrituras» (1 Corintios 15:3-4), «como está escrito» (Marcos 1:2; Lucas 2:23; Romanos 8:36), «Pues [seguido de una cita de la Escritura]» (1 Corintios 6:16; Gálatas 3:11; Hebreos 7:17), «porque está escrito» (Gálatas 3:10), y «para que se cumpla» (Juan 15:25; Hechos 1:16; 3:18; Santiago 2:23). Los apóstoles apelaron al Antiguo Testamento como el fundamento de su mensaje, la base de la comparación y la razón de su argumento. También entendieron que su mensaje confirmaba lo que el Antiguo Testamento decía. En consecuencia, consideraron al Antiguo Testamento como autoritativo y afirmaron ser fieles a lo que decía. Creían que el Antiguo Testamento tenía la intención de confirmar al Nuevo Testamento y a Cristo (Lucas 24:24-27; 1 Pedro 1:10-12).[3] Su mensaje fue el cumplimiento del Antiguo Testamento, no su perdición (Mateo 5:17; Romanos 3:21; Hebreos 1:1-2).

3. *Los apóstoles usaron el Antiguo Testamento en contexto.* Lo hicieron cuando discutían el lugar del nacimiento de Cristo (Mateo 2:6; cf. Miqueas 5:2), la importancia de la fe (Romanos 4:3; Génesis 15:6), la muerte expiatoria de Cristo (1 Pedro 2:24; Isaías 53:5), y la santidad de Dios (1 Pedro 1:16; Levítico 19:2). Su lectura del

Antiguo Testamento era tan contextual que incluso sabían cómo se relacionaban entre sí los pasajes de ese testamento. Pablo, en su discusión sobre el pecado, continúa la manera en que Isaías desarrolla el Salmo 14 (Romanos 3:10-19; cf. Salmos 14:1; Isaías 59:7). Marcos continúa la discusión de Malaquías sobre el mensajero en Isaías 40 (Marcos 1:2-3; cf. Isaías 40:3; Malaquías 3:1).[4] Más aún, su hermenéutica completamente contextual los llevó a leer y aplicar las Escrituras exactamente de la misma manera. Por ejemplo, varios escritores del Nuevo Testamento apelaron a Isaías 53 para que describiera el sacrificio de Cristo (Marcos 10:45; Romanos 4:25; 1 Pedro 2:24) y usaron Levítico 19:18 («Ama a tu prójimo como a ti mismo») como una base para la moralidad cristiana (Mateo 19:19; Gálatas 5:14; Santiago 2:8). Los apóstoles tenían una hermenéutica congruente que era fiel al texto.

En resumen, los apóstoles declararon que el Antiguo Testamento es la verdad, afirmaron que lo usaron como corresponde; lo que, en realidad, hicieron. Todo esto afirma una alta visión de las Escrituras en la proclamación y la práctica.

En este punto, los eruditos responden que los apóstoles a veces parecen usar el Antiguo Testamento fuera de contexto. Ahora tornaremos nuestra atención a esos pasajes.

Los párrafos anteriores deberían darnos una pausa antes de emitir un juicio inmediato sobre los apóstoles. Después de todo, tienen una importante y cuidadosa interpretación histórica de las Escrituras. Además, afirmaron que confían y siguen siendo coherentes con el significado del Antiguo Testamento. ¿No deberíamos tomar en serio esa afirmación? ¿No deberíamos darles el beneficio de la duda y ver si es posible que hayan hecho lo que dijeron?

A medida que consideramos sus afirmaciones, debemos analizar dos factores importantes que señala la discusión anterior. Primero, debemos distinguir entre significado y sentido (implicación). Los apóstoles no siempre comentaban el significado de los textos del Antiguo Testamento, sino que hacían inferencias de esos textos para apoyar sus argumentos. Esto queda claro en sus fórmulas introductorias. Debemos cuidarnos de condenar a los apóstoles por «leer el texto» cuando en realidad tenían implicaciones muy legítimas.

Segundo, debemos considerar el contexto completo del Antiguo Testamento con el que trabajaban los apóstoles. Como se discutió, los apóstoles entendieron y siguieron la forma en que los profetas usaron el Antiguo Testamento. Dicho de otra manera, la hermenéutica profética continuó en la hermenéutica apostólica. Debemos cuidarnos de concluir que los apóstoles no entendieron el contexto cuando es posible que no hayamos visto el contexto completo con el que estaban trabajando.

Teniendo en cuenta estos dos factores, podemos analizar algunos de los principales ejemplos del supuesto mal uso del Antiguo Testamento que hacen los apóstoles. Aunque no puedo proporcionar una argumentación exhaustiva ni abordar todos los pasajes problemáticos, las observaciones iniciales hechas en este capítulo muestran cómo resolver estos problemas y el modo en que los apóstoles interpretaron las Escrituras de una manera que afirmaba su autoridad y exactitud.

Un tipo de supuesto uso indebido se produce cuando un escritor del Nuevo Testamento emplea un texto del Antiguo Testamento como una profecía cuando originalmente no lo era. El uso de Oseas 11:1 por parte de Mateo es un ejemplo primario de esto. ¿Cómo puede Mateo usar Oseas 11:1 como una profecía del viaje de Jesús a Egipto cuando originalmente se refería al éxodo de Israel?

Sin duda, Oseas 11:1 se *refiere* a la huida de Israel de Egipto. Sin embargo, eso no explica cómo usó Oseas la idea en contexto. Esa pregunta se vuelve muy importante cuando consideramos por qué Mateo usó Oseas en primer lugar. Muchos pasajes hablan sobre el éxodo (Éxodo 4:22-23; Números 24:8; Deuteronomio 4:34; Salmos 106:10-12). Si Mateo solo quería hablar sobre el evento, ¿por qué no usar un texto más prominente? Mateo pensó que lo que mencionó Oseas del éxodo fue significativo, y tenemos que investigar por qué.

La mención de Oseas acerca del éxodo sigue un patrón establecido por sus predecesores: el primer éxodo es la base para una mayor liberación (cf. Salmos 74:10-15; 77:14-15; 80:16). Manteniendo esa lógica, el contexto de Oseas 11:1 discute cómo el amor de Dios por Israel en el éxodo lo llevará a liberar a la nación en el futuro (v. 11). A lo largo del libro, el profeta ha descrito esa liberación, cuando el Mesías llevará a su pueblo a casa desde el exilio en un segundo éxodo (1:11; 3:5). En contexto, Oseas 11:1 no solo discute la historia, sino que esta es el precedente para las obras futuras de Dios. Esta profecía mayor es el punto del texto, que es recogido y repetido por otros profetas (Micaías 7:14-15; Isaías 43:1-21).

Mateo continúa esta línea de pensamiento. Dios salvó a Jesús de Herodes en su propio éxodo personal para demostrar que Dios ama a Jesús tanto como amó a su hijo, Israel. Esto prueba que Jesús es el verdadero representante de Israel y el Rey, que los guiará en un nuevo éxodo. Él es el individuo mesiánico sobre quien profetizó Oseas. (cf. Oseas 1:11; 3:5). Por lo tanto, Mateo muestra cómo Dios está cumpliendo el *propósito de Oseas* 11:1. Oseas 11:1 en contexto discute cómo el primer éxodo exige un nuevo éxodo dirigido por el Mesías. El escritor del evangelio muestra una importante implicación de esa realidad; a saber, cómo encaja la vida de Cristo y cómo funciona para cumplir ese tema bíblico-teológico.

Otra categoría de uso potencialmente indebido se refiere a la ley. Los estudiosos señalan que los apóstoles dicen que ya no estamos bajo la ley (Romanos 6:14; Santiago 2:8) y que no necesitamos cumplir ciertas órdenes (Colosenses 2:13-23). ¿Implica esto que los escritores del Nuevo Testamento consideraron que la ley carecía de autoridad o que comunicó algo menos que la verdad, algo que el Nuevo Testamento corrige más adelante? Una vez más, necesitamos examinar el contexto. Dios diseñó la ley para enseñar a Israel acerca de su carácter y sus demandas santas (Levítico 19:2). De hecho, el término «ley» *(tôrâ)* significa *«enseñar»* o *«señalar»* (Éxodo 15:25-26).[5] Cada mandamiento explicaba la verdad teológica a Israel y al mundo oyente (cf. Éxodo 19:5-6).

La ley no solo enseñó acerca de Dios, sino que también señaló su objetivo de cambiar el corazón de las personas (Deuteronomio 30:1-6). Esto implicaba que habría un momento en que la ley cumpliría su propósito y daría paso a algo nuevo. Más tarde, Isaías reconoció que cuando el Siervo expiara y transformara los corazones de su pueblo (Isaías 44:3; 52:13-53:12), la ley se cumpliría y no sería forzada a ello (Isaías 56:4).[6] El profeta recalcó lo que la ley originalmente indicaba. Así, cuando los escritores del Nuevo Testamento muestran el cumplimiento de lo que Isaías (y otros) profetizaron, no están haciendo caso omiso de la autoridad del Antiguo Testamento. Más bien, al mostrar el cumplimiento, demuestran que las Escrituras son infalibles. El propósito de la ley no se frustraría, sino que se cumpliría.

Además, aun cuando los apóstoles no requieren obediencia a la letra de la ley, la usan para discutir el carácter de Dios (1 Pedro 1:16) y sus demandas (Romanos 13:9; Santiago 2:11). Esto muestra que los apóstoles creían que la ley enseña la verdad. El cumplimiento de la ley en Cristo y el nuevo pacto no altera esa realidad. La apelación de los escritores del Nuevo Testamento a la ley demuestra que no solo es infalible, sino también inerrante. Es verdad en su propósito y en lo que afirma de manera proposicional acerca de Dios y sus principios.

¿Qué aprendemos de todo esto? Los apóstoles trataron la Palabra de Dios con cuidado. No se acercaron a las Escrituras de una manera arrogante. Más bien, afirmaron las Escrituras como su autoridad definitiva y las entendieron en su contexto. Tal reverencia refleja el hecho de que creyeron (como dicen) que la Biblia es la verdad autoritativa e inalterable de Dios. Incluso en supuestos pasajes problemáticos, observamos que no estaban sacando las Escrituras fuera de contexto, sino que conocían ese contexto y una razón mayor en el Antiguo Testamento. El problema no es que los apóstoles no entendieron las Escrituras, sino que la conocían mucho mejor que nosotros.

La comprensión del contexto de los apóstoles recalca una realidad importante: la analogía de la fe. La analogía de la fe afirma que las Escrituras son absolutamente armoniosas, no tienen contradicción alguna. Este es un principio clave en la hermenéutica tradicional, uno que está enraizado en la inerrancia de las Escrituras. Algunos alegan que hemos forzado el paradigma de la inerrancia y la analogía de la fe en las Escrituras. Sin embargo, la discusión anterior muestra que no fuimos los primeros en ver la Biblia de esta manera. Los escritores bíblicos practicaron la analogía de la fe en su extensa recopilación de las Escrituras. Ellos creyeron que la Escritura está perfecta y autoritativamente unificada. De esta manera, la hermenéutica altamente contextual de los apóstoles afirma que creían que la Biblia es totalmente congruente y, por lo tanto, infalible.

La hermenéutica gramatical y la Palabra de Dios como toda la verdad

Los apóstoles manejaron las Escrituras de una manera que refleja su veracidad. ¿Hasta qué punto, sin embargo, se extiende esa veracidad? Esto plantea el tema de la interpretación gramatical. ¿Vieron, los apóstoles y los profetas, cada frase y palabra de las Escrituras como verdad? ¿O simplemente vieron sus ideas generales como tal cosa? ¿Es la Biblia toda la verdad, en palabras y todo?

Nuestro Señor asevera que cada palabra de la Biblia es importante. Afirma que las Escrituras no se pueden quebrantar (Juan 10:35) y que ninguna letra de la ley pasará (Mateo 5:18). También se enfoca en la redacción de frases como «tres días» en Jonás 1:17 (Mateo 12:40), «dos se convierten en una sola carne», en Génesis 2:24 (Marcos 10:7), «señor», en el Salmo 110:1 (Mateo 22:44), y «dioses» en el Salmo 82:6 (Juan 10:34). Estas palabras se vuelven críticas por su argumento en cuanto a su propia resurrección, la naturaleza del matrimonio y su divinidad. Jesús afirma que cada palabra de la Escritura es importante y lee el texto de esa manera. Los escritores de los evangelios siguen su ejemplo. Muestran igual preocupación por los detalles del texto. Desde la profecía de Isaías —de que el Siervo sanaría (Mateo 8:17; cf. Isaías 53:4)—, hasta los detalles sobre los huesos del elegido de Dios (Juan 19:36; cf. Éxodo 12:46; Salmos 34:20), los escritores de los evangelios discuten la redacción exacta de las Escrituras.

Los Hechos y las epístolas son igual de precisos. Lucas ve la frase «hasta el fin de la tierra» en Isaías 49:6 como la base de la misión de la iglesia a los gentiles (Hechos 1:8). Pedro apela a «ni su carne vio corrupción» para probar el Salmo 16 que se refiere al Mesías (Hechos 2:31). También se enfoca en términos como *palabra* (Isaías 40:8; 1 Pedro 1:23-25) y *piedra angular* (Isaías 28:16; 1 Pedro 2:6-7) en sus escritos para apuntar sobre el evangelio y la naturaleza de Cristo y de la iglesia. Pablo aplica las Escrituras de manera similar. Él usa Isaías 28:6 de la misma forma que lo hace Pedro, para mostrar que Jesús es la «piedra angular» (Efesios 2:20). Pablo también examina cómo el Antiguo Testamento utiliza el término *fe* en la vida de Abraham y en Habacuc (Génesis 15:6; Habacuc 2:4; Gálatas 3:1-11). El autor de Hebreos también presta atención a las palabras de la Escritura cuando se enfoca en las palabras *fe* (10:39-11:1) y *descanso* (4:1-5; cf. Génesis 2:2; Salmos 95:11) en el Antiguo Testamento. Santiago también toma especial cuidado por la redacción de las Escrituras. Se concentra en la frase «dar favor» en Proverbios 3:34 para mostrar cómo Dios da gracia para que podamos satisfacer sus demandas (Santiago 4:6).

Aun cuando este es un breve ejemplo, nuestra discusión demuestra que los escritores del Nuevo Testamento afirmaron la veracidad y la autoridad de las palabras de la Escritura. Aunque el espacio no permite una discusión completa, esa misma exactitud también se encuentra en el Antiguo Testamento, que afirma que las palabras de Dios son puras (Salmos 119:140) y que ninguna de las buenas palabras de Dios ha fallado (Josué 21:45). Tanto los profetas como los apóstoles se preocuparon por lo que dicen las palabras del texto sagrado.

Sin embargo, los estudiosos plantean objeciones. Algunos afirman que los apóstoles no entendieron correctamente la gramática de un texto. Por ejemplo, al discutir el papel de la ley y la promesa, Pablo afirma que Dios hizo una promesa a la descendencia singular de Abraham, que es Cristo (Gálatas 3:16). Sin embargo, el contexto original sugiere que la palabra *simiente* o *descendencia* se refiere a los descendientes en general de Abraham. Los estudiosos argumentan que el apóstol forzó la gramática para que se adaptara a su propósito.

En respuesta, nuevamente debemos examinar el contexto general. En Génesis 3:15 y otros pasajes (4:25; 22:17-18; 24:60), Moisés usa pronombres y verbos en singular para referirse a la *simiente*. La gramática en estos casos indica que «simiente» alude a una persona, no a un grupo. Este uso distinto de *simiente* lo convierte en un término técnico para el individuo mesiánico en 3:15. Por tanto, cuando Dios hace la promesa de bendición a la «simiente» de Abraham en 22:18, esa garantía se desarrolla 3:15 y el Mesías. El Salmo 72:17 (RVR1960) confirma esta lectura cuando dice: «Se perpetuará su nombre mientras dure el sol. Benditas serán en él todas las naciones; lo llamarán bienaventurado» (observe el singular). La declaración de Pablo es correcta. La palabra *descendencia* en singular señala de nuevo a la Simiente singular que representa a la descendencia de Abraham y cumplirá las promesas. Pablo lee el Antiguo Testamento de manera contextual y gramatical. Presta atención a si una palabra es singular o plural.

Otra objeción se refiere a la manera en que el Nuevo Testamento traduce al Antiguo. Algunos argumentan que las traducciones dificultaron la precisión de los apóstoles e incluso los engañaron. Los eruditos señalan el uso del Salmo 8:5 en Hebreos 2:7-9 como ejemplo. El Salmo 8:5 dice que Dios hizo al hombre poco menos que *elohiym* (מיהלא), que podría traducirse como «Dios» o «ángeles». El autor de Hebreos 2:7 traduce esto como «ángeles», lo cual es importante para su argumento. Sin embargo, los estudiosos piensan que esa era la intención original de Dios.[7] ¿Es este un caso en que la mala traducción hizo que los apóstoles fueran inexactos? Como ya se mencionó, la palabra en hebreo se puede traducir como «ángeles», y David intentó eso. Los salmistas nunca hablan directamente con Dios y luego se dirigen de inmediato a Dios en tercera persona. Si el Salmo 8:5 hablaba de que alguien se hizo menos que Dios, supondríamos que es «Lo hiciste un poco menos que *tú*», no «Lo hiciste un poco menos que *Dios*». La traducción «Dios» no encaja en este versículo. Además, en otros pasajes que se dirigen directamente a Dios y hablan de *elohiym* (אֱלֹהִים), este último significa «ángeles» (cf. Salmos 138:1). Según ese patrón, *elohiym* en el Salmo 8:5 debería significar «ángeles». La traducción «ángeles» es la opción más lingüísticamente coherente y defendible. Lejos de ser impreciso o erróneo, el escritor del Nuevo Testamento se preocupa por la redacción de las Escrituras, hasta el término ángel. Veía cada palabra como importante.

¿Es la Biblia la verdad absoluta, en palabras y en todo? Los profetas y apóstoles la manejaron de esa manera. Ellos construyeron sus argumentos basados en varios términos y frases en el texto. Se preocuparon por la gramática del texto y muestran que la precisión no se pierde en la traducción. Su enfoque lingüístico comprueba que la Biblia es verdadera hasta en lo que las palabras comunican.

La hermenéutica histórica y la Palabra de Dios como nada más que la verdad

La precisión de la Biblia se extiende a su redacción. Sin embargo, ¿podría alguna vez incluir algo que no sea verdad? Algunos eruditos argumentan que los escritores bíblicos incorporaron detalles y eventos ficticios en su transcripción de la historia. Esto plantea una pregunta: ¿Cómo pensaron los escritores bíblicos a través de la Biblia y la historia? ¿Consideraron las Escrituras como históricamente precisas o pensaron que la Biblia tenía historia mezclada con mitos?

Los escritores bíblicos objetaron categóricamente los mitos. Moisés alertó contra aceptar la idolatría y los conceptos paganos (Deuteronomio 4:16-20). Pablo y Pedro denunciaron los mitos (1 Timoteo 1:4; 4:7; 2 Timoteo 4:4; 2 Pedro 1:16) *porque no tenían nada que ver con la verdad* (2 Timoteo 4:4; 2 Pedro 1:16).[8] Tales objeciones ilustran por qué los autores bíblicos no aprueban nunca los mitos.

Rechazaron las historias que hacían afirmaciones falsas. Esto habla de su visión de la historia.

Los escritores bíblicos, de manera coherente, creían que la historia precisa lleva a la teología precisa. El ejemplo más obvio de esto es la resurrección. Pablo argumenta que el cristianismo no puede ser verdadero sin la historicidad de la resurrección de Cristo (1 Corintios 15:14). Además, afirma que la vida y la muerte de Cristo son esenciales para asegurar la expiación (Romanos 4:25) y para demostrar el amor de Dios por nosotros (Romanos 5:8). Pedro razona que el diluvio fue un precedente para el juicio futuro de Dios (2 Pedro 3:6-7). Dios declara que sus actos en el éxodo lo distinguen de todos los demás (Deuteronomio 4:31-36). En cada uno de estos casos, si el evento no tuvo lugar, la teología discutida no tiene fundamento. La lógica de los escritores bíblicos vincula la veracidad de la teología con la realidad de la historia.

El enfoque de los autores en la historia es perspicaz en las Escrituras. El Nuevo Testamento se refiere con frecuencia a los eventos en la historia del Antiguo Testamento al discutir la teología. Esto incluye la creación (2 Pedro 3:4), Adán (Romanos 5:14), Caín (Judas 11), Enoc (Judas 14), Abraham, Isaac y Jacob (Mateo 22:32), Sodoma y Gomorra (Lucas 17:28-29), los viajes por el desierto de David (Lucas 6:3-4), la reina de Saba (Lucas 11:31), Elías y Eliseo (Lucas 4:26-27), Jonás (Mateo 12:39-41), y los ninivitas (Lucas 11:29-32). El autor de Hebreos también nos guía a través de mucha historia del Antiguo Testamento en el «salón de la fama de la fe» (Hebreos 11). En todos estos pasajes, los autores no dudan de la exactitud histórica de las Escrituras. Más bien, basan su argumento en esas afirmaciones históricas. Esto incluso se extiende al tema de la autoría. Por ejemplo, Jesús y los apóstoles suponen que Isaías escribió todo el libro de Isaías (Juan 12:38-41), que Moisés escribió el Pentateuco (Marcos 7:10; Lucas 5:14; Romanos 10:5), y que Daniel escribió el libro de Daniel (Mateo 24:15). Los apóstoles afirmaron profundamente la exactitud histórica del Antiguo Testamento en sus escritos.

Los escritores del Nuevo Testamento no son los únicos que emplean esta línea de pensamiento. Los profetas del Antiguo Testamento relatan los eventos pasados como históricos y como la base por la cual Israel debe obedecer al Señor (cf. Salmos 78; 104-6; Nehemías 9:1-38; Daniel 9:4-13). Esto implica otra observación importante sobre la historia en la Biblia. La historia es lo que une a la Biblia. La historia de la Biblia es la historia redentora, el desenlace del plan de Dios en la creación, la caída, Israel, el exilio, Cristo, la iglesia y la consumación final cuando Cristo regrese. En consecuencia, la historia es una parte clave de cómo los escritores bíblicos pensaron y escribieron. Es la base de su teología, su argumento y el mensaje de la Escritura en su conjunto. Estaban convencidos de que la historia y la exactitud histórica son necesarias para el mensaje de la Biblia.

Algunos eruditos son escépticos. Señalan que los apóstoles incluyeron parábolas en sus escritos. En base a ello plantean que si ellos se permitían una forma de ficción, ¿por qué no otra? Pero las parábolas no se plantean como narrativa histórica. De hecho, a menudo se presentan como parábolas (Mateo 13:3; Lucas 5:36; 6:39) y ocurren *dentro* de las narraciones históricas, no *como* narraciones históricas. Los apóstoles no escribieron parábolas porque quisieran introducir la ficción en sus escritos, sino porque estaban informando lo que las personas decían en el espacio y el tiempo. El uso que ellos hicieron de las parábolas realmente apoya la exactitud histórica.

Los eruditos también citan dos pasajes para mostrar que a los escritores bíblicos no les preocupaba la exactitud histórica. Primero, apelan a 1 Corintios 10:4, que habla de una roca que sigue a Israel en el desierto. Algunos dicen que Pablo tomó prestada esta idea de la leyenda judía. Sin embargo, el Antiguo Testamento usa la «Roca» como el título del Dios que guió a Israel en el desierto (Deuteronomio 32:4; Salmos 78:35). La declaración de Pablo no se basa en la leyenda sino en el Antiguo Testamento. En realidad, ilustra cómo examinó de cerca los detalles del Antiguo Testamento y afirmó su veracidad.

Segundo, los eruditos plantean el tema de la «alegoría» de Pablo en Gálatas 4:21-31 para mostrar que la precisión histórica no tuvo importancia principal en la mentalidad de los escritores bíblicos.[9] Sin embargo, Pablo afirma los detalles de lo que sucedió (vv. 21-23) y los usa para hacer una analogía extendida sobre la teología. Esa es la noción de «alegoría» en este texto.[10] La historia es nuevamente la base de la teología. En esa perspectiva, la analogía de Pablo es apropiada. En contexto, el esfuerzo de Abram por tener un hijo con Agar (Génesis 16:1-4) contrasta con su fe (Génesis 15:6). La elección de Isaac por parte de Dios muestra que solo la provisión divina a través de la fe es aceptable. Isaías alude a estos hechos para mostrar que Dios cumplirá su promesa de restaurar a su pueblo sin el concurso del esfuerzo humano (Isaías 51:2; 54:1-3). Pablo continúa esa línea de pensamiento al mostrar que ningún esfuerzo humano concretará la promesa (Gálatas 4:28-31). El apóstol no solo afirma la historicidad del relato de Sara y Agar, sino que también lo emplea de manera apropiada. La hermenéutica de los escritores bíblicos está inmersa en la historia. Evitaron las fábulas, afirmaron la historicidad de las Escrituras y vincularon la veracidad de la teología con la realidad de la historia. Esta mentalidad se confirma incluso en supuestos casos de lo contrario. Con tal razonamiento, es inconcebible que hubieran incorporado mitos en su descripción de la historia. Más bien, la hermenéutica de los autores bíblicos apunta al hecho de que la Biblia no es nada más y nada menos que la verdad.

Los primeros inerrantistas y la hermenéutica de la rendición

¿Es la intención de los escritores abrir una brecha que elimine la inerrancia? La respuesta es no. Al contrario, hemos visto que los escritores bíblicos afirmaron la inerrancia. Creían que la Biblia era la verdad, toda la verdad y nada más que la verdad. Ellos fueron los primeros inerrantistas. Como tales, no solo definieron la inerrancia, sino que también nos muestran cómo funciona la interpretación. Ellos interpretaron la Biblia de acuerdo a su contexto original, a la redacción exacta y a las afirmaciones históricas. Hicieron eso porque creían que la Biblia era verdadera y coherente, precisa en su propia fraseología y sin errores en sus afirmaciones de la historia. No solo inferimos la inerrancia deductivamente, sino también por la forma en que opera la Biblia, el modo en que sus escritores intentaron que actuara.

La intención de los escritores no crea brechas; por el contrario, las cierra. Cualquier interpretación que niegue la veracidad de los detalles de las Escrituras o la historicidad también niega la infalibilidad. Interpretaciones como estas últimas contradicen la manera en que los primeros inerrantistas mostraron cómo opera la inerrancia en las Escrituras. Esas conclusiones también contradicen su intención y sus afirmaciones. Más aun, los escritores bíblicos establecen la hermenéutica literal, gramatical e histórica como la regla para la interpretación de las Escrituras. La inerrancia no es inerte. Tiene que ver con nuestra interpretación.

Dicho esto, debemos reconocer que hay una diferencia entre la lucha *con* las palabras y las afirmaciones históricas del texto y la lucha *contra* ellas. Una norma no significa que siempre interpretaremos la Biblia correctamente y que los desacuerdos cesarán. Surgirán diferencias y pueden permanecer dentro de los límites de la inerrancia. Sin embargo, la doctrina de la inerrancia nos empuja a trabajar bien. Nos dice que hay una manera de interpretar las Escrituras y que nuestro trabajo es alinear nuestras interpretaciones con ese estándar. Nos esforzamos, con paciencia y perseverancia, por comprender y articular la verdad, toda la verdad y nada más que la verdad.

En una época que habla de una hermenéutica de humildad y amor, los primeros inerrantistas nos dejan con una hermenéutica de rendición. La intertextualidad y la inerrancia no solo refutan a quienes tergiversan la Palabra de Dios, sino que también nos recuerdan cómo ser mejores intérpretes de las Escrituras. Mostramos nuestra convicción acerca de la inerrancia cuando enseñamos todo el consejo de la Palabra de Dios puesto que es una verdad totalmente congruente e interconectada. Proclamamos la inerrancia cuando estudiamos cada palabra del texto y afirmamos su realidad. Exhibimos la inerrancia cuando no escogemos ni elegimos lo que queremos creer y practicar, sino que entregamos nuestras vidas a la Palabra de Dios porque es y tiene la autoridad y nosotros no. Eso es lo que hicieron los profetas y los apóstoles, que nos han mostrado cómo tratar correctamente la Palabra de verdad. La hermenéutica profética y apostólica es nuestra hermenéutica. Que continuemos la manera en que los primeros inerrantistas interpretaron y vivieron las Escrituras.

Capítulo 16

¿PUEDEN COEXISTIR EL ERROR Y LA REVELACIÓN?

LA INERRANCIA Y LAS PRESUNTAS CONTRADICCIONES

William Barrick

En un tribunal de justicia, la confiabilidad de un testigo o incluso de un documento se eleva al nivel de importancia principal. Si un testigo miente o parece confundido en algún punto, su confiabilidad se vuelve sospechosa o se destruye por completo. La confiabilidad de las Escrituras depende de un principio igualmente alto, si no, más alto todavía. Los escritores de las Escrituras afirman que lo que escribieron vino del mismo Dios. ¿Acaso su testimonio puede ponerse en duda? Si es así, ¿qué implica eso en cuanto al propio testimonio de Dios? ¿Puede el error coexistir con la revelación que se origina con Dios?

El propósito de la inerrancia bíblica es, una vez más, llamar la atención de los evangélicos al escrutinio, no solo a los teólogos liberales. ¿Por qué ha vuelto esto a la vanguardia de la discusión y el debate teológico? Como han intentado resolver supuestas contradicciones bíblicas los anteriores comentaristas, algunos han encontrado que las respuestas de aquellos son menos que satisfactorias. Además, en una era dominada por el pensamiento posmoderno, aun algunos eruditos evangélicos han cuestionado la verdad absoluta y han cedido ante una hermenéutica dudosa y escéptica con respecto a la inerrancia de las Escrituras.

Nadie podría afirmar sinceramente que las diferencias en el texto bíblico no existen. Tanto para los incrédulos como para los creyentes, tales diferencias pueden de hecho parecer errores.[1] Sin embargo, debemos distinguir claramente las dificultades interpretativas de los errores. También debemos tener en cuenta el hecho de que las dificultades no resueltas o las supuestas discrepancias no requieren automáticamente la negación de la verdad y la confiabilidad de la Biblia. Mientras existan soluciones viables, como ciertamente las hay, no es sabio ni necesario negar la fiabilidad ni la exactitud de las Escrituras.

Aunque se pueden identificar y enumerar muchas categorías de dificultades, los opositores a la inerrancia bíblica tienden a plantear tres objeciones principales:

1. Una variedad de lecturas en diferentes manuscritos bíblicos supuestamente apunta a errores cometidos por copistas. Por lo tanto, parece que el texto bíblico actual ha sido contaminado por un error y podría ser, al menos en parte, no confiable.
2. Las discrepancias que involucran números hebreos y su interpretación parecen abrir la puerta a acusaciones de inexactitud.
3. Los escritores del Nuevo Testamento que citan los textos del Antiguo Testamento parecen tomarse libertades con esos textos y, por lo tanto, no parecen considerar inviolable al Antiguo Testamento.

Consideremos estas objeciones más de cerca.

El texto del Antiguo Testamento

Algunos eruditos evangélicos, como Alfred Hoerth,[2] recurren a la explicación textual para exponer las referencias históricas en textos difíciles. Por ejemplo, Hoerth cita acotaciones de la escritura en la forma en que trata la frase «en la tierra de Ramesés» en Génesis 47:11. Este manejo parece contradecir la acusación que hace contra los eruditos críticos: «Ahora se dice que aceptar el relato bíblico es algo incauto». También contradice su propio principio de que no es una práctica firme enmendar «el texto bíblico para hacer que la identificación se ajuste». Tales prácticas van en contra de un enfoque saludable del texto bíblico, porque el intérprete asume que ha obtenido toda la información de manera correcta y que personalmente ha obtenido todos los conocimientos necesarios para alterar el texto bíblico más que impedir su lectura.

Enmiendas conjeturables

En muchos casos, adoptar acotaciones de escritura equivale a una enmienda conjeturable (es decir, «sugerencia de nuevas lecturas que no se transmiten en los testimonios del texto bíblico»[3]). El peso de la prueba recae en el que hace la conjetura. Como les recuerda Emanuel Tov a sus lectores, las enmiendas conjeturables de la Biblia hebrea: «La enmienda del texto se refiere a todos los testigos del texto bíblico y no solamente al» Texto Masorético. Solo piense lo que eso implica. ¿Existe realmente una alta probabilidad de que un erudito moderno (sin ninguna evidencia textual de su enmienda) pueda impugnar correctamente a todos los antiguos testigos existentes del texto bíblico? Si «una lectura encontrada en una sola traducción, sin testigos que lo corroboren o manuscritos en idioma original, tiene una posibilidad extremadamente pequeña de posponer la lectura correcta encontrada en el *autógrafo*», ¿Cuáles son las probabilidades de una lectura sin soporte en una traducción antigua?

Tres observaciones relacionadas con la enmienda conjeturable ayudan a identificar su naturaleza: (1) una enmienda conjeturable exhibe un alto grado de subjetividad; (2) con mayor conocimiento y evidencia, la mayoría de las enmiendas más tarde resultan ser innecesarias; y (3) los académicos deberían considerar la enmienda conjetural solo como un último recurso. En otras palabras, siempre que haya una explicación moderadamente razonable para el texto tal como está, esa opción siempre debe ser la preferida. Los intérpretes, con demasiada frecuencia buscan enmiendas textuales porque carecen de los conocimientos suficientes para dar sentido al texto tal como está. La ignorancia, sin embargo, nunca debe ser una excusa para enmendar el texto de manera que sea comprensible para la mente occidental moderna. Adherirse constantemente a la inerrancia bíblica requiere una admisión de la ignorancia y la incapacidad de uno para resolver todos los problemas. Nuestra ignorancia, sin embargo, nunca debe convertirse en la excusa para comprometer la integridad de las Escrituras. Nuestra primera suposición debería ser que estamos equivocados en lugar de aplicar la hermenéutica de la duda al texto.

Ningún orador nativo del hebreo bíblico vive en la actualidad, y ningún erudito ha vivido en la era de los escritores bíblicos. Todos nos acercamos a las Escrituras con enormes lagunas en nuestra capacidad para entender los textos más difíciles.

La claridad de las Escrituras

Nuestra falta de capacidad para entender el texto bíblico con el mismo lenguaje, antecedentes y conocimiento de los antiguos escritores y lectores no debe hacer que ignoremos el hecho de que Dios quiso que entendiéramos su revelación escrita. La claridad de las Escrituras depende de un Dios sabio que sabe cómo expresar su revelación de una manera que pueda ser entendida por todas las personas en todas las culturas y en todas las épocas. No se puede confiar en que cualquier interpretación o enmienda que dependa principalmente del conocimiento moderno refleje una comprensión correcta. ¿Por qué un autor omnisciente transmite contenido bíblico que solo las personas que viven miles de años más tarde serían capaces de entender?

Errores de transmisión y traducción

La mayoría de las diferencias entre las traducciones (tanto antiguas como modernas) involucran variaciones de traducción, no variaciones textuales. Los traductores que miran el mismo texto hebreo o griego pueden traducirlo de manera muy diferente, dependiendo de su filosofía de traducción y de su técnica de traducción. La variación en la traducción no revela automáticamente que los traductores están mirando diferentes lecturas en el mismo texto bíblico. Debido a la participación de hombres y mujeres caídos, los errores se arrastran en el texto bíblico durante su transmisión (especialmente durante la copia de un escriba). Un ejemplo de ello en una Biblia en inglés es la continua traducción errónea del Salmo 14:4 en la *New American Standard Bible* (NASB). Desde el principio, la palabra «Señor» aparece en lugar de la traducción de «Yahvé». Incluso la versión actualizada (1995) perpetuó el error en varias reimpresiones. Tales errores no impugnan el texto dado por Dios. Reflejan el trabajo de las personas caídas que cometen errores al traducir o editar las versiones de la Biblia.

La doctrina de la inerrancia se aplica a los manuscritos originales y *no* se extiende a la transmisión de escribano-texto. Por la voluntad soberana de Dios, el proceso de transmisión no fue inerrante; en consecuencia, puede haber variaciones en los manuscritos de los libros bíblicos en los que solo una lectura es correcta. Si bien estas variaciones son estadística y extremadamente pequeñas, presentan ejemplos de aparente contradicción entre textos paralelos de las Escrituras.

Contradicciones aparentes, pero no necesariamente reales

Entre 2 Samuel 24:13-24 y 1 Crónicas 21:12-25, observamos tres diferencias principales que parecen ser contradicciones. Primero, 2 Samuel 24:13 dice «siete años» en el texto hebreo en lugar de «tres años», como se registra en 1 Crónicas 21:12.[4] La Septuaginta griega en 2 Samuel 24:13 tiene «tres años». El texto de Samuel hace una pregunta directa con palabras que no se encuentran en el texto de las Crónicas. El texto de las Crónicas también agrega «tómalo tú mismo» para presentar las tres alternativas. El primero bien podría representar las primeras palabras de Gad (una pregunta sobre siete años de hambruna), mientras que el segundo podría representar su ultimátum final, en el que las alternativas son tres en tres.[5]

En segundo lugar, 2 Samuel 24:24 dice que David pagó cincuenta siclos de plata por la trilla, mientras que 1 Crónicas 21:25 habla de seiscientos siclos de oro. Sin embargo, tenga en cuenta que Samuel especifica el piso de trilla y los bueyes para la ofrenda quemada, mientras que Crónicas identifica la compra como «el sitio» (o «parcela de tierra»). Evidentemente, David pagó a la figura más grande por toda la propiedad que rodea el piso de trilla.

En tercer lugar, 2 Samuel 24 se refiere a Arauna como el propietario de la tierra, mientras que 1 Crónicas 21 lo llama Ornán. Los nombres personales hebreos antiguos a menudo ocurrían en diferentes formas: por ejemplo [en algunas versiones inglesas], Nabucodonosor es escrito con dos variantes (la primera unas veinticinco veces en Reyes) Crónicas, Esdras, Nehemías, Ester y Daniel, y siete veces en Jeremías; la segunda variante ocurre treinta y cuatro veces en Jeremías y Ezequiel),[6] Adoram y Adonirán (2 Samuel 20:24 y 1 Reyes 4:6), Betsabey Bet-súa (2 Samuel 12:24 y 1 Crónicas 3:5), Berodac-baladán (en algunas versiones) y Merodac Baladán (2 Reyes 20:12 e Isaías 39:1). Algunas personas incluso llevaban más de un nombre: Salomón o Jedidías (2 Samuel 12:24, 25), Gedeón, Jerubaal o Yerubaal (Jueces 7:1), Abram o Abraham y Jacob o Israel.

La fiabilidad del Antiguo Testamento

Aun cuando es posible que no tengamos manuscritos de los libros del Antiguo Testamento, la condición de nuestro conocimiento sobre la historia del texto ha avanzado mucho desde el descubrimiento de los Rollos del Mar Muerto a mediados del siglo veinte. Los descubrimientos de los manuscritos del Mar Muerto respaldan la integridad del Texto Masorético casi ochocientos años antes que los mismos masoretas. Karen Jobes y Moisés Silva declaran: «El trabajo notablemente fiel de los masoretas nos asegura que la forma que su texto toma nos remonta al final del primer siglo de nuestra era».[7] De hecho, los textos bíblicos del Desierto de Judea demuestran que el Texto Masorético ya era estable antes de la época de Jesús.

Dado que Dios mismo controla soberanamente la entrega de sus Escrituras, la confianza en las enseñanzas de la Biblia se basa en la creencia de que también conserva soberanamente su Palabra escrita sin alteraciones indebidas. Como señala Al Wolters: «La relativa uniformidad de los testigos del texto bíblico es mucho mayor que su variedad».

Números hebreos

Como vimos con la comparación de 2 Samuel 24 y 1 Crónicas 21, los textos paralelos a veces contienen lo que, a primera vista, parecen lecturas contradictorias. Un subconjunto de aparentes contradicciones implica diferencias entre grandes números citados en textos paralelos. Las crónicas y los textos paralelos concuerdan con los números citados en 194 de 213 casos, un porcentaje bastante bajo (aproximadamente el nueve por ciento) de contradicciones aparentes. En textos que contienen tales diferencias numéricas, Crónicas usa un número más alto en once lugares y un número más bajo en siete lugares. Hay varias explicaciones posibles para estas diferencias.

Errores potenciales del escribano

El Texto Masorético tiene «cuarenta mil» establos para los caballos de sus carros de combate en 1 Reyes 4:26, mientras que este mismo versículo y 2 Crónicas 9:25 —en las versiones castellanas— tienen «cuatro mil». Igualmente, «setecientos» conductores de carros se mencionan en 2 Samuel 10:18, mientras que 1 Crónicas 19:18 da el número como «siete mil». En cada uno de estos casos, un simple error al copiar el número en las primeras etapas de escritura o transmisión del texto hebreo podría implicar simplemente la adición o pérdida de un punto sobre una letra hebrea que representa el valor inicial.[8]

Variación potencial en la presentación de informes

En algunos casos, las diferencias simplemente reflejan una base distinta para contar o calcular. El encabezado histórico del Salmo 60 se refiere a los eventos de 2 Samuel 8:1-14 y 1 Crónicas 18:1-13. «Abisai» aparece en lugar de «Joab» en 1 Crónicas 18:12, mientras que 2 Samuel 8:13 se refiere a David. Las diferencias pueden reflejar la cadena de mando: David como comandante en jefe, Joab como comandante de campo y Abisai como subordinado de Joab. La cifra de «doce mil» en el Salmo 60 aparece como «dieciocho mil» en 2 Samuel 8:13 y 1 Crónicas 18:12. La variación en el número podría reflejar diversos métodos para calcular o informar las bajas en niveles independientes en la cadena de mando. Quizás las diferencias involucren distintas batallas dentro de la campaña militar. («Edom» es «Aram» en 2 Samuel 8:13. Quizás tanto los edomitas como los arameos se unieron a la campaña contra las fuerzas de David.) No es inusual que tales cálculos varíen de acuerdo con diferentes tasadores.[9]

Un hijo mío graduado de West Point, que prestó servicio un tiempo en el Comando Central del Ejército de los Estados Unidos, confirmó esto en cuanto a las cifras de las bajas ocurridas en Irak y Afganistán. De hecho, según él, tales variaciones en el registro bíblico con respecto a esta situación particular le dan el aire de autenticidad histórica y militar.

En números redondos

A veces, las diferencias se generan al redondear los números:2 Samuel 5:5 («siete años y seis meses») o 1 Crónicas 29:27 («siete años»), o 2 Samuel 24:9 («quinientos mil») contra 1 Crónicas 21:5 («cuatrocientos setenta mil»). En el último caso, es posible que el libro de Samuel incluyera treinta mil benjamitas no enumerados por el cronista,[10] o podría ser que el autor de 2 Samuel redondeara la figura del cronista. Un ejemplo similar de redondeo podría explicar la diferencia entre los veintitrés mil citados por el apóstol Pablo en 1 Corintios 10:8, en comparación con el cálculo de veinticuatro mil para el mismo evento en Números 25:9. Vern Poythress pregunta: «¿Estaba el número exacto a mitad de camino, en 23,500?»[11] En el uso común del lenguaje, casi todas las culturas redondean los números sin la intención de contrastar o proporcionar datos estadísticos diferentes. Como tal, esta variación no equivale a error en el registro bíblico.

La conclusión de J. Barton Payne sobre su análisis de los números en Crónicas merece repetirse: «Las afirmaciones que se repiten tan a menudo acerca de los números imposibles en Crónicas simplemente no son ciertas. Aquellos que se unen a Jesucristo para afirmar la infalibilidad de las Escrituras no tienen necesidad de modificar o redefinir esa doctrina debido a los fenómenos numéricos que ocurren dentro de estos libros inspirados».

Uso del Antiguo Testamento en el Nuevo Testamento

Al observar el papel de las citas del Antiguo Testamento dentro del Nuevo, se tiene la impresión de que este testamento comprende el propio comentario de Dios sobre partes clave del Antiguo Testamento. Por ejemplo, pasajes como Hechos 2:23-36 y 13:34-37 demuestran que la interpretación mesiánica del Salmo 16:10 surge del texto del Antiguo Testamento.

La interpretación apostólica de los textos del Antiguo Testamento, sin embargo, habla de una sola categoría del uso del Antiguo Testamento en el Nuevo Testamento. Por ejemplo, G. K. Beale argumenta que las citas del Nuevo Testamento referentes a una amplia gama de profecías «isaiánicas» demuestran que los evangélicos caminan sobre hielo delgado para apoyar a quienes sostienen la autoría múltiple del libro de Isaías.[12] Él concluye que un estudio cuidadoso del tema de la autoría de Isaías proporciona una prueba de que Jesús no se equivocó en sus afirmaciones sobre las Escrituras. De hecho, los mismos argumentos podrían aplicarse tanto a la autoría mosaica del Pentateuco como a la autoría davídica de los salmos con inscripciones que aparentemente indican su autoría.

Un análisis del uso del Antiguo Testamento en el Nuevo implica una gran cantidad de material, así como múltiples enfoques y metodologías interpretativas. El tema exige un estudio mucho más extenso y más detallado del que este capítulo puede proporcionar. Citaré solo un ejemplo: la cita de Oseas 11:1 en Mateo 2:15, que ha sido categorizada como «notoriamente difícil».[13] Los académicos han adoptado una variedad de enfoques en un intento por resolver el aparente uso no contextual de Mateo. Una de las más innovadoras es la que tomó Walter Kaiser, que intentó demostrar que el contexto de Oseas 11:1 en sí mismo indica un significado mesiánico.[14] Sin embargo, parece estar disponible una solución más simple y directa.

Richard Longenecker adopta la posición que los escritores del Nuevo Testamento citan fuera de contexto del Antiguo Testamento. Coloca Mateo 2:15 y la cita de Oseas 11:1 entre los textos que considera incompatibles con el significado original del pasaje del Antiguo Testamento. Al adoptar un enfoque similar al de Longenecker, Peter Enns afirma que la interpretación de Mateo «convierte la observación retrospectiva de Oseas en una expresión profética» y «no está restringida por el contexto de Oseas». Sin embargo, el uso de Mateo debe entenderse dentro de su presentación de Jesús como el representante legítimo de la nación de Israel. Jesús replicó la historia nacional de Israel en su propia vida.[15]

Dios envió a los israelitas a Egipto para preservar sus vidas; Dios también envió a Jesús a Egipto con sus padres para preservar su vida. En un época posterior, Dios sacó a Israel (el «hijo» de Dios) de Egipto en el éxodo; ahora también saca a Egipto (el Hijo de Dios, el único título mesiánico en Mateo 2) de Egipto. Mateo no extrae Oseas 11:1 de su contexto, ni hace que signifique nada diferente a lo que Oseas pretendía. Oseas 11:1 habla de Israel, no del Mesías. Beale asigna este ejemplo a la categoría de cumplimiento profético tipológico indirecto. En lugar de entender la referencia tipológica a las calificaciones del Mesías, lo toma para referirse a otro «éxodo» del pueblo de Dios fuera de las naciones (no solo Egipto). De cualquier manera, la interpretación no indica un uso no contextual de Oseas.

Conclusión

Los exegetas y los expositores evangélicos deben aceptar el texto bíblico como la Palabra de Dios inerrante y autoritativa. Como ya se señaló, adherirnos congruentemente a esta declaración de fe requiere que admitamos nuestra ignorancia. Sin embargo, esa ignorancia no es una excusa para comprometer la integridad de la Biblia o para evitar predicarla con autoridad. Si la dificultad encontrada en el texto bíblico cae en la categoría de posibles problemas críticos textuales, diferencias entre textos que involucran números hebreos, la aparente libertad del uso del Antiguo Testamento en el Nuevo Testamento, o cualquiera de una serie de otros tipos de problemas, las Escrituras prueban ser confiables. No debemos perder de vista el carácter único de la Biblia como la propia Palabra de Dios, supervisada en su escritura por el Espíritu Santo (2 Pedro 1:20-21).

Algunas dificultades de las Escrituras se han mantenido durante milenios sin ningún otro enfoque aceptable que el simple hecho de confiar en que Dios sabe de lo que está hablando, incluso si no lo entendemos bien. Considere la creencia de que los hititas fueron producto de la imaginación de los escritores del Antiguo Testamento, que se mantuvo ampliamente hasta que, a fines del siglo diecinueve, los arqueólogos descubrieron su antigua ciudad capital en Turquía y recuperaron una gran cantidad de tablillas e inscripciones que documentan su existencia, su historia y su cultura. Los descubrimientos desenmascararon a los escépticos históricos y bíblicos así como a los practicantes de una hermenéutica de la duda. Revelaron la arrogancia de los eruditos que renuncian a encontrar una solución viable en lugar de aferrarse tenazmente a la autenticidad, integridad y exactitud del texto bíblico a pesar de su propia ignorancia.

Los saduceos intentaron atrapar a Jesús con sus preguntas y desacreditarlo junto con su enseñanza. Jesús respondió reprendiéndolos por no conocer ni las Escrituras ni el poder de Dios (Mateo 22:29-33). Esos saduceos habían cometido dos errores básicos: (1) habían asumido que la naturaleza de la vida futura podía ser extrapolada de la naturaleza de la vida actual y (2) no habían considerado el poder de Dios para transformar el estado de un individuo.[16] Las tácticas de los evangélicos actuales que cuestionan la inerrancia bíblica revelan conceptos erróneos similares. Primero, concluyen que las Escrituras deben contener errores al extrapolar las condiciones caídas de la humanidad. Segundo, no consideran adecuadamente la naturaleza y el poder del propio Autor divino para supervisar y preservar su Palabra escrita. La gran mayoría de las aparentes contradicciones se remonta a una tendencia similar a la de los saduceos para desacreditar la exactitud de las Escrituras en un intento por convertirlo en un producto más humano, en lugar de reconocer el dominio del Autor divino.

Capítulo 17

El Espíritu Santo
y las Sagradas Escrituras

LA INERRANCIA Y LA NEUMATOLOGÍA

Sinclair B. Ferguson

Herman Bavinck escribió: «El misterio es el alma de los dogmáticos».[1] La veracidad de su axioma está, por supuesto, relacionada y enraizada en la llamada distinción Creador-criatura. Dios no es hombre. Es un tipo diferente de ser, no generado, independiente, infinito, el gran «YO SOY», uno en tres y tres en uno. Como tal, se relaciona con todas las cosas de una manera que es distinta a la de la criatura, incluso la criatura suprema, el hombre y, de hecho, de una forma inimaginablemente diferente. Nuestros conceptos y lenguajes describen esta distinción, pero nunca pueden definirla. Nuestro lenguaje acerca de Dios siempre tiene una forma ajustada a nuestra condición de criatura, legitimada solo por el hecho de que ha hecho todas las cosas para reflejar su gloria y Él ha hecho al hombre, varón y hembra, a su imagen.

Reconocemos que esto es cierto en todas nuestras conversaciones sobre Dios y en todas las esferas de la teología. La relación del Creador con la criatura siempre «supera el conocimiento», incluso si, a través de su autorrevelación para nosotros como receptores, podemos comprenderlo.

Dios, por ejemplo, es omnipresente y eterno. Pero su presencia (que es «omni») se relaciona con el concepto espaciotemporal de una manera totalmente diferente de como me relaciono yo con eso. El hecho de que ocupe un «espacio» específico (por ejemplo, dos metros por treinta centímetros por quince centímetros) no delimita su presencia omnidireccional (como si rodeara mi espacio, pero estuviera excluido de él). Esto sería una concepción errónea de la realidad y un mal paso en la teología. No; la relación con Dios es un fenómeno completamente diferente de mi relación creadora con cualquier realidad creada. Debido a que no somos Dios, es inevitable que nos limitemos a comprender su ser y sus acciones, tanto dentro de sí mismo (*opera ad intra Trinitatis*) como más allá de sí mismo (*opera ad extra Trinitatis*). Esto es lo que queremos decir cuando, con Bavinck, decimos que el misterio es siempre el punto de partida, así como el punto final, de la teología.

Sin embargo, lo portentoso es que Dios es un revelador de misterios. No los comprendemos completamente, pero sin embargo podemos entenderlo dentro de las limitaciones de nuestra creación.

El Espíritu Santo

Si este es un importante axioma teológico general, es realmente verdadero cuando hablamos de la persona del Espíritu Santo, su forma de operar y su relación con el hombre. Para usar la misma analogía que nuestro Señor: «El viento *[pneuma]* sopla por donde quiere, y lo oyes silbar, aunque ignoras de dónde viene y a dónde va. Lo mismo pasa con todo el que nace del Espíritu» (Juan 3:8). Si esto es cierto en cuanto a la condición de ver al y entrar en el reino de Dios (Juan 3:3, 5), entonces es seguramente verdadero en todas las operaciones del Espíritu. Es más, su propio título («Espíritu») transmite un ambiente un tanto distinto al de «Padre» o «Hijo». Estos últimos tienen puntos de conexión con nosotros en términos de relaciones humanas. «Espíritu» también tiene una conexión, pero una más misteriosa. Si lo duda, pídale a alguien que defina los términos *padre* e *hijo,* y luego que defina el término *espíritu*.

Sin embargo, lo que se vuelve cada vez más claro a lo largo de las Escrituras es (1) las relaciones ricas e íntimas entre el Espíritu y el Padre, y el Espíritu y el Hijo (él es el Espíritu «de»; Romanos 8:9) y (2) el papel que el Espíritu característicamente desempeña en los actos externos de la Trinidad.

Los padres de la iglesia insistieron en que las personas de la Trinidad nunca actúan de manera independiente, ni debemos pensar en una persona disociada de las demás. Sin embargo, cada persona, de manera característica, desempeña un papel distinto: el Padre planea, el Hijo media, el Espíritu efectúa y completa. Esto es cierto en la creación (por ejemplo, Génesis 1:1-3), en el gobierno providencial (y restringido) (por ejemplo, Génesis 6:3), en la historia redentora, en la encarnación, y en la aplicación real de salvación a los creyentes (1 Corintios 6:11).

El Espíritu ocupa un papel similar epistemológicamente. Dios actuó y se reveló a sí mismo en la creación, la providencia y la historia, culminando en su gran acción con Jesucristo. Pero, ¿cómo tenemos acceso a los hechos y a su verdadera interpretación para que podamos llegar a conocer a Dios tal como es y a confiar y amarlo por lo que ha hecho? ¿Cómo se convierte en nuestro Dios en este sentido? De acuerdo a las Escrituras, los enlaces conectivos finales están hechos por el ministerio del Espíritu Santo. En la era postapostólica, esos enlaces conectivos están, de una forma u otra, relacionados en última instancia con la entrega de las Escrituras.

La Palabra inspirada por Dios

El texto más conocido del Nuevo Testamento sobre las Escrituras, si bien tiene en vista sus *efectos prácticos*, enfatiza el papel originario del Espíritu al afirmar que toda la Escritura es *theopneustos* (θεόπνευστος) o «inspirada por Dios» (2 Timoteo 3:16).

Como lo demostró Benjamin B. Warfield con abundantes referencias, la fuerza de este *hápax legómenon* es pasiva.[2] Eso se refiere al origen de las Escrituras en Dios («inspirada por Dios») y no a su actividad («exhalada por Dios»). Incluso si hay un sentido en el que esto es lo que hacen las Escrituras, el hecho de que lo haga es una función de su calidad de inspirada por Dios.

Aun cuando el vocabulario de Pablo es excelente, simplemente resume una afirmación evidenciada en todas las Escrituras y confirmada en el Nuevo Testamento. Difícilmente puede haber sido accidental que su término sea un compuesto de *theos* (θεός, «Dios») y *pneuma* (πνεῦμα, «Espíritu»), ya que el Espíritu es el aliento de Dios. La Escritura nos llega a través del ministerio del Espíritu Santo. Este es un elemento importante en su propia enseñanza sobre sí mismo.

¿«Proclamas» de la Escritura?

Se dice que no hay ningún punto en el que la «Escritura en su conjunto» haga esta afirmación sobre la «Escritura en su totalidad». Después de todo, esto haría virtualmente necesario que las últimas palabras de la Biblia contengan una declaración dogmática sobre la Escritura en su conjunto (tal vez incluyendo una declaración similar a las que se encuentran en varias confesiones de fe, sobre lo que realmente constituye la Biblia en su conjunto). Pero, en efecto, en una amplia variedad de formas, los libros de las Escrituras dan testimonio, y en ocasiones, un testimonio rico en ideas sobre su origen divino. La afirmación del editor de 2 Samuel en cuanto a que las palabras de David constituyen un «oráculo de... el ungido del Dios de Jacob» y que el registro de las «últimas palabras» de David —«El Espíritu del Señor habló por medio de mí; puso sus palabras en mi lengua...»(2 Samuel 23:2)— proporcione una de las muchas ilustraciones de una conciencia del Espíritu por parte de los autores del Antiguo Testamento, es la explicación de que constituían una línea de individuos a través de los cuales Dios exhalaba su Palabra. Por lo tanto, la epístola de Hebreos resume todo el período de la historia redentora hasta Cristo: «Dios, que muchas veces y de varias maneras habló a nuestros antepasados en otras épocas por medio de los profetas» (Hebreos 1:1). La Palabra *viene* de Dios; esta habla *a través* de los profetas. Él es el origen, el Autor definitivo; ellos son los voceros o escritores a través de los cuales exhala su Palabra.

Cabe destacar que cuando «Dios» habla, lo hace a través del Espíritu. Esta es la explicación del Nuevo Testamento, como lo demuestran varias referencias:

«Por aquellos días Pedro se puso de pie en medio de los creyentes, que eran un grupo como de ciento veinte personas,y les dijo: Hermanos, tenía que cumplirse la Escritura que, por boca de David, había *predicho el Espíritu Santo* en cuanto a Judas, el que sirvió de guía a los que arrestaron a Jesús» (Hechos 1:15-16).

«Soberano Señor, creador del cielo y de la tierra, del mar y de todo lo que hay en ellos, tú, *por medio del Espíritu Santo, dijiste* en labios de nuestro padre David, tu siervo...» (Hechos 4:24-25a).

«Con razón el *Espíritu Santo les habló* a sus antepasados por medio del profeta Isaías...» (Hechos 28:25).

La misma perspectiva recorre la carta a los Hebreos:

«Por eso, *como dice el Espíritu Santo*: Si ustedes oyen hoy su voz, no endurezcan el corazón...» (3:7-8a).

«Pero en la segunda parte entra únicamente el sumo sacerdote, y solo una vez al año, provisto siempre de sangre que ofrece por sí mismo y por los pecados de ignorancia cometidos por el pueblo. Con esto *el Espíritu Santo da a entender que,* mientras siga en pie el primer tabernáculo, aún no se habrá revelado el camino que conduce al Lugar Santísimo» (9:7-8a).

«También *el Espíritu Santo nos da testimonio de ello. Primero dice*: Este es el pacto que haré con ellos después de aquel tiempo —dice el Señor—: Pondré mis leyes en su corazón, y las escribiré en su mente. *Después añade:* Y nunca más me acordaré de sus pecados y maldades» (10:15-17).

Se ha observado de manera sabia que la confirmación más fuerte de cualquier doctrina bíblica particular se encuentra no tanto en los textos clave «importantes» o «probatorios», sino en su omnipresencia en toda la Escritura, sobre todo en referencias casi casuales en pasajes donde la carga central no es esa doctrina particular. El hecho de que Dios habla por su Espíritu está establecido por varias citas. En ninguno de ellos se ve la doctrina de la inspiración bíblica como el tema central. Sin embargo, de paso, por así decirlo, el rol del Espíritu Santo en la entrega de las Escrituras se enfatiza de modo «accidental», como lo es la convicción, ocasionalmente evidente, de que a través de la Palabra que fue escrita (en tiempo pasado), Dios continúa hablando (en tiempo presente).

Este punto —la realidad del ministerio de la tercera Persona de la Trinidad en la entrega de las Escrituras—, es descuidado a menudo puesto que los principales temas polémicos que rodean la doctrina de las Escrituras se han centrado no en el agente de la inspiración sino en los temas más generales de la inspiración, la autoridad o la confiabilidad. Sin embargo, aun cuando el rol del Espíritu se insinúa en el uso del término *theopneustos* (2 Timoteo 3:16), en otra parte se hace más explícito:

«Los profetas, que anunciaron la gracia reservada para ustedes, estudiaron cuidadosamente esta salvación. Querían descubrir a qué tiempo y a cuáles circunstancias se refería el Espíritu de Cristo, que estaba en ellos, cuando testificó de antemano acerca de los sufrimientos de Cristo y de la gloria que vendría después de estos. A ellos se les reveló que no se estaban sirviendo a sí mismos, sino que les servían a ustedes. Hablaban de las cosas que ahora les han anunciado los que les predicaron el evangelio por medio del Espíritu Santo enviado del cielo. Aun los mismos ángeles anhelan contemplar esas cosas» (1 Pedro 1:10-12).

Cuatro cosas deben destacarse aquí:

Primero, a la vista aquí está el mensaje central tanto del Antiguo como del Nuevo Testamento. La referencia de Pedro al sufrimiento y la gloria del Mesías recuerda la instrucción de Jesús en la que dibujó varias líneas del Antiguo Testamento para mostrar cómo convergían en él y en su muerte, resurrección y gloria (Lucas 24:25-27, 32, 44-49).

En segundo lugar, la revelación que se transmitió a través de los profetas, aunque no fue totalmente comprendida por ellos, se originó en el ministerio del Espíritu Santo, que es lo mismo que «el Espíritu de Cristo».

Tercero, la fuente concluyente del antiguo pacto (y, por lo tanto, la revelación escrita del Antiguo Testamento) fue una y la misma fuente del evangelio, ya que los apóstoles predicaron el mensaje del nuevo pacto «por el Espíritu Santo enviado del cielo».

Cuarto, la Palabra predicada y la Palabra escrita se atribuyen al Espíritu Santo. La Palabra escrita es simplemente la revelación predicada escrita.

Lo que se dice en *otro* lugar se expresa aquí dogmáticamente y, de hecho, es más detallado por Pedro:

«Ante todo, tengan muy presente que ninguna profecía de la Escritura surge de la interpretación particular de nadie. Porque la profecía no ha tenido su origen en la voluntad humana, sino que los profetas hablaron de parte de Dios, impulsados por el Espíritu Santo» (2 Pedro 1:20-21).

La elección del verbo de Pedro es significativa. Los autores de las Escrituras *escribieron* (o dictaron a un escribiente) el texto de las Escrituras. Pero el verbo de Pedro es *hablado*. Aquí, el habla y la escritura comparten un carácter común. En este acto comunicativo, los autores fueron «llevados» por el Espíritu.

Esta es una declaración particularmente llamativa, ya que se refiere no solo a la *calidad* de las Escrituras como otorgadas por el Espíritu o inspiradas por Dios, sino que también se refiere al modo en que se realizó esta entrega. El Espíritu «lleva» a los autores. El verbo *pherō* se usa cuatro veces en los versículos 17-18 (dos veces) y en el versículo 21 (dos veces). La voz de Dios en el Monte de la Transfiguración es llevada del cielo a la tierra (vv. 17-18); la profecía no se deriva de la voluntad del hombre, sino que «los hombres hablaron de Dios cuando fueron "llevados" por el Espíritu Santo». El mismo verbo se usa para un barco que es arrastrado por el viento (Hechos 27:15, 17). El barco «navega», pero su capacidad para hacerlo depende de los recursos del viento. Hay analogías aquí con la manera en que se dan las Escrituras: los escribientes escribieron, pero en su escritura fueron «llevados» por el Espíritu.

Sin embargo, inevitablemente, nos hacemos más preguntas: ¿Cómo sucedió eso? ¿Qué experimentaron los autores? Pero las palabras de Pedro no son permeables en este punto, y las respuestas no se encontrarán por deducción dogmática de estos textos, sino solo por una observación más amplia de los testimonios encontrados en la Escritura misma. Los modos son variados (*polytropōs*, πολυτρόπως) como lo resalta el autor de Hebreos (1:1).

En efecto, pocas partes de las Escrituras nos llegan mediante una modalidad de dictado divino. Esto no es para proclamar la tan mal calificada «teoría del dictado» de la inspiración, una analogía característicamente utilizada para describir el resultado de la inspiración (las mismas palabras que Dios deseaba), pero a menudo abusada como si se refiriera al modo de inspiración. A pesar de esta tergiversación, cuando Dios dijo: «Escribe», los autores bíblicos escribieron lo que se les ordenó (por ejemplo, Éxodo 34:27; Apocalipsis 2:1, 8, 12; 3:1, 7).

Las Escrituras indican que el Espíritu empleó una variedad de modos: visiones, sueños, aplicación continua de la ley del pacto, aplicaciones de promesas anteriores, meditaciones sobre la gloria de Dios, recordando lo que Jesús dijo, haciendo una investigación cuidadosa, etc. Estos fenómenos nos alertan sobre el hecho de que la inspiración de las Escrituras es el fruto de la actividad multidimensional del Espíritu Santo. Incluye, pero no se limita a, el momento existencial de escribir el autógrafo original. En particular, observamos aquí un ministerio de preparación de los autores y uno de la superintendencia de sus escritos.

Esto no debería sorprendernos, en la medida en que la entrega de las Escrituras es un aspecto de la providencia general de Dios en la historia. En este sentido, el término clásico *inspiración* puede resultar más engañoso que esclarecedor si transmite la impresión de que la inspiración es una especie de inspiración divina vivencialmente existencial que hace que los autores bíblicos sean completamente pasivos y se encuentren en una condición prácticamente similar a la actual composición del texto. Más bien, la inspiración tiene una dimensión tanto orgánica como inmediata. Este es un aspecto importante de la doctrina de la Escritura que ha sido enfatizado especialmente por los teólogos reformados.

Inspiración: Dos dimensiones

Cuando nos referimos a que las Escrituras son «inspiradas» como resultado del ministerio del Espíritu Santo, no queremos decir que el Espíritu haga que cada oración en ellas sea inspiradora. Muchas lo son, pero algunas son mundanas; solo cuando se leen dentro del contexto más amplio de la gran narrativa de las Escrituras son «inspiradoras». Por ejemplo, «A Trófimo lo dejé enfermo en Mileto» (2 Timoteo 4:20b) no es particularmente «inspirador», ni tiene el peso de una declaración como: «Cristo Jesús vino al mundo a salvar a los pecadores, de los cuales yo soy el primero» (1 Timoteo 1:15b). Sin embargo, dentro del contexto más amplio de la misión paulina, puede «inspirar». No obstante, cuando Pablo escribió que todas las Escrituras son «inspiradas por Dios» (2 Timoteo 3:16), no estaba pensando en su efecto *en nosotros* (inspirador), sino en la *fuente en él* («inspirada por Dios»).

Warfield explica:

Es muy deseable que nos liberemos desde el principio de las influencias derivadas del empleo actual del término «inspiración». Este vocablo no es un término bíblico y sus implicaciones etimológicas no concuerdan perfectamente con la concepción bíblica de los modos de la operación divina al dar las Escrituras. Los escritores bíblicos no conciben las Escrituras como un producto humano inspirado por el Espíritu Divino y, por lo tanto, sus cualidades aumentan o son dotadas de nuevos atributos; sino como un producto divino producido a través de la instrumentalidad de los hombres. No conciben a estos hombres, por cuya instrumentalidad se producen las Escrituras, como si trabajaran por su propia iniciativa, aunque son energizados por Dios para realizar un mayor esfuerzo y un mayor logro, pero como lo impulsó la iniciativa Divina y el poder irresistible del Espíritu de Dios a lo largo de los caminos que Él eligió para los fines de su elección.

La reticencia de Warfield en cuanto al término está bien fundada. La Biblia no es un libro sobre el cual Dios dio un aliento, de inspiración («inspirador») o como si hubiese inspirado lo que los autores de la misma ya habían escrito, sino es más bien algo que Dios mismo expresó, «habló». La «inspiración» en realidad involucraba a Dios expresando su Palabra («exhalación»). Esta es la razón por la que, en el Nuevo Testamento, las expresiones «Dios dice», «el Espíritu Santo dice» y «la Escritura dice» se consideran prácticamente intercambiables. Si la Escritura lo dice, entonces (ya que la Escritura es inspirada por Dios) podemos decir: Dios, a través del Espíritu Santo, lo ha dicho.

Pero ¿dónde ocurre esto?

Concurrencia

Sin lugar a dudas, los escritores humanos de las Escrituras estaban conscientes de que estaban expresando sus propios pensamientos mientras escribían. Pero al mismo tiempo, estaban bajo la dirección soberana del Espíritu Santo. Los teólogos llaman a esta realidad bidimensional «concurrencia». Es una característica de la divina providencia. Dios actúa para lograr sus propósitos, pero lo hace a través de medios humanos de una manera que mantiene la actividad y la responsabilidad humanas. Él está activo en las cosas o los eventos de una manera «divina», y nosotros hacemos lo mismo pero en la «manera humana». No podemos fusionar estas dos dimensiones en una sola y repartir, digamos, el cincuenta por ciento del evento a la acción de Dios y el cincuenta por ciento al hombre. Aun cuando esta es una percepción común, es una mala interpretación que lleva implicaciones teológicas y prácticas desastrosas.

Por supuesto, aquí hay un misterio, pero está en la naturaleza del caso. Dios es Dios; nosotros no. Pero mientras esto sea así, el concepto de concurrencia nos impide emplear una lógica errónea y concluir que, si Dios está activo en un evento, entonces, hasta ese punto, el hombre debe estar inactivo. Este error teológico fundamental es el que lleva a las personas a una visión autómata de la inspiración, en la cual se percibe que el Espíritu hace que el escritor sea completamente pasivo, quizás hasta completamente inactivo a nivel cognitivo.

Sin embargo, solo los lectores irreflexivos de las Escrituras han sostenido este punto de vista. Y solo los teólogos prejuiciosos implican que esta es la visión «conservadora» o «tradicional» (o peor, «fundamentalista») de la inspiración divina. Paradójicamente, estos teólogos a veces cometen el error opuesto, concluyendo que, si los autores humanos participaron activamente en la redacción de las Escrituras, entonces, por definición, ella debe ser falible y errática. Hacer tal afirmación *a priori* es dar a entender que la acción divina estaba limitada por la participación humana.

Aquí, el paralelo cristológico comprueba ser útil. El Hijo de Dios asumió la verdadera humanidad en el vientre de la Virgen María (pecadora). Él era genuinamente de la simiente de David (y de Abraham, y en última instancia de Adán; Mateo 1:1; Lucas 3:23-38). Gabriel le dijo a María: «*Quedarás encinta* y darás a luz un hijo» (Lucas 1:31), pero solo porque «*El Espíritu Santo vendrá sobre ti, y el poder del Altísimo te cubrirá con su sombra*» (v. 35). Por lo tanto, «lo que se concibe en ella es del Espíritu Santo» (Mateo 1:20), y «así que al santo niño que va a nacer lo llamarán Hijo de Dios» (Lucas 1:35). Aquí hay una concurrencia (el Espíritu cubre; María concibe) y una santidad garantizada por el Espíritu (el «niño que nacerá se llamará santo», una «inerrancia» moral), preservando a Jesús del pecado que es característico de la humanidad caída (pero no definitivo de la humanidad como tal).

En lugar de decir: «El Espíritu estaba cincuenta por ciento activo, mientras que María logró el otro cincuenta por ciento» o «Si María concibió en su vientre, el niño debe, por definición, haber caído, ser pecador y culpable», las Escrituras nos enseñan, que tanto la deidad como la humanidad participaron en el hecho, y que el Espíritu aseguró la inerrancia moral de la humanidad del Salvador. De manera paralela, la inspiración de la Biblia es un ejemplo especial de concurrencia. Dios cumplió su propósito por medio de una causa secundaria. El Espíritu de Dios estaba cien por ciento ocupado *exhalando* su Palabra; los autores humanos estaban cien por ciento activos *escribiendo (o tomando dictado de)* esa Palabra. Las Escrituras vinieron de o por (*apó*, ἀπό) el Espíritu, pero también por medio de (*diá*, διά) los autores humanos.

La iglesia primitiva entendió esto claramente. Así, por ejemplo, cuando citaban el Salmo 2:1-2, entendían que estas palabras implicaban a Dios hablando por el Espíritu Santo a través de la boca del rey David (Hechos 4:24-26). David habló / escribió, pero al igual que lo hizo, el Espíritu gobernó su vida, de modo que todo lo que David escribió estuvo en consonancia con los propósitos de Dios.

Había, por lo tanto, dos elementos involucrados en la inspiración de las Escrituras. Dios (1) preparó las vidas de aquellos que escribieron la Biblia, de manera que estuvieran capacitados para escribirla, y (2) los supervisó mientras escribían.

El mismo Espíritu, diversas formas de operar

La afirmación de que las Escrituras son transmitidas por el Espíritu Santo no debe crear una tensión real con la diversidad de estilos, patrones de pensamiento, preferencias lingüísticas o descripciones de experiencias personales de los autores. Esta diversidad —es difícil imaginar a Jeremías predicando los sermones de Isaías, o al autor de Crónicas escribiendo la canción de Salomón, o a Pablo escribiendo 1 Juan— es una ilustración del principio paulino de que en el ejercicio de los dones espirituales hay una diversidad de operaciones, pero el mismo Espíritu en acción (1 Corintios 12:4-6). Una vez más, Warfield intencionadamente (y en su época era algo polémico) describió lo que eso significa:

> Como Dios deseaba darle a su pueblo una serie de cartas como las de Pablo, preparó a un Pablo para que las escribiera, y el Pablo al que le asignó la tarea fue el Pablo que espontáneamente escribiría tales cartas.

Lo que resultó de ello es que la naturaleza de la obra del Espíritu al dar la Escritura no se puede deducir de la mera declaración del hecho de que Él actúa. Debe explicarse en términos de la naturaleza de las Escrituras en sí mismas. Sus contenidos fueron compuestos de formas muy diversas. Algunas partes vinieron en el contexto de experiencias místicas inusuales. El libro de los Salmos fue compuesto durante un período prolongado de tiempo. En algunos lugares (como el libro de Job), contiene reflexiones sobre la actividad e incluso sobre el carácter de Dios que se derivan de las fallas teológicas y espirituales del autor. La «inspiración» resultó ser un fenómeno complejo porque estaba enclavado en el proceso histórico.

Tome otro ejemplo del Nuevo Testamento: ¿cómo «inspiró» el Espíritu al Evangelio de Lucas? El escritor nos dice:

> Por lo tanto, yo también, excelentísimo Teófilo, habiendo investigado todo esto con esmero desde su origen, he decidido escribírtelo ordenadamente, para que llegues a tener plena seguridad de lo que te enseñaron (1:3-4).

Lucas no fue testigo presencial de los eventos que describe, ni fue un hombre que tuviera revelaciones místicas. Más bien, era un cuidadoso investigador. El Espíritu lo formó con dones y oportunidades para hacer eso, luego supervisó su actividad.

El libro de Apocalipsis proporciona una ilustración más refulgente de la actividad del Espíritu en la producción de las Escrituras. Ningún libro del Nuevo Testamento se sienta más cerca de la experiencia mística. Juan recibió la revelación de Jesús cuando estaba «en el Espíritu en los días del Señor» (1:1, 10). Sin embargo, el mismo Juan describió con frecuencia *lo que vio* (por ejemplo, 1:12; 5:1; 6:9; 7:1; etc.).

Está claro que las lentes a través de las cuales Juan «vio» se diseñaron de acuerdo con una receta llena de imágenes y lenguaje veterotestamentario. Él no inventó la visión. Sin embargo, no pudo haber descrito lo que vio en los términos que hizo a menos que su mente *ya* estuviera profundamente infundida de un profundo conocimiento de las Escrituras del Antiguo Testamento.

Aquí hay una prueba vívida, pero esencialmente simple y obvia, del punto de Warfield. Juan «ve» el libro de Apocalipsis durante el período en que se describe a sí mismo como estando «en el Espíritu en el día del Señor» (es decir, ¡dentro de las limitaciones de tiempo de un domingo!). Pero para que él «viera» y fuera el hombre de esta parte de las Escrituras, era necesario que el Espíritu lo preparara con anticipación para percibir lo que vería. Toda su vida, por necesidad, tuvo que ser supervisado por el Espíritu al estudiar y captar todo lo que pudiera del Antiguo Testamento para permitirle tanto reconocer las imágenes que vería como describirlas en términos de sus conexiones con el Antiguo Testamento.

La forma en que el Espíritu nos dio el texto del libro de Apocalipsis proporciona una ilustración de cómo nos llega la revelación íntegra en su totalidad, a través de la preparación providencial a largo plazo y bajo la inmediata superintendencia del Espíritu Santo en la redacción real del texto. En este sentido, el Espíritu ha incorporado, en el texto que ha «inspirado», pistas sobre cómo se produjo la «inspiración».

Hay una dimensión adicional, y a menudo obviada, en la obra del Espíritu.

Los apóstoles fueron facultados por el Espíritu Santo para cumplir con la Gran Comisión. En la medida en que esta comisión fue originalmente dada exclusivamente a los apóstoles (como dice Mateo de manera específica; 28:16), surge una pregunta: ¿Cómo iban a lograr eso? Aun cuando puede que no sea un ajuste necesario del mandato de Jesús, el grupo apostólico se dio cuenta de que un requisito importante para que esa comisión se cumpliera hasta los fines de la tierra y hasta el final de los tiempos, era una forma escrita del mensaje del evangelio: en una palabra, nuevas Escrituras, lo que conocemos como «el Nuevo Testamento».

Si existe una duda en ver esto como una conclusión lógica necesaria de la comisión de Cristo, es importante darse cuenta de que Cristo les dio tal responsabilidad a los apóstoles en el contexto de su sermón en el Aposento Alto (Juan 13:1—17:26).

Eslabones en una cadena de inspiración

El sermón comienza con el trato de nuestro Señor con Pedro y Judas, y continúa explicando cómo los discípulos serán ayudados y fortalecidos a través de la venida del Espíritu Santo. Esto se establece en medio de la notable revelación de Jesús en cuanto a la interacción de las tres personas de la Trinidad. Aquí encontramos una línea de enseñanza que ilumina sus propósitos específicos al enviar su Espíritu a los apóstoles:

> Pero el Consolador, el Espíritu Santo, a quien el Padre enviará en mi nombre, les enseñará todas las cosas y les hará recordar todo lo que les he dicho (Juan 14:26).

> Pero, cuando venga el Espíritu de la verdad, él los guiará a toda la verdad, porque no hablará por su propia cuenta, sino que dirá solo lo que oiga y les anunciará las cosas por venir.él me glorificará porque tomará de lo mío y se lo dará a conocer a ustedes.Todo cuanto tiene el Padre es mío. Por eso les dije que el Espíritu tomará de lo mío y se lo dará a conocer a ustedes (Juan 16:13-15).

Aquí tenemos tres promesas acerca de lo que los apóstoles experimentarían a través de la venida del Espíritu. Ellos (1) recordarán las palabras de Cristo, (2) entenderán el misterio de Cristo, y (3) recibirán revelación sobre el futuro cumplimiento de su reino.

Todo esto sería el resultado final de una dinámica divina. En el propio sermón, se ven involucradas las tres Personas: el Hijo recibe del Padre, y el Espíritu a su vez recibe del Hijo y el Padre, y lleva lo que recibió a los apóstoles (vv. 14-15).

Esto se vuelve aún más claro cuando Jesús ora por los apóstoles y por todos los que luego vendrán a la fe:

- Él había recibido las palabras que habló de su Padre. Sus palabras fueron las de su Padre. El Padre le había otorgado un «poder» en el mundo para actuar y hablar en nombre del Padre y con su autoridad (17:7-8).
- Jesús entonces había dado estas palabras a los apóstoles. Las habían recibido y las habían creído. Ahora, a su vez, les otorga un «poder legal». Eso se llevará a cabo a través del ministerio del Espíritu quien, habiendo recibido de Cristo lo que él a su vez recibió del Padre, se lo comunicará a los apóstoles (v.14).
- La tarea de los apóstoles ahora es trasmitir esas palabras a otros que llegarán a creer en Jesús (v. 20).

La nueva Palabra de Dios para la nueva era viene a través de estos enlaces:

Padre → Hijo → Espíritu → apóstoles → toda la iglesia

De esta manera, entre otras cosas, se cumplirá la promesa de Jesús:

Cuando venga el Consolador, que yo les enviaré de parte del Padre, el Espíritu de verdad que procede del Padre, él testificará acerca de mí. Y también ustedes darán testimonio porque han estado conmigo desde el principio (Juan 15:26-27).

Aquí, en la enseñanza de Jesús, escuchamos una sorprendente profecía en cuanto a concurrencia divina y humana. El Espíritu, que ha estado con Jesús «desde el principio» (es decir, desde el principio de la encarnación y, en un sentido más profundo, desde toda la eternidad), y los apóstoles que, en un sentido menor, han estado con Jesús «desde el principio» (es decir, el comienzo de su ministerio), juntos serán testigos de Él. Vemos esto dado un primer cumplimiento en el día de Pentecostés. Pero Pentecostés no es el *punto límite*. Como se desprende de la extensión de la oración de Jesús a aquellos que creen en Él a través de la palabra de los apóstoles (17:20), este testimonio se transmitirá en todas partes donde hombres y mujeres creen a través del testimonio apostólico. Por implicación, el Nuevo Testamento está a la vista. Porque si preguntamos: «¿Dónde encontramos que todas estas promesas del ministerio del Espíritu se unen?», seguramente la respuesta es «¡En el Nuevo Testamento!»

Aquí, estaba Jesús preparando —en detalle— a sus apóstoles a través del venidero ministerio del Espíritu por el cual iban a dar el Nuevo Testamento a la iglesia. Eso era lo que pensaba cuando prometió que el Espíritu les recordaría sus palabras, los guiaría a la verdad y les revelaría las cosas que aún estaban por venir.

La «palabra» de los apóstoles se convirtió así en el contenido del Nuevo Testamento: los evangelios (lo que Jesús dijo e hizo); las epístolas (la verdad sobre Jesús); y la revelación (las cosas por venir). De esta manera —a través de la memoria de las cosas dichas y hechas, la comprensión del evangelio, el sentido de las cosas futuras y la capacidad de articular la revelación—, Dios «inspira» las Escrituras del Nuevo Testamento para agregarlas al Antiguo que ellos, con Cristo, recibieron como la Palabra de Dios inspirada por el Espíritu.

Eslabones en una cadena de iluminación

Sin embargo, hay otra obra del Espíritu que Pablo implica cuando habla acerca de la comunicación de la Palabra de Dios (1 Corintios 1:18-2:16). Pablo evitó el estilo de los oradores clásicos («alto discurso o sabiduría»). En vez de eso, empleó la retórica de la cruz. Tampoco su disposición se basó en la seguridad en sí mismo, ni en su talento o entrenamiento, sino en su «debilidad... temor y mucho temblor». Sin embargo, su disertación y su mensaje fueron «en demostración del Espíritu y del poder, para que su fe no descanse en la sabiduría de los hombres, sino en el poder de Dios» (1 Corintios 2:3-5).

Aquí Pablo está describiendo la operación concurrente del Espíritu: «mi discurso y mi mensaje... en demostración del Espíritu» (v. 4). Esta sabiduría de Dios había sido *«revelada... a través del Espíritu»* (v. 10), pero Dios también le había dado el Espíritu para que «pudiera *entender* las cosas que Dios nos dio libremente» (v. 12). Pablo experimentó la obra del Espíritu de supervisar la «inspiración» de la palabra apostólica como iluminación. La comunicación de esta revelación condujo, a su vez, a la iluminación de los oyentes.

Observe que el patrón dinámico aquí evoca al del mensaje en el Aposento Alto: el Padre le había dado sus palabras al Hijo; este, por medio del Espíritu, había dado las palabras a los apóstoles; ellos las habían recibido y las hablarían con la autoridad del Padre y del Hijo. Esto se les permitiría hacer solo cuando el Padre y el Hijo les enviaran el Espíritu. El Espíritu que dio la Palabra reveladora es el mismo que ilumina la comprensión del oyente o del lector al salvar y transformar la recepción de la Palabra.

El Espíritu ahora ha venido con un poder divino completo. Él «lo examina todo, incluso las profundidades de Dios» (v. 10). Pablo ha sido comisionado en esta «cadena de revelación e iluminación», porque la sabiduría de Dios ha sido «revelada a [él] a través del Espíritu» (v. 10). Ahora él puede impartirlo a otros «en palabras... enseñado por el Espíritu» (v. 13). El resultado es una «demostración del Espíritu y del poder, para que su fe [los corintios, y también la nuestra] no pueda descansar en la sabiduría de los hombres sino en el poder de Dios» (v. 4). El Espíritu nos dio las Escrituras a través de sus siervos. Hubo actividad concurrente en la *donación*. Pero también es necesario que haya una actividad concurrente en la recepción, ya que aparte de la obra del Espíritu, «el que no tiene el Espíritu no acepta lo que procede del Espíritu de Dios, pues para él es locura. No puede entenderlo, porque hay que discernirlo espiritualmente» (v. 14).

En presencia de la Palabra inscrita, por naturaleza estamos en la misma posición que Nicodemo en presencia de la Palabra encarnada; no podemos ver ni entrar en el reino (Juan 3:3, 5). Estamos espiritualmente muertos, ciegos y sordos. Por tanto, ¿cómo podemos recibir la Palabra del evangelio contenida en las Escrituras? Podemos hacerlo solo si el Espíritu opera en nosotros con y por la Palabra misma para abrir nuestros ojos y oídos para ver, escuchar y responder a la Palabra iluminada. En las palabras de Pablo a Timoteo: «Reflexiona en lo que te digo, y el Señor te dará una mayor comprensión de todo esto» (2 Timoteo 2:7).

Esto es exactamente lo que experimentaron los tesalonicenses. «Porque al oír ustedes la palabra de Dios... la aceptaron no como palabra [meramente] humana, sino como lo que realmente es, palabra de Dios, la cual actúa en ustedes los creyentes» (1 Tesalonicenses 2:13). ¿Cómo es eso? «Porque nuestro evangelio les llegó no solo con palabras, sino también con poder, es decir, con el Espíritu Santo y con profunda convicción» (1:5). El testimonio conjunto del Espíritu con la Palabra llega a los corazones de los oyentes o lectores con el resultado de que están capacitados para ver el reino, aunque hayan sido ciegos, y habilitados para escuchar la voz de Cristo, aunque hayan sido sordos.

De esta manera, como con el milagro de Lázaro, ¡la palabra que Cristo habla con el poder del Espíritu es lo que hace que escuchen los que son sordos! He aquí la solución al misterio: Lázaro no podía escuchar palabra alguna pero el poder de las palabras de Cristo le dieron habilidad para escuchar sus palabras. De manera similar, la iluminación se lleva a cabo no por la palabra apostólica *aparte del Espíritu*, ni por el Espíritu *aparte de la palabra apostólica*, sino a través del Espíritu y la Palabra que operan juntos, de manera concurrente.

Así como lo que entendemos en cuanto a la inspiración, en lo que comprendemos acerca de la iluminación hallamos una analogía en

Cristo. Su Palabra permite a los sordos escuchar, a los ciegos ver, a los cojos a caminar, a los leprosos sanar y a los muertos vivir (Mateo 11:4-5). Él habló a aquellos que eran «torpes» y «tardos de corazón», y sus palabras hicieron que sus corazones ardieran (Lucas 24:13-35). Más tarde «les abrió el entendimiento para que comprendieran las Escrituras» (v. 45). Lo que todavía lo hace. Y el punto que destaca en el mensaje del Aposento Alto, es que lo que Él hizo durante su ministerio terrenal continuará haciéndolo *allos paraklētos* (ἄλλος παράκλητος), «otro Ayudante» como Él, que vendrá en su lugar para continuar y consumar su ministerio (Juan 14:16).

Lo que Cristo hizo, entonces, a través de su presencia corporal en el día de su resurrección, ahora lo hace a lo largo de los últimos días por la iluminación de la Palabra del Espíritu. Así, en palabras de William Cowper (1731-1800):

El Espíritu exhala la palabra, y trae la verdad a la luz.

Por supuesto, Cowper estaba describiendo la experiencia de la iluminación desde la perspectiva de la apariencia y la experiencia; parece que algo le ha sucedido a la Biblia. ¡Pero sería incongruente y anacrónico pensar que estaba adoptando una visión neoortodoxa de las Escrituras! Teológicamente, por supuesto, sería más correcto decir que es en el lector u oyente que el Espíritu da vida a través de y con la Palabra, por lo tanto, dando iluminación de la Palabra a través de ella misma. *Escuchamos* algo que ha estado allí todo el tiempo: en su Palabra, el Padre siempre nos «dirige palabras de aliento» (tiempo *presente*) (Hebreos 12:5).

Este es el ministerio que Juan Calvino describió bien como el *testimonio interno del Espíritu Santo*, y no podemos hacer nada mejor que escuchar sus palabras:

La prueba máxima de las Escrituras se derivan en general del hecho de que Dios en persona habla en ellas... Debemos buscar nuestra convicción en un lugar más alto que las razones humanas, los juicios o las conjeturas, es decir, en el testimonio secreto del Espíritu Santo...

El testimonio del Espíritu es más excelente que toda razón. Porque como solo Dios es un buen testimonio de sí mismo en su Palabra, así también la Palabra no encontrará aceptación en los corazones de los hombres antes de ser sellada por el testimonio interno del Espíritu. Por lo tanto, el mismo Espíritu que ha hablado a través de la boca de los profetas debe penetrar en nuestros corazones para persuadirnos de que proclamaron fielmente lo que se había ordenado divinamente. Isaías expresa muy acertadamente esta conexión con estas palabras: «En cuanto a mí —dice el Señor—, este es mi pacto con ellos: Mi Espíritu que está sobre ti, y mis palabras que he puesto en tus labios, no se apartarán más de ti, ni de tus hijos ni de sus descendientes, desde ahora y para siempre —dice el Señor—» (Isaías 59:21). Algunas buenas personas están molestas porque una prueba clara no está a la mano cuando el impío, sin castigo, murmura contra la Palabra de Dios. Como si el Espíritu no fuera llamado «sello» y «garantía» (1 Corintios 1:22) para confirmar la fe de los impíos; porque hasta que ilumina sus mentes, ¡siempre flaquean entre muchas dudas![3]

Así, es entonces, cómo *escuchamos* la Palabra de Dios como la Palabra de Dios. Así es como el Padre se dirige a nosotros y como el Hijo nos habla, cuando el Espíritu nos compromete a través de las Escrituras.

¿Implicaciones para la inerrancia?

Estas páginas han proporcionado una descripción general de la función que las Escrituras atribuyen específicamente al Espíritu Santo en relación con ellas. En la medida en que el Espíritu es en cierto sentido la persona ejecutiva de la Trinidad, lo que se puede decir acerca de la inerrancia en general también se puede decir del Espíritu y su ministerio. Pero dentro de los límites de este estudio en particular, varias implicaciones para la inerrancia pueden derivarse *específicamente* de la exposición anterior.

1. *La posibilidad de la inerrancia.* En su ministerio de santificar a los creyentes, el Espíritu trabaja claramente en la humanidad pecadora sin embargo perfeccionarla todavía. Algunos cristianos han dudado de que sigan siendo pecadores y sigan errando, aunque estén en manos del Espíritu. Pero el Espíritu no está limitado por nuestra

pecaminosidad. María era pecadora, pero dio a luz al Santo Hijo de Dios; La humanidad de Cristo se derivó de María, pero «santificada y ungida con el Espíritu más allá de los límites». De la misma manera, las Escrituras son santificadas y preservadas por su poder.

2. *El argumento teológico de la inerrancia.* Cuando Dios habla, lo que dice es expresivo de su carácter y, por lo tanto, es inerrante. Ya que las Escrituras nos llegan a través de la obra del Espíritu, podemos decir que es la obra especial del Espíritu para lograr esto. Él mismo es divino y también la persona de la Trinidad que efectúa en el mundo los propósitos de Dios. En el Nuevo Testamento, se dice —de manera congruente— que la nueva Palabra y las palabras que acompañan e interpretan la encarnación de Cristo son fruto del ministerio del Espíritu. Este testimonio divino tiene su propio carácter, es decir, la inerrancia. Los hombres y las mujeres pueden mentirle al Espíritu Santo (Hechos 6:3). Pero Él no les miente.

3. *La integridad del Espíritu.* Cada vez que se menciona al Espíritu Santo en relación con las Escrituras, la integridad absoluta de lo que dice allí está implícita y se asume, nunca se duda, y ciertamente nunca se contradice ni se acusa de error. La facilidad con que se reconoce esta verdad conlleva la suposición de que la integridad verbal característica de la persona del Espíritu se manifiesta en las Escrituras que el Espíritu da. Por lo tanto, no es una aberración cuando Lucas concluye virtualmente su libro de Hechos de los Apóstoles con una cita de Isaías 6:9-10 introducida por el comentario de Pablo: «Con razón el Espíritu Santo les habló a sus antepasados por medio del profeta Isaías diciendo...» (Hechos 28:25).

4. *La fiabilidad de la obra del Espíritu.* Pedro atribuye el hecho de que Dios llevó la Palabra profética a su destino divinamente designado y de manera específica al Espíritu Santo. Esto implica que en las Escrituras se nos da precisamente la revelación que Dios quiso que recibiéramos. De nuevo, por lo tanto, debe ser recibido como expresión de su carácter. Esto no es para adoptar una visión ingenua de la inerrancia, sino para decir que el Espíritu que da las Escrituras expresa su santo carácter en una manera análoga a la forma en que santificó la naturaleza humana asumida por el Hijo de Dios.

En este sentido, podemos tener la misma confianza en el ministerio del Espíritu en referencia a las Escrituras que en relación con su Hijo. En ambos, se compromete con las realidades históricas; de hecho, con el proceso histórico; en ambos, preserva la integridad de sus dones de gracia. La infalibilidad de las Escrituras es una confesión de fe. En la naturaleza misma del caso, no podemos demostrar *a posteriori* que cada declaración en la Biblia está libre de errores. Tampoco podemos tener una confianza absoluta en las Escrituras a menos que esté confirmada por una autoridad igual o mayor que ella misma. También en esto, el Espíritu que nos ha dado las Escrituras permanece fiel al dar su propio testimonio de las Escrituras por la forma en que nos las ilumina en su verdadera luz. El que llevó la Palabra de las Escrituras a la historia continúa sirviéndonos en nuestro lugar en la misma historia, de modo que cuando leemos la Palabra que nos ha traído, la reconocemos por lo que realmente es: la Palabra infalible del Dios inerrante, nos ha dado vida a través de Aquel que es para Él como su propio aliento, el Espíritu Santo.

De modo que, cuando se dice: «Esta es la Palabra del Señor», sabemos que podemos confiar en ella sin reservas, y por lo tanto decimos también: «¡Gracias a Dios!»

Capítulo 18

CÓMO NOS PERMITE LA LUZ PERFECTA DE LAS ESCRITURAS VER TODO LO DEMÁS

LA INERRANCIA Y LA CLARIDAD

Brad Klassen

En diciembre de 1520, Martín Lutero publicó una obra que se hizo más famosa por la controversia que creó que por su contenido. Parte de la tormenta que le siguió se enfocó en el género del libro, que estaba representado por la primera palabra de su título —*Defensa*—, un término que describía apropiadamente la confianza de Lutero en sus convicciones teológicas en medio de la creciente oposición de la Iglesia Católica Romana. Lo que provocó una ira particular fue la base que Lutero demandó para preparar su defensa: «La Escritura es, por sí misma, tan cierta, simple y accesible», argumentó, «que se interpreta a sí misma, probando, juzgando e iluminando todo lo demás». Esta declaración prepara el escenario para uno de los debates más famosos en toda la historia de la iglesia sobre la naturaleza de Dios, la revelación y su autoridad.

El principal oponente de Lutero fue el erudito católico romano Erasmo de Róterdam. Su mayor desacuerdo fue con la afirmación de Lutero en cuanto a que el incrédulo está completamente esclavizado a su naturaleza pecaminosa. En respuesta, Erasmo publicó su propio trabajo en 1524, titulado *Sobre la libertad de la voluntad: Diatriba o discurso*.

Sin embargo, más que una defensa del libre albedrío, el trabajo de Erasmo abordó un sutil punto de la epistemología (la naturaleza y los fundamentos del conocimiento humano). La frase inicial de Erasmo identificó de inmediato su presuposición fundamental: «Entre las dificultades, de las cuales no pocas aparecen en la Sagrada Escritura, apenas hay un laberinto más enredado que el de la «libre elección».[1] Para Erasmo, en las Escrituras la enseñanza sobre la voluntad humana era ambigua, por lo que la formulación de cualquier aseveración sobre el tema basada únicamente en la Biblia era peligrosa desde el punto de vista intelectual y moral. De hecho, su reticencia a ver suficiente claridad en las Escrituras se extendió mucho más allá del tema de la voluntad humana. Admitió abiertamente que «hasta el momento estoy deleitándome con las "afirmaciones" de que fácilmente me refugiaría en la opinión de los escépticos». Aunque parte de su disgusto se debió a la arrogancia con la que algunos hicieron afirmaciones, su razón fundamental surgió de su convicción sobre la naturaleza de la Biblia misma y su capacidad para impartir conocimiento. Erasmo lo explicó así:

> Porque hay algunos lugares secretos en las Sagradas Escrituras en los que Dios no ha querido que entremos más profundamente; pero si tratamos de hacerlo, veremos que a medida que avanzamos, más y más oscuros se vuelven; por lo que somos conducidos a reconocer la inescrutable majestad de la sabiduría divina y la debilidad de la mente humana.

Para Erasmo, las aserciones doctrinales no se podían hacer con la Biblia solamente, ya que esta no proporcionaba la claridad necesaria. El propósito de la Biblia era inspirar al hombre a adorar, lo que se hacía con más frecuencia en silencio místico y no en una curiosidad irreverente. Y si bien en ella había cosas específicas que estaban claras, se limitaban a enseñanzas morales relacionadas con «la buena vida».[2] Ir más allá de ello y afirmar que la Biblia es la autoridad suficiente y decisiva para establecer doctrinas era un grave error, porque la Biblia en sí misma no era lo suficientemente clara.

Para no ser mal entendido, Erasmo, no obstante, afirmaba la necesidad de las Escrituras. «Las mismas Escrituras», afirmó, «son reconocidas y veneradas por cualquiera de las partes. Nuestra batalla tiene que ver con el *significado* de ellas». Al negar la claridad de las Escrituras y al mismo tiempo afirmar su importancia, Erasmo argumentó la necesidad de una autoridad adicional: la Iglesia Católica

Romana, cuyo deber era hacer que la autoridad de las Escrituras fuera real al aclarar sus dudas. En consecuencia, las discusiones doctrinales debían llevarse a cabo bajo la dirección del papa y sus obispos; no era «apropiado prostituirlas ante oyentes comunes», como había hecho Lutero con sus publicaciones. No se podía confiar en que la gente común y sin entrenamiento aplicara los métodos matizados de la interpretación alegórica o captara las complejidades de siglos de tradición eclesiástica, que en sí misma era vista como un conducto de la revelación divina. Al año siguiente, en 1525, Lutero contrarrestó a Erasmo con su obra *Sobre la esclavitud de la voluntad*. Aunque enfocado en el debate sobre la libertad humana y la gracia soberana, el libro articuló poderosamente muchos de los principios fundamentales que impulsaron a la Reforma.

Apuntando al disgusto de Erasmo por tales afirmaciones, Lutero declaró:

> Porque no es la marca de una mente cristiana el no deleitarse con sus aserciones; por el contrario, el hombre debe deleitarse con esas aserciones o no es cristiano. Y por aserción, para que no nos dejemos engañar por las palabras, me refiero a una constante adhesión, aprobación, confesión, mantenimiento y una perseverancia invencible.[3]

En contraste con la miseria causada por la incertidumbre, Lutero describió el verdadero cristianismo como una vida de confianza en la verdad divinamente revelada: «El Espíritu Santo no es un escéptico; tampoco son dudas o meras opiniones lo que Él escribió en nuestros corazones, sino aserciones, más ciertas e inconmovibles que la vida misma y cualquier experiencia».

La base de la certeza de Lutero no era un entusiasmo ingenuo con respecto a la razón humana; su posición respecto a las capacidades intelectuales del hombre caído era evidente. Más bien, la certeza fue establecida por la naturaleza misma de la Biblia. Dios había dado una Palabra *clara* y *accesible* que podía leerse y entenderse por sus propios méritos. El hecho de que el cristiano respondiera con escepticismo y duda, o que acudiera a otras autoridades para obtener respuestas más seguras, no reflejaba una humildad semejante a la de Cristo, sino una incredulidad inmoral, del mismo tipo de la que marcó la caída de la humanidad en la depravación.

Esto no significa que Lutero negó la realidad del misterio o la incomprensibilidad divina. Afirmar que la Palabra de Dios era clara no sugería que ella reveló todo acerca de Dios. La responsabilidad del hombre, sin embargo, era no traspasar el texto con especulación. Lo que Dios había decidido dar a conocer al hombre era esencialmente claro, y la sugerencia de que permanecía oscuro era nada menos que una herramienta satánica para evitar que los hombres leyeran las Escrituras, y describieran las Escrituras como deficientes, de modo que abrieran las puertas de la iglesia a las plagas de la filosofía.

Lutero también tuvo cuidado de distinguir entre claridad *externa* e *interna*. Con respecto a la claridad externa, Lutero enseñó que toda la verdad de las Escrituras «ha sido expuesta por la Palabra a la luz más definida y publicada a todo el mundo». Las Escrituras no necesitaban ser mejoradas para ser presentadas a todos los hombres. Con respecto a la claridad interna, «se requiere al Espíritu para comprender las Escrituras, tanto en su conjunto como en cualquier parte de ellas». La incapacidad del hombre para entenderla no se debió a la oscuridad de las Escrituras, sino a la obstrucción moral que existía por la caída, una obstrucción que podría romperse solo por una obra especial del Espíritu Santo. Al igual que el sol que es brillante en sí mismo, la claridad externa de las Escrituras brillaba, se reconociera o no. Pero esa luz no podía ser apreciada por los ojos del ciego hasta que el Espíritu realizó la sanidad. E incluso para el cristiano, que ahora veía y aún luchaba por entender partes de la Biblia, tal dificultad no se debía a una oscuridad inherente a las Escrituras, sino a la propia ignorancia o inmadurez del creyente. Con un estudio cuidadoso, el creyente fue capaz de entender textos difíciles con mayor facilidad, especialmente al estudiarlos a la luz de aquellos que entendía más.

En última instancia para Lutero, si la Biblia no era clara, no había esperanza. El hombre no podría establecer el conocimiento por otros medios si Dios mismo no lo hubiera colocado de manera accesible en su Palabra. «¿No somos lo suficientemente sombríos y confusos», preguntó, «como para que nuestra oscuridad o ambigüedad aumenten desde el cielo?» Lutero no tendría parte de eso: «Dejen hombres miserables... de imputar con perversidad blasfema y perniciosa a las Escrituras de Dios totalmente claras». La Biblia era lo suficientemente clara como para ser la primera fuente y autoridad definitiva para el conocimiento humano, era lo suficientemente clara para hacer que ese conocimiento fuera seguro.

Aun cuando Lutero y Erasmo debatieron la claridad de las Escrituras hace medio milenio, el tema sigue siendo tan relevante como siempre. Más que una idea interesante de la Reforma, la claridad de las Escrituras es una doctrina que es esencial si deseamos darle algún sentido a este mundo en el que vivimos.

Definición de claridad

La claridad bíblica se ha definido como «esa cualidad del texto bíblico que, como acto comunicativo de Dios, garantiza que su significado sea accesible para todos los que acudan con fe».[4] La claridad es una *cualidad inherente* a la revelación divina, al igual que la necesidad de las Escrituras, su suficiencia, su autoridad y su veracidad; y no simplemente un principio hermenéutico, una postura denominacional o personal hacia la Biblia. No atribuimos claridad a la Palabra de Dios como resultado de determinar primero por nosotros mismos que está claro. La Escritura es clara por su propia naturaleza, ya sea que ese hecho sea reconocido o no. En otras palabras, la revelación verbal de Dios fue dada no en un código secreto ni con la intención de confundir la comprensión del hombre de su naturaleza e intenciones, sino en formas y con palabras que son comprensibles para su audiencia y exitosas para hacer que Dios y sus formas sean conocibles. Dios es un Dios revelador, un Dios de luz. Debido a que Él mismo es claro, su revelación refleja automáticamente esa calidad clarificadora. Dios también es un Dios misionero. Debido a que desea ser verdaderamente conocido por su creación, su revelación es automáticamente exitosa.

Al igual que con cualquier otra doctrina, la de la claridad debe definirse en base al propio testimonio de las Escrituras. Y cuando se leen con cuidado, las Escrituras presentan no pocos testimonios. Desde el principio, la Biblia enfatiza que Dios es un Dios de palabras, un Creador que habla primero y cuyas palabras logran exactamente lo que pretende (Génesis 1:3; Hebreos 11:3; 2 Pedro 3:5-7). Creado a la imagen de Dios, el hombre puede usar el lenguaje y comunicarse con éxito con su Creador (Génesis 1:26-30). Incluso después de la rebelión del hombre contra las palabras de Dios en la caída (Génesis 3), la revelación verbal sigue siendo el principal medio de Dios para comunicar su señorío, su esencia y su bondad al hombre. Esa revelación cobra vital importancia para el plan de redención, ya que solo a través de las palabras de Dios viene la oferta del evangelio (Romanos 10:13-17). La Escritura testifica que la Palabra de Dios es luz (Salmos 19:8; 119:105; Proverbios 6:23; 2 Pedro 1:19), está destinada a la gente común (Levítico 1:2; Efesios 1:1), hace sabio al joven e ignorante (Deuteronomio 6:6-8; Salmos 119:130; Proverbios 1:1-6) revela eficazmente las expectativas de Dios (Deuteronomio 30:11-14; 2 Timoteo 3:16-17), comunica con mayor precisión su nombre y su carácter (Éxodo 34:5-8), sirve como norma para evaluar y recompensar la obediencia o la desobediencia (Deuteronomio 11:26-28; Hebreos 4:12-13), siempre cumple con sus propósitos (Isaías 55:10-11), y es esencial para promover la fe salvadora (Génesis 15:4-6; Romanos 10:17; 2 Timoteo 3:15).

La Escritura también testifica que su mensaje no es irrelevante, ni todas las partes son igualmente claras para aquellos que creen (2 Pedro 3:15-16). Los creyentes son llamados a crecer en su entendimiento a través de un esfuerzo apropiado (Hebreos 5:11-14; 2 Timoteo 2:7, 15; 2 Pedro 3:17-18) y a discernir el significado de las Escrituras en el contexto de la comunidad creyente (Hechos 17:11). Para ayudar en este proceso, Dios ha dado a su Espíritu (1 Juan 2:20-21, 27), así como a pastores y maestros (Hechos 8:30-31; Efesios 4:11-12). Al mismo tiempo, las Escrituras enfatizan que el incrédulo no reconoce su claridad (1 Corintios 2:14; 1 Corintios 4:4) y que Dios mismo puede optar por ocultar el mensaje claro de su Palabra como un acto de juicio (Isaías 6:8-13; Mateo 13:11-16).

La Escritura establece los límites de su propia claridad. Aunque es clara en cuanto a lo que revela, afirma la realidad de las cosas secretas que están fuera de su contenido y que siguen siendo un misterio (Deuteronomio 29:29); además, advierte contra el intento de entrometerse en lo que Dios ha mantenido oculto (Deuteronomio 18:9-14; 1 Corintios 4:6).

En última instancia, como argumentó Lutero, la claridad de las Escrituras es esencial para las afirmaciones doctrinales. Sin claridad, uno no puede realmente «hacer teología», mucho menos creerla. Los que lo intentan, al tiempo que minimizan la claridad de las Escrituras, simplemente presuponen la claridad de alguna otra fuente de conocimiento, como la tradición religiosa, la razón o la experiencia personal. Al observar el papel esencial que desempeña la claridad, D. A. Carson declara:

Se puede hablar sin cesar sobre la centralidad de las Escrituras, la autoridad de las Escrituras, la veracidad de las Escrituras, etc., pero nada de eso pasa de ser un mero interés teórico a menos que alguna modalidad de doctrina sobre la claridad escritural pueda ser sostenida.[5]

Se puede llegar a la misma conclusión con respecto a temas como la Trinidad, la justificación, la definición de matrimonio o el destino del incrédulo después de la muerte. Todas las afirmaciones doctrinales verdaderamente evangélicas asumen la doctrina de la claridad escritural.

El ocaso de la claridad

Por esencial que sea la doctrina de la claridad, no siempre recibe el debido reconocimiento. Aun cuando los protestantes históricamente han considerado que la claridad es un atributo central de las Escrituras, muchas teologías evangélicas escritas en los últimos cien años ni siquiera han dedicado una sección al tema.[6] Las distorsiones y los abusos han hecho que algunos lo eviten, mientras que el clima actual de pesimismo hacia la verdad y la certeza hace que la claridad sea una discusión impopular. Esta negligencia ha tenido ramificaciones significativas.

Primero, la negligencia ha permitido que las versiones revisionistas de la historia de la doctrina se arraiguen. Aun cuando algunos han sostenido que Lutero la inventó para promover su causa, otros han afirmado que la claridad, junto con la inerrancia, son invenciones modernistas creadas solo en el siglo diecinueve. Como hemos pasado de la sabiduría a la ingenuidad del pensamiento modernista, afirman, debemos dejar atrás la claridad «a favor de un mejor enfoque de la verdad y la autoridad cristianas».[7]

En segundo lugar, el abandono de la doctrina ha conducido a una creciente sumisión al pluralismo interpretativo. Palabras como *multivocalidad* y *polisemia*, términos utilizados para indicar que las palabras o declaraciones tienen significados múltiples, ahora forman

parte del vocabulario del exegeta. Los intérpretes fomentan cada vez
más una pluralidad de significados relacionados o incluso contradictorios para cualquier texto dado, sin asumir ninguna responsabilidad
ante sus audiencias para validar uno sobre cualquiera de los otros.
Se dice que los textos contienen «excedentes de significado» que
no eran perceptibles para los propios escritores y que los lectores los
amplían aún más. En lugar de ser alentados a discernir «si estas cosas
fueran así» (Hechos 17:11) o a considerar al escritor como la autoridad de su texto (Hechos 8:34), los cristianos están llamados a abrazar
la diversidad interpretativa no solo como una innegable realidad sino
como una bendición divina. La Deidad —argumentan—, tiene múltiples voces, entonces ¿por qué no el texto bíblico?[8] De hecho, ¿tiene
voz el texto? ¿No es la única voz que oye el lector? La única claridad
que importa en un ambiente así es *lo que me queda claro*.

Asimismo, relacionado con el avance del pluralismo está el retorno a las aseveraciones confusas de Erasmo. Palabras como *sombría* y
enigma son cada vez más comunes al describir algunos textos bíblicos. Hay una concepción popular que para que la Escritura sea inspirada y profunda, debe desafiar el lenguaje sencillo y confundir. Se
dice que la Biblia plantea más preguntas que respuestas, ya que Dios
ha incorporado intencionalmente la vaguedad en su revelación. O se
argumenta que el lenguaje humano limitado es simplemente incapaz
de comunicar la verdad divina con éxito. Los intentos de explicar
las discrepancias percibidas o armonizar los relatos paralelos en las
Escrituras son desdeñosos, y los intérpretes están llamados a ajustar
sus creencias básicas acerca de la Biblia a una que permita contradicciones objetivas y a ambigüedades que no pueden resolverse con
normalidad.

Menospreciar la claridad también conduce al sacrificio de la interpretación literal. El método alegórico, y su énfasis en el magisterio
como el único intérprete autorizado, se elevó al dominio en el período
medieval en relación con la creciente creencia de que las Escrituras
eran oscuras. A la inversa, la recuperación de la doctrina de la claridad por parte de los reformadores y el regreso de la Biblia a la gente
común, fue de la mano de su recuperación de la interpretación literal. Esta transformación fue capturada vívidamente por el lema de la
Reforma: «*Después de la oscuridad, luz*». Sin embargo, para muchos
hoy, el impulso hacia la interpretación literal iniciada por la Reforma

es demasiado ingenuo. Como argumentó un evangélico: «En lo que entendemos acerca de la inspiración, probablemente nos hemos equivocado al lado de un texto fijo, inequívoco, directo y descriptivo que podemos defender objetivamente». La cantidad de Escrituras consideradas como «no literales» es de nuevo muy amplia, con métodos críticos complejos que se promueven como el único medio responsable para resguardar la simplicidad de la Biblia, al mismo tiempo que su mensaje es respetable para la academia. Si la interpretación simple y sencilla de un texto no está a la altura de las sensibilidades académicas, puede rechazarse y el texto puede considerarse «poético» o «*midras*», incluso si carece de las características comprobables para respaldar tales conclusiones. Como admitió un académico: «La buena voluntad de no tomar un texto de valor nominal es la esencia de la erudición crítica».[9]

Tropiezos en la oscuridad

Puesto que el abandono de la doctrina de la claridad conduce a su rechazo, a continuación, hay varias consecuencias prácticas y graves. Primero, la adopción del concepto de una Biblia confusa por parte del evangelicalismo requiere el establecimiento de su propio magisterio —la alta crítica—, mientras que simultáneamente degradan la doctrina del sacerdocio de todos los creyentes. Como advirtió Gerhard Maier, esto conduce a un nuevo «cautiverio babilónico»:

Los representantes de la alta crítica han dado una clara oposición a los pensamientos ortodoxos con respecto a la *perspicuidad* (claridad) y la *suficiencia* de las Escrituras. Han oscurecido la claridad con sus «pruebas» acerca de las contradicciones en la Biblia, y se han aferrado y profundizado en la oscuridad a través de su búsqueda infructuosa de otro canon dentro del canon. Han socavado la suficiencia de las Escrituras al afirmar que el trabajo histórico-crítico era necesario para comprender las Escrituras. En la medida en que sus opiniones se afirmaron a sí mismas, se estableció una división entre las Escrituras y la congregación.[10]

En segundo lugar, la desaparición de la claridad conduce a una expansión significativa de la adiáfora de la fe cristiana: las cosas que los cristianos deben tratar con *indiferencia*. El conjunto de creencias que la Biblia obliga al hombre a abrazar se vuelve cada vez más limitado a medida que los creyentes tienen la libertad de decidir por sí mismos sobre una amplia gama de temas teológicos y morales, que van desde la naturaleza de la expiación hasta la homosexualidad. En consecuencia, participar en el debate y llamar a otros para validar sus puntos de vista de las Escrituras se considera divisivo y arrogante. Sin claridad, nada puede ser debidamente juzgado como *error* o *pecado*. El resultado es un cristianismo que se define en base a la cultura, la tradición o el individualismo. Por tanto, la iglesia ya no es impulsada por la doctrina, sino que está motivada y movida por una serie de factores *diferentes* de las Escrituras.[11]

Tercero, a medida que se niega la claridad, la Palabra de Dios pierde su derecho como primera instancia tanto como último tribunal de apelación. En respuesta, algunos abrazan el *tradicionalismo*, y se retiran al catolicismo romano para encontrar la autoridad necesaria con el fin de establecer la convicción y la práctica. Para los post-conservadores y emergentes, el *comunitarismo* es la solución, creyendo que no hay una autoridad más efectiva para resolver lo que es ambiguo en las Escrituras que la comunidad de experiencias compartidas. Para otros, el *subjetivismo*, en las formas de racionalismo y misticismo, es la respuesta preferida.[12]

La cuestión de la autoridad es «el problema más fundamental al que se enfrenta la iglesia cristiana».[13] La Confesión de Fe de Westminster expresa la implicación de la claridad bíblica cuando afirma:

> El Juez Supremo por el cual deben decidirse todas las controversias religiosas, todos los decretos de los concilios, las opiniones de los hombres antiguos, las doctrinas de hombres y de espíritus privados, y en cuya sentencia debemos descansar, no es ningún otro más que el Espíritu Santo que habla en las Escrituras (1.10).

Cuarto, el rechazo a la claridad tiene implicaciones significativas para nuestra comprensión del carácter de Dios. Francis Turretin reconoció esto en la era posterior a la Reforma, cuando argumentó que de Dios, como Padre de las luces y Dador de todo don perfecto (Santiago 1:17), «no se puede decir que no quiera o no pueda hablar claramente sin poner en duda su bondad y sabiduría perfectas». El mismo argumento es válido en el contexto de hoy, con cada ataque a la claridad de la revelación que «en última instancia, es un ataque al carácter de Dios; a su bondad, su poder y su capacidad para comunicarse claramente con su pueblo».

Si las Escrituras dejan al hombre sin excusa —y Dios decide su destino eterno en base a lo que el individuo responda al mensaje de las Escrituras—, y este llama a las Escrituras ambiguas «acusa a Dios de tratar con nosotros en un espíritu falso y cruel».[14] Dios entonces ya no es el Dios misionero que busca, sino un dios que se deleita en esconderse del hombre en la oscuridad.

Por último, rechazar la claridad bíblica es nada menos que una expresión de orgullosa autonomía humana, ya que el hombre, a pesar de la supuesta oscuridad de la verdad, declara su éxito en la búsqueda de la verdad. Esto lo ilustra mejor el filósofo alemán del siglo dieciocho, Gotthold Lessing, que fue instrumento del avance de la famosa «búsqueda del Jesús histórico». Lessing declaró:

> Porque no es la posesión, sino la búsqueda de la verdad la que expande los poderes del hombre y en la que se encuentra su perfección cada vez mayor… Si Dios ocultara toda la verdad en su mano derecha y en su izquierda solo ocultara lo que la impulsa y, acotándome que siempre me desviaría en esa búsqueda, me dijera: «¡Escoge!», indicaría con humildad la mano izquierda y diría: «¡Padre, esta! La verdad pura es solo para ti».

En respuesta, Abraham Kuyper señaló acertadamente:

> De modo que, para *Lessing*, la búsqueda de la verdad es más gloriosa que la posesión de ella. Pero que nadie se deje engañar por este dicho capcioso… La declaración de Lessing corre perfectamente paralela al dominio intelectual de la rectitud laboral en el dominio moral. Querer ganarse la propia salvación y no recibirla por gracia se alinea perfectamente con el deseo de buscar toda la verdad por sí mismo y rechazar cualquier revelación superior. Preferir prescindir de las nueve décimas partes de la verdad antes que recibir la luz de la verdad con humildad y gratitud de la mano de Dios es querer

escoger del árbol del conocimiento para ser como Dios y para no deberle nada a nadie más que a uno mismo y gracias al esfuerzo propio.

Nada queda por decir

En última instancia, la negación de la claridad, si se sostiene de manera congruente, socava directamente la validez de cualquier afirmación teológica y conduce a la pérdida devastadora de la certeza doctrinal. Por ejemplo, si las Escrituras no son claras, ¿cómo pueden los «principios fundamentales» de la fe cristiana —esos supuestamente pocos cánones centrales indiscutibles, como el amor de Dios—, ser determinados y expresados? Por supuesto, algunos intentan imponer los llamados «marcos cristológicos» para que sirvan como un «canon determinante del canon», pero cualquier lectura cuidadosa de tales grillas interpretativas revela mucho calor, pero poca luz. Si la Biblia, incluidos los evangelios, se aclara solo al leerla a través de un conocimiento de Cristo, ¿de dónde se extrae este conocimiento autoritativo de Cristo? Al final, dichos marcos adoptan la misma flexibilidad que un muñeco de cera.

El rechazo a la claridad conduce inevitablemente a un oscuro y silencioso abismo. Al negar la claridad, nos quedamos sin una respuesta positiva a la pregunta repetida de la Serpiente: «¿Es verdad que Dios les dijo?» (Génesis 3:1). Como dijo *Maier*: «Puesto que a través de las Escrituras nos encontramos con Dios y aprendemos a conocerlo, al invalidar la claridad y la suficiencia de las Escrituras, también se destruye la certeza de la fe. Si no está claro *dónde* habla el Dios vivo, ya no sé *quién* está hablando». Y de la misma manera que la histórica negación de la inerrancia de los evangelios conlleva a la invalidación de nuestra fe (1 Corintios 15:12-19), la negación de la claridad de las Escrituras despoja al evangelio de su mensaje y su poder. Al misionero, al teólogo y al predicador no les quedará nada que decir, ya que continuar hablando si la Biblia es realmente confusa sería el colmo de la arrogancia humana. Como argumentó Lutero: «Quita las aserciones y eliminas el cristianismo».

Conclusión

En el verano de 1522, varios años antes de la publicación de Lutero *Sobre la esclavitud de la voluntad*, el reformador suizo Ulrico

Zuinglio declaró su propia posición sobre la claridad de las Escrituras ante una audiencia de monjas en un sermón titulado «*De la claridad y certeza de la Palabra de Dios*». Concluyó ese sermón con la siguiente exhortación:

> Y ahora, por último, para poner fin a las objeciones, nuestra visión del asunto es la siguiente: que debemos mantener la Palabra de Dios en la mayor estima posible; es decir, que la Palabra de Dios es solo lo que proviene del Espíritu de Dios: y debemos darle una confianza que no podemos dar a ninguna otra palabra. Porque la Palabra de Dios es cierta y nunca puede fallar. Es clara, por lo que nunca nos dejará en la oscuridad. Enseña su propia verdad. Surge e irradia el alma del hombre con plena salvación y gracia. Le da al alma un consuelo seguro en Dios.

La sumisión a la Escritura como la Palabra de Dios clara e infalible nos lleva a una conclusión: debe ser creída en su totalidad y sin reservas, y proclamada al mundo con toda sinceridad y valor. Es más, «Lo secreto le pertenece al Señor nuestro Dios, pero lo revelado nos pertenece a nosotros y a nuestros hijos para siempre, para que obedezcamos todas las palabras de esta ley» (Deuteronomio 29:29). Con la claridad de la Escritura viene la necesidad de afirmarla y con esta necesidad viene la obligación de creerla y proclamarla. No tenemos excusa. El destino de las almas de los hombres está en juego.

Capítulo 19

PALABRAS DE DIOS Y PALABRAS DEL HOMBRE

LA INERRANCIA Y LA AUTORÍA DUAL

Matt Waymeyer

Las palabras de la Escritura se presentan constantemente como palabras de Dios y palabras del hombre. Comúnmente conocida como *autoría dual*, esta realidad fundamental tiene profundas implicaciones en la forma en que uno ve la integridad del texto bíblico. Para aquellos que rechazan la infalibilidad de la Biblia, el elemento humano en las Escrituras juega un papel prominente. Según Bruce Vawter, «una literatura humana que no contenga errores sería una contradicción, ya que nada es más humano que cometer errores».[1] Para él, la autoría humana de las Escrituras garantiza que la Biblia contiene errores.

En contraste, para aquellos de los que defendemos la doctrina de la inerrancia bíblica, la autoría divina de las Escrituras proporciona evidencia convincente de su absoluta fiabilidad. Debido a que Dios es el Autor de las Escrituras (2 Timoteo 3:16), y porque siempre dice la verdad (Tito 1:2; Hebreos 6:18), la Biblia debe ser verdadera en todo lo que dice. Como escribe R. Albert Mohler, Jr.: «El Dios que es completamente confiable le ha dado a su pueblo un libro que es igualmente confiable».[2] De esta manera, la autoría divina de las Escrituras es una prueba de que la Biblia está completamente libre de errores.

En los términos más simples, los dos puntos de vistas pueden distinguirse así:

Punto de vista errantista: la autoría humana garantiza una Biblia errante.

Punto de vista inerrantista: la autoría divina garantiza una Biblia inerrante.

La diferencia entre las dos posiciones, sin embargo, no es simplemente cuestión de enfatizar un aspecto sobre el otro. La diferencia real yace en los puntos de vista de la *relación* entre las dos clases de autores en la redacción de las Escrituras.

En este capítulo, abordaré las implicaciones de la autoría dual en cuanto a la confiabilidad de la Biblia. En el proceso, demostraré que *la relación entre los autores humanos y el divino, tal como se presenta en la Biblia misma, asegura que el texto de las Escrituras es completamente confiable en todo lo que enseña.* Pero primero debo enmarcar el tema resumiendo y criticando brevemente la forma en que se utiliza la autoría humana como un argumento para justificar los errores en el texto bíblico.

¿Adaptación divina del error humano?

Entre los evangélicos confesantes, la forma más común de negar la inerrancia bíblica es decir que el Autor divino ajusta los errores de los autores humanos en la transcripción de las Escrituras. En la reciente publicación *Cinco puntos de vista sobre la inerrancia bíblica*, tres de los colaboradores apelan a la autoría humana como la razón de los errores que ven en la Biblia. Peter Enns afirma que los escritores bíblicos «moldearon la historia ingeniosamente para sus propósitos teológicos»; Michael Bird los describe como narradores de historias que fueron «dados a la creatividad» y «flexibles con los detalles»; y John Franke argumenta que Dios acomodó sus limitadas capacidades humanas y, por lo tanto, que las palabras de la Escritura «siguen sujetas a las limitaciones de su carácter creativo». Esto, dice Franke, imposible que la Biblia comunique la verdad absoluta.

Esta apelación a la adaptación divina no es un argumento nuevo en contra de la inerrancia bíblica. De hecho, cuando Vawter insistió en la inevitabilidad del error humano hace una generación, el contexto más amplio de su afirmación incluía la misma línea de razonamiento. Según Vawter, hablar a través de autores humanos requería que Dios incluyera los diversos errores que estos escritores falibles introdujeron en el texto bíblico. En palabras de Vawter, «concebir una inerrancia absoluta como el efecto de la inspiración no era realmente creer que Dios había condescendido a la esfera humana, sino que la había transmutado en otra cosa». Razones similares llevaron a Clark Pinnock a describir la Biblia como «un texto humano acosado por debilidades normales».[3]

En años más recientes, el autoidentificado evangélico Kenton Sparks ha presentado el mismo argumento. Sparks, que insiste en que su punto de vista es «compatible con una fe firme y evangélica»,[4] afirma que la adaptación divina explica cómo y por qué «el único Dios verdadero, que no falla y no puede errar, [habló] a través del discurso humano que incluye el error humano». Según Sparks, cuando Dios usó a los seres humanos caídos para comunicar su Palabra, se negó a atropellar la humanidad de ellos resguardando sus palabras de las limitaciones normales del humano caído. En vez de eso, en un acto de adaptación divina, adoptó los puntos de vista y las perspectivas de esos autores humanos finitos, incluidas todas las limitaciones, flaquezas y fallas en el juicio ético que caracterizaron a su humanidad caída. El resultado, dice Sparks, es que «la Biblia contiene más literatura de ficción de lo que algunos lectores evangélicos pueden soportar» y, por lo tanto, «no les va muy bien cuando eso se juzga por el criterio de la perfección divina».

Ciertamente es verdad que Dios se adaptó a la humanidad en las Escrituras, es decir, revelándola de una manera que los seres humanos puedan comprender. Como escribe Norman Geisler: «Históricamente, la mayoría de los teólogos evangélicos han adoptado una forma de condescendencia divina para explicar cómo un Dios infinito puede comunicarse con criaturas finitas en lenguaje humano finito. Pero hay una gran diferencia entre adaptar la Escritura a la *finitud* de la humanidad para hacer comprensible la verdad y adaptarla a la *caída* de la humanidad adoptando los errores de los autores humanos. El inerrantista cree que Dios siempre dice la verdad y lo hace a un nivel que sus hijos pueden entender (adaptación a la *finitud* humana), pero el errantista insiste en que Dios a veces habla falsedad debido a la naturaleza falible de sus instrumentos humanos (adaptación al humano *caído*):

Punto de vista errantista: adaptación a la humanidad caída
Punto de vista inerrantista: adaptación a la limitación humana

Esta distinción destaca la dificultad con el argumento acomodacionista. Según Sparks, la naturaleza caída de los autores humanos inevitablemente se traduce en errores en el texto bíblico: «Los seres humanos se equivocan; esto explica en parte las perspectivas erráticas y diversas que a veces aparecen en las Escrituras». En otra parte, escribe: «Precisamente porque la Biblia es un discurso humano genuino, también participa en los horizontes falibles de sus autores humanos». Pero el problema con este argumento, simplemente, es que asume que dado que los seres humanos son falibles, toda la comunicación humana debe estar manchada por el error. Como lo explica John Feinberg: «Para que el elemento humano en las Escrituras muestre errores en el texto de la Biblia, se debe demostrar que la equivocidad es esencial para la humanidad». Pero esto no se puede hacer, porque si el error fuera esencial para la humanidad, entonces la condición humana de Adán no existió hasta que se equivocó, y los creyentes no serán humanos en el estado glorificado, ya que ya no pecarán ni errarán.

El hecho de que los seres humanos sean finitos y caídos no significa que estén en error siempre. Como explica D. A. Carson: «Los seres humanos que en el curso de sus vidas inevitablemente cometen errores y pecan no necesariamente lo hacen en cualquier circunstancia». Debido a que el error no es esencial para la humanidad o la finitud, la humanidad de los autores bíblicos no requirió la presencia de la falsedad en lo que escribieron, y Dios no comprometió su humanidad al resguardar sus escritos del error cuando compusieron las Escrituras. La falibilidad de la naturaleza humana no requiere que toda la comunicación humana esté manchada por el error, lo que es evidente a partir de la simple realidad de que todos hacen decenas de declaraciones que son completamente verdaderas.[5] La doble autoría de las Escrituras no implica que haya más errores en el texto bíblico ni que las dos naturalezas de Cristo signifique que Jesús debe haber pecado.

Sin embargo, el problema más serio con esta visión concierne a la divina autoría de las Escrituras. Debido a que la Biblia es la Palabra de Dios, el argumento los errores en el texto bíblico simplemente no puede escapar a la acusación de que hace a Dios el Autor de la falsedad. Dicho más claramente, hace a Dios un mentiroso. En contraste, las Escrituras declaran repetidamente que Dios es verdadero (Juan 3:33; Romanos 3:4), que todas sus palabras son verdaderas (2 Samuel 7:28; Salmos 12:6; 18:30; 19:7, 9; 119:43, 140, 142, 151, 160; Proverbios 8:8; 30:5; Lucas 24:25; Juan 10:35; 17:17; Apocalipsis 21:5), y que es imposible para él, decir algo más que la verdad

(Números 23:19; 1 Samuel 15:29; Tito 1:2; Hebreos 6:18). La simple realidad es que Dios siempre habla palabras que son verdaderas y nunca dice palabras falsas. En consecuencia, la visión errantista de la adaptación divina socava la naturaleza misma de Dios como se revela en su Palabra. Veamos lo que explica Wayne Grudem al respecto:

> Sí, Dios transige a hablar nuestro idioma, el lenguaje de los seres humanos. Pero ningún pasaje de las Escrituras enseña que «lo haga» aunque sea en contra de su carácter moral. En ninguna parte se dice que Él sea capaz de transigir para afirmar, incluso de manera incidental, algo que es falso. Si Dios se «adaptara» a sí mismo de esta manera, dejaría de ser el «Dios que no miente». Dejaría de ser el Dios que la Biblia representa.

Una cosa es que Dios adapte la enseñanza de la verdad a la capacidad de la comprensión humana, y otra muy distinta es que adopte los errores humanos y los presente como una verdad divinamente revelada. En la primera parte de la aserción anterior, Dios hace efectiva la comunicación; en la última, actuaría de manera contraria a su naturaleza.

Para anular esa imputación, Sparks afirma que «cualquier punto de vista erróneo de las Escrituras se deriva, no del carácter de nuestro Dios perfecto, sino de su adopción en la revelación de las perspectivas finitas y caídas de [los seres humanos]». Según Sparks, «la Escritura fue transcrita por autores piadosos pero caídos que a veces pensaban y escribían cosas impías»; sin embargo, Dios no es más Autor de esos errores que Autor del pecado en sí mismo. Por esta razón, «las fallas en las Escrituras no deben atribuirse a Dios sino a la humanidad y a su estado caído y pecaminoso», la Biblia «dice la verdad… lo que se deformaron fueron las percepciones humanas». Esto podría compararse con un maestro musical que ejecuta un concierto en un piano que está desafinado: no importa cuán perfectamente toque el piano, la música reflejará la imperfección de su instrumento, aunque él no cometa errores. Para Sparks, este tipo de adaptación divina es la mejor explicación para los errores en un libro escrito por un Dios perfecto.

El problema con ese razonamiento es que revela una comprensión no bíblica de la autoría dual de las Escrituras. Decir que la Biblia se equivoca, pero que Dios no es el que habla falsedad cuando eso ocurre, es crear una brecha entre los autores humanos y el Autor divino para que algunas palabras en el texto bíblico tengan su origen en Dios, en tanto que otras lo tengan en el hombre. Pero entendida bíblicamente, la autoría dual no solo significa que todas las palabras del texto bíblico son tanto de Dios como del hombre, sino también que Dios es el Autor definitivo de las Escrituras —el Autor divino que habló *a través* de los autores humanos—, de modo que todo en la Biblia es lo que él mismo ha dicho. Esto lleva a dos conclusiones ineludibles: (1) el argumento de los errores en la Biblia atribuye falsedad al Dios que no puede mentir, y (2) la relación entre los autores humanos y divino garantiza que el texto de las Escrituras es completamente confiable en todo lo que enseña. Esto se puede ver claramente al observar de cerca la autoría dual de las Escrituras.

La autoría dual de la revelación divina

Aunque la autoría dual se refiere más directamente a la escritura real del texto bíblico, solo puede entenderse adecuadamente dentro del marco más amplio de la soberanía de Dios. Dios no solo escogió a ciertos individuos para que escribieran la Biblia, sino que los transformó providencialmente a lo largo de sus vidas para que se convirtieran en los hombres perfectamente preparados para componer su revelación escrita en momentos específicos. Como declaró Benjamin B. Warfield de manera tan elocuente: «Dios es el autor de los instrumentos que emplea para la comunicación de su mensaje a los hombres y los ha encuadrado precisamente en los instrumentos que deseaba para la comunicación exacta de su mensaje».[6] A esto es a lo que se le llama a menudo *preparación providencial*.

La preparación providencial del autor humano

Los autores humanos de las Escrituras poseían características comunes a todos los que fueron creados a imagen de Dios, así como rasgos distintivos únicos en cada uno de ellos. Pero debido a que los profetas y los apóstoles vivieron, se movieron y se desarrollaron en la esfera de la soberanía divina (Hechos 17:28), esos rasgos únicos no se dejaron al azar, sino que fueron determinados en última instancia por el que obra todas las cosas según el consejo de su voluntad (Efesios 1:11). En el proceso de su soberanía, Dios no solo determinó la línea ancestral de cada autor humano, junto con el momento y lugar de su nacimiento, sino que también lo distinguió como un portavoz divino incluso antes de que esa persona naciera (Jeremías 1:5; Gálatas 1:15). La providencia de Dios también se extendió a todas las innumerables variables que influyeron en el escritor humano a lo largo de su vida: su familia inmediata, su contexto cultural, su entorno social, sus relaciones personales, su formación educativa y todas sus diversas experiencias vitales desde su nacimiento hasta el tiempo en que escribía (Hechos 7:20-38). Dios usó cada uno de esos factores para preparar todas las vasijas elegidas con el fin de comunicar su Palabra exactamente de la manera que deseaba cuando llegaron los momentos señalados.

Al mismo tiempo, la mano soberana de Dios estaba igualmente involucrada en el *corazón* de cada escritor humano, no solo guiando de modo providencial sus innumerables respuestas a sus experiencias (Proverbios 16:1, 9), sino también formando los diversos aspectos de su personalidad: sus emociones, sus intereses personales, sus dones y habilidades naturales, su vocabulario y estilo de escritura propios, y sus patrones individuales de pensamiento y razonamiento. La totalidad de ese proceso formó al autor humano en un instrumento preparado de manera única para exponer la revelación de Dios en las páginas de las Escrituras.

Como lo expresa Gordon R. Lewis:

A diferencia de un editor humano con los escritos de diversos hombres, Dios no tuvo que esperar impotente para ver qué sucedería. Podía hacer mucho más que pronunciar instrucciones y que se produjera la obra. Dios, como editor por *excelencia*, providencialmente podría traer a la existencia los tipos de individuos, estilos y énfasis que quería.

Además de preparar a los autores humanos, Dios también orquestó todos los acontecimientos intrincadamente relacionados de la historia humana para provocar las circunstancias específicas que precipitaron y dieron forma a la escritura del texto bíblico. Incluso eventos como la revuelta de Absalón contra David (2 Samuel 15—18), el surgimiento de la herejía en Galacia (Gálatas 1:6-7) y la persecución de Pablo en Tesalónica (Hechos 17:1-10) fueron finalmente ordenados por Dios para llevar a la escritura del Salmo 63, Gálatas y 1 Tesalonicenses, respectivamente. Algo similar podría decirse sobre casi cualquier libro de la Biblia.

El resultado de ese complejo proceso, que incluye tanto la preparación de los autores como la orquestación de los diversos antecedentes históricos de sus escritos, «fue llevar a los hombres correctos a los lugares correctos en los momentos correctos, con las dotaciones, los impulsos y las adquisiciones correctas, para escribir solo los libros que fueron diseñados para ellos». Por lo tanto, una comprensión correcta de la autoría dual requiere de una confianza firme en la soberanía de Dios.

Al mismo tiempo, sin embargo, el papel del Autor divino en la redacción de las Escrituras fue mucho más allá de la mera providencia. En otras palabras, cuando el autor humano se sentó a escribir las palabras reales del texto bíblico, la influencia divina ejercida sobre él trascendió la providencia diaria de Dios que determina las palabras de todos los hombres en todo momento (Proverbios 16:1). Más aun, consistió en una influencia exclusiva sobre el escritor bíblico por la cual Dios finalmente reveló sus propias palabras a través de la pluma del autor humano. Esta influencia divina a veces se denomina *superintendencia.*

La superintendencia sobrenatural del autor humano

Aun cuando la preparación providencial sucedió en la vida del autor *antes* del proceso de redacción, la superintendencia sobrenatural ocurrió en el corazón del autor humano *durante* el proceso de escritura. La descripción más clara de esta superintendencia del autor bíblico se encuentra en 2 Pedro. En esta epístola, el apóstol exhorta a sus lectores a ser diligentes en su búsqueda de la santidad (1:1-15; 3:11-14), a pesar de los falsos maestros que se habían infiltrado en sus iglesias (2:1-22; 3:17-18). Entre sus muchos errores, esos engañadores negaban que Cristo regresará para llevar a juicio a los malvados y cumplir la liberación final a los justos, insistiendo en que la vida continuará como siempre (3:3-7). Debido a que la segunda venida es una de las principales motivaciones para ser santos a los ojos de Dios (3:14), Pedro estaba decidido a refutar ese error y a reafirmar la certeza de que Jesús volverá en un juicio para establecer nuevos cielos y una nueva tierra. (3:4-13).

Para ratificar la confiabilidad de estas promesas, Pedro busca fortalecer la confianza de sus lectores en el testimonio de los profetas y apóstoles frente a las nuevas enseñanzas de los herejes (3:1-2). En 2 Pedro 1:16-21, justifica su afirmación de que Jesús vendrá de nuevo señalando estas mismas dos fuentes de autoridad divina: el testimonio de testigos oculares de los apóstoles (vv. 16-18) y la revelación escrita de los profetas (vv. 19-21). Después de presentar el testimonio apostólico de la transfiguración como evidencia de la segunda venida en los versículos 16-18, recuerda a sus lectores el testimonio confiable de la revelación profética en los versículos 19-21:

> Tenemos también la palabra profética más segura, a la cual hacéis bien en estar atentos como a una antorcha que alumbra en lugar oscuro, hasta que el día esclarezca y el lucero de la mañana salga en vuestros corazones; entendiendo primero esto, que ninguna profecía de la Escritura es de interpretación privada, porque nunca la profecía fue traída por voluntad humana, sino que los santos hombres de Dios hablaron siendo inspirados por el Espíritu Santo (RVR1960).

En este pasaje, Pedro usa tres términos intercambiables: la «palabra profética» (v. 19), «profecía de la Escritura» (v. 20) y «profecía» (v. 21), para cambiar su enfoque hacia la confiabilidad de la revelación escrita del Antiguo Testamento. Como los falsos maestros estaban negando el futuro regreso de Cristo, el propósito inmediato de Pedro en el versículo 19 es dirigir a sus lectores a prestar mucha atención a las Escrituras como la fuente de verdad completamente confiable, como una luz que brilla en un mundo de tinieblas a lo largo de la era actual. La confianza en la fiabilidad de la Palabra escrita, junto con el discernimiento que proviene de una devoción a su mensaje, los salvaguardará de errores que de otro modo podrían minar la búsqueda de su santidad.

Para motivar a sus lectores a prestar cuidadosa atención a la palabra profética, Pedro enfatiza la *fuente* de la revelación bíblica, recordándoles en el versículo 20 que «ninguna profecía de la Escritura es de interpretación privada». En otras palabras, en contraste con las afirmaciones de los falsos maestros, la revelación del Antiguo Testamento no se originó en la percepción personal o la reflexión individual del profeta mismo. La palabra profética no tiene un origen humano, dice Pedro, porque en última instancia no provino de la mente del hombre y, por lo tanto, podemos confiar en la certeza de sus promesas escatológicas.

Cuando Pedro habla de la «interpretación» del profeta (v. 20), esto puede referirse a que el profeta interpreta lo que Dios le reveló. Si eso es así, Pedro está enfatizando que las palabras escritas por el profeta no surgieron de sus propias nociones falibles —posiblemente muy erróneas— sobre el significado de la visión o revelación que recibió. Así que alternativamente, puede solo referirse al profeta que interpreta la realidad desde su propia perspectiva individual. En ese caso, Pedro niega que las Escrituras surjan de la propia contemplación del profeta en cuanto a los asuntos actuales o su propia percepción personal de lo que sucedería en el futuro. Pero de cualquier manera, su punto es claro: la verdad del Antiguo Testamento no surgió de la mente del autor humano. Las Escrituras no se originaron en la contemplación del propio profeta y, si el pueblo de Dios debe prestar la debida atención a su Palabra, nunca debe perder de vista esto.

Para aclarar aún más la fuente de la revelación bíblica, Pedro continúa en el versículo 21 negando una vez más el origen humano de las Escrituras, afirmando que «nunca la profecía fue traída por voluntad humana». Según Pedro, la redacción de las Escrituras nunca fue un acto de la voluntad humana, como si el profeta hablara solo y simplemente escribiera lo que él mismo había decidido. A diferencia de los falsos profetas, que proclamaban «visiones engañosas... y delirios de su propia imaginación» (Jeremías 14:14; 23:26; Ezequiel 13:2-3, 17), los escritores humanos de las Escrituras no eran autónomos en sus proclamaciones, ni profetizaron por iniciativa propia. Como observa Robert Reymond: «Pedro excluye totalmente el elemento humano como la causa originaria fundamental de las Escrituras».

Esto nos lleva a la descripción bíblica más clara de la relación entre los escritores en la doble autoría de las Escrituras. En contraste con la afirmación de que la Escritura fue finalmente producida por la voluntad del profeta humano, Pedro escribe que «los santos hombres de Dios hablaron siendo inspirados [impulsados, dice en la NVI] por el Espíritu Santo» (2 Pedro 1:21b). «De Dios» *(apo theou)* significa que las palabras de los escritores bíblicos finalmente tuvieron su *origen* en Dios. Esta es la forma en que Pedro reconoció la autoría humana de las Escrituras *(«hombres... hablaron»)* y, sin embargo, enfatizó el origen divino de lo que escribieron esos autores humanos («de Dios»). En contraste con los falsos profetas, que «cuentan visiones que se han imaginado y que no proceden de la boca del Señor» (Jeremías 23:16), los escritores bíblicos proclamaron el mensaje del propio Dios, ya que sus palabras eran en definitiva suyas.

De acuerdo con el versículo 21, los profetas pudieron expresar las mismas palabras de Dios porque fueron «impulsados por el Espíritu Santo», quien es descrito repetidamente como «el Espíritu de verdad» (Juan 14:17; 15:26; 16:13). La forma verbal *impulsados* significa «hacer que sigan cierto curso de dirección o conducta»,[7] y describe la influencia divina del Espíritu Santo en los escritores humanos de las Escrituras cuando redactaron el texto bíblico. Como afirma Kevin DeYoung: «Eso sugiere un resultado seguro, uno que es realizado y garantizado por otro». Según 2 Pedro 1:21, entonces, los escritores humanos de la Biblia transcribieron las mismas palabras de Dios porque el Espíritu Santo estaba trabajando dentro de ellos, haciendo que siguieran el curso específico de plasmar lo que escribieron.

Pedro no explica el modo en que el Espíritu Santo guió ese proceso, pero es claro que los escritores humanos no eran simples secretarios, que escribían de forma pasiva y mecánica lo que les fue dictado. Al contrario, sin enajenar, suprimir ni negar la libertad individual de ellos, el Espíritu Santo supervisó a los escritores bíblicos de tal manera que escribieron precisamente lo que Él se complacía en revelar a través de ellos y, aun así, en palabras de la propia elección de ellos y en el estilo que solían usar. De esta manera, el Espíritu no estaba simplemente en espera, listo para corregir o complementar cualquier insuficiencia en los escritores humanos cuando componían el texto bíblico. Más bien, estaba operando activamente dentro de ellos, supervisando y guiando el proceso para que compusieran libremente las Escrituras en sus propias palabras, palabras que a la vez no eran nada menos que las mismas expresiones de Dios.

La autoría definitiva de la revelación divina

Las Escrituras aclaran aun más la relación entre los escritores al presentar a Dios como el Autor definitivo de lo que está escrito y al hombre como el instrumento humano a través del cual ha hablado. De esa manera, el Autor divino y los escritores humanos participaron activamente en la redacción de las Escrituras.

Un poco más específico, las Escrituras describen la revelación divina como un proceso mediante el cual Dios pone sus palabras «en la boca» o «en la lengua» del profeta (Números 22:38; 23:5; Deuteronomio 18:18; 2 Samuel 23:2; Jeremías 1:9), quien luego pronuncia precisamente esas palabras y no otras (Números 22:35, 38; 23:5, 12, 16; Deuteronomio 18:20-22; Jeremías 26:2). Por esta razón, no solo Dios dice a los profetas «serás como mi boca» (Jeremías 15:19, RVR1960), sino que repetidamente los comisiona a expresar «mis palabras» (Jeremías 23:22; Ezequiel 2:7; 3:4; Jeremías 26:2) y para introducir su mensaje con la proclamación: «Oigan la palabra del Señor» (Isaías 1:10) o «Así dice el Señor Dios» (Ezequiel 2:4). Para asegurar la fidelidad a esta comisión, el Espíritu Santo vino sobre los profetas y les permitió profetizar las palabras de Dios (Números 11:25-26, 29; 24:2-3; 1 Samuel 10:6, 10; 19:20, 23; 2 Crónicas 20:14-15; Ezequiel 11:5; Lucas 1:67; Hechos 19:6). Esto es lo que Pedro describe como a los profetas «impulsados por el Espíritu Santo» (2 Pedro 1:21; cf. Nehemías 9:30; Mateo 22:43; Marcos 12:36; Efesios 3:4-5). En contraste con los falsos profetas, que no hablan «de la boca del Señor» (Jeremías 23:16), el mensaje del divino portavoz es «la palabra del Señor [que] vino» al profeta (1 Crónicas 17:3; Ezequiel 1:3; Micaías 1:1).

Esta relación entre los escritores humanos y el Autor divino se ve aun más claramente en las descripciones bíblicas de cómo Dios habló a través de la boca de sus profetas. A lo largo de las Escrituras, la profecía del Antiguo Testamento se describe de diversas maneras como las palabras que Dios *dijo* a través de los profetas (Hechos 4:25; Hebreos 4:7), *hablada* por medio de los profetas (1 Reyes 14:18; 16:12, 34; 2 Reyes 9:36; 14:25; Jeremías 7:2; Lucas 1:70; Hechos 3:21; Hebreos 1:1), *proclamada* a través de los profetas (Zacarías 7:7), *enviada* a través de los profetas (Zacarías 7:12), *predicha* mediante los profetas (Hechos 3:18), *anunciada previamente* a través de los profetas (Hechos 7:52), *prometida de antemano* por medio de los profetas (Romanos 1:2), y *predicha* a través de los profetas (1 Pedro 1:10-11). En cada una de esas descripciones, Dios es el que está hablando; es el Autor definitivo que proclamó sus palabras a través de la labor humana de sus portavoces proféticos.

Esta misma relación también se puede ver en Mateo 1:22 y 2:15, donde las palabras de Isaías 7:14 y Oseas 11:1 se describen como «habladas por el Señor a través del profeta». En esta descripción,

Mateo no solo nombra a los escritores humanos y el Autor divino del Antiguo Testamento, «el Señor» y «el profeta», sino que también refuerza la relación descrita anteriormente entre los dos en el acto de redactar las Escrituras. Cuando las preposiciones griegas *hupo* («por») y *dia* («a través») presentan a dos personas que realizan la acción de un verbo pasivo —en este caso *«hablada»*—, *hupo* presenta al agente *definitivo* de esa acción y *da* al agente *mediador*. El agente definitivo es la persona que es la responsable *final* de la acción, mientras que el agente mediador es el que utiliza el agente definitivo para llevar a cabo esta acción en su nombre.[8]

Por lo tanto, cuando Mateo describe las Escrituras como «habladas por *[hupo]* el Señor por medio del [profeta]», identifica al Señor como el agente supremo de estas palabras y al profeta como el agente mediador. En consecuencia, el Señor es el responsable definitivo de las palabras que se pronunciaron en el Antiguo Testamento, pero usó al profeta como el que pronunció esas palabras en su nombre. Dicho de otra manera, el profeta es el escritor inmediato de las Escrituras, aquel cuya pluma escribió directamente las palabras, pero el Señor mismo es el Autor definitivo de lo que fue escrito. Las palabras de los escritores humanos son las mismas palabras del propio Dios.

Esta realidad también se refleja en la forma en que la Biblia describe su doble autoría. Por ejemplo, Jeremías 36:6-11 usa «las palabras del Señor» y «las palabras de Jeremías» de manera intercambiable; Marcos 7:9-13 describe el mismo pasaje del Antiguo Testamento como «el mandamiento de Dios» (v. 9), lo que «Moisés dijo» (v. 10) y «la palabra de Dios» (v. 13); Pablo describe sus propias palabras a los corintios como «un mandamiento del Señor» (1 Corintios 14:37), y Pedro se refiere a las palabras de los apóstoles como «el mandamiento del Señor» (2 Pedro 3:2). Además, al citar pasajes del Antiguo Testamento, a veces los escritores del Nuevo Testamento atribuyen esas palabras al escritor humano, presentándolo como lo que «dice Moisés» (Romanos 10:19), lo que «dice Isaías» (Romanos 10:16), o lo que «dice David» (Lucas 20:42). Pero en otras ocasiones, atribuyen esas palabras al Autor *divino*, presentándolas como lo que *Dios* dice (Mateo 15:4; 19:4-5; Hechos 2:16-17; 4:24-25; 13:34- 35; Romanos 9:15; 2 Corintios 6:2; Hebreos 1:5-7; 4:3; 5:6; 8:5, 8; 12:26; 13:5) o lo que el *Espíritu Santo* dice (Hechos 1:16; Hebreos 3:7; 10:15-16).

En cada uno de esos casos, las palabras de los escritores humanos son vistas simultáneamente como las palabras de Dios.

Conclusión

Cualquier punto de vista que minimice el papel del Autor divino simplemente no puede sostenerse. Las Escrituras enseñan que todas las palabras en la Biblia son tanto palabras de Dios como palabras del hombre, pero que Dios es el Autor definitivo de todo lo que fue escrito (2 Timoteo 3:16). El mismo Dios que preparó providencialmente sus instrumentos humanos también supervisó a esos escritores de tal manera que cuando compusieron el texto bíblico, escribieron las mismas palabras que Él estaba comunicando a través de ellos (2 Pedro 1:20-21). En el proceso, Dios no tuvo en cuenta los puntos de vista erróneos de los autores humanos y anexó a regañadientes su nombre al producto final, como un editor experimentado que difiere de las malas decisiones de un escritor aficionado en lugar de arruinar su humanidad. Dios mismo fue el Autor, el que exhaló las mismas palabras del texto bíblico.

Aquellos que insisten en la inevitabilidad del error en las Escrituras dirigen una cuña no bíblica entre los escritores humanos y el Autor divino, atribuyendo algunas palabras al primero y otras al segundo. En el proceso, terminan negando la capacidad de un Dios todopoderoso para comunicar la verdad a través de instrumentos humanos falibles o la integridad de un Dios confiable para trasmitir solo la verdad en las páginas de la revelación divina. Tampoco es una opción para quien cree en la perfección del carácter de Dios.

Si las palabras de las Escrituras son las mismas de Dios, y si es imposible que Dios mienta, es imposible que las Escrituras comuniquen otra cosa que no sea la verdad. Dicho de otra manera, si las palabras de la revelación bíblica se originaron con Dios más que con el hombre, y si Dios siempre dice la verdad, ¿cómo es posible que estas palabras contengan alguna falsedad? La voz de la Escritura y la voz de Dios son una y la misma y, por lo tanto, la Biblia debe ser completamente verdadera y confiable en todos los aspectos. Por esta razón, en contraste con aquellos que son «tontos» y «de corazón lento para creer todo lo que los profetas han hablado» (Lucas 24:25), aquellos que defienden la inerrancia de las Escrituras deben insistir audazmente en que la Biblia es tan confiable como el que en definitiva las escribió.

Capítulo 20

¿TENEMOS UN TEXTO CONFIABLE?

LA INERRANCIA Y LA CANONICIDAD, PRESERVACIÓN Y CRÍTICA TEXTUAL

Michael J. Kruger

La inerrancia no es un concepto popular en el mundo de los estudios bíblicos de hoy. A. E. Harvey, en su libro *Is Scripture Still Holy?*, capta bastante bien el sentimiento académico moderno: «La inerrancia... es teológica y filosóficamente indefendible y con razón es rechazada por la voz mayoritaria de una generación que, en este sentido, ha «alcanzado la mayoría de edad».[1] Las razones de ese rechazo académico a la inerrancia son muchas. De hecho, este volumen se ha escrito, al menos en parte, para responder a algunas de esas objeciones. Los capítulos anteriores trataron las afirmaciones de que la inerrancia es una novedad en la historia de la iglesia, que es insensible a las complejidades de los géneros bíblicos o que ignora las contradicciones obvias. Si bien cada una de estas objeciones tiene un peso propio, en este capítulo abordaremos una de las más influyentes y, para muchos, la más persuasiva, a saber, que *la Palabra de Dios no se nos ha transmitido de manera confiable.*

Esta objeción particular se ha manifestado de dos maneras. La primera es la del problema de la canonicidad. Se argumenta que no hubo un proceso confiable por el cual la iglesia pudiera estar segura de que poseía los libros correctos. Durante miles de años, se escribieron nuevos libros, unos se falsificaron y otros se olvidaron. Incluso la iglesia no tenía acuerdo sobre cuáles libros pertenecían a las Escrituras. La segunda objeción es el problema de la crítica textual. Se dice que no hubo un proceso confiable por el cual la iglesia pudiera transmitir el texto de las Escrituras. Aun cuando ella poseía los libros correctos, el texto se corrompió durante miles de años por los cambios de escribas accidentales e intencionales. Las implicaciones de esas objeciones para la inerrancia son inmediatamente claras. Si el concepto de inerrancia se aplica solo a las palabras inspiradas de Dios, y ya no poseemos esas palabras (ya sea porque tengamos los libros equivocados o porque el texto haya sido corrompido), entonces el concepto de inerrancia no tiene sentido.[2] No tenemos motivos para afirmar que las Escrituras son infalibles cuando no hay ninguna razón para pensar que realmente poseemos las Escrituras. Por tanto, los críticos argumentan que el concepto de inerrancia es meramente hipotético, se aplica a una situación que no existe.

Por supuesto, cada una de esas áreas temáticas —el desarrollo del canon y la crítica textual—, es vasta y compleja. Nuestro propósito en este capítulo es, por lo demás, ofrecer una visión general de los principales problemas involucrados y proporcionar algunas razones por las que podemos confiar en la transmisión de la Palabra de Dios a través de los milenios.

El desarrollo del canon

La Biblia no es como la mayoría de los libros. No se formó en un solo lugar, al mismo tiempo, ni la escribió un solo autor. Al contrario, es una colección de muchos libros individuales, compuestos por más de cuarenta escritores diferentes a lo largo de muchos siglos y en varios lugares del mundo antiguo. Y cada autor aportó su propia perspectiva, contexto histórico y contribución teológica. Tal escenario plantea preguntas obvias con respecto al canon. ¿Por qué estos sesenta y seis libros y ningún otro? ¿Por qué no sesenta y cinco o sesenta y siete? ¿Qué proceso los reunió a todos? ¿Y por qué debería confiarse en ese proceso? ¿Qué hacemos con la llamada literatura «apócrifa» que se ha descubierto? ¿Y qué hacemos con las disputas en la iglesia primitiva sobre estos libros?

Estas son demasiadas preguntas para responder en un capítulo. Pero hay una serie de consideraciones que nos pueden dar confianza en el canon que poseemos.

Las cualidades de los libros canónicos

Un factor clave, que no debe pasarse por alto, es que los propios libros pueden proporcionar evidencia de sus orígenes divinos. Como señala Richard Muller: «Debe haber alguna evidencia o huella de la obra divina al producir la Escritura en las Escrituras mismas».[3] La idea de que la revelación especial de Dios poseería tales cualidades divinas no debería ser sorprendente; después de todo, la revelación natural de Dios (el mundo creado) también tiene evidencia de ser obra de Dios (Salmos 19:1; Romanos 1:20). Si la revelación natural tiene cualidades que muestran sus orígenes divinos, ¿cuánto más esperaríamos que las tenga la revelación especial? John Murray precisa este argumento: «Si los cielos declaran la gloria de Dios y, por lo tanto, dan testimonio de su creador divino, las Escrituras, como obra de Dios, también deben llevar las impresiones de su autoría».[4]

Sin embargo, ¿cuáles son, en particular, esas cualidades divinas que identifican a un libro como proveniente de Dios? Podrían ser, por ejemplo, la belleza y la excelencia de las Escrituras (Salmos 19:8; 119:103), su poder y su eficacia (Salmos 119:50, 98, 105, 111; Hebreos 4:12-13), su unidad y su armonía. Cualidades que evidenciaban que esos libros eran genuinamente de Dios, por lo que su pueblo los reconocería correctamente.

El testimonio interno del Espíritu Santo

Aun cuando esas cualidades de los libros canónicos estén objetivamente presentes, uno podría preguntarse cómo podemos estar seguros de que su reconocimiento por parte de la iglesia es correcto. ¿Cómo podemos estar seguros de que la iglesia ha evaluado en forma correcta estos libros? Y si estas cualidades realmente existen, ¿por qué no las reconocen otras personas? La respuesta es que la capacidad de las personas para evaluar las cualidades divinas de estos libros está limitada por su condición espiritual. Dado que el ser humano está caído y corrompido por el pecado, debe tener el *internum testimonium Spiritus Sancti* o, lo que es lo mismo, «el testimonio interno del Espíritu Santo», si ha de reconocer correctamente las cualidades de los libros bíblicos. El *testimonio interno* no es una revelación privada, sino la poderosa obra del Espíritu para vencer los efectos noéticos del pecado y ayudar a la persona a ver las cualidades de las Escrituras que están objetivamente presentes.

Es el *testimonio interno* lo que nos hace confiar que la iglesia ha reconocido correctamente los libros que Dios ha entregado. La iglesia, como pueblo corporativo de Dios, está llena del Espíritu Santo y, por lo tanto, tenemos todas las razones para pensar que el consenso de ella es un indicador clave de qué libros son canónicos. La respuesta de la iglesia contribuye a que entendamos el canon, no porque la iglesia sea infalible ni porque de alguna manera haya creado el canon, sino porque responde correctamente a las poderosas cualidades divinas de los libros bíblicos a través de la ayuda del Espíritu Santo.[5]

Confirmación histórica

Las cualidades divinas presentes en los libros canónicos, y el consenso de la iglesia a través del trabajo del testimonio interno, nos dan buenas razones para pensar que tenemos los libros correctos en nuestro canon. Pero tenemos confirmación adicional de esa realidad a través de sólidas evidencias históricas sobre cómo se desarrolló el canon.

Con respecto al Antiguo Testamento, tenemos buenas razones para pensar que los lineamientos del canon estaban bien establecidos en la época de Jesús. El historiador judío del primer siglo, Josefo, enumera claramente los libros del canon del Antiguo Testamento, que parecen coincidir con los treinta y nueve libros en nuestro canon de hoy, y lo hace de una manera que sugiere que el canon era «universal, claramente definido y largo tiempo establecido». También en el primer siglo, Filón —el pensador judío alejandrino—, indica que el canon judío parece haberse fraccionado en una triple división establecida cuando se refiere a «las leyes y los sagrados oráculos de Dios enunciados por los santos profetas... y los salmos». La triple división de Filón es notablemente similar a la de Jesús; hablando del Antiguo Testamento, se refiere a «la ley de Moisés, en los profetas y en los salmos» (Lucas 24:44). Esta triple división también encuentra eco en textos mucho más antiguos, como la obra judía Ben Sira (Eclesiástico) y el fragmento 4QMMT de Qumrán. Dicha evidencia llevó a Stephen Chapman a sugerir que «a finales del milenio, el canon judío de la Escritura estaba establecido, si acaso no absolutamente definido y delimitado en su alcance».

Tal conclusión es confirmada por el hecho de que el Nuevo Testamento guarda silencio con respecto a cualquier desacuerdo canónico entre las diversas facciones del judaísmo del primer siglo. Aun cuando los fariseos, saduceos y Jesús no estaban de acuerdo con la interpretación de las Escrituras nunca estuvieron en desacuerdo sobre qué libros la conformaban; un silencio sorprendente ya que el canon estaba totalmente en disputa en este punto, como argumentan algunos eruditos críticos. Además, cuando se trata de citas del Nuevo Testamento a las Escrituras del Antiguo Testamento, no hay un solo caso de un libro citado como Escritura que no esté en nuestro Antiguo Testamento actual.

En lo que respecta al Nuevo Testamento, tenemos pruebas concretas de que había una colección «principal» de libros que actuaban como Escritura a fines del segundo siglo.[6] Esa colección principal habría consistido de los cuatro evangelios, trece epístolas de Pablo, Hechos, 1 Pedro, 1 y 2 Juan, Hebreos y Apocalipsis. La rapidez con que se desarrolló esa colección nos dice que hubo una unidad sustancial en torno a los libros principales desde un tiempo muy temprano. Además, también nos dice que la mayoría de las disputas dentro del cristianismo primitivo se enfocaban solo en un pequeño número de libros como Santiago, 2 Pedro, 3 Juan y Judas.

Una de las primeras evidencias de un nuevo canon de las Escrituras proviene de los escritos del Nuevo Testamento, en los que 2 Pedro 3:16 nos dice que las cartas de Pablo ya se veían como Escrituras a la par del Antiguo Testamento, y 1 Timoteo 5:18 contiene una posible cita de Lucas 10:7 como «Escritura». Ambos textos sugieren que ya había una conciencia canónica en el primer siglo. También debe señalarse que los escritos del Nuevo Testamento a menudo se presentan como documentos autorizados por la iglesia.[7] Por ejemplo, Pablo presenta normalmente sus palabras como las mismas palabras de Dios (por ejemplo, 1 Corintios 14:36-38; Gálatas 1:1; 1 Tesalonicenses 2:13; 2 Tesalonicenses 3:6, 14), y pide que sus cartas se lean en la adoración pública de la iglesia (2 Corintios 10:9; Colosenses 4:16; 1 Tesalonicenses 5:27; ver Apocalipsis 1:3).

Esta tendencia continúa en el segundo siglo a medida que Papías (escrito ca. 125) acoge a Mateo y Marcos, así como a 1 Pedro, 1 Juan, Apocalipsis, y quizás incluso algunas de las cartas de Pablo. Justino Mártir (que escribe alrededor de 150) parece adoptar los cuatro evangelios y declara que se leen públicamente en adoración junto con el Antiguo Testamento. Ireneo (que escribe aproximadamente en 180) adopta un canon completo, incluyendo los cuatro evangelios, Hechos, toda la colección paulina (menos Filemón), Hebreos,

Santiago, 1 Pedro, 1 y 2 Juan, y Apocalipsis. Nuestra primera lista canónica, el fragmento *muratoriano*, que data de aproximadamente el mismo período de tiempo que Ireneo, afirma la canonicidad de los cuatro evangelios, Hechos, las trece epístolas de Pablo, 1 y 2 Juan (y posiblemente 3 Juan), Judas y Apocalipsis. En resumen, el núcleo del canon del Nuevo Testamento ya estaba en su lugar a principios del segundo siglo. Aunque los límites del canon no se solidificaron hasta aproximadamente el siglo cuarto, esta colección principal fue suficiente para establecer la estabilidad y la trayectoria teológica del cristianismo primitivo en los años venideros.

La transmisión del texto

Aun cuando tengamos buenas razones para pensar que los libros correctos se han transmitido de manera confiable a la iglesia (como acabamos de argumentar), todavía existe la duda en cuanto a si tenemos el *texto* correcto. En el mundo antiguo, los textos podían transmitirse solo cuando eran copiados a mano, y los escribas, como humanos, a veces cometían errores. En otras ocasiones, los escribas hacían cambios intencionales al texto.[8] Dados los miles de años durante los cuales se han copiado los manuscritos una y otra vez, ¿qué garantías tenemos de que realmente poseemos lo que se escribió en el principio? Los estudiosos como Bart Ehrman argumentan que no hay ninguna razón para pensar que tenemos el texto original. Él declara: «¿De qué sirve decir que los manuscritos (es decir, los originales) fueron inspirados? ¡No los *tenemos*! Solo tenemos copias llenas de errores, y la gran mayoría de ellas siglos atrás fueron eliminadas de los originales... en miles de formas». De manera similar, Frank Moore Cross afirma que la crítica textual ha «quebrantado las doctrinas de la inerrancia y... la inspiración».

A pesar del enfoque demasiado escéptico de eruditos como Ehrman y Cross, los críticos textuales a lo largo de los años han expresado una gran confianza en que el texto que poseemos se aproxima mucho a lo que fue escrito originalmente, o al menos lo suficientemente cercano a él. Examinemos algunas razones de esta confianza.

Recursos de manuscrito

Una de las razones fundamentales por las que los académicos creen que tenemos un texto bíblico confiable es la gran cantidad de evidencia manuscrita a nuestra disposición. En la búsqueda para determinar el texto original, hay dos cosas en la lista de deseos de cada crítico textual: numerosas copias y algunas de ellas fechadas en los primeros siglos. Numerosas copias son críticas porque pueden compararse entre sí, lo que nos da la seguridad de que el texto original se conserva en algún lugar de la tradición manuscrita. Por lo tanto, cuantas más copias mejor. Pero no es solo una gran cantidad de manuscritos lo que es deseable para el crítico textual, sino que sean manuscritos que se remonten lo más cerca posible al momento de la escritura original de ese texto. Cuanto menos tiempo pase entre la escritura original y nuestras primeras copias, menos tiempo habría para corromper sustancialmente el texto y, por lo tanto, más seguro estaremos de que poseemos lo que se escribió originalmente.

El Antiguo Testamento plantea desafíos impares puesto que se escribió hace mucho tiempo y en un lapso de tiempo prolongado. Pero en comparación con otros textos antiguos de ese período, tenemos una cantidad impresionante de recursos manuscritos a nuestra disposición. De particular importancia son los Rollos del Mar Muerto, que contienen partes de todos los libros del Antiguo Testamento, excepto Ester, y están fechados aproximadamente entre el tercer siglo a. C., y el primer siglo d. C. Esos manuscritos proporcionan acceso al texto del Antiguo Testamento varios siglos antes de la venida de Cristo, antes que cualquier otro manuscrito del Antiguo Testamento. Los primeros manuscritos hebreos adicionales incluyen el Papiro de Nash (ca. 169-137 a. C.) y los rollos descubiertos en Masada (antes del 73 d. C.) y en el Wadi Murabba'at al sur de Qumrán (ca. 135-137 d. C.). También tenemos manuscritos hebreos que contienen casi todo el Antiguo Testamento, como el Códice de Alepo (ca. 925 d. C.) y el Códice de Leningrado (ca. 1008 d. C.).

Dada la fecha posterior del Nuevo Testamento, no es sorprendente que tengamos aun mejores evidencias en manuscritos disponibles. Pero incluso durante este período de tiempo, no es raro que los textos antiguos se conserven en solo un puñado de manuscritos. Por ejemplo, los escritos del historiador romano Tácito, que datan del primer siglo, sobreviven en solo tres manuscritos (no todos están completos),[9] y el más antiguo, el Codex Mediceus, es del siglo noveno, casi ochocientos años después de que fue escrito originalmente. En contraste, poseemos más de cinco mil setecientas copias del

Nuevo Testamento solo en griego. Y algunos de esos manuscritos están fechados ya en el siglo segundo, poco tiempo después de que se escribieron los originales.

Eldon Epp destaca el significado de este caudal de manuscritos cuando observa: «Tenemos, por lo tanto, un verdadero conjunto de riquezas en la cantidad de manuscritos que poseemos... ningún escrito de ningún autor griego clásico se conserva a esta escala». Luego, aclara por qué esto es importante: «El punto es que tenemos tantos manuscritos... que seguramente la lectura original en *todos los casos* está en algún lugar presente en nuestra vasta tienda de material».

La naturaleza de los cambios en la escritura

La discusión anterior muestra que la riqueza de los manuscritos nos da una buena razón para pensar que el texto original todavía se conserva en algún lugar de la tradición manuscrita. Sin embargo, además de poseer el texto original, también tenemos un gran número de variantes textuales. Las variantes textuales son simplemente diferencias entre los manuscritos. Tales diferencias surgen con el tiempo debido a los cambios realizados por los escribas, ya sea de manera accidental o intencional. Por lo tanto, a los académicos no les falta información (como si se hubiera perdido el texto original), pero en realidad tienen *demasiada* información (el texto original más las variantes). El problema no es si poseemos el texto original en nuestra tradición de manuscritos, sino cómo separar ese texto de las variantes. No hace falta decir que esta última situación es mucho más preferida que la primera.

Como es natural, esta situación plantea una serie de preguntas. ¿Qué tan significativas son esas variantes textuales? ¿Y cuántas hay? ¿Qué tan diferentes son los manuscritos que poseemos? Uno podría pensar que estas preguntas podrían responderse simplemente contando variantes. Ehrman ha adoptado este enfoque. Con respecto al Nuevo Testamento, dice: «¡Unos dicen que se conocen 200,000 variantes, otros dicen 300,000, aun otros dicen que son 400,000 o más!» Luego declara: «Hay más variaciones entre nuestros manuscritos que palabras en el Nuevo Testamento».

Ehrman puede estar en lo cierto respecto a estos números; no estamos seguros de cuántas variantes hay en el texto bíblico. Sin embargo, los números no son toda la historia. El problema fundamental no es el número de variantes, sino el *tipo* de ellas. No es solo una cuestión de cantidad, sino de calidad. Y cuando se trata del texto bíblico, es importante considerar que la mayoría de las variaciones textuales son insignificantes. Con *insignificante* queremos decir que esas variantes no tienen relación con nuestra capacidad de recuperar el texto original. En lo que respecta al Antiguo Testamento, Bruce Waltke incluso ha observado que la crítica textual a menudo puede ser «aburrida puesto que las diferencias son intrascendentes».[10]

Los ejemplos de tales variaciones textuales insignificantes incluyen: (1) diferencias ortográficas: esta es una de las variaciones más comunes, ya que los escribas a menudo escriben palabras de manera diferente o cometen errores de ortografía; (2) cambios en el orden de las palabras sin significado: los escribas a veces cambiaban el orden de las palabras accidentalmente, a menudo sin cambiar el significado en absoluto; (3) uso de sinónimos: los escribas a veces sustituyen accidentalmente una palabra por un sinónimo, con poco efecto en el significado; (4) lecturas sin sentido: algunos errores de los escribas son tan obvios que se identifican rápidamente como tales y, por lo tanto, no son posiblemente la lectura original; y (5) lecturas singulares: algunos cambios se producen únicamente en un manuscrito y tienen poca pretensión de ser originales.

El hecho de que tantas variantes sean insignificantes muestra que uno no puede impugnar la integridad del texto bíblico simplemente citando la cantidad de las mismas. De hecho, no podemos olvidar que conocemos gran cantidad de ellas solo porque poseemos tantas copias del texto bíblico que podemos comparar. Si tuviéramos menos copias, sabríamos sobre menos variantes. Por lo tanto, el alto número de variantes tiene menos que ver con la integridad del texto bíblico y más con el hecho de que tantos manuscritos han sido copiados y conservados.

Un ejemplo de cómo la mayoría de las variaciones textuales son insignificantes se puede encontrar en el Rollo de Isaías (1QIsaᵃ) de Qumrán. Rollo que es casi un milenio más antiguo que nuestras copias anteriores de Isaías (la versión masorética) y demuestra que el texto se conservó notablemente bien. James VanderKam observa que las copias anteriores y posteriores «eran casi idénticas, excepto por *pequeños detalles que rara vez afectaban el significado del texto*». El rollo de Isaías llevó a Eugene Ulrich a hablar más ampliamente sobre la fiabilidad del texto de *Qumrán:*

Un gran número de manuscritos muestran un impresionante acuerdo con libros particulares de lo que surgió en la Edad Media para llamarse el texto masorético... Así que podemos estar seguros de que nuestro texto bíblico actual es una copia, conservada con una fidelidad asombrosamente precisa.

La capacidad de recuperar el texto original

Por supuesto, no todas las variaciones textuales en los manuscritos bíblicos son insignificantes; algunas son más sustanciales. Con respecto al Antiguo Testamento, es bien sabido que los manuscritos de Qumrán revelan una variedad de tipos textuales. Por ejemplo, Qumrán da fe de una copia del libro de Jeremías (4QJer[b]) que es sustancialmente más corto que Jeremías conservado en el texto masorético posterior. Por el lado del Nuevo Testamento, está el famoso y largo final de Marcos (16:9-20) y la perícopa de la mujer adúltera (Juan 7:53—8:11), que parece haber sido agregado en tiempos posteriores.

¿Desafían estas variaciones textuales —más sustanciales— la integridad del texto bíblico? Serían un problema si no tuviéramos una metodología para determinar qué lecturas eran originales y cuáles no. En otras palabras, variaciones como estas plantearían desafíos si asumiéramos que todas eran igualmente viables. Sin embargo, tal suposición es contraria a toda la historia de la crítica textual, que siempre ha mantenido que no todas las lecturas son igualmente viables y que nuestras metodologías para criticar el texto son capaces, en la mayoría de los casos, de determinar la lectura original (o al menos la primera) con un nivel razonable de certeza. Kurt y Barbara Aland incluso insisten en que «procedemos con la premisa de que en cada instancia de variación textual es posible determinar la forma del texto original». Si esto es así, estas variaciones más sustanciales no amenazan la integridad del texto bíblico porque podemos identificarlas como tales.

Aun teniendo en cuenta el optimismo de Aland de que siempre podemos recuperar el texto original, debe notarse que quedan pocas variantes en las que nuestra metodología no puede llegar a ninguna conclusión definitiva. En estas situaciones, hay dos (o más) lecturas posibles, y la evidencia para cada lectura (ya sea externa o interna) es relativamente igual, o al menos lo suficientemente cerca como para pensar que cualquiera de las dos lecturas podría haber sido original.

Pero tales situaciones son extremadamente raras. E incluso cuando ocurren, no afectan materialmente la teología o la enseñanza del texto bíblico. Entonces, aunque no tenemos una certeza absoluta sobre cada variante textual, sí tenemos un texto que está tan bien conservado que es esencialmente lo que escribieron los autores originales. Incluso teniendo en cuenta el optimismo de Alands de que siempre podemos recuperar el texto original, debe notarse que quedan pocas variantes donde nuestra metodología no puede llegar a ninguna conclusión definitiva de una manera u otra. En estas situaciones, hay dos (o más) lecturas posibles, y la evidencia para cada lectura (ya sea externa o interna) es relativamente igual, o al menos lo suficientemente cerca como para pensar que cualquiera de las dos lecturas podría haber sido original. Pero tales situaciones son extremadamente raras. E incluso cuando ocurren, no afectan materialmente la teología o la enseñanza del texto bíblico. Por tanto, aunque no tenemos una certeza absoluta sobre cada variante textual, sí tenemos un texto que está tan bien conservado que es esencialmente lo que escribieron los autores originales.

Estas tres consideraciones sobre la crítica textual (la gran cantidad de manuscritos, el hecho de que la mayoría de las variantes textuales son insignificantes y el hecho de que tenemos la capacidad de determinar qué lecturas son originales) nos brindan sólidas razones para confiar en que el texto que poseemos es preciso y confiable. Se nos recuerda, entonces, que no necesitamos los manuscritos originales (los autógrafos) del Nuevo Testamento para poseer el texto original del Nuevo Testamento. Si bien los manuscritos *contenían* el texto original, no debemos confundir el texto original con un objeto físico, como si los autógrafos fueran el texto original. El texto original se puede conservar sin los autógrafos, es decir, a través de una multiplicidad de manuscritos. Aunque cualquier copia dada no contenga (todo) el texto original, Dios la ha conservado en una amplia gama de manuscritos.

Conclusión

Este capítulo trata sobre si la Biblia se ha transmitido de manera confiable a través de las edades, en términos de qué libros y en qué texto. Teóricamente, tales problemas no habrían surgido si Dios hubiera pronunciado su Palabra de otra manera, tal vez dejándola caer directamente del cielo en tabletas de oro. Pero Dios decidió entregar su Palabra a través de los canales históricos normales, sometiéndola a los desafíos corrientes de transmisión durante largos períodos. Sin embargo, hemos argumentado aquí que existen excelentes razones para pensar que los libros correctos han entrado en el canon, y que el texto se ha conservado lo suficiente para entregar fielmente su mensaje. Sin embargo, nuestra confianza no radica meramente en evidencias históricas, por muy fuertes que sean. Más bien, a lo largo de los muchos años de transmisión, los cristianos finalmente han confiado en la providencia de Dios. Si Dios pretendía que su pueblo tuviera su Palabra, entonces es razonable pensar que supervisó providencialmente todo el proceso para que su Palabra se cumpliera a cabalidad. La Confesión de Fe de Westminster afirma este principio cuando dice que las Escrituras «al ser inminentemente inspiradas por Dios, y por su cuidado y providencia singulares mantenidas puras en todas las edades, son por lo tanto auténticas» (1.8). Y si Dios ha entregado fiel y suficientemente su Palabra a su pueblo, entonces no hay nada problemático en afirmar su inerrancia.

Cuarta parte

LA INERRANCIA EN LA
PRÁCTICA PASTORAL

Aplicación

Capítulo 21

LA PALABRA INVENCIBLE

LA INERRANCIA Y EL PODER DE LAS ESCRITURAS

Steven J. Lawson

Las páginas inspiradas de la Biblia infalible constituyen la Palabra inerrante de Dios. Cada palabra antigua en estas páginas es parte de un testimonio palpable y trascendente, que es sin faltas ni error. La Biblia no es la palabra del hombre, sino la revelación divina que procede de la boca de Dios. De principio a fin, la Biblia hace esta enfática afirmación.

En el Antiguo Testamento, David declaró: «Las palabras del SEÑOR son puras, son como la plata refinada, siete veces purificada en el crisol» (Salmos 12:6). Esto quiere decir que las Escrituras son absolutamente puras, como si hubieran sido refinadas en un horno hasta el punto en que quedan sin aleaciones. Un salmista anónimo declaró: «Sumamente pura es tu palabra» (Salmos 119:140, RVR60). Esto afirma que la Biblia, la misma Palabra de Dios, es completamente perfecta en todo lo que dice. Salomón estuvo de acuerdo con esta afirmación: «Toda palabra de Dios es digna de crédito» (Proverbios 30:5). En otras palabras, no hay impureza con la opinión mundana, no hay amalgama con la sabiduría del hombre, dentro de la Palabra de Dios. Es la verdad no adulterada del Dios vivo.

En el Nuevo Testamento, Jesús declaró: «Tu palabra es la verdad» (Juan 17:17). «Verdad» significa realidad, tal como son realmente las cosas. Es la autorrevelación de Dios mismo, de todo lo que es consistente con su ser santo. La verdad no es lo que la cultura o la sociedad dicen que es. Tampoco es lo que la mayoría de la población afirma. No es así como percibimos o definimos la realidad. La verdad es lo que Dios dice que es. El pecado es lo que Dios dice que es. La salvación es lo que Dios dice que es. El cielo y el infierno son lo que

Dios dice que son. Pablo escribe: «Dios es siempre veraz, aunque el hombre sea mentiroso» (Romanos 3:4). La verdad está entretejida en la naturaleza trinitaria de Dios. Las Escrituras nos dicen que Dios es el «Dios de la verdad» (Salmos 31:5). El Hijo de Dios es «la verdad» (Juan 14:6). El Espíritu de Dios es «el Espíritu de verdad» (Juan 14:17). La Palabra de Dios es «la palabra de verdad» (2 Corintios 6:7). Todo acerca de Dios, su naturaleza, su persona y su Palabra es verdad. No hay separación entre Dios y la verdad.

La Escritura es la «ley perfecta» (Santiago 1:25), lo que indica que la Escritura es el registro sin adulterar de la verdad divina. La Biblia también es «leche pura» (1 Pedro 2:2), el significado de la palabra *pura* es que no se mezcla con ninguna impureza humana. La Biblia dice: «Es imposible que Dios mienta» (Hebreos 6:18). Si la Escritura es la Palabra de Dios, y si Dios no puede mentir —que no lo hace—, entonces se debe concluir que la Biblia no puede mentir. Pablo afirma esto cuando escribe: «Dios... no miente» (Tito 1:2). Hay ciertas cosas que Dios no puede hacer. No puede actuar en contra de su propia naturaleza santa. Por lo tanto, Dios nunca puede tergiversar la realidad de cualquier asunto en su Palabra.

Al afirmar este hecho, Charles Haddon Spurgeon dijo: «Si no creyera en la infalibilidad de las Escrituras, la absoluta infalibilidad de la misma, no volvería a pararme en este púlpito».[1] Así debería ser para todos los que ministran su Palabra. Aquellos que no creen en la infalibilidad de la Palabra de Dios nunca deben volver a pararse en un púlpito. Pero aquellos que lo creen deberían proclamar la verdad de la Biblia a todas las personas posibles.

La conexión inseparable

Dado que la Biblia es lo que afirma *ser*, la Palabra infalible de Dios, es capaz de hacer lo que dice que hace. Debido a que la Palabra de Dios es inerrante es, por lo tanto, invencible. Dado que la Palabra de Dios es impecablemente pura, la necesidad lógica es que sea explosivamente poderosa. Las Escrituras perfectas no pueden ser conquistadas. La inerrante Palabra de Dios es un arma superior que es completamente capaz de llevar a cabo los propósitos divinos.

Ningún símbolo de la Biblia puede comunicar la totalidad de su poder para salvar almas. Se requieren muchas metáforas para transmitir la naturaleza integral de su fuerza divina. En sus páginas, la Biblia usa una gran variedad de símbolos para revelar su poder transformador, pero hay siete en particular que representan su fuerza extraordinaria: espada, espejo, semilla, leche, lámpara, fuego y martillo.

Una espada que traspasa

Primero, la Palabra de Dios se representa como una espada, una hoja afilada que puede perforar y hundirse en las profundidades del corazón humano. Hebreos 4:12-13 afirma: «Ciertamente, la palabra de Dios es viva y poderosa, y más cortante que cualquier espada de dos filos. Penetra hasta lo más profundo del alma y del espíritu, hasta la médula de los huesos, y juzga los pensamientos y las intenciones del corazón. Ninguna cosa creada escapa a la vista de Dios. Todo está al descubierto, expuesto a los ojos de aquel a quien hemos de rendir cuentas». Estos dos versículos establecen cuatro verdades con respecto a lo que *es* la Biblia y cuatro verdades con respecto a lo que *hace* la Biblia. Consideremos primero lo que dicen que *es* la Biblia.

Este texto nos dice, fundamentalmente, que las Escrituras son la Palabra *divina*. En términos claros, afirma que es «la palabra de Dios». Aunque son registradas por escritores humanos, las Escrituras no pretenden ser la simple palabra del hombre. Tampoco se presenta como la mejor sabiduría que puede ofrecer una cultura antigua. No sostiene que contenga las tradiciones de larga data de ninguna institución religiosa. Por el contrario, las Escrituras afirman ser la misma Palabra de Dios. La cosmovisión registrada en este libro sagrado ha descendido de la mente de Dios.

Además, este pasaje declara que la Biblia es la Palabra *viva*. Continúa: «Porque la palabra de Dios es viva…» Es decir, las Escrituras son un libro vivo, que se habla en todas las generaciones. En el capítulo anterior de Hebreos, el autor escribe: «Por eso, como dice el Espíritu Santo» (3:7), luego cita el Salmo 95:7. Lo que el Espíritu «dice» es lo que está registrado en las Escrituras. Además, el verbo está en tiempo presente. Eso significa que este salmo, escrito hace mucho tiempo, es lo que el Espíritu dice en el presente a través de su Palabra. Aunque inscrita hace miles de años atrás, la Biblia está viva y todavía está hablando a la humanidad. Este es precisamente el énfasis que el autor de Hebreos formula. El orden de las palabras en el idioma original es «vivir por la Palabra de Dios es». «Vivir» se coloca como la primera palabra en la oración, conocida como la posición enfática. Esta ubicación prominente pretende llamar la atención sobre su importancia. En pocas palabras, la Palabra de Dios está viviendo, siempre impartiendo vida espiritual a aquellos que reciben su mensaje.

Al reconocer la naturaleza viva de la Escritura, Martín Lutero dijo: «La Biblia está viva. Me habla. Tiene pies; corre tras de mí. Tiene manos; me agarra».[2] Este reformador alemán afirmó que este antiguo libro habla al hombre moderno de una manera que llama la atención al alma. Jesús dijo: «Las palabras que yo te he hablado son espíritu y son vida» (Juan 6:63). Las palabras que Él habla están llenas de vida y dan vida. Cualquier otro libro contiene las palabras improductivas del hombre; como tal, cualquier libro es una obra muerta. Pero la Palabra infalible de Dios es un libro vivo y vivificante. En consecuencia, la Escritura es el libro más relevante jamás escrito. Este libro viviente se comunica con cada persona en cada continente a cualquier edad. Este libro habla constantemente, trasciende tiempos y culturas, y aborda los problemas reales de cada época. Muchos predicadores de hoy quieren tener un ministerio contemporáneo. Si es así, deberían predicar la Biblia. Es el libro más relevante jamás escrito.

Este texto también dice que la Escritura es la Palabra *activa*. Esto significa que posee energía sobrenatural para realizar la obra de Dios en el mundo. La palabra *activa* indica que las Escrituras son las más enérgicas. Siempre llenas de energía divina y, por lo tanto, siempre están trabajando. La Biblia nunca es apática ni sin sentido. Es un libro dinámico e interesante. Nunca llega sin fuerzas hasta el púlpito. Muchas veces, cuando paso al púlpito, estoy física, emocional y mentalmente agotado. Pero cuando abro las páginas de la Biblia y predico sus verdades, este libro de alto octanaje llena mi alma y me revive. Este libro divinamente cargado nunca sufre agotamiento. Nunca se toma un día libre, nunca se toma un año sabático y nunca necesita un descanso. Este infatigable libro siempre funciona para el mundo. Después de proclamar la Palabra, puedo estar agotado y volver a casa a descansar. Pero después del sermón, la Escritura continúa haciendo su trabajo en los corazones de las personas, realizando la obra de Dios en ellos.

Además, este versículo enseña que la Palabra de Dios es *cortante*, y dice que es «más afilada que cualquier espada de dos filos». En verdad, es el arma más afilada de cualquier arsenal del mundo. Ningún bisturí de cirujano puede compararse con su poder para cortar. Este libro es incomparablemente más afilado que cualquier instrumento hecho por el hombre. No hay ninguna parte aburrida en la Biblia. No importa donde se abra, su mensaje siempre es contundente. De hecho, esta espada es de «doble filo», lo que significa que corta en ambos sentidos. Condena y convierte, suaviza y endurece, salva y condena. No hay un versículo sin profundidad en todas las Escrituras. Ni hay un capítulo desafilado ni un verso contundente en su totalidad. Cada palabra, cada verso, cada capítulo y cada libro en la Biblia es transparente. Cuando se empuja esta espada, no perfora la piel, la carne y los huesos. Más bien, se introduce a la profundidad del ser más interno de una persona. Ningún predicador debe subir al púlpito sin esta arma divinamente concedida.

Una vez visto lo que *es* la Biblia, la pregunta persiste: ¿Qué *hace* la Biblia? Hebreos 4:12-13 da una declaración de misión cuádruple que logra la espada de las Escrituras, cuando se maneja de manera adecuada.

Como primer punto, la Palabra de Dios *penetra* [perfora] *el alma*. Este pasaje dice que la Escritura «*penetra* [perfora] hasta partir el alma y el espíritu» (v. 12b). Este libro de inspiración divina es tan transparente que puede penetrar en las fachadas más gruesas que una persona erija. Como un cuchillo caliente sobre un trozo de mantequilla, la Biblia puede cortar las excusas más contundentes que un hombre pueda presentar. La Palabra de Dios puede sumergirse hasta el núcleo del ser humano y abordar los problemas más profundos de su vida. Un mensaje humano aborda simplemente las necesidades superficiales de un individuo. Pero la espada de la Escritura penetra a los lugares más profundos del alma. Entra debajo de la superficie de la vida de una persona y penetra en sus órganos espirituales vitales, donde ningún otro libro puede llegar.

Además, la Palabra de Dios *juzga los pensamientos*. Este texto dice que es «capaz de juzgar los pensamientos e intenciones del corazón» (v. 12c). La palabra *juzgar (kritikos)* significa criticar, ser o actuar como crítico. Esto quiere decir que las Escrituras son capaces de examinar con precisión la vida de una persona y evaluarla tal como es. La Palabra de Dios es capaz de examinar las actitudes y motivaciones invisibles, exponer las ambiciones y deseos secretos, para luego emitir el veredicto divino. El hombre mira la apariencia externa, pero Dios mira el corazón (1 Samuel 16:7). Esta espada aguda de dos filos es capaz de penetrar en las grietas ocultas del corazón del hombre y juzgar lo que solo Dios puede ver. La Palabra da a conocer lo que solo nosotros sabemos sobre nosotros mismos y, a menudo, lo que aún no sabemos. La Escritura se sumerge profundamente en los lugares invisibles del espíritu humano y juzga los asuntos privados del corazón. Solo la Palabra de Dios, tan afilada como una espada, puede hacer esto.

Además, la Palabra de Dios *expone el corazón*. Hebreos 4:13a agrega: «Ninguna cosa creada escapa a la vista de Dios. Todo está al descubierto». Esta declaración se refiere a aquellos que están en la mesa de operaciones, bajo la fuerza cortante de esta espada de dos filos. Dios es omnisciente y sabe todas las cosas. Él ve en la vida interior y privada de cada persona. Bajo la Palabra, todas las cosas están al descubierto para que el hombre vea lo que Dios ve. La Palabra que perfora el alma separa las capas del corazón del hombre, permitiendo que se mire desde el punto de vista de Dios. Las actitudes, pensamientos, intenciones y motivos se exponen cuando se maneja la Palabra. Los armarios ocultos dentro del alma humana son expuestos a la luz. El ministerio de la Palabra de Dios lo expone todo.

La palabra «descubierto» viene del griego *gymnos,* de la cual derivamos las palabras *gimnasio* y *gimnasia.* En el primer siglo, los atletas que se entrenaban iban a un gimnasio y se desnudaban para hacer ejercicios sin ninguna restricción. Ninguna prenda de vestir le impedía realizar sus ejercicios a la perfección. Así es en el sentido espiritual. Cuando se administra correctamente, la Palabra de Dios desnuda al alma. La Escritura deja a uno desnudo delante de un Dios santo. Desnuda, la persona se ve a sí misma tal como es, como Dios la ve. Las Escrituras eliminan todas las pretensiones y excusas que los hombres usan para cubrir sus defectos ante Dios. La Palabra deja al alma humana completamente desnuda ante Dios.

Además, la Palabra de Dios *aniquila la vida.* La Escritura lo deja a uno «al descubierto» *(trachelizo)* ante Dios (v. 13b). La palabra *traqueotomía* se remonta a ese vocablo griego. Representa el acto por el cual uno tomaría el cuello de una víctima y expondría su garganta para darle el golpe mortal. En la antigüedad, el sacerdote tomaba el cordero del sacrificio, echaba la cabeza hacia atrás para exponer su cuello y luego le cortaba la garganta. Esto es precisamente lo que la Palabra de Dios hace al ego ensimismado y al orgullo inflado. Las Escrituras afligen la justicia propia y matan la autosuficiencia con el poder que perfora el alma.

La Palabra que mata al pecado pone al corazón al descubierto ante «los ojos de aquel a quien hemos de rendir cuentas» (v. 13c). Esto se puede leer de la siguiente forma *«ante quien debemos ser responsables»*. Más al pie de la letra, se puede traducir así: «quien es nuestra palabra». La idea es que la Palabra lleva a una persona delante de aquel a quien debemos responder. Esto significa que la Palabra de Dios corta las profundidades del alma de una persona y da muerte a la antigua vida. Aplasta al viejo hombre al convencerlo de pecado y revelarle su desesperada necesidad de salvación. Solo la Palabra puede ejecutar una cirugía de corazón abierto tan dramática.

En el nacimiento de la iglesia, Pedro empuñó la espada de las Escrituras el día de Pentecostés. El apóstol desenfundó ese mortal y afilado instrumento, y todos los presentes «se sintieron profundamente conmovidos» (Hechos 2:37a). En su sermón, Pedro citó Joel 2:28-32, Salmos 16:8-11 y el 110:1. El apóstol usó pasaje tras pasaje para penetrar en los corazones de los presentes aquel día. Ellos fueron «penetrados» *(katanusso)*, una palabra que significa trozado como con un cuchillo. Bajo profunda convicción, gritaron: «Hermanos, ¿qué debemos hacer?» (Hechos 2:37b).

Todo predicador debe tomar esta espada aguda de dos filos y empujarla con el poder del Espíritu Santo. Nunca debemos estar en un púlpito desarmados. Las armas de nuestra milicia no son de la carne sino del Espíritu, «tienen el poder divino para derribar fortalezas» (2 Corintios 10:4). Le digo a cada predicador, que suelte todos los tenedores plásticos de la sabiduría mundana. Que deseche todos los cuchillos de mantequilla de la tradición religiosa. Que evite las palabras suaves al oído y las palmaditas en la espalda cuando exponga su mensaje. Que deje de lado toda la predicación que alimenta al ego. Y comience por desenvainar «la espada del Espíritu, que es la palabra de Dios» (Efesios 6:17). Usted debe ser un soldado de la cruz que guerree por las almas de los hombres con esta arma invencible.

Un espejo que revela

Segundo, las Escrituras se representan como un espejo que revela el corazón humano. Santiago 1:23-24 dice: «El que escucha la palabra, pero no la pone en práctica es como el que se mira el rostro en un espejo y, después de mirarse, se va y se olvida en seguida de cómo es». La idea aquí es que la Palabra de Dios es como un espejo que proporciona un reflejo preciso.

¿Cuál es el propósito de un espejo? Es permitir que la persona se vea a sí misma como realmente es. El espejo hace que uno conozca aspectos de sí mismo. Da una visión exacta de cómo se ve la persona. Eso es precisamente lo que hace la Palabra de Dios. Es un espejo espiritual que revela cómo se ve una persona en su interior. Cada persona tiene una autoconciencia defectuosa hasta que la Palabra de Dios le da un verdadero conocimiento de sí misma. Las Escrituras nos dan a conocer quiénes y qué somos ante Dios. Además, la Palabra también muestra nuestra necesidad de la gracia de Dios.

He experimentado este reflejo del poder de la Palabra de Dios. De hecho, nunca me conocí realmente hasta que comencé a leer la Palabra de Dios. Yo era un niño en la era de la Segunda Guerra Mundial. Mi madre y mi padre me amaban, sobre todo ella. La hermana de mi madre vivía con nosotros, lo que me dio dos mujeres complacientes que me festejaban todo el tiempo. Jugué fútbol en la escuela secundaria, donde asistí a numerosos eventos. Tuve que pararme frente al cuerpo de estudiantes para recibir premios y trofeos. Las porristas me aplaudían y mis maestros y compañeros también. Fui a la universidad para jugar fútbol y me pasaba lo mismo con mis amigos y los fanáticos.

Ahí, en la universidad, comencé a leer mi Biblia en serio, y descubrí que lo que Dios estaba diciendo sobre mí no era lo que todos los demás me decían. El Nuevo Testamento me estaba revelando cosas sobre mí que no había escuchado en ningún otro lugar. Ese libro no me halagaba; al contrario, me confrontaba. Me estaba dando una imagen dolorosamente precisa de mí mismo. La Palabra de Dios provocó una incómoda autoconciencia que trajo convicción a mi corazón. Ese espejo me dio el verdadero conocimiento de mí mismo que me había faltado en mi vida. Ver esa realidad comprobó ser el medio necesario para que creciera en la gracia.

Todo predicador que se pare ante un púlpito debe estar constantemente sosteniendo el espejo ante sus oyentes. Cuando expone la Biblia, es como si estuviera parado detrás del espejo de la Palabra. Sus oyentes no deben verlo a él, sino que deben mirar con precisión directamente a ese espejo, ver a Dios y a ellos mismos.

A menudo, después de predicar en mi iglesia, me paraba en la entrada, saludando a la congregación. A veces veía a un hombre parado en la esquina y sentía que esperaba que todos salieran para poder acercarse a mí a hablarme en privado. En algunas de esas ocasiones, el hombre me hablaba nerviosamente y me preguntaba: «¿Ha estado platicando con mi esposa?» Yo nunca había hablado con ella. ¿Qué pasaba? La Palabra predicada descubría lo que tenía en su corazón y revelaba sus secretos más íntimos. Él estaba convencido de que yo lo conocía muy bien porque había hablado con su esposa, la persona que lo conocía más de cerca. En realidad, fue la Palabra de Dios la que reveló todo lo que él tenía en su corazón; era una revelación impactante.

En una ocasión, estaba predicando en 1 Corintios 13 y llegué al versículo 4, que dice que el amor es paciente. Internamente casi me estaba disculpando por traer lo que pensé que era un sermón relativamente benigno. Me había convencido tristemente de que ese sermón no iba a ayudar a nadie.

Al final de ese mensaje, expliqué que Cristo es la encarnación perfecta del amor paciente, el único que nos ha amado perfectamente. Tan pronto como terminó el servicio, uno de los asistentes salió disparado hacia el púlpito en un estado casi como de pánico. Explicó que había ido solo a la iglesia porque nadie en su familia podía soportar su impaciencia, lo que, a veces, lo hacía exigente y dominante. Me dijo que, como yo había hablado de la paciencia de Dios con nosotros en Cristo, su corazón había sido convencido. Confesó que necesitaba esa paciencia. La Palabra de Dios se había revelado a ese hombre, por lo que vio que necesitaba de la gracia. Ahí, en el primer banco de la iglesia, ese hombre quebrantado nació de nuevo.

Si ese día hubiera hablado simplemente sobre la cultura, si hubiera dado una reseña de un libro o hubiera citado una película, si solo hubiera criticado un nuevo programa de televisión, ese hombre nunca se habría convertido. Dado que la Palabra de Dios se presentó como un espejo, él vio la urgente necesidad que tenía de la gracia, lo que lo llevó a confiar en Cristo.

Nadie se convertirá a Cristo hasta que se vea a sí mismo como Dios lo ve. Nadie crecerá en la gracia de Dios si no mira la perfecta ley de la libertad y contempla el carácter santo de Dios. Es allí donde la gente ve la verdadera necesidad de Dios. Esta ley que se revela a sí misma posee un poder santificador que transforma a los creyentes y los lleva de un nivel de gloria a otro.

Una semilla que germina

Tercero, las Escrituras identifican la Palabra de Dios como una semilla que genera vida eterna en almas espiritualmente muertas. En 1 Pedro 1:23 dice: «Pues ustedes han nacido de nuevo, no de simiente [o semilla] perecedera, sino de simiente imperecedera, mediante la palabra de Dios que vive y permanece». Este versículo se refiere a aquellos que han sido regenerados por el instrumento de la Palabra divina. La Escritura es representada como una semilla que posee los poderes de reproducción. La regeneración ocurre de manera pasiva: *«nacer de nuevo»* no es algo que uno pueda hacer por sí mismo. Solo Dios está activo en la regeneración. El nuevo nacimiento es monergístico, lo que significa que solo hay un agente activo, a saber, Dios. En esta obra soberana, Dios actúa sobre el alma espiritualmente muerta. Él imparte vida espiritual para que los hombres y las mujeres se eleven a una nueva existencia. El que nace de nuevo se convierte en una nueva criatura en Cristo. Las cosas viejas pasan instantáneamente y vienen cosas nuevas (2 Corintios 5:17). El que se regenera recibe una nueva vida diferente a todo lo que ha experimentado. La vida abundante entra y da energía al alma que una vez estuvo muerta.

En este versículo, Pedro explica enfáticamente lo que significa que una persona *nazca de nuevo*. Afirma que la vida eterna no es el resultado de una semilla perecedera que se siembra en la vida de uno. Como sabemos, cada semilla reproduce vida según su propia especie. Una semilla de manzana no produce un árbol de durazno. Al contrario, solo puede producir un manzano que, a su vez, produce manzanas. Este es un principio fundamental en la vida. Una semilla germina con el fin de propagar su mismo tipo de vida. La semilla se reproduce según su propia especie.

Cuando Pedro se refiere a que hemos nacido de una «semilla imperecedera», quiere decir que la vida eterna se da «a través de la duradera y viva palabra de Dios». Para producir vida eterna se necesita una semilla eterna. La semilla de la Palabra es «viva» e «imperecedera». La vida eterna se imparte cuando una semilla imperecedera se siembra en el corazón. La semilla «perdurable» produce vida que dura para siempre. Sería más fácil cultivar robles plantando canicas que salvar a alguien sembrando la semilla perecedera de las filosofías y religiones de este mundo. En la parábola de los suelos, Jesús enseñó: «La semilla es la palabra de Dios» (Lucas 8:11). Esta semilla divina posee y produce una vida divina, una que nunca perece. Jesús dijo: «El que cree en mí vivirá» (Juan 11:25). Es exclusivamente a través de la Palabra inspirada de Dios que viene el nuevo nacimiento.

En el ministerio del púlpito, el predicador cosecha lo que siembra. Si siembra un mensaje mundano, cosechará una iglesia mundana. Si siembra humanismo secular y psicología moderna, cosechará una iglesia frívola. Si siembra grandes cantidades de tendencias culturales y tradiciones religiosas, cosechará una iglesia carnal. Si siembra porciones generosas de principios comerciales y filosofía secular, si siembra experiencias personales y comentarios políticos, cosechará una iglesia inconversa. Pero si un predicador siembra la Palabra viva y perdurable, Dios hará germinar la semilla que ha de dar como resultado una iglesia regenerada.

Spurgeon afirmó lo siguiente acerca del poder de la Palabra: «Preferiría decir cinco palabras de este libro que cincuenta mil de los filósofos. Si deseamos avivamientos, debemos reavivar nuestra reverencia por la Palabra de Dios. Si queremos conversiones, debemos poner más de la palabra de Dios en nuestros sermones».[3] Estoy de acuerdo con el príncipe de los predicadores. Necesitamos más de la Palabra de Dios en nuestra predicación, no menos.

Una leche que nutre

Cuarto, la Palabra de Dios se describe como la leche que nutre el alma. Una vez que alguien ha sido regenerado por la Palabra, su crecimiento espiritual debe ser alimentado, lo cual se logra mediante la leche de la Palabra. 1 Pedro 2:2-3 dice: «Deseen con ansias la leche pura de la palabra, como niños recién nacidos. Así, por medio de ella, crecerán en su salvación, ahora que han probado lo bueno que es el

Señor». El apóstol enseña que los creyentes siempre deben ser como infantes, que anhelan constantemente la leche pura de la Palabra de Dios. Nunca deben asumir que superarán esta necesidad. En vez de eso, siempre deben desear esta leche. Cada creyente debe clamar por ser más alimentado con la Palabra. Debe tener una sed insaciable en su alma por la Palabra.

La leche es una fuente primaria de nutrición para el desarrollo de la vida humana. Los bebés pueden digerirla antes que los alimentos sólidos. Del mismo modo, aquellos que nacen de nuevo deben desear y devorar la leche espiritual. La leche contiene anticuerpos que proporcionan protección contra las enfermedades. Es un potente estimulante para el crecimiento físico. De la misma manera, la Palabra de Dios protege a los creyentes y estimula su crecimiento espiritual. Ningún hijo de Dios será resguardado del pecado ni crecerá espiritualmente si no ingiere la cantidad necesaria de la Palabra de Dios.

La Palabra de Dios es el principal medio de crecimiento espiritual. Como deja claro Pedro, el alimento de las Escrituras hace que los creyentes «crezcan» en la piedad. La verdad bíblica nutre el carácter cristiano y hace que los creyentes avancen «con respecto a la salvación», es decir, la santificación progresiva. Como un bebé que necesita a menudo leche, la Palabra debe ser saboreada y consumida a diario. Jesús dijo, citando Deuteronomio 8:3: «No solo de pan vive el hombre, sino de toda palabra que sale de la boca de Dios» (Mateo 4:4). De la misma manera, los creyentes deben vivir por la leche de la Palabra. Esta dieta espiritual produce corazones fuertes, una fe firme y un sistema inmune fuerte que lucha contra el pecado.

Este poder santificador de la Palabra es didáctico. El salmista escribe: «¿Cómo puede el joven llevar una vida íntegra? Viviendo conforme a tu palabra. Yo te busco con todo el corazón; no dejes que me desvíe de tus mandamientos. En mi corazón atesoro tus dichos para no pecar contra ti» (Salmos 119:9, 11). Cuando un creyente atesora la Palabra de Dios en su corazón, puede resistir los poderosos señuelos de la tentación y permanecer puro. Eso se veía en la vida del Señor Jesucristo. Cuando anduvo en el desierto, nuestro Señor enfrentó múltiples tentaciones de Satanás. En respuesta a cada ataque del diablo, Jesús se resistió diciendo: «Está escrito...» Jesús desenfundó la espada del Espíritu y resistió los ataques de Satanás.

Todo predicador debe enseñar la Palabra y equipar a su rebaño para que se mantenga firme en la búsqueda de su santidad. Por
desdicha, muchos pastores alimentan a sus feligreses con alimento
espiritual sin valor nutricional para su desarrollo espiritual. Es tris-
te decirlo, hay una hambruna en la tierra y una gran necesidad por
escuchar la Palabra del Señor (Amós 8:11). Sin embargo, cuando un
predicador expone la Palabra de Dios, alimenta a su gente con la
leche pura. Al predicar la Palabra, los expositores alimentan a sus
congregaciones para que resistan los avances del mundo, los de la
carne y al mismo diablo.

Una lámpara que resplandece

En quinto lugar, la Palabra de Dios es representada como una
lámpara que resplandece en un mundo oscuro. El salmista testifica:
«Tu palabra es una lámpara a mis pies; es una luz en mi sendero»
(Salmos 119:105). Es importante destacar que esta imagen implica
que los creyentes viven en un mundo caído, un ambiente de oscuridad
espiritual. Por lo tanto, hay muchos peligros, afanes y trampas que
amenazan la seguridad de todos los seguidores de Cristo que andan
por el estrecho sendero que conduce a la vida. Muchos peregrinos
se han alejado de ese camino y han caído en un caos moral, para
su perjuicio. El camino a veces es difícil de descubrir. Todo creyente
necesita luz divina para evitar los peligros que acechan en cada lado.
En este mundo oscuro y peligroso, la Palabra de Dios es una antorcha
resplandeciente que permite que los viajeros vean el camino a casa.

Cuando el salmista escribe: «Tu palabra es una lámpara para mis
pies», el énfasis no es en la cabeza del viajero ni en lo que piensa.
La atención no se enfoca en sus oídos ni en lo que oye. Tampoco se
centra en sus afectos ni en lo que siente. Al contrario, el enfoque es en
sus pies. La luz que ha brillado en la mente, los oídos y el corazón no
debe detenerse allí. La lámpara de la Palabra de Dios debe gobernar
la dirección que toman nuestros pies. El objetivo de la Palabra no
es meramente informar, sino dirigir y transformar. Lo que la gente
aprende con su intelecto debe reflejarse en su andar diario. James
Montgomery Boice escribe: «No sabemos cómo llevar nuestras vidas,
pero la Biblia alumbra el camino que tenemos ante nosotros para descubrir las formas erróneas y peligrosas en las que podemos caer; de
modo que las evadamos y podamos brillar de la manera correcta».[4]

La Palabra infalible da una dirección inequívoca a nuestras vidas cuando atravesamos este mundo oscuro. La Biblia confirma en otra parte que la Palabra de Dios es una luz que brilla en las vidas de los creyentes, guiándolos. David escribe: «El mandamiento del Señor es claro: da luz a los ojos» (Salmos 19:8). Salomón refuerza eso: «El mandamiento es una lámpara, la enseñanza es una luz» (Proverbios 6:23). El apóstol Pedro agrega: «Esto ha venido a confirmarnos la palabra… como a una lámpara que brilla en un lugar oscuro» (2 Pedro 1:19). La lámpara de la revelación divina, escrita, revela la voluntad de Dios para el creyente. Ya sea que se exprese por mandato o precepto bíblico, ejemplo escritural o principio bíblico, la Palabra ilumina el camino que todo creyente debe tomar. Esta luz divina en las Escrituras no es una mera opción, sino una necesidad absoluta para todo seguidor de Cristo.

Todo predicador debe ser como un portador de antorchas, sosteniendo la luz de la verdad en las Escrituras. En vez de lamentar los tiempos actuales y decadentes, recordemos que la luz brilla con más intensidad en la hora más oscura de la noche. Esta lámpara de la Palabra de Dios nunca ha sido tan desesperadamente necesaria como en este tiempo de penumbras. Esta generación pecadora y adúltera es una virtualmente sin precedentes en la historia reciente de la civilización occidental. Nunca ha sido más necesario que la Palabra de Dios brille desde los púlpitos, revelando el camino que debemos seguir. Los siervos de Dios deben sostener la luz de la verdad para que los creyentes puedan evitar un daño desastroso. Los predicadores no deben esconder su luz debajo de un recipiente, sino dejar que brille para que todos puedan ver.

Uno de los que sostenían fielmente la antorcha de la verdad en un mundo oscuro fue Spurgeon. Esta voz victoriana reformada dijo: «Todo en el servicio ferroviario depende de la precisión de las señales: cuando estas son incorrectas, la vida es sacrificada. En el camino al cielo necesitamos señales infalibles o las catástrofes serán mucho más terribles».[5] Solo hay un parámetro divino que da señales infalibles en la vida. Esta guía inerrante es la lámpara de la Palabra de Dios. Cada púlpito debe brillar más que el sol resplandeciente del mediodía. A medida que esta edad se va oscureciendo, cada púlpito debe brillar con la verdad, esa que atraviesa la oscuridad.

Un fuego que consume

En sexto lugar, la Palabra de Dios se representa como un fuego que consume todo lo que es falso. La Palabra de Dios es un instrumento poderoso que destruye todo lo que es contrario a su mensaje. El profeta llorón, Jeremías, registró las palabras de Dios: «¿No es acaso mi palabra como fuego, y como martillo que pulveriza la roca?» (Jeremías 23:29). Esta es una pregunta retórica, la respuesta es tan obvia que no es necesario responderla. Cualquier persona racional la sabe. La Palabra divina es como un fuego. Hay muchos usos positivos para el fuego: da luz, produce calor y cocina alimentos. Sin embargo, Dios tiene la intención de transmitir otro aspecto de su Palabra, que es como un fuego: consume aquello con lo que entra en contacto.

En los tiempos de Jeremías, los que estaban en peligro de ser consumidos por el fuego divino eran los falsos profetas y todos los que seguían sus mentiras. Dios reprende a esos hombres por profetizar falsamente el engaño de sus propios corazones (v. 26); por hacer que la gente olvidara su nombre (v. 27); por decir sus sueños (v. 28); por tergiversar su Palabra (v. 30); y por alejar a la gente de la verdad (v. 32). Dios abandonará a todos los que rechazan su mensaje (v. 33). Al final, castigará a esos falsos profetas y a todos los que sigan sus palabras (v. 34).

Al comienzo de la profecía de Jeremías, Dios dijo: «Mis palabras serán como fuego en tu boca» (Jeremías 5:14b). Esto quiere decir que la Palabra de Dios es como un fuego que consumirá a todos los incrédulos. Las llamas del juicio divino vendrán sobre todos los que no acudan al Señor. Dios es presentado como un «fuego consumidor» (Hebreos 12:29) que condenará a todos los incrédulos en la eterna incineración del infierno. Dios, que es fuego, y su ardiente Palabra son inseparables. Dios encenderá los fuegos del castigo eterno sobre todos los que no hayan construido sobre la roca sólida de su Palabra.

Este valioso mensaje de la venganza divina debe ser proclamado por cada predicador. Este ardiente mensaje hará que los oyentes sean bendecidos o quemados. No hay término medio. En esta hora, necesitamos hombres audaces que declaren que el fuego divino consumirá todo lo que es falso. Al mismo tiempo, predicamos la gracia y la misericordia de Dios. Pero esto no debe excluir el mensaje de la ira divina. Dios quemará a todos los que rechazan su mensaje. Cuando se predica correctamente, la Biblia es un libro candente. Las Escrituras resplandecen con las llamas abrazadoras del juicio divino. La Palabra contiene el mensaje más abrasador que este mundo haya escuchado. El hombre que predica es llamado a iniciar este fuego consumidor y a difundirlo.

Un martillo que destroza

En séptimo lugar, la Palabra de Dios es presentada como un martillo que destroza los corazones más duros. En este mismo pasaje de Jeremías, en el que Dios es el que habla y Jeremías es el portavoz, Dios dice: «No es mi palabra… como martillo que pulveriza la roca?» (23:29). Aquí hay otra pregunta retórica, la respuesta es una fuerte afirmación. No hay ninguna fuerza en el mundo que se compare con el poder de la Palabra de Dios, que aplasta el alma. Tiene un impacto tan devastador que destruye a todos los que se resisten a Dios con incredulidad.

En este contexto, la roca se refiere a los corazones endurecidos por el pecado y que abrazan el mensaje de los falsos profetas. Esos falsos maestros y sus seguidores eran de cabeza dura y de corazón duro. Eran personas de cuello rígido. Sus frentes eran como piedra. Sus vidas fueron afirmadas en su desafío a la verdad de Dios. Al repeler la verdad, rechazaron a Dios. Tenían corazones de piedra fríos y sin vida, resistentes a la verdad divina.

¿Cómo será humillada esa dureza de corazón ante el Señor? La sumisión que conduce a la salvación se produce cuando el predicador manipula el invencible martillo de la Palabra de Dios. Esta poderosa arma es capaz de derribar toda resistencia. Este divino instrumento es más duro que el corazón más rígido. Es más fuerte que la frente más gruesa. Es más dura que el alma de piedra. Puede romper en pedazos el corazón más resistente. Este martillo puede llevar a un hombre o a una mujer a rendirse de manera incondicional, a un punto en que él o ella invoquen el nombre de Dios para ser salvos.

Pero si el hombre no se arrepiente, este martillo servirá para impartir el juicio de Dios. Es más, si la Palabra no ablanda al corazón, lo endurecerá aún más. Al escuchar la Palabra, ningún corazón permanece igual. Bajo los golpes de este martillo, cualquier corazón se torna más tierno o más duro, más receptivo o más resistente.

Aun los hombres frágiles, tienen en la Biblia un martillo en sus manos. Con la exposición de las Escrituras, ellos aportan una gran fuerza a los corazones de sus oyentes. Traen así el poder de la Palabra de Dios sobre las vidas de su congregación. Esta herramienta golpeadora transforma el orgullo en polvo. Hace añicos la justicia propia, lo que lleva a una humilde sumisión ante Dios.

Conclusión

Estos siete símbolos representan el poder invencible de la Palabra inerrante. La Biblia es capaz de hacer todo eso porque es lo que afirma que es: la Palabra no adulterada sin ninguna mezcla de error humano. La pureza y el poder de la Palabra van inseparablemente unidos. Puesto que la Escritura es perfecta, también es contundente. Como es digna de confianza, por lo tanto, es triunfante.

Insto a cada predicador a que empuñe la espada, levante el espejo, esparza la semilla, sirva la leche, haga brillar la lámpara, extienda la llama y golpee con el martillo. A que abandone la sabiduría secular en el púlpito. Que cancele el entretenimiento en la iglesia. Que deshaga el grupo teatral. Que deje de contar chistes. Que desenchufe las espectaculares luces de colores. Que otra vez ponga el púlpito en el centro del escenario. Que se levante como hombre de Dios. Que abra la Biblia. Que la ponga en alto, que la enseñe y que la difunda. Ella es la Palabra inerrante, invencible y poderosa.

Capítulo 22

EL MANDAMIENTO Y LAS MOTIVACIONES

LA INERRANCIA Y LA PREDICACIÓN EXPOSITIVA

John MacArthur

Hace una generación, en octubre de 1978, casi trescientos estudiosos y pastores evangélicos firmaron la «Declaración de Chicago sobre la Inerrancia Bíblica». Fue una afirmación arrolladora de la veracidad de la Palabra de Dios y un testimonio importante al mundo observador. Los protestantes liberales, e incluso algunos dentro del evangecalismo más amplio, cuestionaban abiertamente la exactitud y la integridad de las Escrituras. A la luz de sus ataques escépticos, fue necesario que los cristianos creyentes en la Biblia asumieran una posición firme, reuniéndose en torno a doctrinas cardinales como la inerrancia, la inspiración y la autoridad de las Escrituras.

La iglesia de hoy debe tomar esa misma postura. El compromiso con Dios y su Palabra debe ser reafirmado en cada generación. Me siento agradecido por aquellos hombres que han tomado esa posición en el pasado. Me emociona igualmente ver cómo se levanta una nueva generación de líderes cristianos que llevarán adelante la batuta de la fidelidad.

Sin embargo, ¿cómo se concreta un compromiso con la inerrancia bíblica en el ministerio práctico? La respuesta se ve, ante todo, por la forma en que se proclama la Palabra de Dios desde el púlpito. La predicación evangélica debe reflejar nuestra convicción de que la Palabra de Dios es infalible y sin error. Cosa que casi no se hace. En las últimas décadas, en muchas de las llamadas iglesias evangélicas, ha habido una tendencia perceptible a *alejarse* de la predicación bíblicamente centrada y se ha derivado *hacia* un enfoque pragmático, centrado en la audiencia y sus necesidades de cualquier tipo.

Pero si creemos que «toda la Escritura es inspirada por Dios», deberíamos estar igualmente comprometidos con la realidad de que cada parte de la revelación divina es «útil para enseñar, para reprender, para corregir y para instruir en la justicia, a fin de que el siervo de Dios esté enteramente capacitado para toda buena obra» (2 Timoteo 3:16-17). Esto requiere que el enfoque de nuestra predicación sea la exposición precisa del texto bíblico. Después de todo, el poder de salvar a los pecadores y de transformar vidas no radica en la destreza humana ni en la elocuencia de su oratoria, sino en la verdad de la Palabra de Dios autorizada por el Espíritu (Hebreos 4:12).

El mandamiento de la predicación expositiva

El pasaje de 2 Timoteo 4:2 se destaca con majestuosidad como terreno sagrado para todo expositor bíblico. Es un territorio precioso para cada pastor que, tras los pasos de Pablo, desee proclamar fielmente la Palabra de Dios. En este versículo, el apóstol definió el mandato principal de honrar a Dios en el ministerio de la iglesia, no solo en cuanto a Timoteo, sino para todos los que vendrían después de él. El ministro del evangelio está llamado a «predicar la palabra». Este llamado resume el ministerio bíblico en una instrucción central. Cualquier forma de predicación que ignore este propósito y diseño intencional de Dios no cumple el plan divino.

Es significativo que la instrucción de Pablo viniera después de su énfasis en la naturaleza inspirada, infalible y suficiente de las Escrituras (3:16-17). Puesto que es la Palabra de Dios, y porque tiene su misma autoridad (4:1), debe ser proclamada fielmente. Al igual que el heraldo de un rey, el predicador de la palabra ha sido encargado por su Soberano celestial para declarar el mensaje real con *exactitud* e *integridad*. Cualquier cosa menos constituye un incumplimiento del deber.

En consecuencia, la responsabilidad del predicador es transmitir el significado de cada pasaje bíblico de manera *completa* y *exacta*, tal como fue pensado por Dios. Esta es la esencia misma de la predicación *expositiva*: explicar el significado y las implicaciones del texto con claridad y convicción para que el pueblo de Dios pueda entender y obedecer su Palabra. De manera que cada palabra de la Escritura es inspirada e infalible y debe ser predicada de la misma forma.

La doctrina de la inerrancia se deriva de la simple realidad de que Dios es verdadero (Éxodo 34:6; Juan 14:6) y que habla en concordancia con su naturaleza (Proverbios 30:5; Isaías 65:16; Santiago 1:18). Por lo tanto, Él no puede mentir (Tito 1:2; Hebreos 6:18). La Palabra de Dios, entonces, está libre de cualquier error o falsedad. Es absoluta y totalmente cierta. Como le declaró Jesús a su Padre: «Tu palabra es verdad» (Juan 17:17).

El compromiso con la exposición bíblica se deriva del hecho de que Dios dio su verdadera Palabra para que se comunicara por *completo* como Él la dio, es decir, todo el consejo de Dios debe ser predicado (Mateo 28:20; Hechos 5:20; 20:27). Además, Dios dio su verdadera Palabra para ser comunicada *exactamente* como la dio. Así que se debe transmitir exactamente como se entregó, sin alterar nada en el mensaje. Por lo tanto, la predicación fiel debe ser completa y precisa. Debe abarcar todas las partes de las Escrituras e interpretar los detalles del texto con precisión y exactitud.

El Nuevo Testamento proporciona numerosos ejemplos de este tipo de predicación orientada a las Escrituras. La Palabra de Dios es lo que Jesús predicó (Lucas 5:1). Es el mensaje que enseñaron los apóstoles (Hechos 4:31; 6:2). Es la palabra que los samaritanos recibieron (8:14), la que expusieron los apóstoles (v. 25). Es el mensaje que recibieron los gentiles, como lo predicó Pedro (11:1). Es la palabra que Pablo predicó en sus viajes misioneros (13:5, 7, 44, 48, 49; 15:35-36; 16:32; 17:13; 18:11; 19:10). Fue el enfoque de Lucas en el libro de Hechos, en el sentido de que se difundió rápida y ampliamente (6:7; 12:24; 19:20). Pablo tuvo cuidado de decirles a los corintios que hablaba la Palabra tal como le fue dada por Dios, que no había sido adulterada y que era una manifestación de la verdad (2 Corintios 2:17; 4:2). Él reconoció fácilmente que la Palabra de Dios era la fuente de su predicación (Colosenses 1:25; 1 Tesalonicenses 2:13).

Como sucedió con Cristo y los apóstoles, los predicadores de hoy deben exponer las Escrituras de tal manera que puedan decir: «Así dice el Señor». Su responsabilidad es proclamar el texto tal como fue originalmente dado y destinado. Esa es la única manera en que cumplirán fielmente el mandato dado por Dios para *predicar la Palabra*.

Motivaciones para la predicación expositiva

En el contexto de 2 Timoteo 4:2, vemos el modo en que Pablo le proporcionó a su pupilo una motivación muy necesaria para mantenerse firme y perseverar hasta el fin. Para Timoteo, el mandato era claro: *predicar la Palabra*, y la vocación era sumamente seria: las almas estaban en juego. Con el objeto de equiparlo para la tarea, Pablo le dio a Timoteo cinco razones convincentes para perseverar en la fidelidad del ministerio. Estas motivaciones, que se encuentran en 2 Timoteo 3:1 a 4:4, son tan aplicables hoy como lo fueron hace dos milenios.

Motivación 1: El peligro de las estaciones (2 Timoteo 3:1-9)

En 2 Timoteo 3:1, Pablo advierte a Timoteo «que en los últimos días vendrán tiempos difíciles». Como se usa aquí, la frase «los últimos días» se refiere no solo al final de la era de la iglesia, sino a la totalidad de ella, desde el día de Pentecostés hasta la parusía. El punto de Pablo es que, hasta que el Señor regrese, la iglesia experimentará continuamente tiempos difíciles. La frase «tiempos difíciles» no se refiere a puntos específicos del tiempo cronológico, sino más bien a estaciones o épocas. Y el término *difícil* conlleva el significado de «feroz» o «peligroso».

Pablo habla en cuanto a la realidad de que, a lo largo de la era de la iglesia, habrá temporadas cuando los creyentes sean ferozmente amenazados. Enfrentando su inminente ejecución, el apóstol ciertamente sabía mucho acerca de las dificultades que los cristianos podrían afrontar. También entendió que Timoteo enfrentaba persecución y hostilidad, y que su joven aprendiz sería tentado por pecados como la cobardía y la indulgencia. Pero esa era exactamente la razón por la cual Timoteo necesitaba predicar la Palabra. La amenaza que se avecinaba hacía que su mandato ministerial fuera más necesario y urgente.

En 3:13, Pablo escribe: «mientras que esos malvados embaucadores irán de mal en peor, engañando y siendo engañados». Y en los versículos 2-4, de ese mismo capítulo, afirma: «La gente estará llena de egoísmo y avaricia; serán jactanciosos, arrogantes, blasfemos, desobedientes a los padres, ingratos, impíos,insensibles, implacables, calumniadores, libertinos, despiadados, enemigos de todo lo bueno, traicioneros, impetuosos, vanidosos y más amigos del placer que de Dios». Se trata de religiosos en apariencia, «aparentarán ser piadosos, pero su conducta desmentirá el poder de la piedad. ¡Con esa gente ni te metas! Así son los que van de casa en casa cautivando a mujeres débiles cargadas de pecados, que se dejan llevar de toda clase de pasiones. Ellas siempre están aprendiendo, pero nunca logran conocer la verdad» (vv. 5-7). Como tienen una mente depravada, están llenos de pecado, error y destrucción. Se oponen a la sana doctrina y rechazan la fe.

En base a la descripción de Pablo, está claro que la mayor amenaza para la iglesia no proviene de fuerzas hostiles externas, sino de falsos maestros internos. Al igual que los terroristas espirituales, se cuelan en la iglesia y dejan un camino de destrucción a su paso. Son lobos vestidos de oveja (Mateo 7:15). Es su traición lo que hace que los «tiempos difíciles» de los últimos días sean tan peligrosos.

La iglesia ha sido amenazada por lobos salvajes y estafadores espirituales desde sus primeros días (cf. Hechos 20:29). Satanás, el padre de la mentira (Juan 8:44), siempre ha tratado de socavar la verdad con sus errores mortales (1 Timoteo 4:1; cf. 2 Corintios 11:4). No es sorprendente, entonces, que la historia de la iglesia a menudo haya estado marcada por tiempos difíciles, estaciones en las que la falsedad y el engaño han librado una guerra contra el evangelio puro.

Esos ataques han continuado en nuestros días, por lo que la predicación expositiva es tan necesaria ahora como lo ha sido siempre. A la luz de los peligros que amenazan constantemente a la iglesia, los predicadores deben equipar al pueblo de Dios con la espada del Espíritu, que es la Palabra de Dios (Efesios 6:17).

La iglesia de hoy es un producto de los errores acumulados en la historia de la iglesia, desde el sacramentalismo hasta el subjetivismo y el sincretismo. Los «tiempos difíciles», de los que habló Pablo, caracterizan ciertamente la situación contemporánea. Sin embargo, en medio de ese caos y confusión, a los ministros fieles aún se les exige que realicen la tarea que Pablo le dio a Timoteo. De hecho, la única solución para la iglesia hoy es que los pastores cumplan diligentemente con la responsabilidad que Dios les ha dado de *predicar la Palabra*.

Motivación 2: La devoción de los santos (2 Timoteo 3:10-14)

El predicador fiel también está motivado por su amor y aprecio por aquellos creyentes que le han precedido. Como una gran nube de testigos, los líderes espirituales firmes de las generaciones pasadas, a través de sus ejemplos, instan al expositor bíblico a un mayor compromiso y eficacia del ministerio.

En el caso de Pablo, le recuerda a Timoteo su propio ejemplo y lo insta a seguirlo. Por lo tanto, dice en 3:10-11: «Tú, en cambio, has

seguido paso a paso mis enseñanzas, mi manera de vivir, mi propósito, mi fe, mi paciencia, mi amor, mi constancia, mis persecuciones y mis sufrimientos. Estás enterado de lo que sufrí en Antioquía, Iconio y Listra, y de las persecuciones que soporté. Y de todas ellas me libró el Señor».
Timoteo debía continuar predicando el evangelio que Pablo enseñó. La conducta, la confianza y la semejanza a Cristo que marcaron el ministerio del apóstol también caracterizaron a su hijo en la fe. Timoteo tuvo que soportar incluso el sufrimiento que Pablo sufrió. El joven pastor debía mantener el rumbo y seguir el camino de su mentor.
La integridad del ministerio de Pablo había sido obvia para Timoteo. En sus viajes juntos, el joven había sido testigo de la coherencia entre la enseñanza pública de Pablo y su práctica privada. El testimonio de la vida del apóstol fue de una convicción inquebrantable, un hecho que Timoteo conocía de primera mano. Por lo tanto, Pablo pudo comprometerse con Timoteo y alentarlo no solo a predicar fielmente, sino también a seguir el mismo propósito centrado en Dios: perseguir apasionadamente la fidelidad en su propia vida.
A lo largo de sus viajes misioneros, Pablo había sufrido mucho por el evangelio. Mientras escribía esta carta, estaba sufriendo por Cristo. Timoteo seguramente sintió el peso de las palabras de Pablo cuando el apóstol agregó: «Así mismo serán perseguidos todos los que quieran llevar una vida piadosa en Cristo Jesús» (v. 12). Sin embargo, Pablo es consciente de que tal tribulación no es razón para rehuir al seguimiento del camino de la fidelidad.
Pablo advirtió que el mundo continuaría oscureciéndose: «mientras que esos malvados embaucadores irán de mal en peor, engañando y siendo engañados» (v. 13). No obstante, Timoteo no debía capitular ni ser engañado. Su tarea no era fácil, pero fue simple: mantenerse fiel a la Palabra de Dios y predicarla con cuidado y coherencia. Por lo tanto, Pablo desafió a Timoteo con estas palabras: «Pero tú permanece firme en lo que has aprendido y de lo cual estás convencido, pues sabes de quiénes lo aprendiste» (v. 14).
Al exhortar a Timoteo a mantenerse firme y a soportar, Pablo instó a su discípulo a recordar su propio ejemplo. Timoteo no necesitaba una nueva estrategia. Simplemente necesitaba seguir el patrón de fidelidad que había observado en el hombre de Dios que le había precedido.

Pablo entendió que la singularidad y la novedad en el ministerio son mortales. El enfoque correcto no es reinventar el paradigma, sino seguir los caminos desgastados de aquellos que los han recorrido antes. El predicador fiel aprecia su herencia espiritual, reconociendo que está vinculado a una larga línea de hombres piadosos de los que no puede desligarse. Además, entiende que es su responsabilidad, como parte de la generación actual de la historia de la iglesia, guardar la verdad que se le ha confiado para que, un día, pueda transmitirla a los que vienen después de él.

Que esta era la expectativa de Pablo para Timoteo se desprende claramente de su instrucción en 2:2: «Lo que me has oído decir en presencia de muchos testigos, encomiéndalo a creyentes dignos de confianza, que a su vez estén capacitados para enseñar a otros». Cuatro generaciones ministeriales se describen en ese versículo: Pablo, Timoteo, hombres fieles y otros también. De generación en generación, la verdad debía ser salvaguardada por cada generación y luego transmitida sin innovación ni desviación.

La temeraria locura de los jóvenes de hoy los tienta a ignorar la sabiduría de las generaciones anteriores y a gloriarse en su propia inteligencia u originalidad. Aquellos que desprecian los fieles ejemplos de santos que ahora están en el cielo, y en su lugar valoran sus propios enfoques ministeriales autodidactas e inventivos, lo hacen bajo su propio riesgo.

Pero, como lo demuestra la instrucción de Pablo a Timoteo, el predicador fiel está motivado por la herencia dejada por generaciones anteriores de la historia de la iglesia. Y al igual que los gigantes espirituales de los siglos pasados, está comprometido con el mismo mandato ministerial que aquellos tenían. Tiene el privilegio de pararse sobre los hombros de ellos. Pero él también tiene la responsabilidad de continuar con su legado. Por lo tanto, a través de su vida y sus labios, debe *predicar la Palabra*.

Motivación 3: La dinámica de las Escrituras (2 Timoteo 3:15-17)

El expositor fiel está motivado, en tercer lugar, por la naturaleza de la Biblia misma. Él entiende que la Escritura no es un libro ordinario; es la revelación inspirada de Dios mismo. Si el pastor desea honrar al Señor en su ministerio o ver la obra del Espíritu Santo sin obstáculos en la vida de su pueblo, no tiene más remedio que predicar la Palabra fielmente.

Timoteo había experimentado el poder de la Palabra de Dios desde una edad temprana. Pablo le recordó esa realidad con estas palabras: «Desde la infancia has conocido los escritos sagrados que pueden darte la sabiduría que lleva a la salvación a través de la fe que está en Cristo Jesús» (3:15). Estaba claro para Timoteo dónde yacía el poder y la autoridad del ministerio.

El término que Pablo usó para «infancia» se refiere a un pequeño. Desde el momento en que Timoteo había sido un bebé en los brazos de su madre, había estado expuesto a la Palabra de Dios. Y fue a través de las Escrituras que llegó a la fe salvadora en Jesucristo.

El apóstol apeló al pasado de Timoteo, preguntando esencialmente: «¿Por qué harías otra cosa que no sea predicar la Palabra cuando sabes, por tu propio testimonio personal, que solo la sabiduría es la que conduce a la salvación?» Si la misión es presentar el mensaje de salvación en toda su plenitud y facultada por el Espíritu, la única opción es proclamar fielmente la verdad de la Palabra de Dios.

Habiendo apelado a la educación de Timoteo, Pablo reforzó su punto al enfatizar la verdadera naturaleza y la efectividad dinámica de la Biblia: «Toda la Escritura es inspirada por Dios y útil para enseñar, para reprender, para corregir, para entrenar en justicia; para que el hombre de Dios sea adecuado, equipado para toda buena obra» (vv. 16-17). Este libro sagrado es «inspirado por Dios» o, más literalmente, es exhalado por Dios. Y, como lo indican estos versículos, es poderoso no solo para salvar (v. 15), sino también para santificar.

La Palabra de Dios es *provechosa*, o útil para la santificación, en cuatro maneras. Primero, como única fuente de la verdad divina, proporciona el contenido doctrinal para la *enseñanza*. Segundo, es la autoridad para la *amonestación* y la corrección, porque confronta el pecado y el error. En tercer lugar, proporciona el vehículo para la corrección. Las Escrituras no solo exponen los delitos, sino que también muestran a los transgresores cómo ser restaurados a una posición vertical. Finalmente, después de que la verdad de la Palabra de Dios ha derribado el pecado y el error, edifica al creyente a través del *entrenamiento en la justicia*. Claramente, la función de las Escrituras en la vida del creyente es un trabajo integral.

El resultado de esa labor que abarca todo es que el hombre de Dios —y todos los que están bajo su influencia— sea maduro, integral, completo y equipado para toda buena obra (v. 17). El primer alumno de la Palabra es el predicador, quien debe ser impactado. Él es el principal beneficiario, y su ministerio a los demás fluye de la obra transformadora de la Palabra a su propio corazón.

Con una obra tan completa de salvación y santificación disponible a través del poder de las Escrituras, ¿por qué alguien estaría tentado a predicar algo diferente? El pastor que se preocupa por el crecimiento espiritual de su pueblo debe hacer de Dios y su Palabra la pieza central de su ministerio. Para hacer eso, debe *predicar la Palabra*.

Motivación 4: La demanda del soberano (2 Timoteo 4:1-2)

Pablo inició su mandato de predicar advirtiendo a Timoteo acerca de los tiempos peligrosos que vendrían y señalando su propio ejemplo y el poder sobrenatural de las Escrituras. Pero en 4:1, el apóstol elevó su exhortación a un nivel aún mayor. Invocando a Dios mismo, Pablo expresó la seriedad de la situación en términos explícitos: «En presencia de Dios y de Cristo Jesús, que ha de venir en su reino y que juzgará a los vivos y a los muertos, te doy este solemne encargo». Esas palabras penetrantes deberían causar un temor santo en el corazón de cada predicador. Son el vértice de las declaraciones anteriores de Pablo y deben servir como la motivación más convincente en la vida del expositor.

El reformador escocés John Knox ciertamente entendió esa realidad. Al ser comisionado para predicar, y sintiendo el peso de esa responsabilidad, Knox «estalló en un mar de lágrimas retirándose a orar a su habitación». Estaba completamente abrumado por la responsabilidad de ese deber. El llamado de Timoteo a predicar no vino simplemente de Pablo, sino del Rey soberano por quien fue comisionado y ante quien un día rendiría cuentas. Jesucristo es el que juzgará la fidelidad de sus ministros. Como hombres de Dios, están bajo el escrutinio santo del Señor mismo.

En ninguna parte se aclara más esto que en Apocalipsis 1:14, donde se representa a Cristo mientras contempla a su iglesia con ojos penetrantes y ardientes. Aquellos que son llamados a predicar están bajo una inminente observación divina (Proverbios 15:3). No hay alivio en su mirada, no se puede esconder de su evaluación (cf. Salmos 139:7-12).

Es por esta razón que Santiago exhortó a sus lectores a abstenerse de convertirse en maestros, ya que el de ellos es un juicio mayor (Santiago 3:1). Es por eso que el apóstol Pablo dijo en 1 Corintios 4:3-4 que para él era una pequeña cosa lo que los hombres pensaban de él, e incluso lo que él pensaba de sí mismo, porque era responsable ante Dios. Hebreos 13:17 afirma claramente que los líderes «darán cuenta» de su ministerio. La fuerza más dominante en la vida y el ministerio del predicador es percatarse de que algún día le dará cuenta a Dios (cf. 2 Corintios 5:10).

Considere la siguiente anécdota del ministerio de Charles Spurgeon:

> Una vez, un joven predicador se quejó con Charles Spurgeon, el famoso predicador británico de la década de 1800, de que no tenía una iglesia tan grande como la que se merecía.
> «¿A cuántos les predicas?», preguntó Spurgeon.
> «Ah, alrededor de cien personas», respondió el hombre.
> Spurgeon respondió solemnemente: «Eso será suficiente para rendir cuentas el día del juicio».[1]

El ministerio serio está motivado por esa pesada realidad. La popularidad entre la gente, el reconocimiento de los compañeros, la simpatía en el púlpito, no son los parámetros del éxito. La opinión de Dios es la única que en última instancia importa. Y lo que Él considera éxito es la *fidelidad* (Mateo 25:21, 23). Consciente de esto, el expositor bíblico está obligado a *predicar la Palabra* de manera cuidadosa, clara y consistente.

Motivación 5: El engaño de lo sensual (2 Timoteo 4:3-4)

Habiendo recordado a Timoteo la verdadera responsabilidad, Pablo continuó advirtiéndole que la predicación fiel no será necesariamente una que sea muy popular. Como explicó el apóstol, «Porque llegará el tiempo en que no van a tolerar la sana doctrina, sino que, llevados de sus propios deseos, se rodearán de maestros que les digan las novelerías que quieren oír.Dejarán de escuchar la verdad y se volverán a los mitos» (4:3-4).

Los pecadores se niegan a prestar atención a la verdad que salva y santifica. Al contrario, endurecen sus corazones, buscan mensajes suaves que se ajusten a sus pecados. Por lo tanto, buscan predicadores que los hagan sentir bien, no culpables. Y los falsos maestros están felices de complacerlos, haciéndoles cosquillas a los oídos de sus audiencias con mensajes centrados en el hombre y en falsas esperanzas.

En el proceso, la seriedad del pecado es minimizada y desestimada; se promueve la codicia con promesas de prosperidad; se reduce la adoración a vano emocionalismo; y se resaltan las necesidades mientras se omite el verdadero evangelio. Estos falsos maestros son las mismas personas que, de acuerdo con 2:16, persiguen conversaciones mundanas y vacías que llevan a una mayor impiedad. Su mensaje mundano puede ser popular pero, como la gangrena, su propagación es en realidad mortal.

Las palabras de Pablo ciertamente describen la escena en el cristianismo estadounidense contemporáneo. *Doctrina* se ha convertido en una mala palabra; la verdad es vista como relativa; y los números se han hecho la medida de la eficacia del ministerio. La tentación de hacer cosquillas en los oídos es enorme, ya que los predicadores que atraen a las multitudes más grandes se consideran los más exitosos. Pero pervertir la verdad diluyendo el evangelio es una forma mortal de maldad. El ministro que dirige su mensaje a los caprichos del mundo, diciendo a los corazones no regenerados solo lo que quieren escuchar, se ha vendido.

En contraste con todo ello, el ministro fiel está dispuesto a decir toda la verdad con valentía, aun cuando no sea popular hacerlo. La única manera de ver vidas transformadas de la sensualidad a la salvación es proclamar fielmente el mensaje del evangelio. Si aquellos que desean que les susurren palabras dulces a los oídos deben ser transformados radicalmente, deben ser confrontados con la verdad. Para ello, el expositor fiel no dejará de *predicar la Palabra*.

Fiel hasta el final

Pablo no se hacía ilusiones con que la comisión sería fácil para los hermanos o para los hombres fieles que venían tras él. Tampoco había sido fácil para Pablo. Sin embargo, a pesar de las muchas pruebas que había enfrentado, el apóstol había permanecido fiel hasta el final. Como resultado, pudo decir: «Yo, por mi parte, ya estoy a punto de ser ofrecido como un sacrificio, y el tiempo de mi partida ha llegado. He peleado la buena batalla, he terminado la carrera, me he mantenido en la fe» (4:6-7).

En este, su último llamamiento a Timoteo, invitó al joven pastor a correr la carrera de la misma manera (Hebreos 12:1-2). Pero Pablo murió sin saber cómo terminaría la historia para Timoteo. Tenía que confiar en que el Señor preservaría a su joven hijo en la fe. ¿Se mantendría fiel Timoteo hasta el final?

El libro de Hebreos ofrece una respuesta inicial a esa pregunta. En 13:23, el autor les dijo a sus lectores: «Quiero que sepan que nuestro hermano Timoteo ha sido puesto en libertad. Si llega pronto, iré con él a verlos». Estas palabras, probablemente escritas después de la muerte de Pablo, indican que Timoteo había estado en prisión, pero pronto regresaría a la obra del ministerio. La implicación es clara: Timoteo había sido perseguido por el bien del evangelio. Sin embargo, al igual que Pablo, se mantuvo fiel y firme a pesar del sufrimiento que enfrentó.

La historia de la iglesia ofrece una visión posterior del legado de fidelidad de Timoteo. Según el *Libro de los Mártires de Fox:*

> Timoteo fue el célebre discípulo de Pablo y obispo de Éfeso, donde gobernó celosamente a la Iglesia hasta el año 97 de la era cristiana. En ese período, cuando los paganos estaban a punto de celebrar una fiesta llamada Catagogion, Timoteo, al encontrarse con la procesión, los reprendió severamente por su ridícula idolatría; lo que exasperó tanto a la gente que cayeron sobre él con sus bastones, y lo golpearon de una manera tan terrible que expiró por las contusiones dos días después.[2]

Hasta en su último día, Timoteo confrontó valientemente la cultura que lo rodeaba con la verdad del evangelio. Ese compromiso inquebrantable le costó la vida. Así como Pablo, Timoteo fue martirizado por su fidelidad. Al final de su vida, también pudo reflexionar en un ministerio que se había dedicado a honrar a Cristo a través de la predicación de su Palabra.

De la misma manera que Timoteo había recibido un legado de fidelidad, pasó ese mismo legado a la siguiente generación de líderes cristianos. Los expositores de la Biblia de hoy, aunque muchos siglos después, son los destinatarios de esa herencia fiel. Las motivaciones que impulsaron a Pablo y Timoteo deberían obligar a la generación actual de predicadores y maestros. Dios todavía dicta su mandato divino a los hombres fieles: *predicar la Palabra.*

Conclusión

Al igual que Timoteo, el expositor fiel hará que su objetivo de toda la vida sea predicar la mente de Dios tal como lo encuentra en la Palabra infalible de Dios. Lo entiende a través de las disciplinas de la hermenéutica y la exégesis. Expone las Escrituras como el mensaje que Dios habló y le encargó que cumpliera.

Para citar a Spurgeon una vez más:

Es una bendición comer en el alma misma de la Biblia hasta que, por fin, venga a hablar en el lenguaje de las Escrituras, y su espíritu esté condimentado con las palabras del Señor, de modo que su sangre sea bíblica y la esencia misma de la Biblia fluya de ti.[3]

La inerrancia demanda un proceso exegético y una proclamación expositiva. Solo el proceso exegético preserva la Palabra de Dios por completo, guardando el tesoro de la revelación y declarando su significado exactamente como pretendía que fuera proclamado (1 Timoteo 6:20-21; 2 Timoteo 2:15). La predicación expositiva es resultado del proceso exegético. Por lo tanto, es el vínculo esencial entre la inerrancia y la proclamación. Tiene el mandato de preservar la pureza de la Palabra inerrante dada originalmente por Dios y proclamar todo el consejo de la verdad redentora de Dios.

Capítulo 23

PONGA LAS ESCRITURAS AL FRENTE Y EN EL CENTRO (EN UN LUGAR PREEMINENTE)

LA INERRANCIA Y LA APOLOGÉTICA

Michael Vlach

En junio de 1886, Charles Haddon Spurgeon abordó el tema de la apologética y la Biblia desde su púlpito en el Tabernáculo Metropolitano de Londres. Al principio del sermón, dijo: «¡Creo que la mejor manera de defender el evangelio es difundir el evangelio!» Luego contó la analogía de un león en una jaula:

> Supongamos que a un número de personas se les metiera en la cabeza defender a un león, ¡a un adulto rey de los animales! Allí está en la jaula, y aquí llegan todos los soldados del ejército a luchar por él. Bien, yo les sugeriría, si no tienen objeción, y no sienten que es humillante para ellos que, gentilmente reflexionaran y simplemente abrieran la puerta, y ¡dejaran salir al león! Creo que esa sería la mejor manera de defenderlo, porque él mismo se defendería. La mejor «apología» del evangelio es dejar que salga... Dejen que el león salga y vean quién se atreverá a acercarse a él. El León de la tribu de Judá pronto expulsará a todos sus adversarios.[1]

Para el predicador inglés, la Biblia y el evangelio no necesitaban ser defendidos por otros tanto como necesitaban ser liberados para defenderse. En otra ocasión, Spurgeon supuestamente exclamó: «¿Defender la Biblia? ¡Más pronto defendería a un león! Suéltelo y se defenderá solo».[2] El mensaje principal es: no mantenga al león encerrado. ¡Déjelo salir!

Más de un siglo después, continúa el debate sobre el papel de la Palabra inerrante de Dios en la apologética. El propósito de este capítulo es resaltar la relación entre la Biblia, la inerrancia y la apologética cristiana.[3] También abordará la conexión entre la inerrancia y lo que se llama apologética presuposicional. Este capítulo afirma que el mejor punto de partida y base para los encuentros apologéticos es la Biblia infalible, la Palabra de Dios, que proviene del Dios, sin el cual nada existiría. La inerrancia, por lo tanto, es importante para la apologética cristiana.

Esta verdad debe alentar a todos los creyentes. Cualquier cristiano que conoce la Biblia puede presentar la fe cristiana de una manera audaz ya que la autoridad de Dios y su Palabra lo respaldan. Él nunca tiene que preocuparse de que la Biblia esté errada. La inerrancia también significa que la apologética no es solo para los más brillantes, la élite académica o aquellos que han pasado años estudiando filosofía. Es para todos los cristianos.

Ciertamente estamos agradecidos por los expertos apologistas cristianos que han dedicado gran parte de sus vidas a dar respuestas a las objeciones no cristianas, mostrando las fallas de otras creencias y estableciendo que no hay errores en las Escrituras. No solo aprendemos de su trabajo, sino que lo fomentamos más. Sin embargo, al afirmar la importancia de la erudición cristiana en este tema, también afirmamos que el éxito del encuentro apologético no se basa en última instancia en la inteligencia, el ingenio rápido, las habilidades de debate o los años de estudio de los argumentos clásicos de la existencia de Dios, sino en el poder de Dios y su Palabra. Es la Biblia, a través del poder del Espíritu, lo que salva a la gente. Por lo tanto, la proclamación de las Escrituras infalibles y la cosmovisión que presentan debe ser un tema central en nuestros encuentros con un mundo perdido. Esto no significa que las primeras palabras que usemos sean siempre versículos de las Escrituras o que no usemos otras evidencias, pero la Palabra infalible no debe ser retenida, ocultada ni posponer su mensaje, solo después de que «otras cosas» hayan sido establecidas. La Biblia es la espada del Espíritu (Efesios 6:17), un arma poderosa y ofensiva que traemos al encuentro. No luchamos con una mano atada a la espalda. No enjaulamos al león. ¡Dejamos salir al león de la jaula para ganar la batalla!

Definición de inerrancia

La inerrancia es la opinión de que toda la Biblia es verdadera en todo lo que afirma. No hay errores en las Escrituras. Cualquiera que sea el tema que trata la Biblia, lo hace con precisión, sin errores. A menudo, las defensas de la inerrancia se centran en refutar las afirmaciones de que la Biblia tiene errores. Esto debe ocurrir, puesto que las reclamaciones falsas deben ser refutadas. Por ejemplo, el hecho de que algunos escritores del evangelio incluyan detalles sobre la resurrección que otros escritores no comenten no es un error. Diferentes detalles no son necesariamente detalles contradictorios. Además, la paráfrasis de un escritor del Nuevo Testamento de un pasaje del Antiguo Testamento en lugar de una cita literal no es un error. Una paráfrasis puede ser precisa, incluso si no es una cita palabra por palabra. Para usar otro ejemplo, a la persona que rechaza la evidencia manuscrita del Nuevo Testamento (cinco mil seiscientos manuscritos) pero acepta la exactitud de los escritos de Platón (siete manuscritos) se le debe mostrar la insensatez de esta conclusión.

Sin embargo, si bien es importante abordar las objeciones a la inerrancia, hay un problema aún mayor: la perspectiva del mundo y la visión correcta de Dios. Si Dios es real y posee los atributos que se le atribuyen en la Biblia, y si es una persona que desea comunicarse con quienes creó, entonces puede revelarse sin errores. Por lo tanto, defender el caso de la inerrancia no consiste simplemente en apagar incendios individuales, lo que inicia el escéptico de la inerrancia. El cristiano no tiene que jugar con la Biblia respondiendo a objeciones que solo llevan a multiplicarse con la suspicacia del escéptico. La defensa de la inerrancia está arraigada en una visión adecuada de Dios y la capacidad de Él para comunicarse con sus criaturas.[4] El cristiano puede estar seguro de que la Palabra de Dios es verdadera en todo lo que afirma. Como dijo Pablo: «¡De ninguna manera! Dios es siempre veraz, aunque el hombre sea mentiroso» (Romanos 3:4).[5] Por lo tanto, la infalibilidad de las Escrituras no es una presuposición sin contexto. El apologista puede asumir la inerrancia de las Escrituras debido a lo que Dios es.

Definición de apologética

El término *apologética* se deriva del griego *apología*, que se usaba en los escritos paganos, la literatura cristiana y el Nuevo Testamento.

Por ejemplo, al reporte de Platón acerca del juicio de Sócrates se le llama: *La apología de Sócrates*. Justino Mártir escribió su *Apología* para defender al cristianismo de las ideas heréticas. Al presentarse ante una turba en Jerusalén, Pablo declaró: «Padres y hermanos, escuchen ahora mi defensa [apología]» (Hechos 22:1). En el Nuevo Testamento, la apología se refiere a hacer una defensa de algo.[6] En el contexto del cristianismo, la apologética es una defensa racional de la fe cristiana.[7]

La apologética puede tomar diferentes formas. Primero, hay *pruebas*, que involucran proporcionar varias evidencias para la fe cristiana. El énfasis aquí está en ofrecer un caso positivo de por qué el cristianismo debe ser aceptado. En segundo lugar, hay *defensa*. Esto implica proteger al cristianismo de los ataques hechos en su contra. Esto también incluye responder a las críticas y objeciones de los opositores al cristianismo. En tercer lugar, está la *refutación* a otras creencias. Aquí el objetivo es mostrar que los sistemas de creencias no cristianos son internamente inconsistentes e incapaces de ofrecer una explicación coherente de la realidad.

Una apologética fuerte debe incluir los tres elementos. Los tres pueden ser usados por el Espíritu de Dios. En nuestro mundo, hay verdad y error. El cristiano se mueve en ambas direcciones. Promueve activamente lo que es verdadero y refuta lo que es contrario a la verdad (Tito 1:9). Por lo tanto, la apologética es multidimensional, involucra razones positivas de la fe cristiana junto con críticas negativas a una cosmovisión de creencias en competencia.

El concepto de apologética se encuentra explícitamente en 1 Pedro 3:15. Pedro declara: «Más bien, honren en su corazón a Cristo como Señor. Estén siempre preparados para responder a todo el que les pida razón de la esperanza que hay en ustedes». La palabra traducida aquí como «defensa» es *apología*. El contexto de la declaración de Pedro involucra dar una defensa razonada de la esperanza entre los cristianos que enfrentan la persecución. Pedro aborda el marco y el espíritu en el que debe hacerse la apologética. Los apologistas deben «santificar a Cristo como Señor en [sus] corazones», lo que significa que el compromiso del cristiano con el Señor Jesucristo debe ser establecido. Además, Pedro dice que el encuentro apologético debe hacerse con «gentileza y reverencia». Esto implica una actitud correcta y un carácter considerado. La apologética no se trata de orgullo o de ganar, sino de presentar a Jesús a un mundo perdido de la manera correcta. Pedro no dice que el cristiano debe ser excepcionalmente inteligente o estar familiarizado con los argumentos filosóficos. Lo que importa es su compromiso con Jesús y el carácter correcto. Los desafíos para el cristianismo variarán a lo largo de los siglos, pero una cosa permanece constante: todo cristiano está llamado a ofrecer una defensa razonada de su fe de la manera correcta con el carácter correcto.

La inerrancia y la apologética presuposicionales

Hay varios enfoques apologéticos: clásico, evidencialismo, presuposicional y la epistemología reformada.[8] Los seguidores de la inerrancia se pueden encontrar en los cuatro campos.

El enfoque clásico a menudo enfatiza la necesidad de comenzar con la teología natural para establecer el teísmo como la cosmovisión correcta. Luego, después de que la existencia de Dios ha sido probada, hay un movimiento hacia evidencias históricas para mostrar y distinguir al cristianismo como la verdadera religión.[9] La visión clásica tiene una larga historia y es sostenida por muchos apologistas cristianos.

El evidencialismo es similar a la apologética clásica, ya que utiliza varios argumentos positivos y negativos, incluidas las evidencias filosóficas e históricas. La diferencia clave entre los dos enfoques se refiere al uso de los milagros. Con el evidencialismo, los milagros no presuponen la existencia de Dios (como afirman a menudo los apologistas clásicos), sino que sirven como un tipo de evidencia para Dios. Por lo tanto, los evidencialistas argumentan tanto por el teísmo como por el teísmo cristiano.[10] Al igual que la apologética clásica, el enfoque evidencialista enfatiza varias evidencias como la base para creer en la fe cristiana.

La epistemología reformada es un enfoque más reciente. Es una reacción contra el énfasis de la Ilustración en proporcionar razones para todo lo que creemos. Por lo tanto, es perfectamente racional que una persona crea muchas cosas sin evidencia, incluida la creencia en la existencia de Dios. La epistemología reformada sostiene que la creencia en Dios es propiamente básica y no requiere el apoyo de evidencia o argumento para que sea racional.[11] Creer en Dios es algo así como creer en la existencia de otras personas o confiar en nuestros sentidos. Es natural para los seres humanos y no necesita una defensa racional para ser aceptado. Con este enfoque, los argumentos positivos para el cristianismo no son necesarios para la fe racional.

Por tanto, ¿qué es la apologética presuposicional y por qué este enfoque está especialmente relacionado con la doctrina de la inerrancia? La apologética presuposicional es una escuela de apologética cristiana que presenta una base racional para la fe cristiana. Lo hace defendiendo la fe cristiana contra las objeciones y exponiendo las fallas e inconsistencias de otras cosmovisiones y religiones. Con esta perspectiva, el cristianismo es visto no solo como una cosmovisión viable o como la mejor de varias opciones buenas, sino como la única cosmovisión verdadera. Todas las demás visiones del mundo son intrínsecamente contradictorias y no pueden dar cuenta de la realidad. El cristianismo debe ser verdadero, ya que el Dios de la Biblia es la condición previa para todos los aspectos de la realidad, incluida la racionalidad, la belleza y la existencia. Si Dios no existiera, nada existiría, y no habría cosas tales como las leyes de la lógica, las matemáticas o cualquier otra cosa. Tampoco habría personas en posición de razonar o experimentar nada. Por lo tanto, los intentos de utilizar la razón o la experiencia para derrotar al cristianismo se refutan a sí mismos ya que el Dios de la Biblia es la condición previa para la razón o para experimentar algo.

Un distintivo clave del enfoque presuposicional es que se debe suponer que la cosmovisión cristiana que se encuentra en la Biblia comprende el mundo. No hay supuestos «neutrales» con los cuales razonar con un no cristiano, ya sean evidencias históricas o experiencia. La inerrancia, por lo tanto, es una parte crucial y no negociable de la apologética presuposicional. Muchos partidarios de otros enfoques apologéticos pueden mantener la inerrancia, pero existe un vínculo inherente entre la inerrancia y el presuposicionalismo. Como señala Steven West: «En muchos sentidos, el enfoque presuposicional del papel de la Escritura en la apologética es muy sencillo. Dado que el cristiano está defendiendo el cristianismo, y dado que el cristianismo es un sistema completo, todo el sistema debe presuponerse para la defensa».[12] Además, «ya que el presuposicionalismo depende de la inerrancia de las Escrituras, será una observación bastante obvia que, si se le otorga la máxima fuerza al presuposicionalismo, entonces se reivindica la doctrina de la inerrancia»[13].

La inerrancia no se establece porque la razón lo considere así, aunque la razón que funciona correctamente llegue a esta conclusión. La base para aceptar la inerrancia es formada por las declaraciones de las Escrituras que afirman su inerrancia. Como señala Greg

Bahnsen: «Las declaraciones autorreferenciales [en las Escrituras] son y deben ser primordiales en nuestro enfoque de la naturaleza de las Escrituras y la cuestión de su autoridad. La cuestión de la inerrancia bíblica debe resolverse presuposicionalmente».[14]

El presuposicionalismo no está en contra del uso de evidencias empíricas en defensa de la fe cristiana. Tales evidencias pueden y deben usarse, pero el apologista debe ir más lejos. Bahnsen señala: «No solo se debe utilizar el empirismo inductivo, sino que se debe ir más allá y examinar los fundamentos de la ciencia y el método inductivo. Es decir, no debemos detenernos en nuestro análisis filosófico, sino investigar las presuposiciones necesarias para un uso inteligente y justificado del empirismo».[15] Por lo tanto, uno no debe detenerse con los «hechos». Uno debe presionar por una «filosofía de los hechos». ¿Cuál es la condición previa para los hechos que estamos observando? La condición previa para los datos empíricos es el Dios de la Biblia. Una exploración de la evidencia empírica no se puede hacer correctamente, aparte de aquel que hace posible la información empírica. Por lo tanto, los datos se pueden entender correctamente solo a la luz de Dios y de su Palabra inerrante.

El contexto para la apologética

Ontología (ser)

La apologética no se produce en el vacío. El escenario para un encuentro con un incrédulo involucra varios asuntos que deben ser considerados. Primero, con respecto a la *ontología* o el ser, Dios es el Creador y el punto de partida para la realidad, incluyendo toda la razón, la experiencia y las leyes, ya sean matemáticas, científicas o lógicas. Todos los hechos son hechos de Dios. Cada centímetro del universo pertenece al Señor. Por lo tanto, ningún hecho puede ser correctamente entendido aparte del Creador. Como dice el Salmo 24:1: «Del Señor es la tierra y todo cuanto hay en ella, el mundo y cuantos lo habitan». Segundo, el hombre es una criatura que vive en el mundo de Dios. Así que hay una distinción entre Creador y criatura; las criaturas están aquí para servir al Creador. Como el hombre es una criatura con la huella de la imagen de Dios, sabe instintivamente que debe servir al Creador. La revelación de Dios en la naturaleza también testifica constantemente al hombre que Dios existe

(Romanos 1:18ss). El hombre conoce al Dios de la Biblia por testimonio interno y externo. Negar que Dios existe es necedad: «Dice el necio en su corazón: "No hay Dios"» (Salmos 14:1).

Depravación

El pecado y la depravación corrompieron todos los aspectos del ser del hombre, incluida su capacidad de razonar con precisión. Todos los hombres están oscurecidos en su comprensión, aparte de la intervención de Dios (Efesios 4:17-18). Pero aún se espera que el hombre obedezca al Creador y viva a la luz de lo que Dios dice. La doctrina de la depravación total debe considerarse cuando se trata de un enfoque apologético. El incrédulo no es un árbitro neutral de los hechos, sino un supresor de la verdad (Romanos 1:18) que solo puede ser ganado por los poderes de la Palabra y el Espíritu de Dios.

Epistemología (conocimiento)

La apologética está relacionada con la *epistemología*, el estudio del saber. Todo conocimiento proviene de Dios; así, el verdadero conocimiento viene de entender el mundo de Dios a la manera de Dios. Cuando un cristiano se involucra en la apologética, él o ella afirman que el cristianismo es verdadero y que las cosmovisiones de la competencia son erróneas. El cristianismo bíblico es exclusivo porque es la única y verdadera filosofía que conduce a la salvación, y solo tiene la comprensión correcta de la realidad. El cristianismo afirma la verdad y, al hacerlo, declara que las afirmaciones de verdades de la competencia son falsas.

Antes de la caída, Adán y Eva confiaban enteramente en Dios por su conocimiento del mundo. Pero cuando pecaron, comenzaron a verse ellos mismos en lugar de ver a Dios para entender el mundo. Apartaron sus ojos de lo que Dios había revelado («¿Es verdad que Dios les dijo...?»; Génesis 3:1) y decidieron interpretar el mundo por sí mismos, con consecuencias desastrosas. Cada persona que ha interpretado el mundo desde su propia perspectiva, sin tomar en cuenta a Dios, ha repetido lo que estaba en el corazón del primer pecado: la búsqueda de la autonomía y el rechazo del Creador. La diferencia entre un cristiano y un no cristiano es que el primero una vez más mira a Dios y a su Palabra como el punto de partida para el conocimiento. El no cristiano comienza consigo mismo y lo que él cree que es correcto. Actúa como lo hizo Adán en el jardín.

Ha habido mucho debate sobre cuál debería ser el punto de partida para un encuentro apologético con un incrédulo. ¿El punto de partida debería ser motivo? ¿Debería ser experiencia? ¿O debería ser la Escritura misma? Ya que todo lo que uno usa como punto de partida funciona como una autoridad definitiva, algunos apologistas cristianos han argumentado acertadamente que las Escrituras deben ser este punto de partida. Si uno comienza con la razón humana para comprender la realidad, entonces la razón se convierte en lo concluyente y la Biblia queda sujeta a ella.

Los sabios del siglo dieciocho insistieron en que la razón humana es superior a la revelación. Afirmaron que la razón debe ser el punto de partida para el conocimiento y que las ideas de la revelación deben estar sujetas a la razón humana. Los pensadores de la Ilustración pusieron las doctrinas del cristianismo a través del cernidero de la razón humana. Como resultado, el cristianismo se distorsionó: ya no más deidad de Cristo, depravación del hombre, inerrancia de la Biblia ni exactitud de las Escrituras proféticas. Más tarde, la posmodernidad declaró que no hay una verdad objetiva y que toda persona tiene derecho a decidir qué es lo que es verdadero para ella. La persona asume el papel de rey. Utiliza su propia razón como autoridad (racionalismo de la Ilustración) y decide por sí misma qué es lo verdadero (subjetivismo posmoderno).

Pero si este es el mundo de Dios («Este es el mundo de mi Padre...»[16]), ¿por qué debería el cristiano jugar según las reglas de la Ilustración o del posmodernismo? ¿Por qué debería atender a la cosmovisión del incrédulo? Para usar una analogía deportiva, ¿por qué jugar un juego afuera cuando puedes jugar en casa? El mundo y todo lo que hay en él es terreno del Padre.

Para el cristiano, las Escrituras deben ser el punto de partida para entender la realidad. En un encuentro apologético, los cristianos están pidiendo a los no cristianos que se sometan a lo que la Biblia dice acerca de la realidad. Pero si otra fuente se convierte en el estándar para determinar si la Biblia es verdadera, entonces la batalla se pierde en el primer paso. No podemos decir con razón a las personas que deben someterse a lo que dice la Biblia y al mismo tiempo afirmar que son autónomos para juzgar a la Biblia por su razón o experiencia. El incrédulo está llamado a obedecer la Palabra del Creador, no a juzgarla.

La inerrancia no se establece porque la razón lo considere así (aunque la razón que funciona correctamente llegará a esa conclusión). La base de la inerrancia se encuentra en las declaraciones de las Escrituras que afirman su propia infalibilidad.

Muchos piensan que comenzar con la Biblia y asumir su autoridad es una mala idea. Ellos creen que tal enfoque es *petitio principii* (circular, razonar o «plantear la pregunta»); la falacia de asumir como premisa una afirmación que tiene el mismo significado que la conclusión. Pero el argumento circular debe entenderse en el contexto del último punto de partida para el conocimiento. Un último punto de partida por naturaleza no puede tener una autoridad sobre él o no sería un punto definitivo de conocimiento. Esto es cierto ya sea que uno crea que la razón, la experiencia o las Escrituras son el punto de partida. Si uno comienza con la razón, ¿qué razón se da para este punto de partida? Lo mismo es cierto para la experiencia o percepción sensorial. Entonces, el problema no es quién está asumiendo un punto de partida y quién no. El problema es qué punto de partida es correcto. Todo el mundo está siendo circular en algún momento. El cristiano que asume la inerrante Palabra de Dios de parte de Dios que hace todo posible no es más circular que la persona que asume la razón o la experiencia humana. La principal diferencia es que el supuesto cristiano se basa en Dios, sin el cual nada existiría.

Además, algunos creen que comenzar con Dios y las Escrituras para obtener conocimiento es fideísta en el sentido de que las personas están llamadas a creer en algo sin razón. Pero John Frame ha argumentado correctamente que la fe en Dios no está divorciada de la racionalidad. Como él lo expresa: «La base racional de la fe es la propia racionalidad de Dios. La secuencia es: la racionalidad de Dios → la fe humana→ razonamiento humano. Las flechas significan: "es la base racional para"».[17] Este enfoque es consistente con la afirmación de Agustín: «Creo en el orden para que pueda entender», y el concepto de Anselmo acerca de «la búsqueda de la fe en la comprensión».

Herramientas y armas espirituales

El apologista cristiano debe usar las armas y herramientas adecuadas en los encuentros apologéticos. Esto incluye el Espíritu Santo y la Biblia. El nuevo nacimiento o la regeneración es una obra del Espíritu de Dios (Juan 3:5-8; Tito 3:5). Nadie puede ser salvo sin intervención de Dios. Y es la creencia en la Palabra de Dios la que trae salvación. Pablo declaró: «Así que la fe viene como resultado de oír el mensaje, y el mensaje que se oye es la palabra de Cristo» (Romanos 10:17). Pedro afirmó: «Pues ustedes han nacido de nuevo... mediante la palabra de Dios que vive y permanece» (1 Pedro 1:23). La Palabra de Dios es capaz de perforar al hombre interior y alcanzar su alma: «Ciertamente, la palabra de Dios es viva y poderosa, y más cortante que cualquier espada de dos filos. Penetra hasta lo más profundo del alma y del espíritu, hasta la médula de los huesos, y juzga los pensamientos y las intenciones del corazón» (Hebreos 4:12). La Palabra de Dios es la más poderosa cuando se trata de confrontar a los incrédulos. ¿Por qué ningún cristiano no traería el poder de la Palabra de Dios a un encuentro? El no cristiano puede resistirlo y negarlo, pero cuando se proclama la Escritura, está escuchando la Palabra de su Creador. La Palabra de Dios no vuelve vacía (Isaías 55:11). Siempre logra algo, ya sea fe para la salvación o responsabilidad para el juicio.

Ejemplos bíblicos

Hemos argumentado que las Escrituras deben ser directas en los encuentros apologéticos. La Biblia tiene numerosos ejemplos.

Hechos 14:15-17

En Hechos 14, Pablo y Bernabé se dirigieron a una multitud en Listra que no tuvo acceso a la revelación especial de Dios en las Escrituras. Sin embargo, los apóstoles apelaron a lo que las Escrituras tenían que decir acerca de Dios como Creador:

> Señores, ¿por qué hacen esto? Nosotros también somos hombres mortales como ustedes. Las buenas nuevas que les anunciamos son que dejen estas cosas sin valor y se vuelvan al Dios viviente, que hizo el cielo, la tierra, el mar y todo lo que hay en ellos. En épocas pasadas él permitió que todas las naciones siguieran su propio camino.Sin embargo, no ha dejado de dar testimonio de sí mismo haciendo el bien, dándoles lluvias del cielo y estaciones fructíferas, proporcionándoles comida y alegría de corazón (vv. 15-17).

Cuando Pablo y Bernabé se dirigieron a una audiencia sin conocimiento bíblico y con una cosmovisión diferente, mencionaron el

Salmo 146:6, que cita Génesis 1:1 y su descripción de la creación. Las Escrituras autorizadas y la cosmovisión que ellos afirmaban fueron el punto preeminente de su mensaje para estas personas.

2 Pedro 3

Una conexión entre las Escrituras infalibles y la apologética se ve también en 2 Pedro 3, cuando el apóstol está tratando con burladores que se mofan de la idea del juicio de Dios y el regreso de Jesús. Pedro les dice a sus lectores: «Recuerden las palabras que los santos profetas pronunciaron en el pasado, y el mandamiento que dio nuestro Señor y Salvador por medio de los apóstoles» (v. 2). Aquí Pedro atrae explícitamente la atención de sus lectores a las Escrituras mismas. «Santos profetas» es una referencia a las Escrituras del Antiguo Testamento. «Apóstoles» es una referencia a las Escrituras del Nuevo Testamento. Más adelante en este capítulo, Pedro se refiere a las cartas de Pablo como «Escritura» (v. 16), por lo que claramente la ha escrito en su mente.

Luego, comenzando en el versículo 3, se refiere a los burladores que niegan que Jesús regresará: «¿Dónde está la promesa de su venida?», exclaman (v. 4a). Su escepticismo se basa en su experiencia, como se revela cuando declaran: «Nuestros padres murieron, y nada ha cambiado desde el principio de la creación» (v. 4b). En otras palabras, estos no creyentes están negando la segunda venida de Jesús y el juicio final basado en la autoridad de su propia experiencia. Miran la historia pasada desde su perspectiva y proyectan hacia el futuro que todas las cosas continuarán tal como han sido y son ahora; no habrá un juicio cataclísmico de Dios que intervenga en la historia humana. Están apelando a su punto de vista de la uniformidad: que el futuro será como el pasado. Si el pasado no tiene juicio, el futuro tampoco. Estos burladores están utilizando su propia experiencia y comprensión de la historia para ridiculizar la fe cristiana.

Sin embargo, Pedro encuentra esta creencia falsa y esta autoridad inexistente con respecto a lo que dice la Escritura, tanto para el pasado como para el futuro. Argumenta que no es cierto que «todo continúa igual que desde el principio de la creación». Señala que una vez Dios envió un diluvio para destruir hombres malvados: «Por la palabra y el agua, el mundo de aquel entonces pereció inundado» (v. 6). Luego apela a un día venidero del Señor que los profetas del Antiguo Testamento predijeron: «Pero por su palabra, los cielos y la tierra actuales se reservan para el fuego, se conservan para el día del juicio y la destrucción de los hombres impíos» (v. 7; 3:10). Para Pedro, lo que la Palabra de Dios revela acerca del diluvio de los días de Noé tiene más autoridad que la percepción de uniformidad que tienen los burladores. Además, lo que la Palabra de Dios revela acerca de un próximo Día del Señor es que se confíe en oposición a las proyecciones de los burladores. En resumen, Pedro apela a lo que dicen las Escrituras acerca del pasado diluvio global del día de Noé y el próximo Día del Señor. Estas enseñanzas de las Escrituras triunfan sobre las experiencias de los burladores.

Es de destacar que Pedro presupone la exactitud de las Escrituras en dos áreas aquí. Primero, afirma la exactitud de lo que dice la Biblia sobre un evento histórico pasado: el diluvio global. Y afirma la verdad de la profecía, específicamente, la profecía sobre el día venidero del Señor. Las Escrituras inerrantes hablan tanto de la historia como de la profecía.

Lucas 16:19-31

En la parábola del hombre rico y Lázaro en Lucas 16, Jesús habla de cierto hombre rico que murió y se encontró a sí mismo en el borrascoso tormento del Hades. Después de rogar por un alivio que fue negado, su mente se dirigió a sus cinco hermanos vivos. Quizás podrían evitar el tormento que estaba experimentando si se lo advertían. Así que le rogó a Abraham que enviara al también difunto Lázaro para que apareciera de entre los muertos a sus hermanos:

> Él respondió: «Entonces te ruego, padre, que mandes a Lázaro a la casa de mi padre, para que advierta a mis cinco hermanos y no vengan ellos también a este lugar de tormento» (vv. 16:27-18).

Esta petición me pareció buena. Quizás una visita dramática desde la tumba sería suficiente para influir en los hermanos del hombre rico para que se arrepientan y eviten el camino que habían tomado. Sin embargo, Abraham no estuvo de acuerdo:

> Pero Abraham le contestó: «Ya tienen a Moisés y a los profetas; ¡que les hagan caso a ellos! (v. 29).

Abraham respondió que los cinco hermanos ya tenían acceso a las palabras de Moisés y los profetas. Esto fue suficiente. Pero no convencido por la respuesta de Abraham, el hombre rico nuevamente abogó por su caso:

> «No les harán caso, padre Abraham —replicó el rico—; en cambio, si se les presentara uno de entre los muertos, entonces sí se arrepentirían» (v. 30).

Para el hombre rico, las palabras de Dios a través de los profetas no fueron suficientes. Ciertamente, una sorprendente aparición después del sepulcro de Lázaro convencería a sus hermanos. Una experiencia innegable del más allá atraería su atención y los convencería. Sin embargo, Abraham volvió a negar la solicitud y la idea tras ella:

> Abraham le dijo: «Si no les hacen caso a Moisés y a los profetas, tampoco se convencerán, aunque alguien se levante de entre los muertos» (v. 31).

Este encuentro entre el hombre rico y Abraham contiene información útil sobre el uso de las Escrituras en la apologética. El hombre rico en el Hades solicitó una aparición post muerte para convencer a sus hermanos de que se arrepintieran. Sin embargo, Abraham no estaba de acuerdo. ¿Por qué? Los hermanos ya poseían la revelación especial de Moisés y los profetas. Estas palabras de Dios fueron superiores a cualquier milagro o experiencia, hasta el punto de que Abraham pudiera decir, con plena confianza que, si los hermanos no prestaban atención a las palabras de Moisés y los profetas dados a través de las Escrituras, entonces no serían convencidos por un encuentro más allá de la tumba. Lo primario es la Palabra de Dios. Debe tenerse en cuenta. Este relato revela una importante verdad apologética: la Palabra de Dios es primaria para aquellos que necesitan ser salvos. Es más importante que la experiencia y más vital que la evidencia externa.

Conclusión

La inerrancia se cruza con muchos tópicos clave. Uno de ellos es la apologética. El apologista cristiano no solo debe presentar el teísmo en general. Tampoco debería discutir solo por la probabilidad del cristianismo. Debe presentar al Dios de la Biblia y la fe cristiana con certeza. El fundamento de estas afirmaciones es el autoaprendizaje de las Escrituras, que es infalible. También debe basarse en el carácter de Dios, que no puede mentir y es capaz de dar su Palabra al hombre sin error. Esto debería ser un consuelo para el apologista cristiano. Él puede estar seguro de que el Dios que creó todas las cosas habla con sinceridad sobre todos los asuntos que aborda. Ya sea salvación, historia o geografía, la Biblia es verdadera en todo lo que afirma. Dado que el Dios de la Biblia es la condición previa para todo lo que existe, el apologista no tiene que preocuparse de que surja algún descubrimiento o hecho que derrote la fe cristiana.

Capítulo 24

«TODO LO QUE LES HE MANDADO»

LA INERRANCIA Y LA GRAN COMISIÓN

Miguel Núñez

Me dieron la tarea de mostrar cuán vitalmente importante es la doctrina de la inerrancia para la Gran Comisión. La tarea resultó ser más difícil de lo que creí, ya que no pude encontrar ninguna pieza de literatura que abordara directamente el tema. Los expertos en misiones y Nuevo Testamento declararon que no tenían conocimiento de ningún escrito que cubriera ese tema en particular. Sin embargo, pensé que la inerrancia de las Escrituras es una doctrina tan vital que no solo debe haber una conexión sino una muy importante entre ella y la Gran Comisión.

Seleccioné un pasaje bien conocido de la Biblia para tratar el tema que se me asignó. Se encuentra al final del Evangelio de Mateo:

> Los once discípulos fueron a Galilea, a la montaña que Jesús les había indicado.Cuando lo vieron, lo adoraron; pero algunos dudaban. Jesús se acercó entonces a ellos y les dijo: Se me ha dado toda autoridad en el cielo y en la tierra.Por tanto, vayan y hagan discípulos de todas las naciones, bautizándolos en el nombre del Padre y del Hijo y del Espíritu Santo,enseñándoles a obedecer todo lo que les he mandado a ustedes. Y les aseguro que estaré con ustedes siempre, hasta el fin del mundo (Mateo 28:16-20).

Como todos sabemos, este es el final del Evangelio de Mateo, pero es el comienzo de la misión global de Cristo. Como era de esperar, una misión universal requeriría una autoridad universal así como también una presencia universal y constante de la persona que está al mando de la misión. Eso es lo que vemos en el texto de la Gran Comisión. A los discípulos se les da toda la autoridad para ir y la promesa de que, «Y les aseguro que estaré con ustedes siempre, hasta el fin del mundo». Toda la autoridad, todas las naciones, toda la obediencia, todo el tiempo. Esta parte de las Escrituras luce tan absoluta como cualquiera puede afirmar. Ciertamente esto no es una declaración posmoderna.

Como algunos han señalado, el versículo 18 de este pasaje contiene la cristología más alta del Nuevo Testamento.[1] La autoridad (*exousía*, ἐξουσία) que Jesús recibió después de su resurrección no era tan nueva como se creía.[2] Y con esa autoridad renovada, Jesús envió a sus discípulos a una nueva misión.

Cuando el Señor comisionó a sus primeros misioneros, les transmitió no solo un mensaje, sino también una convicción, una pasión, una esperanza, una certeza. Es difícil imaginar que todo eso se transmita a través de una Palabra corrompida. Les dio un mandamiento con una autoridad que no podía fallar, porque detrás de esas palabras estaba la integridad de su nombre. Una misión tan monumental como la anunciada por Cristo antes de ascender al cielo necesitaría una autoridad firme, incuestionable, inquebrantable e incuestionable. Y así lo recibieron los discípulos en su Palabra.

Si no creyéramos en una Palabra inerrante, sería muy difícil tratar objetivamente incluso con el pasaje en cuestión, ya que la redacción de Mateo es muy diferente a los finales del resto de los otros evangelistas. ¿Estas diferencias en las narrativas del evangelio representan errores por parte de los autores? ¿O Dios los inspiró a propósito como complementarios, pero no discordantes?

Tengamos en cuenta que, si algunas partes de la Biblia están equivocadas, como lo afirman los críticos, cualquier parte de ella se puede encontrar en falta, y eso incluye los textos de la Gran Comisión que se encuentran en el Nuevo Testamento. Además, si no estamos seguros de la infalibilidad del mensaje original que hemos heredado, no podemos estar seguros de qué es el evangelio y no podemos repetir las palabras del apóstol Pablo:

Ahora, hermanos, quiero recordarles el evangelio que les prediqué, el mismo que recibieron y en el cual se mantienen firmes.Mediante este evangelio son salvos, si se aferran a la palabra que les prediqué. De otro modo, habrán creído en vano. Porque ante todo les transmití a ustedes lo que yo mismo recibí: que Cristo murió por nuestros pecados según las Escrituras (1 Corintios 15:1-3).

Esa última frase, «lo que yo mismo recibí», es muy importante. Transmitimos a otros el mismo mensaje del evangelio que hemos recibido, asegurándonos de que estamos entregando a la próxima generación una Palabra confiable en su totalidad.

Con el fin de ver cuán vitalmente importante es la doctrina de la incertidumbre en el evangelismo y las misiones, dividiré el texto de la Gran Comisión de Mateo en cuatro partes:

1. «Por tanto vayan»
2. «Hasta los confines del mundo»
3. «Hagan discípulos»
4. «Enseñándoles a obedecer todo lo que les he mandado»

Por tanto vayan

Jesús estaba enviando a sus once discípulos y sus seguidores a una misión mundial en la que se encontrarían con todo tipo de oposición, obstáculos e incertidumbres. Esa es la razón por la que fue tan enfático cuando dijo: «Toda autoridad... me ha sido dada». Estaba encargando a sus evangelistas basado en su autoridad expandida y delegándola a esos hombres que personalmente había entrenado. Al mismo tiempo, estaba delegando un cierto nivel de autoridad a todos los que llevarían su Gran Comisión. Pero esa autoridad se invirtió en su Palabra.

Las personas enviadas necesitaban una confianza completa en el remitente, pero también en el mensaje que iban a compartir. Cualquier grado de duda en uno u otro, Cristo o su Palabra, crearía discípulos dudosos o indecisos, temerosos e incapaces de aceptar una tarea tan grande como la de alcanzar al mundo entero. ¿Podemos imaginarnos yendo a los confines del mundo con un mensaje corrupto o con porciones consideradas como no inspiradas, alteradas por la intervención humana o mezcladas con errores o mitos? Los hombres de antaño arriesgaron sus vidas, yendo y predicando la Palabra para evangelizar a los paganos, porque estaban convencidos de que «la profecía no ha tenido su origen en la voluntad humana, sino que los profetas hablaron de parte de Dios, impulsados por el Espíritu Santo» (2 Pedro 1:21). Ellos tenían una confianza absoluta en el poder y la confiabilidad del mensaje que predicaban.

Sabían muy bien que, si los hombres hablaban de Dios, lo hacían en su nombre y, por lo tanto, la predicación de un mensaje falible pondría en duda la confiabilidad no solo de su Palabra, sino también de su nombre, el mismo nombre que se usaría al bautizar a los conversos. De hecho, el cuestionamiento de su Palabra o su nombre pondría inmediatamente en cuestión la naturaleza misma de Dios, ya que ambos representan lo que Él es. Así es como el salmista expresa esta verdad: «Porque has exaltado tu nombre y tu palabra por sobre todas las cosas» (Salmos 138:2b).

Cuando los hacedores de discípulos entren en el campo misionero creyendo que la Palabra que se comparte no es totalmente confiable, tienen una tendencia a retirarse si el mensaje es desafiado. Algunos dicen, por ejemplo, que no podemos creer en la cosmología de la Biblia, especialmente en los primeros tres capítulos de Génesis, porque no concuerda con la comprensión actual de la ciencia. Estas críticas argumentarían que los escritores de la Biblia describían con bastante frecuencia el cosmos o los relatos históricos de acuerdo con el entendimiento mitológico de su época. Si los críticos tienen razón en su evaluación, entonces no hay forma de argumentar en contra del entendimiento cosmológico de las religiones falsas en el campo de la misión, ya que ambos entendimientos (los suyos y los nuestros) reflejarán básicamente descripciones «mitológicas» del origen del universo, o «historia mitologizada», como algunos lo llamarían.[3]

¿Por qué alguien debería abandonar su comprensión errónea de la vida y el mundo por otra visión religiosa defectuosa? Muchos no entienden cuán amplias son las implicaciones de negar la infalibilidad de la Biblia. J. I. Packer tiene mucha razón al afirmar: «Cuando te encuentras con el punto de vista de las Sagradas Escrituras, te encuentras con la fuente, el criterio y el control de toda la teología y la religión evangélicas».[4]

Si aquellos que están siendo enviados a proclamar el evangelio no pueden estar seguros de lo que se va a compartir con el mensaje, ¿irían apasionadamente? ¿Arriesgarían sus vidas? ¿Se involucrarían en el evangelismo apologético? ¿Se enfrentarían a las mentiras de las culturas? Si la Palabra revelada que llevan es inexacta, ¿cuál será su autoridad moral para desafiar las creencias de aquellos que están siendo evangelizados? La Gran Comisión se convertiría en una misión imposible.

Si uno pierde la confianza en el evangelio para atraer y transformar vidas, es natural recurrir a métodos auxiliares. Esto es lo que impulsó la introducción de trucos y estrategias para atraer a los incrédulos a la cima del movimiento de iglecrecimiento en los Estados Unidos en la década de los noventa. A medida que los «remitentes y asistentes» perdieron confianza en la infalibilidad de la Biblia, la iglesia se volvió escéptica en cuanto a la efectividad del evangelismo bíblico, y como consecuencia, hubo un nuevo interés en las ciencias sociales dentro de la iglesia:

- La sociología se volvió atractiva como una forma de estudiar comunidades para discernir qué tipo de iglesia realmente quería la población.
- La psicología se convirtió en el campo preferido de conocimiento con el que hacer consejería bíblica.
- La comercialización se volvió tan atractiva que se publicaron artículos y libros a finales de siglo que explicaban cómo comercializar la iglesia.[5]

En su crítica de este fenómeno, Os Guinness citó a un consultor de iglecrecimiento, que afirmó: «De cinco a diez millones de *baby boomers* volverían al redil en un mes si las iglesias adoptaran tres cambios: (1) «publicidad»; (2) informar a la gente sobre los «beneficios del producto»; y (3) ser «bueno para la gente nueva». Debería preguntarse si esas personas leen la misma Biblia que los evangélicos.

Pronto ese movimiento comenzó a ir más allá de las fronteras estadounidenses. ¿Es extraño acaso que uno de los gurús de este movimiento fue C. Peter Wagner, profesor de iglecrecimiento en la Escuela de Misiones Mundiales del Seminario Teológico Fuller? Esta institución comenzó a abandonar la doctrina de la inerrancia de la Biblia en la década de 1960 y finalmente cambió su declaración doctrinal en 1971.[6]

Todas estas nuevas ideas se introdujeron con la «buena intención» de edificar la iglesia en cumplimiento de la Gran Comisión. Pero lo que se estaba edificando era una iglesia equivocada. No es un accidente que muchas de las personas involucradas en el desarrollo de esas tendencias no hayan sido y no sean creyentes en la infalibilidad o la suficiencia de la Biblia. La iglesia permitió que la modernidad afectara su comprensión teológica, y ahora está sufriendo las consecuencias de tal choque. La modernidad cuestionó la infalibilidad de la Palabra de Dios y la suficiencia de la obra de Dios.

Jesús les dijo a los discípulos: «La cosecha es abundante, pero son pocos los obreros. Pídanle, por tanto, al Señor de la cosecha que envíe obreros a su campo» (Mateo 9:37b-38). ¿Cómo es eso para una estrategia de marketing? Las personas que no creen en la Biblia prefieren pagar que orar. Puedes pagarle a un asesor o puedes orarle a Dios. Esa decisión determinará la calidad de la iglesia que se construye.

Los discípulos recibieron más instrucciones acerca de esperar el poder de lo alto, y cuando esperaron, predicaron la Palabra con valentía (Lucas 24:49; Hechos 1:8; 4:13). Jerusalén se llenó con la enseñanza de los apóstoles (Hechos 5:28). Samaria se llenó de alegría (Hechos 8:8). Éfeso estaba agitada (Hechos 19:23). Toda esta transformación tuvo lugar sin ninguna de las ciencias sociales de hoy y sin el uso de la nueva enseñanza sobre el evangelismo, que mencionaré más adelante.

«Hasta los confines del mundo»

Algunos han declarado que la inerrancia es un invento estadounidense que resultó del choque entre el fundamentalismo y la modernidad. Basados en esta observación, muchos han concluido que el concepto de inerrancia es innecesario fuera de la iglesia estadounidense. Algunos han señalado que esta doctrina no ha sido un problema en el sur del globo, donde no ha habido debates clásicos sobre la inerrancia, como se ha conocido en la historia de Estados Unidos. Sin embargo, afirmar tal idea es ignorar lo que ha ocurrido en ese sur y pasar por alto la doctrina de la inerrancia a lo largo de la historia de la iglesia.

Sería impensable emprender una misión que abarque al mundo entero con verdades relacionadas con la revelación de Dios que son importantes en un lugar y no en otro. Si la inerrancia de la Biblia es importante en América del Norte, debe serlo en América del Sur. ¿Por qué? Porque la inerrancia es sobre la verdad, y la verdad es universal; se trata de Dios, el revelador de la verdad.[7] Asimismo, la Gran Comisión es universal: involucra a todas las naciones.

Solo necesitamos preguntar cómo y por qué la inerrancia es importante aquí y allá. La inerrancia de la Biblia es importante en

América del Norte, dado los ataques a la Biblia que este libro ha detallado. Y es importante en el otro hemisferio dada la proliferación de supuestas revelaciones extrabíblicas, revelaciones que se dice que complementan lo que ya tenemos. Las doctrinas de inspiración, inerrancia, suficiencia y terminación del canon están vinculadas entre sí. Estas verdades representan un todo unificado. Si se elimina una de estas verdades fundamentales, todo el edificio sufre con ella.

Es cierto que, en el sur del globo, la modernidad no chocó con el fundamentalismo como lo hizo en los Estados Unidos. Por esta razón, la pérdida de confianza en la Biblia en el sur no llegó a través de la puerta principal de los desafíos a la inerrancia, sino de la puerta trasera de la supuesta revelación extrabíblica, lo que representa una negación de la suficiencia y la finalidad del canon. En muchos casos, la introducción de una supuesta revelación extrabíblica se produjo como consecuencia de la visión animista del mundo que tenían las naciones que fueron evangelizadas.

Pero una vez que cedemos a la revelación extrabíblica, la negación de la inerrancia de la Biblia es simple. La revelación extrabíblica presupone un canon abierto y, por lo tanto, una Biblia incompleta, que alguien necesita completar. Pasar de una Biblia que necesita completarse a una que necesita corrección (la negación de la inerrancia) solo requiere un paso.

En el sur del globo, los reputados profetas y apóstoles están tratando de completar la Biblia con sus nuevas revelaciones. En el norte, los críticos están tratando de corregir la Biblia con su nueva investigación. Hay una nueva revelación en el hemisferio animista y una nueva investigación en el mundo racionalista. El sur lo hace através del misticismo. El norte lo hace a través del racionalismo.

Una palabra que es errática no puede ser suficiente; su suficiencia dependería de la autoridad de quienes pretenden corregirla. Un canon completo y cerrado es una palabra suficiente, y una palabra suficiente es una palabra inerrante. Los supuestos profetas y apóstoles en el norte y el sur nunca han sido defensores de la infalibilidad de la Biblia; no pueden serlo. Su «finalización» de la revelación de Dios encaja mejor con una Biblia que tiene errores.

Como ya mencioné, durante la década de 1990, muchos en el movimiento de iglecrecimiento en Estados Unidos intentaron usar las ciencias sociales para mejorar los esfuerzos evangélicos. En el campo misionero, estaba ocurriendo un fenómeno similar, pero en lugar de usar las ciencias sociales, a las iglesias en el sur del globo se les estaba enseñando cómo hacer guerra espiritual. El problema, según los nuevos maestros, era que los demonios se oponían a la evangelización de las regiones paganas; por lo tanto, la iglesia necesitaba deshacerse de ellos a través de los encuentros de poder antes de que pudiera tener lugar la predicación efectiva.[8]

Así que se lanzó un nuevo movimiento de guerra espiritual. El resultado fue que la iglesia descuidó la predicación de la Palabra y comenzó a reprender a los demonios. Sin embargo, el mandato de Cristo fue «[enseñarles] a observar todo lo que les he mandado». Quería que los discípulos enseñaran obediencia a su Palabra. Más tarde, Pablo instruyó a Timoteo: «Predica la Palabra; persiste en hacerlo, sea o no sea oportuno» (2 Timoteo 4:2), y su premisa era que el evangelio es el poder de Dios para la salvación de todos los que creen (Romanos 1:16). Hoy hemos intercambiado la confiada predicación de la Palabra por nuevos enfoques, cuestionando el poder de la Palabra de Dios en el evangelismo.

En el centro de ambas controversias (los movimientos de iglecrecimiento y de guerra espiritual) estaba Wagner, del Seminario Teológico Fuller, la institución ya mencionada en relación con la negación de la inerrancia de la Biblia desde 1971. Una vez que dejamos de creer en la inerrancia de la Biblia, eliminamos la autoridad y la suficiencia de ella.

Como parte del movimiento de guerra espiritual, algunos hablan de lo que se han llamado actos proféticos, la remisión de los pecados de las naciones, el derribo de fortalezas y otras ideas nuevas.[9] Estos términos eran desconocidos antes de la década de 1990. Evidentemente según esta nueva enseñanza, la iglesia ha sido en gran medida inefectiva hasta ahora, sin entender cómo llevar a cabo la Gran Comisión a través del evangelismo y las misiones.

Otros han hablado de capacitar a los asistentes para que realicen señales y maravillas con el objeto de llevar a cabo la misión de la iglesia a través de lo que se ha llamado evangelismo poderoso. En el Nuevo Testamento, la capacidad de realizar señales y maravillas fue un «don». No una habilidad que uno pueda aprender a través del entrenamiento. ¿Dando seminarios para entrenar a la gente a realizar señales y maravillas? ¡Cuánto se han alejado de la Escritura!

Aun cuando Cristo habló sobre la predicación y la enseñanza de la Palabra hasta los confines del mundo, ahora hablamos de todo tipo de demostraciones de poder. Wagner dice: «Los elementos clave de este impulso de poder que han surgido hasta ahora, son la guerra espiritual a nivel estratégico, la cartografía espiritual y el arrepentimiento generacional». La cartografía espiritual se refiere a la capacidad de determinar qué tipo de espíritus (espíritus de lujuria, adicción, etc.) están ocupando ciertos territorios, de modo que puedan ser expulsados. El arrepentimiento generacional habla de la identificación de los pecados de generaciones anteriores que requieren la confesión de la generación actual para que el evangelismo sea efectivo. ¿Dónde, en la Biblia, encontramos enseñanzas de este tipo?

Todo esto no es más que el resultado de una falta de confianza en el poder de la Palabra para evangelizar al mundo. Cuando la inerrancia se va, la confianza en la Biblia desaparece. La introducción de nuevas ideas sigue. Las palabras de Timothy Pierce son muy pertinentes en este punto:

> La «hermenéutica de la sospecha» que caracteriza gran parte de [la] erudición y que se ha infiltrado en la iglesia es una empresa peligrosa porque socava el principio de la confianza. Cuando nosotros, como criaturas, comenzamos a ver a Dios y su revelación a través de la lente de la duda y la sospecha, resulta fácil no solo cuestionar el contenido del mensaje, sino también la intención.[10]

Debido a que la Palabra vino de Dios, la Palabra es autenticada. No juzgamos la revelación de Dios; es al revés.

«Hacer discípulos»

La frase «hacer discípulos» resume el último mandamiento de Cristo. En el idioma original, esta frase es solo una palabra (*mathē-teuō*, μαθη-τεύω), y es el único verbo en imperativo en este pasaje. Los otros, «ve», «bautiza» y «enseña», son participios subordinados que toman fuerza imperativa. La tarea consiste en hacer discípulos, no simplemente en evangelizar. El mandato no era «hacer profesiones» (de fe), sino predicar para ver a hombres y mujeres totalmente comprometidos con el señorío de Cristo.

Los que iban a hacer discípulos necesitaban cierta seguridad para ir a territorios inexplorados. Eso es precisamente lo que Cristo proveyó. Les dio dos garantías: (1) «Se me ha dado toda autoridad en el cielo y en la tierra. Por tanto vayan...»; y (2) «He aquí, estoy contigo siempre, hasta el fin del mundo». Estas frases sirvieron como cuñas, brindando pleno apoyo a los discípulos prometiéndoles autoridad completa y presencia continua.

En el Sermón del Monte, tenemos una ilustración perfecta de cómo Cristo aseguró a sus discípulos acerca de la veracidad de su revelación de principio a fin: «Les aseguro que mientras existan el cielo y la tierra, ni una letra ni una tilde de la ley desaparecerán hasta que todo se haya cumplido» (Mateo 5:18). Ahí está la palabra *todo* de nuevo. En otros términos, los discípulos podrían contar con la integridad de la Palabra revelada en su totalidad hasta la consumación del tiempo, y nosotros también. Hasta entonces, Cristo prometió estar con sus discípulos en el cumplimiento de la Gran Comisión.

Una afirmación similar se encuentra en Juan 10:34-35, donde Cristo citó el Salmo 82: «¿Y acaso —respondió Jesús— no está escrito en su ley: Yo he dicho que ustedes son dioses? Si Dios llamó "dioses" a aquellos para quienes vino la palabra (y la Escritura no puede ser quebrantada)». No, no puede y no lo hará.

La seguridad de los textos de este tipo es vital para la empresa misionera. Un pastor en un campo misionero puede estar anclado en esa realidad, y también puede anclar a sus seguidores. Sin embargo, en el momento en que se admite la posibilidad de una Palabra errante, se puede dudar del cumplimiento de cualquier profecía, porque no se puede estar seguro de si se estableció en primer lugar o de la forma en que lo tenemos hoy. Si negamos la inerrancia de la Palabra, la enseñanza convierte la certeza de que el cumplimiento de las profecías se haría en un terreno inestable.

La calidad de los discípulos que hacemos depende en gran medida de cómo esos discípulos reciben la Palabra de Dios y de lo que creen al respecto. Pablo dijo esto acerca de los discípulos de la iglesia de Tesalónica: «De esta manera se constituyeron en ejemplo para todos los creyentes de Macedonia y de Acaya» (1 Tesalonicenses 1:7). Luego agregó: «Así que no dejamos de dar gracias a Dios, porque al oír ustedes la palabra de Dios que les predicamos, la aceptaron no como palabra humana, sino como lo que realmente es, palabra de Dios, la cual actúa en ustedes los creyentes» (2:13).

Primero, Pablo les dijo que tenían un gran testimonio, luego explicó la razón por la que tenían tal reputación. Fue porque aceptaron las Escrituras «no como la palabra de los hombres, sino como lo que realmente es, la palabra de Dios». Los tesalonicenses opinaban de manera diferente a los críticos de los últimos doscientos años. Sin lugar a dudas, fueron mejores testigos que los que aparecieron mil novecientos o dos mil años después.

Al llevar a cabo la Gran Comisión, necesitamos hacer las siguientes preguntas:

- ¿Qué debemos enseñar a los discípulos acerca de la veracidad de la Palabra que están recibiendo?
- ¿Decimos que todo es confiable, parcialmente confiable, o todo confiable en algunas partes, pero parcialmente confiable en otras partes?
- ¿Qué debemos decirles a los discípulos cuando preguntan cómo sabemos qué partes de la Biblia son confiables y cuáles no?
- ¿Debemos decir que la inerrancia de la Biblia varía según los intérpretes (los críticos)?

O bien confiamos en la totalidad de la Palabra de Dios o en la totalidad de la palabra de los críticos. No hay término medio. Uno puede predecir lo que hará cualquier enseñanza que no sea la inerrancia: producirá discípulos que constantemente cuestionen la autoridad de la Biblia o partes de ella. Ciertamente, tales discípulos nunca serán de la misma calidad que los tesalonicenses.

«Enséñales a obedecer todo lo que les he mandado»

Finalmente, el Señor reveló a sus discípulos cómo hacer nuevos discípulos: enseñando específicamente su Palabra, «todo lo que les he mandado». Esta instrucción elimina la posibilidad de elegir de manera selectiva porciones de las Escrituras para que sean proclamadas y obedecidas, mientras se elige otras para que sean negadas e ignoradas. Daniel Doriani agrega una observación muy conmovedora en su comentario sobre el texto de la Gran Comisión en el Evangelio de Mateo:

La expresión griega que se traduce como «todo»... representa dos términos. Uno significa «todas las cosas» y el otro significa «tanto como». El efecto es intensificar el mandato. Debemos enseñar a los posibles discípulos a obedecer hasta lo último que Jesús dijo.

¿Por qué el Señor daría un mandamiento tan absoluto? Porque toda la Escritura es inspirada por Dios (2 Timoteo 3:16), y por lo tanto es inerrante, absoluta, autoritaria, confiable, indestructible y digna de ser obedecida. La inerrancia es sobre la verdad y la fuente de la verdad, que es Dios.

No puedo imaginarme haciendo discípulos diciéndoles que deben obedecer todo lo que Cristo ordenó y al mismo tiempo informarles, por ejemplo, que las discrepancias de los escritores del evangelio se deben a errores de parte de los autores o a la introducción de midrash, como algunos han afirmado.[11]

Una vez que aceptamos la posibilidad de midrash, mitos o errores, incluso el texto de la Gran Comisión queda bajo sospecha.

Si alguien cree en la Gran Comisión, como se muestra en Mateo 28:16-20, debe tener una visión elevada de las Escrituras. Kevin Vanhoozer lo expresa de esta manera:

> Una visión elevada de la autoridad bíblica que afirma su total confiabilidad es necesaria para preservar la integridad del evangelio, y otros términos (por ejemplo, infalibilidad) que han pensado captar esta noción se han diluido con el tiempo. Entonces, si bien la inerrancia claramente no es parte de la sustancia del evangelio (unión y comunión con Cristo), está conectada a la proclamación del evangelio: «Específicamente, es una manifestación de la confiabilidad de las Escrituras».

Sí, porque el mandato de Jesús era que sus discípulos enseñaran a otros a obedecer todo lo que Él les había ordenado. Nuestro Señor no habría ordenado obediencia a los errores o al midrash. Un texto con errores no puede ordenar obediencia completa.

Algunos pueden argumentar que el mandato de «obedecer a todos» se refiere únicamente a las palabras de Jesús, no al Antiguo Testamento. Pero Cristo trató al Antiguo Testamento como totalmente autoritario, como ha sido demostrado por muchos. E incluso después de la muerte y resurrección de Jesús, encontramos al apóstol Pablo haciendo referencia a la importancia de enseñar «todo el consejo de Dios» (Hechos 20:27). El valor de esta declaración de Pablo sobre la enseñanza de toda la voluntad de Dios puede cuestionarse si se trata de un texto corrompido.

Muchos no son conscientes de que numerosas herejías han nacido en el campo de la misión, y una de las razones es la falta de confianza en la Palabra que surge con mucha frecuencia después de que se abandona la doctrina de la inerrancia. Ciertamente, este ha sido el caso en América Latina, donde nació la teología de la liberación.

La importancia de una doctrina particular se puede juzgar sobre la base de tres cosas:

1. El veredicto de Dios encontrado en la Biblia misma (Salmos 19 y 119).
2. Los resultados vistos cuando una doctrina particular, como la inerrancia, están presentes.
3. Las consecuencias producidas en ausencia de la misma doctrina.

La historia del movimiento de la Reforma habla bien de la importancia de abrazar la doctrina de la inerrancia. Y la historia del movimiento liberal habla con fuerza sobre las consecuencias del abandono de la inerrancia.

Conclusión

Vale la pena reconsiderar las palabras del apóstol Pablo a su joven discípulo Timoteo:

En presencia de Dios y de Cristo Jesús, que ha de venir en su reino y que juzgará a los vivos y a los muertos, te doy este solemne encargo:Predica la Palabra; persiste en hacerlo, sea o no sea oportuno; corrige, reprende y anima con mucha paciencia, sin dejar de enseñar. Porque llegará el tiempo en que no van a tolerar la sana doctrina, sino que, llevados de sus propios deseos, se rodearán de maestros que les digan las novelerías que quieren oír. Dejarán de escuchar la verdad y se volverán a los mitos. Tú, por el contrario, sé prudente en todas las circunstancias, soporta los sufrimientos, dedícate a la evangelización; cumple con los deberes de tu ministerio (2 Timoteo 4:1-5).

Observe la conexión entre los encargos «dedícate a la evangelización» (v. 5) y «predica la palabra» (v. 2). Llevamos a cabo la Gran Comisión predicando la Palabra infalible e inerrante de Dios. Así es como lo hizo Cristo, tal como se ve en los evangelios. Así es como lo hicieron los apóstoles, tal como se registra en el libro de Hechos. Esa es la forma en que la verdadera iglesia siempre lo ha hecho durante dos mil años.

No transijamos en este tiempo de ambivalencia. Más bien, mantengámonos unidos por la Palabra de Dios y por la gloria de su nombre. Avancemos predicando esta Palabra, inerrante e inquebrantable, a un mundo a la deriva.

No tema, porque toda la autoridad le ha sido dada a Cristo, y Él prometió estar con nosotros siempre, hasta el final de los tiempos.

EPÍLOGO

MANTENGA LA FE

John MacArthur

La autoridad y la precisión de las Escrituras han sido atacadas en cada una de las generaciones pasadas, desde que Satanás le dijo a Eva por primera vez: «¿Es verdad que Dios les dijo?» (Génesis 3:1). Desde los albores de la historia de la humanidad hasta ahora, los asaltos a la veracidad de la Palabra de Dios han venido de todas partes en oleadas constantes y crecientes. Y si la epidemia de incredulidad de hoy parece más agresiva y más extendida que nunca, es porque lo es (2 Timoteo 3:13; 2 Pedro 3:3).

Sin embargo, toda la hostilidad del mundo hacia la verdad bíblica tendría poco efecto en la iglesia si todos los que dicen ser cristianos permanecen fieles a la Palabra de Dios. La oposición del mundo nunca ha planteado una amenaza letal ni a largo plazo para la difusión del evangelio. Incluso las puertas del infierno no pueden prevalecer contra el militante de la iglesia (Mateo 16:18).

La iglesia siempre ha logrado crecer en medio del antagonismo mundano más feroz. Es un patrón que se estableció en la primera generación de la historia de la iglesia. Hechos 12:1-2 registra cómo Jacobo, el primer mártir apostólico, fue asesinado por orden directa de Herodes. Eso inició de inmediato una persecución violenta, sistemática, mundial. Pero no deje de ver cómo resume Lucas el impacto de esa persecución en la iglesia. Termina el mismo capítulo con un informe impresionante: «Pero la palabra de Dios seguía extendiéndose y difundiéndose» (Hechos 12:24). Para el segundo siglo, Tertuliano decía que la sangre de los mártires era la semilla de la iglesia.

El patrón continúa incluso ahora. En el último medio siglo, la iglesia creció detrás de la Cortina de hierro comunista en medio de una horrible persecución, mientras que, en la Europa occidental libre, la fascinación por las novedades teológicas y el correspondiente alejamiento de las Escrituras han dejado a las iglesias moribundas.

Examine toda la historia de la iglesia y descubrirá un hecho inquietante: los asaltos más perniciosos y espiritualmente devastadores de la iglesia siempre provienen de su interior, a través de esfuerzos sutiles por socavar la autoridad de las Escrituras. El engaño ingenioso es más peligroso y más destructivo que la rebelión abierta. Los lobos se visten de oveja. Satanás y sus esbirros demoníacos se disfrazan de ángeles de luz. Los falsos maestros se visten con fingida piedad y decoran sus paredes con credenciales académicas de seminarios prestigiosos. Tienen el pretexto de ser reformadores con visión de futuro o expertos en evangelismo y estrategias de iglecrecimiento. Dicen que solo quieren ayudar a la iglesia a desarrollar todo su potencial. Siempre insisten en que la iglesia debe adaptar su estrategia y su metodología o perderá la próxima generación. Esa misma afirmación es un ataque sutil a la autoridad de las Escrituras.

Sin embargo, son tendencias simplistas y atractivas. No se parecen en nada a los lobos voraces que algunos esperan ver. Y una vez que han ganado entrada e influencia entre el pueblo de Dios, pueden (y, en efecto, lo hacen) empujar cualquier plan antibíblico que les plazca.

Ese ha sido el patrón constante durante siglos. Charles Spurgeon lo llamó «el grado más bajo». Spurgeon indagó cuidadosamente y vio que los peores ataques a la Biblia siempre provienen de líderes de la iglesia que quieren ser vistos como progresistas. Prometen algo más novedoso y práctico que cualquier enseñanza o metodología que las generaciones anteriores de creyentes hayan conocido. Pero, invariablemente, sus «percepciones» son simplemente las mismas doctrinas estériles y dudosas que se visten con ropas nuevas y baratas cada cuarto de siglo aproximadamente. La misma estrategia ha sido seguida durante siglos por sucesivas generaciones de socinianos, deístas, universalistas, modernistas y otros defensores del liberalismo teológico.

Las enseñanzas que distinguen a estos «progresistas» siempre están arraigadas en el escepticismo. El mismo conjunto básico de ideas se populariza en la iglesia, en cada generación, a través de canales aparentemente confiables: seminarios prestigiosos, líderes notorios de la iglesia, movimientos que marcan tendencias y libros más vendidos. El atractivo principal es la promesa de algo novedoso y revolucionario.

Es entonces cuando los cristianos fieles deben estar más en guardia y completamente preparados para luchar seriamente por la fe que una vez les fue dada (Judas 3). El instinto de un cristiano poco atento es abstenerse de contradecir o pelear con cualquier persona que afirme ser cristiana, especialmente aquellas con credenciales académicas impresionantes, personalidades carismáticas o una gran cantidad de seguidores. Expresar desacuerdo con alguien que ha ganado un público numeroso en la comunidad evangélica se percibe automáticamente como un pecado atroz contra la unidad cristiana. (Los progresistas usan pródigamente esa acusación como defensa contra sus críticos.)

Sin embargo, el Nuevo Testamento está lleno de exhortaciones para que los creyentes defiendan la fe contra los autodenominados profetas y los falsos maestros que vienen en el nombre de Cristo. El apóstol Juan escribió: «Queridos hermanos, no crean a cualquiera que pretenda estar inspirado por el Espíritu, sino sométanlo a prueba para ver si es de Dios, porque han salido por el mundo muchos falsos profetas» (1 Juan 4:1). En el mensaje de despedida de Pablo a los ancianos de Éfeso, les dijo de manera muy clara: «Sé que después de mi partida entrarán en medio de ustedes lobos feroces que procurarán acabar con el rebaño.*Aun de entre ustedes mismos se levantarán algunos que enseñarán falsedades* para arrastrar a los discípulos que los sigan.Así que estén alerta» (Hechos 20:29-31a). Si ese peligro representaba una amenaza tan perversa en la era apostólica, lo es mucho más en nuestra era, en una cultura posmoderna en la que la diversidad, la tolerancia ilimitada y la incertidumbre se consideran altas virtudes.

Ha sido una generación mediocre, a excepción de gente como Harold Lindsell, que escribió *La batalla por la Biblia* y encendió un gran esfuerzo por defender la verdad de la inerrancia bíblica. La mayoría de los hombres piadosos que abrieron el camino en medio de esa contienda están ahora en el cielo. Por cualquier medida, ganaron una victoria decisiva y pusieron fin (por muy poco tiempo) a los ataques abiertos contra la autoridad de la Biblia entre los evangélicos dominantes. Pero una vez que quedó claro que se ganó la batalla, el movimiento evangélico pareció perder interés en el mismo Libro que había defendido, y se produjo una era de pragmatismo descontrolado (ministerios e iglesias *«sensibles»* y *«con propósito»*).

Hoy en día, el movimiento evangélico está lleno de (y, en un grado preocupante, dirigido por) personas que tienen poca preocupación por las Escrituras. El miembro promedio de la iglesia tiene una comprensión muy superficial del contenido de la Biblia y un dominio peligrosamente despegado de la verdad bíblica. En verdad, la congregación evangélica típica está llena de personas que simplemente «no soportarán una buena enseñanza» (2 Timoteo 4:3). Quieren charlas motivacionales, reseñas de películas y mensajes diseñados para que se sientan bien. La habilidad elocuente y la inteligencia humana son más consideradas entre los líderes eclesiales que las convicciones bíblicas. La iglesia está bajando una vez más, y (en palabras de Spurgeon) «a una velocidad vertiginosa».

La primera década del nuevo milenio vio el surgimiento de la «iglesia emergente», un movimiento basado en valores posmodernos más que en las verdades inmutables de la Biblia. El movimiento se sesgó hacia el escepticismo desde el principio, y no pasó mucho tiempo antes de que muchas figuras clave emergentes estuvieran repitiendo sin vergüenza las doctrinas liberales y socinianas desacreditadas durante mucho tiempo. Algunos incluso se desviaron hacia el universalismo, el panteísmo y la incredulidad. Al carecer de un liderazgo centralizado, la iglesia emergente no se desarrolló como un movimiento viable. Se desintegró repentina y espectacularmente, como un cohete que no pudo salir de la plataforma de lanzamiento. Pero su escasa visión de las Escrituras y las doctrinas de izquierda aún persisten y encuentran una expresión normal entre los evangélicos, amenazando con enviar una avalancha masiva de iglesias y cristianos ingenuos a velocidades récord en la oscuridad que yace al final de la decadencia.

Los que creemos en la autoridad y la inerrancia de las Escrituras debemos consagrar nuestras almas con seriedad a la tarea de guardar el tesoro que se nos ha confiado (2 Timoteo 1:13-14). Debemos estar dispuestos a luchar seriamente por la fe aun cuando, *especialmente* cuando, la autoridad de la Escritura es atacada desde dentro de la iglesia visible.

Incluso en la actualidad, cuando los tribunales y los gobiernos terrenales parecen empeñados en censurar nuestra fe y la cultura popular se está volviendo militantemente laica, la traición dentro de la propia iglesia todavía representa un peligro mucho mayor que cualquier persecución que pueda surgir como contra la verdad. Eso se afianza cada vez más en los valores de nuestra sociedad. Si los esfuerzos ecuménicos para revertir las decisiones de la Corte Suprema sobre la homosexualidad y el aborto se han vuelto más importantes para nosotros que defender la verdad dentro de la familia de la fe, nuestras prioridades están seriamente desenfocadas y no somos fieles a nuestro llamamiento.

El juicio siempre debe comenzar en la casa de Dios (1 Pedro 4:17).

El ciclo degradante de esos desastres se ha repetido con tanta frecuencia y tan rítmicamente porque las nuevas generaciones de creyentes simplemente no se han molestado en estudiar las lecciones del pasado. La gente está naturalmente interesada en lo nuevo y con estilo, y no está particularmente interesada en aprender lo que podamos de la historia. Ese es un grave error. Eso socava directamente nuestro compromiso con la verdad eterna de la Palabra antigua e indestructible de Dios.

Mi oración es que este libro haya sido de aliento para que «permanezcan firmes en la fe; sean valientes y fuertes» (1 Corintios 16:13). Es absolutamente cierto que no ganaremos la aprobación del mundo si luchamos por la verdad de la Palabra de Dios y contra la malvada visión del mundo en nuestra era. Pero las generaciones futuras de creyentes nos despreciarán si renunciamos a la batalla. Y sabemos que nuestro Señor dirá: «Bien hecho», si permanecemos firmes y nos mantenemos en la fe.

Que cada uno de nosotros finalmente pueda decir con el apóstol Pablo: «He peleado la buena batalla, he terminado la carrera, me he mantenido en la fe» (2 Timoteo 4:7).

Apéndice

LA DECLARACIÓN DE CHICAGO SOBRE LA INERRANCIA BÍBLICA

La autoridad de las Escrituras es un elemento central para la Iglesia Cristiana tanto en esta época como en toda otra. Los que profesan su fe en Jesucristo como Señor y Salvador son llamados a demostrar la realidad del discipulado obedeciendo la Palabra escrita de Dios en una forma humilde y fiel. El apartarse de las Escrituras en lo que se refiere a fe y conducta es mostrar deslealtad a nuestro Señor. El reconocimiento de la verdad total y de la veracidad de las Santas Escrituras es esencial para captar y confesar su autoridad en una forma completa y adecuada.

La declaración siguiente afirma esta inerrancia de las Escrituras dándole un nuevo enfoque, haciendo más clara su comprensión y sirviéndonos de advertencia en caso de denegación. Estamos convencidos de que el acto de negarla es como poner a un lado el testimonio de Jesucristo y el del Espíritu Santo, como también el no someterse a las demandas de la Palabra de Dios que es el signo de la verdadera fe cristiana. Reconocemos que es nuestra responsabilidad hacer esta declaración, al encontrarnos con la presente negación de la inerrancia que existe entre cristianos, y los malentendidos que hay acerca de esta doctrina en el mundo en general.

Esta declaración consta de tres partes: un resumen, los artículos de afirmación y de negación, y una exposición que acompaña a estos. Todo esto ha sido preparado durante tres días de estudio consultivo en Chicago. Los que firmaron el resumen y los artículos desean declarar sus propias convicciones acerca de la inerrancia de las Escrituras;

también desean alentar y desafiar a todos los cristianos a crecer en la apreciación y entendimiento de esta doctrina. Reconocemos las limitaciones de un documento preparado en una breve e intensa conferencia, y de ninguna manera proponemos que se lo considere como parte del credo cristiano. Aun así nos regocijamos en la profundización de nuestras creencias durante las deliberaciones, y oramos para que esta declaración que hemos firmado sea usada para la gloria de nuestro Dios y nos lleve a una nueva reforma de la Iglesia en su fe, vida y misión.

Ofrecemos este documento en un espíritu de amor y humildad, no de disputa. Por la gracia de Dios, deseamos mantener este espíritu a través de cualquier diálogo futuro que surja a causa de lo que hemos dicho. Reconocemos sinceramente que muchos de los que niegan la inerrancia de las Escrituras, no muestran las consecuencias de este rechazo en el resto de sus creencias y conductas, y estamos plenamente conscientes de que nosotros, los que aceptamos esta doctrina, muy seguido la rechazamos en la vida diaria, por no someter nuestros pensamientos, acciones, tradiciones y hábitos a la Palabra de Dios.

Nos gustaría saber las reacciones que tengan los que hayan leído esta declaración y vean alguna razón para enmendar las afirmaciones acerca de las Escrituras, siempre fundamentándose en las mismas, sobre cuya autoridad infalible nos basamos. Estaremos muy agradecidos por cualquier ayuda que nos permita reforzar este testimonio acerca de la Palabra de Dios, y no pretendemos tener infalibilidad personal sobre la atestación que presentamos.

Una declaración breve

1. Dios, que es la Verdad misma y dice solamente la verdad, ha inspirado las Sagradas Escrituras para así revelarse al mundo perdido a través de Jesucristo como Creador y Señor, Redentor y Juez. Las Sagradas Escrituras son testimonio de Dios acerca de sí mismo.

2. Las Sagradas Escrituras, siendo la Palabra del propio Dios, escrita por hombres preparados y dirigidos por su Espíritu, tienen autoridad divina infalible en todos los temas que tocan; deben ser obedecidas como mandamientos de Dios en todo lo que ellas requieren; deben de ser acogidas como garantía de Dios en todo lo que prometen.

3. El Espíritu Santo, autor divino de las Escrituras, las autentifica en nuestro propio espíritu por medio de su testimonio y abre nuestro entendimiento para comprender su significado.

4. Siendo completa y verbalmente dadas por Dios, las Escrituras son sin error o falta en todas sus enseñanzas, tanto en lo que declaran acerca de los actos de creación de Dios, acerca de los eventos de la historia del mundo, acerca de su propio origen literario bajo la dirección de Dios, como en su testimonio de la gracia redentora de Dios en la vida de cada persona.

5. La autoridad de las Escrituras es inevitablemente afectada si esta inerrancia divina es de algún modo limitada o ignorada, o es sometida a cierta opinión de la verdad que sea contraria a la de la Biblia; tales posiciones ideológicas causan grandes pérdidas al individuo y a la Iglesia.

Artículos de afirmación y de negación

Artículo I

Afirmamos que las Santas Escrituras deben ser recibidas como la absoluta Palabra de Dios.

Negamos que las Escrituras reciban su autoridad de la Iglesia, de la tradición o de cualquier otra fuente humana.

Artículo II

Afirmamos que las Escrituras son la suprema norma escrita por la cual Dios enlaza la conciencia, y que la autoridad de la Iglesia está bajo la autoridad de las Escrituras.

Negamos que los credos de la Iglesia, los concilios o las declaraciones tengan mayor o igual autoridad que la autoridad de la Biblia.

Artículo III

Afirmamos que la Palabra escrita es en su totalidad la revelación dada por Dios.

Negamos que la Biblia sea simplemente un testimonio de la revelación, o solo se convierta en revelación cuando haya contacto con ella, o dependa de la reacción del hombre para confirmar su validez.

Artículo IV

Afirmamos que Dios, el cual hizo al hombre en su imagen, usó el lenguaje como medio para comunicar su revelación.

Negamos que el lenguaje humano esté tan limitado por nuestra humanidad que sea inadecuado como un medio de revelación divina. Negamos además que la corrupción de la cultura humana y del lenguaje por el pecado haya coartado la obra de inspiración de Dios.

Artículo V

Afirmamos que la revelación de Dios en las Sagradas Escrituras fue hecha en una forma progresiva.

Negamos que una revelación posterior, la cual puede completar una revelación inicial, pueda en alguna forma corregirla o contradecirla. Negamos además que alguna revelación normativa haya sido dada desde que el Nuevo Testamento fue completado.

Artículo VI

Afirmamos que las Sagradas Escrituras en su totalidad y en cada una de sus partes, aun las palabras escritas originalmente, fueron divinamente inspiradas.

Negamos que la inspiración de las Escrituras pueda ser considerada como correcta solamente en su totalidad al margen de sus partes, o correcta en alguna de sus partes pero no en su totalidad.

Artículo VII

Afirmamos que la inspiración fue una obra por la cual Dios, por medio de su Espíritu y de escritores humanos, nos dio su Palabra. El origen de las Escrituras es divino. El modo usado para transmitir esta inspiración divina continúa siendo, en gran parte, un misterio para nosotros.

Negamos que esta inspiración sea el resultado de la percepción humana, o de altos niveles de concientización de cualquier clase.

Artículo VIII

Afirmamos que Dios, en su obra de inspiración, usó la personalidad característica y el estilo literario de cada uno de los escritores que Él había elegido y preparado.

Negamos que Dios haya anulado las personalidades de los escritores cuando hizo que ellos usaran las palabras exactas que Él había elegido.

Artículo IX

Afirmamos que la inspiración de Dios, la cual de ninguna manera les concedía omnisciencia a los autores bíblicos, les garantizaba sin embargo, que sus declaraciones eran verdaderas y fidedignas en todo a lo que estos fueron impulsados a hablar y a escribir.

Negamos que la finitud o la condición caída de estos escritores, por necesidad o por cualquier otro motivo, introdujeran alguna distorsión de la verdad o alguna falsedad en la Palabra de Dios.

Artículo X

Afirmamos que la inspiración de Dios, en sentido estricto, se aplica solamente al texto autográfico de las Escrituras, el cual gracias a la providencia de Dios, puede ser comprobado con gran exactitud por los manuscritos que están a la disposición de todos los interesados. Afirmamos además que las copias y traducciones de las Escrituras son la Palabra de Dios hasta el punto en que representen fielmente los manuscritos originales.

Negamos que algún elemento esencial de la fe cristiana esté afectado por la ausencia de los textos autográficos. Negamos además que la ausencia de dichos textos resulte en que la reafirmación de la inerrancia bíblica sea considerada como inválida o irrelevante.

Artículo XI

Afirmamos que las Escrituras, habiendo sido divinamente inspiradas, son infalibles de modo que nunca nos podrían engañar, y son verdaderas y fiables en todo lo referente a los asuntos que trata.

Negamos que sea posible que la Biblia en sus declaraciones, sea infalible y contenga errores al mismo tiempo. La infalibilidad y la inerrancia pueden ser diferenciadas pero no separadas.

Artículo XII

Afirmamos que la Biblia es inerrable en su totalidad y está libre de falsedades, fraudes o engaños.

Negamos que la infalibilidad y la inerrancia de la Biblia sean solo en lo que se refiera a temas espirituales, religiosos o redentores, y no a las especialidades de historia y ciencia. Negamos además que las hipótesis científicas de la historia terrenal puedan ser usadas para invalidar lo que enseñan las Escrituras acerca de la creación y del diluvio universal.

Artículo XIII

Afirmamos que el uso de la palabra inerrancia es correcto como término teológico para referirnos a la completa veracidad de las Escrituras.

Negamos que sea correcto evaluar las Escrituras de acuerdo con las normas de verdad y error que sean ajenas a su uso o propósito.

Negamos además que la inerrancia sea invalidada por fenómenos bíblicos como la falta de precisión técnica moderna, las irregularidades gramaticales u ortográficas, las descripciones observables de la naturaleza, el reportaje de falsedades, el uso de hipérboles y de números completos, el arreglo temático del material, la selección de material diferente en versiones paralelas o el uso de citas libres.

Artículo XIV

Afirmamos la unidad y congruencia intrínsecas de las Escrituras.

Negamos que presuntos errores y discrepancias que todavía no hayan sido resueltos menoscaben las verdades declaradas en la Biblia.

Artículo XV

Afirmamos que la doctrina de la inerrancia está basada en la enseñanza bíblica acerca de la inspiración.

Negamos que las enseñanzas de Jesús acerca de las Escrituras puedan ser descartadas por apelaciones a complacer o a adaptarse a sucesos de actualidad, o por cualquier limitación natural de su humanidad.

Artículo XVI

Afirmamos que la doctrina de la inerrancia ha sido esencial durante la historia de la Iglesia en lo que a su fe se refiere.

Negamos que la inerrancia sea una doctrina inventada por el protestantismo académico o que sea una posición reaccionaria postulada en respuesta a la alta crítica.

Artículo XVII
Afirmamos que el Espíritu Santo da testimonio de las Escrituras y asegura a los creyentes la veracidad de la Palabra escrita de Dios. Negamos que este testimonio del Espíritu Santo obre separadamente de las Escrituras o contra ellas.

Artículo XVIII
Afirmamos que el texto de las Escrituras debe interpretarse por la exégesis gramático-histórica, considerando sus formas y recursos literarios y que las Escrituras deben ser usadas para interpretar cualquier parte de sí mismas.

Negamos la legitimidad de cualquier forma de cambio del texto de las Escrituras, o de la búsqueda de fuentes que puedan llevar a que sus enseñanzas se consideren relativas y no históricas, descartándolas o rechazando su declaración de autoría.

Artículo XIX
Afirmamos que una confesión de la completa autoridad, infalibilidad e inerrancia de las Escrituras es fundamental para tener una comprensión fuerte de la totalidad de la fe cristiana. Afirmamos además que dicha confesión tendría que llevarnos a una mayor conformidad a la imagen de Jesucristo.

Negamos que dicha confesión sea necesaria para ser salvo. Negamos además, sin embargo, que esta inerrancia pueda ser rechazada sin que tenga graves consecuencias para el individuo y para la Iglesia.

Notas

Introducción
1. A. W. Tozer, *The Knowledge of the Holy* (HarperCollins).

Capítulo 1
1. Thomas Watson, *A Body of Practical Divinity* (T. Wardle).

Capítulo 2
1. R. Albert Mohler Jr., *Biblical Inerrancy* (Zondervan).
2. Charles Hill, *Understanding Scripture* (Crossway).
3. Alec Motyer, *Isaiah, Tyndale Old Testament Commentaries* (Inter-Varsity).
4. John Skinner, *Prophecy and Religión* (Cambridge University Press).
5. Peter T O'Brien, *The Letter to the Epbesians* (Eerdmans).
6. John D. Currid, *Against the Gods* (Crossway).
7. Meredith Kline, *The Structure of Biblical Authority* (Eerdmans); George E. Mendenhall, *Israel and the Ancient Near East* (Biblical Colloquium). Bill T. Arnold y Bryan E. Beyer, *Encountering the Old Testament: A Christian Survey* (Baker).
8. J. I. Packer, *The Word of God* (Eerdmans).
9. Peter Enns, *The Evolution of Adam* (Brazos).
10. Peter H. Davids, *The Letters of 2 Peter and Jude, The Pillar New Testament Commentary* (Eerdmans).
11. Benjamin B. Warfield, *The Inspiration and Authority of the Bible* (P&R).
12. D. A. Carson, *Collected Writings on Scripture* (Crossway).
13. A. T. B. McGowan, *The Divine Authenticity of Scripture* (IVP Academic).
14. J. I. Packer, *Truth and Power* (Harold Shaw).
15. Sinclair B. Ferguson, *The Holy Spirit* (Inter-Varsity). Richard B. Gaffin, *Perspectives on Pentecost* (P&R).

Capítulo 4
1. Douglas J. Moo, *Hermeneutics, Authority, and Canon* (Zondervan)

Capítulo 5
1. Westminster Confession of Faith (Free Church of Scotland).
2. John Calvin, *Institutes of the Cbristian Religión,* vols. 20-21 (Westminster).
3. J. I. Packer, *John Calvin* (Sutton Courtenay).
4. John Owen, *The Works ofjohn Owen* (Banner of Truth).
5. Hermán Bavinck, *Reformed Dogmatics,* 4 vols., (Baker Academic).
6. D. A. Carson, *The Cospel According to John* (Inter-Varsity, and Eerdmans).
7. D. A. Carson, *The Sermón on the Mount* (Paternóster); D. Martyn Lloyd-Jones, *The Sermón on the Mount* (Inter-Varsity); Hermán Ridderbos, *Matthew,* Bible Student's Commentary (Zondervan); John Stott, *Christian Counter-Culture* (Inter-Varsity).
8. J. A. Motyer, *The Prophecy of Isaiah* (Inter-Varsity).
9. John Calvin, *Calvirís Commentaries: The Second Epistle of Paul the Apostle to the Corinthians and the Epistles to Timothy, Titus and Philemon* (St. Andrew Press).

Capítulo 6
1. Benjamin B. Warfield, *The Bibliotheca Sacra,* vol. 51, (E. J. Goodrich).
2. «Trust and Obey» por John H. Sammis.

Capítulo 7
1. Charles H. Spurgeon, *The Metropolitan Tabernacle Pulpit* (Passmore).
2. Matthew Henry, *Matthew Henry's Commentary on the Whole Bible* (MacDonald).
3. Izaak Walton, *Walton's Lives* (Oxford University Press).
4. «*When This Passing World Is Done*» por Robert Murray McCheyne.
5. J. Gresham Machen, *The Narrow and Broad Way* (Zondervan).
6. W. E. Sangster, *The Craft of the Sermon* (Epworth Press).
7. Iain Murray, D. *Martyn Lloyd-Jones: The Fight of Faith 1939–1981* (Banner of Truth).
8. J. I. Packer, *A Quest for Godliness* (Crossway).
9. William Booth, *The Homiletical Review: July–December 1902* (Funk and Wagnalls).
10. John Calvin, *Institutes of the Christian Religion* (Westminster Press).
11. John Murray, *The Atonement and the Free Offer of the Gospel* (Banner of Truth).
12. John Murray, *The Sovereignty of God* (Zondervan).

Capítulo 8
1. Geneva Confession en 1536, *Reformed Confessions of the Sixteenth Century* (Westminster John Knox).
2. Martín Luther, *Contra malignum Iohannis Eccii iudicium super aliquot articulis a fratribus quibusdam ei suppositis Martíni Lutheri defensio*, en *God's Inerrant Word* (Bethany Fellowship).
3. Clement, *The Apostolic Fathers* (Baker).
4. Athanasius, *Easter Letter*, en *Nicene and Post-Nicene Fathers* (Hendrickson).
5. Augustine, *Nicene and Post-Nicene Fathers* (Hendrickson).
6. Augustine, *Ancient Christian Commentary on Scripture* (InterVarsity Press).
7. Origen, en Charles Elliott, *Delineation of Roman Catholicism* (George Lane).
8. Augustine, *Ancient Christian Commentary on Scripture* (InterVarsity Press).
9. Augustine, *The Word of God according to St. Augustine* (Eerdmans).
10. Augustine, *The Infallibility of the Church* (John Murray).

Capítulo 9
1. Clement 1:45, Gerald L. Bray, *Ancient Christian Doctrine I* (InterVarsity Press).
2. Martín Luther, *Luther's Works* (Concordia).
3. John Calvin, *Commentaries on the Catholic Epistles* (LBS).
4. Ibid.
5. Heinrich Bullinger, *The Decades of Henry Bullinger* (Cambridge University Press).
6. John Calvin. *Commentary on the First Book of Moses Called Genesis* (LBS).
7. John Calvin, *Commentary upon the Acts of the Apostles* (LBS).

Capítulo 10
1. A. S. Farrar, *A Critical History of Free Thought in Reference to the Christian Religion* (John Murray).
2. William Whitaker, *A Disputation on Holy Scripture: Against the Papists* (Parker).
3. J. S. Reid, *History of the Presbyterian Church in Ireland* (Mullan).
4. Arthur B. Strickland, *The Great American Revival* (Standard).
5. Marcus Dods, *The Religious Controversies of Scotland* (Clark).
6. Patrick C. Simpson, *Life of Principal Rainy* (Hodder & Stoughton).
7. G. A. Smith, *Life of Henry Drummond* (Hodder & Stoughton).
8. John Macleod, *Scottish Theology, In Relation to Church History* (Banner of Truth).
9. R. W. Dale, *The Evangelical Revival: And Other Sermons* (Hodder & Stoughton).
10. Marcus Dods, *Later Letters of Marcus Dods* (Hodder & Stoughton).
11. A. Moody Stuart, *Our Old Bible* (MacNiven & Wallace).
12. R. Pope, ed., *T&T Clark Companion to Nonconformity* (Bloomsbury).
13. J. Gresham Machen, *Modernism and the Board of Foreign Missions of the Presbyterian Church in the USA* (Allen, Lane and Scott).
14. D. Martyn Lloyd-Jones, *The Christian Warfare* (Banner of Truth).
15. J. C. Ryle, *Old Paths* (Thynne).
16. W. Robertson Nicoll, *The Contemporary Review* (A. Strahan).

17. Peter Cameron, *Heretic* (Doubleday).
18. J. Graham Miller, *A Day's March Nearer Home* (Banner of Truth).
19. J. I. Packer, *Truth & Power: The Place of the Bible in Christian Life* (Eagle).
20. D. Martyn Lloyd-Jones, *Revival* (Crossway).
21. John Wesley, *Sermons on Several Occasions* (Kershaw).

Capítulo 11
1. J. Gresham Machen, *Writings*, (P&R).
2. Andrew Atherstone, *Evangelicalism and Fundamentalism in the United Kingdom During the Twentieth Century* (Oxford University Press)
3. R. C. Sproul, *Scripture Alone: The Evangelical Doctrine* (P&R).
4. George M. Marsden, *Reforming Fundamentalism* (Eerdmans).
5. L. Russ Bush y Tom J. Nettles, *Baptists and the Bible* (B&H).
6. Peter Enns, *The Bible Tells Me So* (HarperOne).
7. G. K. Beale, *The Erosion of Inerrancy in Evangelicalism* (Crossway).
8. Augustine to Jerome, *Augustine: Select Letters* (Harvard University Press).
9. Ibid.
10. Ibid.
11. Peter Enns, *Inspiration and Incarnation* (Baker).
12. Ibid.
13. A. T. B. McGowan, *The Divine Spiration of Scripture* (Apollos).
14. Carl F. H. Henry, *Confessions of a Theologian: An Autobiography* (Word).
15. Rob Bell, «*Super Soul Sunday*», Febrero 15, 2015.

Capítulo 12
1. Meredith G. Kline, *The Structure of Biblical Authority* (Eerdmans).

Capítulo 13
1. Benjamin B. Warfield, *The Inspiration and Authority of the Bible* (P&R).
2. John Updike, *In the Beauty of the Lilies* (Knopf).
3. Ibid.
4. J. I. Packer, *Hermeneutics, Inerrancy, and the Bible* (Zondervan).
5. Ibid.
6. www.etsjets.org/about/constitution#A3.
7. Peter Enns, *Inspiration and Incarnation* (Baker).
8. Peter Enns, *The Bible Tells Me So* (HarperOne).
9. Peter Enns, *Five Views on Biblical Inerrancy* (Zondervan).
10. Christopher M. Hays and Christopher B. Ansbury, *Evangelical Faith and the Challenge of Historical Criticism* (Baker Academic).

Capítulo 14
1. Peter Enns, *Dictionary of New Testament Background* (InterVarsity Press).
2. D. M. Beegle, *Scripture, Tradition, and Infallibility* (Eerdmans).
3. Eugene Boring, *The Gospel of Matthew, The New Interpreter's Bible 8* (Abingdon).
4. G. D. Fee y D. Stuart, *How to Read the Bible for All It's Worth* (Zondervan).
5. Richard N. Longenecker, *Biblical Exegesis in the Apostolic Period* (Eerdmans).
6. R. T. France, *Matthew, Tyndale New Testament Commentaries* (Eerdmans).
7. James Limburg, *Hosea-Micah* (John Knox).
8. William Hendrickson, *New Testament Commentary* (Baker).
9. John Calvin, *The Commentaries of John Calvin on the Prophet Hosea* (Baker).

Capítulo 15
1. Craig Blomberg, *Can We Still Believe the Bible? An Evangelical Engagement with Contemporary Questions* (Baker). Michael R. Licona, *The Resurrection of Jesus: A New Historiographical Approach* (IVP Academic)
2. Peter Enns, *Inspiration and Incarnation* (Baker).
3. D. A. Carson, *Collected Writings on Scripture* (Crossway).

4. R. T. France, *The Gospel of Mark* (Eerdmans).
5. Nahum Sarna, *Exodus, JPS Torah Commentary* (Jewish Publication Society).
6. John N. Oswalt, *The Book of Isaiah, Chapters 40–66, New International Commentary on the Old Testament* (Eerdmans).
7. Peter C. Craigie, *Psalms, Word Biblical Commentary* (Nelson).
8. George W. Knight, *The Pastoral Epistles* (Eerdmans).
9. R. Longenecker, *Biblical Exegesis in the Apostolic Period* (Eerdmans).
10. Ben Witherington, *Grace in Galatia* (Eerdmans).

Capítulo 16
1. John H. Walton y D. Brent Sandy, *The Lost World of Scripture* (IVP Academic).
2. Alfred J. Hoerth, *Archaeology and the Old Testament* (Baker)
3. Emanuel Tov, *Textual Criticism of the Hebrew Bible* (Fortress).
4. Ronald F. Youngblood, *1, 2 Samuel, The Expositor's Bible Commentary* (Zondervan).
5. Gleason L. Archer, *Encyclopedia of Bible Difficulties* (Zondervan).
6. Robert Dick Wilson, *A Scientific Investigation of the Old Testament* (Solid Ground Christian Books).
7. Karen H. Jobes y Moisés Silva, *Invitation to the Septuagint* (Baker Academic).
8. R. Laird Harris, *Inspiration and Canonicity of the Scriptures* (A Press).
9. R. K. Harrison, *Introduction to the Old Testament* (Hendrickson).
10. Archer, *Encyclopedia of Bible Difficulties*.
11. Vern Sheridan Poythress, *Inerrancy and the Gospels* (Crossway).
12. G. K. Beale, *The Erosion of Inerrancy in Evangelicalism* (Crossway).
13. G. K. Beale, *Handbook on the New Testament Use of the Old Testament* (Baker).
14. Walter C. Kaiser Jr., *The Uses of the Old Testament in the New* (Wipf & Stock).
15. Craig L. Blomberg, *Commentary on the New Testament Use of the Old Testament* (Baker Academic).
16. David L. Turner, *Baker Exegetical Commentary on the New Testament* (Baker).

Capítulo 17
1. Herman Bavinck, *Reformed Dogmatics, 4 vols.* (Baker Academic–2008).
2. Benjamin B. Warfield, *The Works of Benjamin B. Warfield* (Oxford University Press).
3. John Calvin, *Institutes of the Christian Religion* (Westminster John Knox Press).

Capítulo 18
1. Desiderius Erasmus, *On the Freedom of the Will, in Luther and Erasmus* (Westminster Press).
2. Erasmus, *On the Freedom of the Will*.
3. Martín Luther, *On the Bondage of the Will*, en Luther y Erasmus.
4. Mark D. Thompson, *A Clear and Present Word* (InterVarsity Press).
5. D. A. Carson, *Collected Writings on Scripture* (Crossway).
6. Gregg R. Allison, *Historical Theology* (Zondervan).
7. Christian Smith, *The Bible Made Impossible* (Brazos).
8. John R. Franke, *Manifold Witness* (Abingdon).
9. Michael V. Fox, *Character and Ideology in the Book of Esther* (Wipf & Stock).
10. Gerhard Maier, *The End of the Historical-Critical Method* (Concordia).
11. David F. Wells, *No Place for Truth or Whatever Happened to Evangelical Theology?* (Eerdmans).
12. Gregory A. Boyd, *Benefit of the Doubt: Breaking the Idol of Certainty* (Baker).
13. J. I. Packer, *Word of God* (Eerdmans).
14. A. A. Hodge, *Outlines in Theology* (Eerdmans).

Capítulo 19
1. Bruce Vawter, *Biblical Inspiration* (Westminster).
2. R. Albert Mohler Jr., *Five Views on Biblical Inerrancy* (Zondervan).
3. Clark H. Pinnock, *The Scripture Principle* (Baker Academic).
4. Kenton L. Sparks, *God's Word in Human Words* (Baker Academic).

5. Wayne Grudem, *Systematic Theology* (Zondervan).
6. Benjamin B. Warfield, *The Inspiration and Authority of the Bible* (P&R).
7. Walter Bauer, Frederick W. Danker, William F. Arndt, y F. Wilbur Gingrich, *A Greek-English Lexicon of the New Testament and Other Early Christian Literature* (University of Chicago Press).
8. Daniel B. Wallace, *Greek Grammar beyond the Basics* (Zondervan).

Capítulo 20
1. A. E. Harvey, *Is Scripture Still Holy?* (Eerdmans).
2. B. D. Ehrman, *Misquoting Jesus* (HarperCollins).
3. R. A. Muller, *Post-Reformation Reformed Dogmatics* (Baker Academic).
4. John Murray, *The Infallible Word* (P&R).
5. H. N. Ridderbos, *Redemptive History and the New Testament Scripture* (P&R).
6. J. Barton, *The Spirit and the Lette* (SPCK).
7. Michael J. Kruger, *The Question of Canon* (InterVarsity Press).
8. Bart D. Ehrman, *The Orthodox Corruption of Scripture* (Oxford University Press).
9. L. D. Reynolds, *Texts and Transmissions: A Survey of the Latin Classics* (Clarendon).
10. Bruce K. Waltke, *The Dance between God and Humanity* (Eerdmans).

Capítulo 21
1. Charles H. Spurgeon, *The Metropolitan Tabernacle Pulpit* (Pilgrim Publications).
2. Martín Luther, *The Table Talk of Martín Luther* (Dover Publications).
3. Charles H. Spurgeon, *The Metropolitan Tabernacle Pulpit* (Pilgrim Publications).
4. James Montgomery Boice, *Psalms, Vol. 3: Psalms 107–150* (Baker).
5. Spurgeon, *The Metropolitan Tabernacle Pulpit* (Pilgrim Publications).

Capítulo 22
1. Warren W. Wiersbe, *The Bible Exposition Commentary: New Testament* (Cook).
2. John Fox, *Fox's Book of Martyrs* (Zondervan).
3. Charles Spurgeon, *The Preacher's Portrait* (Eerdmans).

Capítulo 23
1. Charles H. Spurgeon, *The Metropolitan Tabernacle Pulpit* (Passmore).
2. Norman Geisler, *Baker Encyclopedia of Christian Apologetics* (Baker).
3. Steven D. West, *Resurrection, Scripture, and Reformed Apologetics: A Test for Consistency in Theology and Apologetic Method* (Pickwick).

Capítulo 24
1. Grant R. Osborne, *Matthew, Zondervan Exegetical Commentary on the New Testament* (Zondervan).
2. Daniel M. Doriani, *Matthew, Vol. 2, Reformed Expository Commentary* (P&R).
3. Peter Enns, *Five Views on Biblical Inerrancy* (Zondervan).
4. J. I. Packer, *Engaging the Written Word of God* (Hendrickson).
5. George Barna, *A Step-by-Step Guide to Church Marketing* (Baker).
6. Gregg L. Allison, *Historical Theology* (Zondervan).
7. Norman Geisler, *Baker Encyclopedia of Christian Apologetics* (Baker).
8. C. Peter Wagner, *Territorial Spirits: Insights on Strategic-Level Spiritual Warfare from Nineteen Christian Leaders* (Destiny Image).
9. C. Peter Wagner, *Spiritual Warfare Strategy* (Destiny Image).
10. Timothy M. Pierce, *Enthroned on Our Praise* (B&H).
11. Robert H. Gundry, *Matthew, A Commentary on His Literary and Theological Arts* (Eerdmans).

John MacArthur es pastor y maestro de Grace Community Church en Sun Valley. También es presidente de The Master's College and Seminary. Su estilo popular de exposición y enseñanza de la Biblia puede escucharse a diario en su programa radial de difusión internacional «*Gracia a vosotros*».

Es un prolífico autor con muchos éxitos de ventas:

El pastor como líder,
El pastor en la cultura actual,
El pastor como predicador,
El pastor como teólogo,
El pastor y el Supremo Dios de los cielos,
Biblia Fortaleza.

La biblioteca del PASTOR

EL PASTOR COMO LÍDER

Cómo guiar a los demás con
integridad y convicción

JOHN MACARTHUR
EDITOR GENERAL

La biblioteca del PASTOR

EL PASTOR COMO TEÓLOGO

Interpretar y aplicar la
Palabra de Dios con precisión

JOHN MACARTHUR
EDITOR GENERAL

La biblioteca del PASTOR

EL PASTOR EN LA CULTURA ACTUAL

Respuestas bíblicas a temas candentes
de hoy, por las voces más confiables.

JOHN MACARTHUR
EDITOR GENERAL

La biblioteca del PASTOR

EL PASTOR COMO PREDICADOR

La entrega de la Palabra de Dios
con pasión y poder

JOHN MACARTHUR
EDITOR GENERAL

Editorial Nivel Uno

Te invitamos a que visites nuestra página
web donde podras apreciar la pasión
por la publicación de libros y Biblias:

www.EditorialNivelUno.com

f @EDITORIALNIVELUNO

 @EDITORIALNIVELUNO

 @EDITORIALNIVELUNO

Para vivir la Palabra